大方廣佛華嚴經

華 嚴 經

화 엄 경

第八卷

제39 입법계품(2)
부록 보현행원품

한국불교대학 교재편찬회
無一 우학 監修

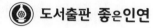
도서출판 좋은인연

경전 · 조사어록 시리즈를 내면서

귀의 삼보하옵고

불교대학을 개설, 직접 강의하면서 느꼈던 본인의 가장 큰 애로사항은 일반인들을 위한 마땅한 교재의 부재였습니다.

대부분이 한글세대인 신도님들에게 한문으로 된 경전이나 조사어록을 어떻게 하면 좀더 효과적으로 가르칠 수 있을까 하는 고민을 해 왔습니다.

내용 전달이란 측면에서 한글은 한글대로 중요하고, 원전의 의미 보존이란 측면에서 한문은 한문대로 중요하다고 봅니다. 이런 두 가지 부분을 모두 수용하려는 의도에서 한문과 한글을 지면의 반반씩 배분하였습니다.

따라서 한글과 한문을 바로 대조하면서 공부할 수 있도록 신경을 썼습니다. 그리고 한문의 가로쓰기를 과감하게 시도 했습니다.

아무쪼록 이 교재가 심도있게 공부하려는 학인(學人)들에게 도움 되기를 바랍니다.

그리고 이 책이 나오기까지 애써 주신 모든 분들께 깊이 감사드립니다.

관세음보살(觀世音菩薩)

無一 우학 합장

차 례

入法界品(2)

爾時에 善財童子가 隨順寂靜音海夜神敎하야 思惟觀察所說法
門하야 一一文句를 皆無忘失하며 於無量深心과 無量法性과 一切
方便과 神通智慧에 憶念思擇하야 相續不斷하며 其心廣大하야 證入
安住하고 行詣守護一切城夜神所하야 見彼夜神이 坐一切寶光明
摩尼王師子之座하니 無數夜神의 所共圍遶로 現一切衆生色相
身하며 現普對一切衆生身하며 現不染一切世間身하며 現一切衆
生身數身하며 現超過一切世間身하며 現成熟一切衆生身하며 現
速往一切十方身하며 現徧攝一切十方身하며 現究竟如來體性身
하며 現究竟調伏衆生身이어시늘 善財가 見已코 歡喜踊躍하야 頂禮其
足하며 遶無量帀하고 於前合掌하야 而作是言호대 聖者하 我已先發

　이때 선재동자는 '고요한 음성 바다 밤 맡은 신'의 가르침을 따라
그가 말한 법문을 생각하고 관찰하면서 낱낱 글귀를 하나도 잊지 않
았고, 한량없는 깊은 마음과 한량없는 법의 성품과 모든 방편과 신통
과 지혜를 기억하고 생각하고 가리어서 계속하고 끊이지 아니하며,
마음이 광대하고 증득하여 편안히 머물면서 모든 성을 수호하는 밤
맡은 신이 있는 데로 나아갔다. 그 밤 맡은 신은 모든 보배 광명 마니
왕으로 된 사자좌에 앉았고, 수없는 밤 맡은 신들이 둘러 모였는데
모든 중생의 빛깔인 몸을 나타내며, 모든 중생을 널리 대하는 몸을
나타내며, 모든 세간에 물들지 않는 몸을 나타내며, 모든 중생의 몸
수효와 같은 몸을 나타내며, 모든 세간을 초과한 몸을 나타내며, 모든
중생을 성숙시키는 몸을 나타내며, 모든 시방에 빨리 가는 몸을 나타
내며, 모든 시방을 두루 포섭하는 몸을 나타내며, 끝까지 여래의 성품
에 이른 몸을 나타내며, 끝까지 중생을 조복하는 몸을 나타내는 것을
보았다. 선재동자는 그것을 보고 환희하여 뛰놀면서 그의 발에 절하
고 한량없이 돌고 앞에 서서 합장하고 말하였다.
　"거룩하신이여, 저는 이미

阿耨多羅三藐三菩提心호니 而未知菩薩이 脩菩薩行時에 云何
饒益衆生이며 云何以無上攝으로 而攝衆生이며 云何順諸佛教며 云
何近法王位리잇고 唯願慈哀로 爲我宣說하소서 時彼夜神이 告善財
言하사대 善男子야 汝爲救護一切衆生故며 汝爲嚴淨一切佛刹故
며 汝爲供養一切如來故며 汝欲住一切劫하며 救衆生故며 汝欲守
護一切佛種性故며 汝欲普入十方하야 脩諸行故며 汝欲普入一
切法門海故며 汝欲以平等心으로 徧一切故며 汝欲普受一切佛
法輪故며 汝欲普隨一切衆生心之所樂하야 雨法雨故로 問諸菩
薩의 所脩行門하나니 善男子야 我得菩薩甚深自在妙音解脫하야 爲
大法師호대 無所罣礙하야 善能開示諸佛法藏故며 具大誓願大慈

아뇩다라삼먁삼보리심을 내었사오나, 보살들이 보살행을 닦을 적에 어떻게 중생을 이익케 하며, 어떻게 위 없이 거두어 주는 일로 중생을 거두어 주며, 어떻게 부처님의 가르침을 따르며, 어떻게 법왕의 자리에 가까이 하는지 알지 못하나이다. 바라옵건대, 인자한 마음으로 저에게 말씀하여 주소서."

그때 밤 맡은 신은 선재동자에게 말하였다.

"착한 남자여, 그대가 모든 중생을 구호하기 위하여, 모든 부처님 세계를 깨끗이 장엄하기 위하여, 모든 여래에게 공양하기 위하여, 모든 겁에 있으면서 중생을 구원하기 위하여, 모든 부처님의 성품을 수호하기 위하여, 시방에 두루 들어가 모든 행을 닦기 위하여, 모든 법문 바다에 널리 들어가기 위하여, 평등한 마음으로 모든 것에 두루하기 위하여, 부처님의 법륜을 모두 받기 위하여, 모든 중생의 좋아하는 마음을 따라 법비를 내리기 위하여 보살들의 수행하는 문을 묻는구나. 착한 남자여, 나는 보살의 매우 깊고 자유자재한 묘한 음성의 해탈을 얻었고, 큰 법사가 되어 거리낌 없으니 모든 부처님의 법장을 잘 열어 보이는 연고며, 큰 서원과 큰 자비의 힘을 갖추었으니 모든

悲力하야 令一切衆生으로 住菩提心故며 能作一切利衆生事하야 積集善根하야 無有休息故며 爲一切衆生調御之師하야 令一切衆生으로 住薩婆若道故며 爲一切世間清淨法日하야 普照世間하야 令生善根故며 於一切世間에 其心平等하야 普令衆生으로 增長善法故며 於諸境界에 其心清淨하야 除滅一切諸不善業故며 誓願利益一切衆生하야 身恒普現一切國土故며 示現一切本事因緣하야 令諸衆生으로 安住善行故며 恒事一切諸善知識하야 爲令衆生으로 安住佛教故니 佛子야 我以此等法으로 施衆生하야 令生白法하야 求一切智하며 其心堅固가 猶如金剛那羅延藏하야 善能觀察佛力魔力하며 常得親近諸善知識하야 摧破一切業惑障山하며 集一切智助道之

중생으로 하여금 보리심에 머물게 하려는 연고며, 중생을 이익케 하는 모든 일을 지으니 착한 뿌리를 쌓아 쉬지 아니하는 연고며, 모든 중생을 지도하는 스승이 되었으니 모든 중생으로 하여금 살바야의 도에 머물게 하는 연고며,

모든 세간의 청정한 법해가 되나니 세간에 두루 비추어 착한 뿌리를 내게 하는 연고며, 모든 세간에 마음이 평등하니 여러 중생들의 착한 법을 증장케 하는 연고며, 모든 경계에 마음이 청정하니 모든 착하지 못한 업을 없애려는 연고며,

모든 중생을 이익케 하려고 서원하니 몸이 항상 모든 국토에 나타나는 연고며, 온갖 본사의 인연을 나타내니 여러 중생들을 착한 행에 머물게 하려는 연고며, 모든 선지식을 섬기니 중생들을 부처님의 가르침에 머물게 하려는 연고니라.

　불자여, 내가 이런 법으로 중생에게 베푸는 것은 선한 법을 내어 온갖 지혜를 구하게 하며, 마음 견고함이 금강나라연 광과 같아서 부처님의 힘과 마의 힘을 잘 관찰하며, 항상 선지식을 가까이하고 모든 업과 번뇌의 산을 깨뜨리며, 온갖 지혜의 도를 돕는 법을 모아서 마

法하야 心恒不捨一切智地케호라 善男子야 我以如是淨法光明으로
饒益一切衆生하야 集善根助道法時에 作十種觀察法界호니 何者
가 爲十고 所謂我知法界無量이니 獲得廣大智光明故며 我知法界
無邊이니 見一切佛의 所知見故며 我知法界無限이니 普入一切諸
佛國土하야 恭敬供養諸如來故며 我知法界無畔이니 普於一切法
界海中에 示現修行菩薩行故며 我知法界無斷이니 入於如來不
斷智故며 我知法界一性이니 如來一音에 一切衆生이 無不了故며
我知法界性淨이니 了如來願하야 普度一切諸衆生故며 我知法界
의 徧衆生이니 普賢妙行이 悉周徧故며 我知法界의 一莊嚴이니 普
賢妙行으로 普莊嚴故며 我知法界의 不可壞니 一切智善根이 充滿

음에 항상 온갖 지혜의 지위를 버리지 않게 하려 함이니라. 착한 남자
여, 나는 이러한 깨끗한 법의 광명으로 모든 중생을 이익케 하여 착한
뿌리와 도를 돕는 법을 모으게 할 때에 열 가지로 법계를 관찰하였으
니, 무엇이 열인가? 나는 이른바 법계가 한량없음을 아나니, 광대한
지혜의 광명을 얻는 연고니라. 나는 법계가 그지없음을 아나니, 모든
부처님의 알고 보시는 것을 아는 연고니라. 나는 법계가 한정없음을
아나니, 모든 부처님의 국토에 들어가서 여러 여래께 공경하고 공양
하는 연고니라. 나는 법계가 가이없음을 아나니, 모든 법계 바닷속에
서 보살행을 닦음을 보이는 연고니라. 나는 법계가 끊임없음을 아나
니, 여래의 끊이지 않는 지혜에 들어가는 연고니라. 나는 법계가 한
성품임을 아나니, 여래의 한결같은 음성을 모든 중생이 모두 아는 연
고니라. 나는 법계의 성품이 깨끗함을 아나니, 여래의 서원이 모든 중
생을 두루 제도함인 줄을 통달하는 연고니라. 나는 법계가 중생에게
두루함을 아나니, 보현의 묘한 행이 다 두루하는 연고니라. 나는 법계
가 한 가지로 장엄함을 아나니, 보현의 묘한 행이 널리 장엄하는 연고
니라. 나는 법계가 파괴할 수 없음을 아나니, 온갖 지혜의 착한 뿌리

法界하야 不可壞故라 善男子야 我作此十種觀察法界하야 集諸善根하야 辦助道法하야 了知諸佛廣大威德하며 深入如來難思境界호라 又善男子야 我如是正念思惟하야 得如來十種大威德陀羅尼輪호니 何者가 爲十고 所謂普入一切法陀羅尼輪과 普持一切法陀羅尼輪과 普說一切法陀羅尼輪과 普念十方一切佛陀羅尼輪과 普說一切佛名號陀羅尼輪과 普入三世諸佛願海陀羅尼輪과 普入一切諸乘海陀羅尼輪과 普入一切衆生業海陀羅尼輪과 疾轉一切業陀羅尼輪과 疾生一切智陀羅尼輪이라 善男子야 此十陀羅尼輪이 以十千陀羅尼輪으로 而爲眷屬이니 恒爲衆生하야 演說妙法호라 善男子야 我或爲衆生하야 說聞慧法하며 或爲衆生하야 說思

가 법계에 가득하여 파괴할 수없는 연고니라.

착한 남자여, 이 열 가지로 법계를 관찰하여 착한 뿌리를 모으며, 도를 돕는 법을 마련하며, 부처님들의 광대한 위덕을 알고 여래의 부사의한 경계에 깊이 들어가느니라. 또 착한 남자여, 나는 이렇게 바른 마음으로 생각하고 여래의 열 가지 큰 위덕 다라니 바퀴를 얻었으니 무엇이 열인가? 이른바 모든 법에 두루 들어가는 다라니 바퀴며, 모든 법을 두루 지니는 다라니 바퀴며, 모든 법을 두루 말하는 다라니 바퀴며, 시방의 모든 부처님을 두루 생각하는 다라니 바퀴며, 모든 부처님 명호를 두루 말하는 다라니 바퀴며, 삼세 부처님들의 서원 바다에 두루 들어가는 다라니 바퀴며, 모든 승의 바다에 두루 들어가는 다라니 바퀴며, 모든 중생의 업 바다에 두루 들어가는 다라니 바퀴며, 모든 업을 빨리 돌리는 다라니 바퀴며, 온갖 지혜를 빨리 나게 하는 다라니 바퀴니라.

착한 남자여, 이 열 가지 다라니 바퀴는 십천 다라니 바퀴로서 권속을 삼고 항상 중생에게 묘한 법을 연설하느니라. 착한 남자여, 나는 중생에게 듣는 지혜의 법을 말하기도 하고, 중생에게 생각하는 지혜

慧法_{하며} 或爲衆生_{하야} 說脩慧法_{하며} 或爲衆生_{하야} 說一有法_{하며} 或
爲衆生_{하야} 說一切有法_{하며} 或爲說一如來名海法_{하며} 或爲說一
切如來名海法_{하며} 或爲說一世界海法_{하며} 或爲說一切世界海法
_{하며} 或爲說一佛授記海法_{하며} 或爲說一切佛授記海法_{하며} 或爲
說一如來衆會道場海法_{하며} 或爲說一切如來衆會道場海法_{하며}
或爲說一如來法輪海法_{하며} 或爲說一切如來法輪海法_{하며} 或爲
說一如來脩多羅法_{하며} 或爲說一切如來脩多羅法_{하며} 或爲說一
如來集會法_{하며} 或爲說一切如來集會法_{하며} 或爲說一薩婆若心
海法_{하며} 或爲說一切薩婆若心海法_{하며} 或爲說一乘出離法_{하며}
或爲說一切乘出離法_{하노니} 善男子_야 我以如是等不可說法門_{으로}

의 법을 말하기도 하고, 중생에게 닦는 지혜의 법을 말하기도 하며,
중생에게 한 가지 있는 법을 말하기도 하고, 중생에게 온갖 있는 법
을 말하기도 하며, 한 여래의 이름 바다 법을 말하기도 하고, 모든 여
래의 이름 바다 법을 말하기도 하며, 한 세계 바다의 법을 말하기도
하고, 모든 세계 바다의 법을 말하기도 하며, 한 부처님의 수기 바다
법을 말하기도 하고, 모든 부처님의 수기 바다 법을 말하기도 하며,
한 여래에게 모든 대중의 도량 바다 법을 말하기도 하고, 모든 여래
에게 모인 대중의 도량 바다 법을 말하기도 하며,
한 여래의 법륜 바다 법을 말하기도 하고, 모든 여래의 법륜 바다 법
을 말하기도 하며, 한 여래의 수다라 법을 말하기도 하고, 모든 여래
의 수다라 법을 말하기도 하며, 한 여래의 회중 모으는 법을 말하기
도 하고, 모든 여래의 회중 모으는 법을 말하기도 하며, 한 살바야 마
음 바다 법을 말하기도 하고, 모든 살바야 마음 바다 법을 말하기도
하며, 한 승으로 벗어나는 법을 말하기도 하고, 모든 승으로 벗어나는
법을 말하기도 하느니라. 착한 남자여, 나는 이러한 말할 수 없는 법
문으로 중생에게 말하느니라.

爲衆生說호라 善男子야 我入如來無差別法界門海하야 說無上法하야 普攝衆生하야 盡未來劫토록 住普賢行호라 善男子야 我成就此甚深自在妙音解脫하야 於念念中에 增長一切諸解脫門하며 念念充滿一切法界호라 時에 善財童子가 白夜神言호대 奇哉라 天神이여 此解脫門이 如是希有하니 聖者證得이 其已久如니잇고 夜神이 言하사대 善男子야 乃往古世에 過世界轉微塵數劫하야 有劫하니 名離垢光明이요 有世界하니 名法界功德雲이라 以現一切衆生業摩尼王海로 爲體하야 形如蓮華하고 住四天下微塵數香摩尼須彌山網中하야 以出一切如來本願音蓮華로 而爲莊嚴하고 須彌山微塵數蓮華로 而爲眷屬하고 須彌山微塵數香摩尼로 以爲間錯하며 有須彌

착한 남자여, 나는 여래의 차별 없는 법계문 바다에 들어가서 위없는 법을 말하여 중생들을 두루 거두어서 미래 세상이 다하도록 보현의 행에 머물게 하느니라.

착한 남자여, 나는 이 매우 깊고 자유자재한 묘한 음성 해탈을 성취하였으므로 잠깐잠깐마다 온갖 해탈문을 증장하며, 잠깐잠깐마다 모든 법계에 가득하느니라."

이때 선재동자가 밤 맡은 신에게 말하였다.

"신기하옵니다. 신이시여, 이 해탈문이 그렇게 회유하온데 거룩하신 이께서 얻은 지는 얼마나 오래되었나이까?"

밤 맡은 신이 대답하였다.

"착한 남자여, 지나간 옛적 세계의 티끌 수 갑절 티끌 수 겁 전에 한 겁이 있었으니 이름이 때 여원 광명이고, 세계의 이름은 법계 공덕 구름이라. 모든 중생의 업을 나타내는 마니왕 바다로 자체가 되었는데 형상은 연꽃 같고, 사천하의 티끌 수 향 마니 수미산 그물 속에 있으며, 모든 여래의 서원 음성을 내는 연화로 장엄하고, 수미산 티끌 수 연화로 권속을 삼았으며, 수미산 티끌 수 향 마니로 사이사이 장

山微塵數四天下어든　一一四天下에　有百千億那由他不可說不
可說城하니라　善男子야　彼世界中에　有四天下하니　名爲妙幢이요　中
有王都하니　名普寶華光이며　去此不遠에　有菩提場하니　名普顯現法
王宮殿이라　須彌山微塵數如來가　於中出現이어시든　其最初佛이　名
法海雷音光明王이요　彼佛出時에　有轉輪王하니　名淸淨日光明面
이라　於其佛所에　受持一切法海旋脩多羅라가　佛涅槃後에　其王이
出家하야　護持正法이러니　法欲滅時에　有千部異衆이　千種說法이라
近於末劫에　業惑障重ᄒᆞᆫ　諸惡比丘가　多有鬪諍하야　樂着境界하고
不求功德하야　樂說王論賊論女論國論海論과　及以一切世間之
論이어늘　時에　王比丘가　而語之言호ᄃᆡ　奇哉苦哉라　佛이　於無量諸大

식하였고, 수미산 티끌 수 사천하가 있으며, 낱낱 사천하에 천백억 나
유타 말할 수 없이 많은 성이 있었느니라.

착한 남자여, 그 세계에 한 사천하가 있으니 이름이 묘한 당기요,
그 가운데 서울이 있으니 이름은 넓은 보배꽃 광명이었느니라. 그 서
울에서 멀지 않은 곳에 보리장이 있으니 이름은 법왕의 궁전을 두루
나타냄이며, 수미산 티끌 수 여래가 그 가운데 나타나시었느니라.

처음 부처님은 법해뇌음광명왕불이시니, 그 부처님이 나셨을 적에
청정한 햇빛 얼굴 전륜왕이 있어서 그 부처님에게서 일체법해선 수다
라를 받아 지니었고, 그 부처님께서 열반한 뒤에 전륜왕이 출가하여
바른 법을 보호하여 유지하였느니라. 법이 없어지려 할 적에 일천 무
리의 다른 대중이 있어 일천 가지로 법을 말하며, 말겁이 거의 되어
서는 번뇌와 업이 두터운 나쁜 비구들이 많아서 서로 다투며 경계에
만 집착하고 공덕을 구하지 않으며, 왕의 언론 · 도둑의 언론 · 여인의
언론 · 나라의 언론 · 바다의 언론과 모든 세간의 언론을 말하기만 좋
아하므로, 전륜왕인 비구가 말하였느니라.

'이상하고도 괴로워라. 부처님이 한량없는 겁 바다에서 이 법의 횃

劫海에 集此法炬어시늘 云何汝等은 而共毀滅고 作是說已코 上升
虛空호대 高七多羅樹하야 身出無量諸色焰雲하며 放種種色大光
明網하야 令無量衆生으로 除煩惱熱하며 令無量衆生으로 發菩提心게
하시니 以是因緣으로 彼如來教가 復於六萬五千歲中에 而得興盛하니
라 時에 有比丘尼하니 名法輪化光이니 是此王女라 百千比丘尼로
而爲眷屬이러니 聞父王語하며 及見神力하고 發菩提心하야 永不退轉
하야 得三昧하니 名一切佛教燈이며 又得此甚深自在妙音解脫하니
得已에 身心柔軟하야 卽得現見法海雷音光明王如來一切神力하
니라 善男子야 於汝意云何오 彼時轉輪聖王이 隨於如來하야 轉正
法輪하며 佛涅槃後에 興隆末法者가 豈異人乎아 今普賢菩薩이 是

불을 모으셨거늘, 어찌하여 너희들은 함께 훼방하고 없애려 하는가?'

이렇게 말하고는 허공으로 일곱 다라수나 올라가서 몸으로 여러 가지 빛 불꽃 구름을 내며, 가지각색 빛 광명구름을 놓아 한량없는 중생의 뜨거운 번뇌를 없애게 하며, 한량없는 중생의 보리심을 내게 하였느니라. 이 인연으로 저 여래께서 가르치신 법이 다시 육만 오천 년 동안 흥성하였느니라.

그때 비구니가 있었으니 이름이 법륜화광이라. 이는 전륜왕의 딸로서 백천 비구니로 권속을 삼았는데 부왕의 말을 들으며, 신통한 힘을 보고 보리심을 내어 영원히 물러가지 아니하였으며, 삼매를 얻었으니 이름이 모든 부처님 가르침의 등불이요, 또 매우 깊고 자유자재한 묘한 음성 해탈을 얻었느니라. 삼매를 얻고는 몸과 마음이 부드러워졌으며, 법해뇌음광명왕여래를 보는 모든 신통한 힘을 얻었느니라.

착한 남자여, 어떻게 생각하느냐?

그때 전륜성왕으로서 여래를 따라 바른 법륜을 굴리고 부처님이 열반하신 뒤에 말법을 흥성하게 한 이는 다른 사람이 아니라 지금의 보현보살이며,

며 其法輪化光比丘尼는 卽我身이 是니 我於彼時에 守護佛法하야 令十萬比丘尼로 於阿耨多羅三藐三菩提에 得不退轉하며 又令 得現見一切佛三昧하며 又令得一切佛法輪金剛光明陀羅尼하며 又令得普入一切法門海般若波羅蜜케호라 次有佛興하시니 名離垢 法光明이며 次有佛興하시니 名法輪光明髻며 次有佛興하시니 名法日 功德雲이며 次有佛興하시니 名法海妙音王이며 次有佛興하시니 名法 日智慧燈이며 次有佛興하시니 名法華幢雲이며 次有佛興하시니 名法 焰山幢王이며 次有佛興하시니 名甚深法功德月이며 次有佛興하시니 名法智普光藏이며 次有佛興하시니 名開示普智藏이며 次有佛興하시 니 名功德藏山王이며 次有佛興하시니 名普門須彌賢이며 次有佛興하

법륜화광 비구니는 곧 내 몸이니라. 나는 그때 불법을 수호하여 십만 비구니들로 하여금 아뇩다라삼먁삼보리에서 물러나지 않게 하였고, 또 모든 부처님을 보는 삼매를 얻게 하고, 또 모든 부처님의 법륜과 금강광명다라니를 얻게 하고, 또 모든 법문 바다에 널리 들어가는 반 야바라밀을 얻게 하였느니라.

다음에 부처님이 나셨으니, 이름은 이구법광명이니라. 다음에 부처 님이 나셨으니, 이름은 법륜광명계니라. 다음에 부처님이 나셨으니, 이름은 법일공덕운이니라. 다음에 부처님이 나셨으니, 이름은 법해묘 음왕이니라. 다음에 부처님이 나셨으니, 이름은 법일지혜등이니라. 다음에 부처님이 나셨으니, 이름은 법화당운이니라. 다음에 부처님이 나셨으니, 이름은 법염산당왕이니라. 다음에 부처님이 나셨으니, 이 름은 심심법공덕월이니라. 다음에 부처님이 나셨으니, 이름은 법지보 광장이니라. 다음에 부처님이 나셨으니, 이름은 개시보지장이니라. 다음에 부처님이 나셨으니, 이름은 공덕장산왕이니라. 다음에 부처님 이 나셨으니, 이름은 보문수미현이니라.

다음에 부처님이 나셨으니,

시니 名一切法精進幢이며 次有佛興하시니 名法寶華功德雲이며 次有
佛興하시니 名寂靜光明髻며 次有佛興하시니 名法光明慈悲月이며 次
有佛興하시니 名功德焰海며 次有佛興하시니 名智日普光明이며 次有
佛興하시니 名普賢圓滿智며 次有佛興하시니 名神通智光王이며 次有
佛興하시니 名福德華光燈이며 次有佛興하시니 名智師子幢王이며 次
有佛興하시니 名日光普照王이며 次有佛興하시니 名須彌寶莊嚴相이
며 次有佛興하시니 名日光普照며 次有佛興하시니 名法王功德月이며
次有佛興하시니 名開敷蓮華妙音雲이며 次有佛興하시니 名日光明
相이며 次有佛興하시니 名普光明妙法音이며 次有佛興하시니 名師子
金剛那羅延無畏며 次有佛興하시니 名普智勇猛幢이며 次有佛興하

이름은 일체법정진당이니라. 다음에 부처님이 나셨으니, 이름은 법보
화공덕운이니라. 다음에 부처님이 나셨으니, 이름은 적정광명계이니
라. 다음에 부처님이 나셨으니, 이름은 법광명자비월이니라. 다음에
부처님이 나셨으니, 이름은 공덕염해이니라. 다음에 부처님이 나셨으
니, 이름은 지일보광명이니라.

　다음에 부처님이 나셨으니, 이름은 보현원만지니라. 다음에 부처님
이 나셨으니, 이름은 신통지광왕이니라. 다음에 부처님이 나셨으니,
이름은 복덕화광등이니라. 다음에 부처님이 나셨으니, 이름은 지사자
당왕이니라. 다음에 부처님이 나셨으니, 이름은 일광보조왕이니라.
다음에 부처님이 나셨으니, 이름은 수미보장엄상이니라.

　다음에 부처님이 나셨으니, 이름은 일광보조니라. 다음에 부처님이
나셨으니, 이름은 법왕공덕월이니라. 다음에 부처님이 나셨으니, 이
름은 개부연화묘음운이니라. 다음에 부처님이 나셨으니, 이름은 일광
명상이니라. 다음에 부처님이 나셨으니, 이름은 보광명묘법음이니라.
다음에 부처님이 나셨으니, 이름은 사자금강나라연무외니라.

　다음에 부처님이 나셨으니, 이름은 보지용맹당이니라. 다음에 부처

시니 名普開法蓮華身이며 次有佛興하시니 名功德妙華海며 次有佛興하시니 名道場功德月이며 次有佛興하시니 名法炬熾然月이며 次有佛興하시니 名普光明髻며 次有佛興하시니 名法幢燈이며 次有佛興하시니 名金剛海幢雲이며 次有佛興하시니 名名稱山功德雲이며 次有佛興하시니 名栴檀妙月이며 次有佛興하시니 名普妙光明華며 次有佛興하시니 名照一切衆生光明王이며 次有佛興하시니 名功德蓮華藏이며 次有佛興하시니 名香焰光明王이며 次有佛興하시니 名波頭摩華因이며 次有佛興하시니 名衆相山普光明이며 次有佛興하시니 名普名稱幢이며 次有佛興하시니 名須彌普門光이며 次有佛興하시니 名功德法城光이며 次有佛興하시니 名大樹山光明이며 次有佛興하시니 名普德光

님이 나셨으니, 이름은 보개법연화신이니라. 다음에 부처님이 나셨으니, 이름은 공덕묘화해니라. 다음에 부처님이 나셨으니, 이름은 도량공덕월이니라. 다음에 부처님이 나셨으니, 이름은 법거치연월이니라. 다음에 부처님이 나셨으니, 이름은 보광명계니라. 다음에 부처님이 나셨으니, 이름은 법당등이니라. 다음에 부처님이 나셨으니, 이름은 금강해당운이니라. 다음에 부처님이 나셨으니, 이름은 명칭산공덕운이니라. 다음에 부처님이 나셨으니, 이름은 전단묘월니라.

다음에 부처님이 나셨으니, 이름은 보묘광명화니라. 다음에 부처님이 나셨으니, 이름은 조일체중생광명왕이니라. 다음에 부처님이 나셨으니, 이름은 공덕연화장이니라. 다음에 부처님이 나셨으니, 이름은 향염광명왕이니라. 다음에 부처님이 나셨으니, 이름은 파두마화인이니라. 다음에 부처님이 나셨으니, 이름은 중상산보광명이니라. 다음에 부처님이 나셨으니, 이름은 보명칭당이니라. 다음에 부처님이 나셨으니, 이름은 수미보문광이니라. 다음에 부처님이 나셨으니, 이름은 공덕법성광이니라. 다음에 부처님이 나셨으니, 이름은 대수산광명이니라. 다음에 부처님이 나셨으니, 이름은 보덕광명당이니라.

明幢이며 次有佛興하시니 名功德吉祥相이며 次有佛興하시니 名勇猛法力幢이며 次有佛興하시니 名法輪光明音이며 次有佛興하시니 名功德山智慧光이며 次有佛興하시니 名無上妙法月이며 次有佛興하시니 名法蓮華淨光幢이며 次有佛興하시니 名寶蓮華光明藏이며 次有佛興하시니 名光焰雲山燈이며 次有佛興하시니 名普覺華며 次有佛興하시니 名種種功德焰須彌藏이며 次有佛興하시니 名圓滿光山王이며 次有佛興하시니 名福德雲莊嚴이며 次有佛興하시니 名法山雲幢이며 次有佛興하시니 名功德山光明이며 次有佛興하시니 名法日雲燈王이며 次有佛興하시니 名法雲名稱王이며 次有佛興하시니 名法輪雲이며 次有佛興하시니 名開悟菩提智光幢이며 次有佛興하시니 名普照法輪

다음에 부처님이 나셨으니, 이름은 공덕길상상이니라. 다음에 부처님이 나셨으니, 이름은 용맹법력당이니라. 다음에 부처님이 나셨으니, 이름은 법륜광명음이니라. 다음에 부처님이 나셨으니, 이름은 공덕산지혜광이니라. 다음에 부처님이 나셨으니, 이름은 무상묘법월이니라. 다음에 부처님이 나셨으니, 이름은 법련화정광당이니라. 다음에 부처님이 나셨으니, 이름은 보련화광명장이니라. 다음에 부처님이 나셨으니, 이름은 광염운산등이니라. 다음에 부처님이 나셨으니, 이름은 보각화니라.

다음에 부처님이 나셨으니, 이름은 종종공덕염수미장이니라. 다음에 부처님이 나셨으니, 이름은 원만광산왕이니라. 다음에 부처님이 나셨으니, 이름은 복덕운장엄이니라. 다음에 부처님이 나셨으니, 이름은 법산운당이니라. 다음에 부처님이 나셨으니, 이름은 공덕산광명이니라. 다음에 부처님이 나셨으니, 이름은 법일운등왕이니라. 다음에 부처님이 나셨으니, 이름은 법운명칭왕이니라. 다음에 부처님이 나셨으니, 이름은 법륜운이니라. 다음에 부처님이 나셨으니, 이름은 개오보리지광당이니라. 다음에 부처님이 나셨으니, 이름은 보조법륜

月이며 次有佛興하시니 名寶山威德賢이며 次有佛興하시니 名賢德廣
大光이며 次有佛興하시니 名普智雲이며 次有佛興하시니 名法力功德
山이며 次有佛興하시니 名功德香焰王이며 次有佛興하시니 名金色摩
尼山妙音聲이며 次有佛興하시니 名頂髻出一切法光明雲이며 次有
佛興하시니 名法輪熾盛光이며 次有佛興하시니 名無上功德山이며 次
有佛興하시니 名精進炬光明雲이며 次有佛興하시니 名三昧印廣大
光明冠이며 次有佛興하시니 名普光明功德王이며 次有佛興하시니 名
法炬寶蓋音이며 次有佛興하시니 名普照虛空界無畏法光明이며 次
有佛興하시니 名月相莊嚴幢이며 次有佛興하시니 名光明焰山雲이며
次有佛興하시니 名照無障礙法虛空이며 次有佛興하시니 名開顯智

월이니라. 다음에 부처님이 나셨으니, 이름은 보산위덕현이니라. 다음에 부처님이 나셨으니, 이름은 현덕광대광이니라. 다음에 부처님이 나셨으니, 이름은 보지운이니라. 다음에 부처님이 나셨으니, 이름은 법력공덕산이니라. 다음에 부처님이 나셨으니, 이름은 공덕향염왕이니라. 다음에 부처님이 나셨으니, 이름은 금색마니산묘음성이니라. 다음에 부처님이 나셨으니, 이름은 정계출일체법광명왕운이니라. 다음에 부처님이 나셨으니, 이름은 법륜치성광이니라. 다음에 부처님이 나셨으니, 이름은 무상공덕산이니라. 다음에 부처님이 나셨으니, 이름은 정진거광명운이니라.

　다음에 부처님이 나셨으니, 이름은 삼매인광대광명관이니라. 다음에 부처님이 나셨으니, 이름은 보광명공덕왕이니라. 다음에 부처님이 나셨으니, 이름은 법거보개음이니라. 다음에 부처님이 나셨으니, 이름은 보조허공계무외법광명이니라. 다음에 부처님이 나셨으니, 이름은 월상장엄당이니라. 다음에 부처님이 나셨으니, 이름은 광명염산운이니라. 다음에 부처님이 나셨으니, 이름은 조무장애법허공이니라. 다음에 부처님이 나셨으니, 이름은 개현지광신이니라.

光身이며 次有佛興하시니 名世主德光明音이며 次有佛興하시니 名一切法三昧光明音이며 次有佛興하시니 名法音功德藏이며 次有佛興하시니 名熾然焰法海雲이며 次有佛興하시니 名普照三世相大光明이며 次有佛興하시니 名普照法輪山이며 次有佛興하시니 名法界師子光이며 次有佛興하시니 名須彌華光明이며 次有佛興하시니 名一切三昧海師子焰이며 次有佛興하시니 名普智光明燈이라 善男子야 如是等須彌山微塵數如來에 其最後佛이 名法界城智慧燈이시니 並於離垢光明劫中에 出興於世어시든 我皆尊重親近供養하야 聽聞受持所說妙法하며 亦於彼一切諸如來所에 出家學道하야 護持法教하야 入此菩薩甚深自在妙音解脫하야 種種方便으로 教化成熟無量衆

다음에 부처님이 나셨으니, 이름은 세주덕광명음이니라. 다음에 부처님이 나셨으니, 이름은 일체법삼매광명음이니라. 다음에 부처님이 나셨으니, 이름은 법음공덕장이니라. 다음에 부처님이 나셨으니, 이름은 치연염법해운이니라. 다음에 부처님이 나셨으니, 이름은 보조삼세상대광명이니라. 다음에 부처님이 나셨으니, 이름은 보조법륜산이니라. 다음에 부처님이 나셨으니, 이름은 법계사자광이니라. 다음에 부처님이 나셨으니, 이름은 수미화광명이니라. 다음에 부처님이 나셨으니, 이름은 일체삼매해사자염이니라. 다음에 부처님이 나셨으니, 이름은 보지광명등이니라.

착한 남자여, 이러한 수미산 티끌 수 여래 중에 마지막 부처님의 이름은 법계성지혜등이니, 모두 때 여읜 광명겁 동안에 세상에 나셨는데, 내가 다 존중하고 가까이하여 공양하였고, 말씀하신 묘한 법을 듣고 받아 지니었으며, 또 그 여러 여래에게 출가하여 도를 배웠고, 교법을 수호하였으며, 보살의 매우 깊고 자유자재한 묘한 음성 해탈에 들어가 가지가지 방편으로 한량없는 중생들을 교화하여 성숙케 하였느니라.

生호니 從是已來로 於佛刹微塵數劫에 所有諸佛이 出興於世어시든
我皆供養하고 脩行其法호라 善男子야 我從是來로 於生死夜無明
昏寐諸衆生中에 而獨覺悟하야 令諸衆生으로 守護心城하야 捨三界
城하고 住一切智無上法城케호라 善男子야 我唯知此甚深自在妙
音解脫하야 令諸世間으로 離戲論語하며 不作二語하며 常眞實語하며
恒淸淨語어니와 如諸菩薩摩訶薩은 能知一切語言自性하야 於念
念中에 自在開悟一切衆生하며 入一切衆生言音海하야 於一切言
辭에 悉皆辯了하며 明見一切諸法門海하야 於普攝一切法陀羅尼
에 已得自在하며 隨諸衆生心之所疑하야 而爲說法하야 究竟調伏一
切衆生하고 能普攝受一切衆生하며 巧脩菩薩諸無上業하고 深入

그 후부터 세계의 티끌 수 겁 동안에 세상에 나시는 부처님들을 내
가 다 공양하고 그 법을 수행하였느니라.

착한 남자여, 나는 그때부터 나고 죽는 밤중의 어두운 무명 속에
있는 중생들 중에 홀로 깨어서, 중생들로 하여금 마음 성을 수호하고
삼세의 성을 버리게 하며, 온갖 지혜의 위 없는 법의 성에 머물게 하
였느니라.

착한 남자여, 나는 다만 이 매우 깊고 자유자재한 묘한 음성의 해
탈을 알고 세간 사람들로 하여금 부질없는 말을 여의고 두 가지 말을
하지 않으며, 진실한 말과 청정한 말을 하게 할 뿐이니, 저 보살마하
살들이 모든 말의 성품을 알아 생각생각마다 모든 중생을 자유롭게
깨닫게 하며,
여러 중생의 음성 바다에 들어가서 온갖 말을 다 분명하게 이야기하
며, 모든 법문 바다를 분명히 보며, 온갖 법을 모두 포섭한 다라니에
이미 자재하여졌으며, 중생들의 의심을 따라서 법을 말하여 모든 중
생을 끝까지 조복하며, 모든 중생을 널리 거두어 주고 보살의 위 없
는 업을 교묘하게 닦으며,

菩薩諸微細智하며 能善觀察諸菩薩藏하고 能自在說諸菩薩法하나
니 何以故오 已得成就一切法輪陀羅尼故니 而我云何能知能說
彼功德行이리오 善男子야 此佛會中에 有主夜神하니 名開敷一切樹
華니 汝詣彼問호대 菩薩이 云何學一切智며 云何安立一切衆生하야
住一切智리잇고하라 爾時에 守護一切城主夜神이 欲重宣此解脫義
하사 爲善財童子하야 而說頌曰

菩薩解脫深難見이라　　　　虛空如如平等相이니
普見無邊法界內에　　　　　一切三世諸如來하고
出生無量勝功德하며　　　　證入難思眞法性하며
增長一切自在智하며　　　　開通三世解脫道로다

보살의 미세한 지혜에 깊이 들어가 보살들의 법장을 잘 관찰하며, 모든 보살의 법을 자유롭게 말하는 것은 모든 법륜다라니를 이미 성취한 연고니, 그런 일이야 내가 어떻게 알며 그 공덕행을 말하겠는가. 착한 남자여, 이 부처님 회중에 밤 맡은 신이 있으니, 이름은 모든 나무의 꽃을 피우는 이라. 그대는 그에게 가서 '보살이 어떻게 온갖 지혜를 배우며, 어떻게 모든 중생들을 편안케 하여 온갖 지혜에 머물게 하는가?'하고 물으라."

그때 '모든 성을 수호하는 밤 맡은 신'이 이 해탈의 뜻을 다시 밝히려고 선재동자에게 게송을 말하였다.

보살의 깊은 해탈 보기 어려워　　진여와 같은 허공 평등한 모양

그지없는 법계의 안에 계시는　　삼세의 모든 여래 두루 보나니

한량없이 수승한 공덕을 내며　　부사의한 참 법의 성품에 들어

온갖 것에 자재한 지혜 기르고　　삼세 해탈도를 열어 통하네

過於刹轉微塵劫하야
世界名爲法焰雲이요
其中諸佛興於世하시니
有佛名爲法海音이니
乃至其中最後佛이
如是一切諸如來에
我見法海雷音佛의
諸相莊嚴如寶山하고
我暫見彼如來身하고
誓願勤求一切智호니

爾時有劫名淨光이요
其城號曰寶華光이라
量與須彌塵數等이라
於此劫中先出現하시며
名爲法界焰燈王이니
我皆供養聽受法호라
其身普作眞金色하며
發心願得成如來호라
卽發菩提廣大心하야
性與法界虛空等이로다

세계의 티끌처럼 많은 겁 전에

그 세계의 이름은 법 불꽃 구름

그 세상 나시었던 많은 부처님

법해음이라 하는 부처님께서

맨 나중 나시었던 부처님 이름

이렇게 나시었던 여러 여래를

법해뇌음 부처님 내가 뵈오니

여러 모양 장엄하심 보배산 같아

저 부처님 몸매를 잠깐 뵈옵고

서원하고 온갖 지혜 구하려 하니

그때 정광이란 겁이 있었고

서울 이름 보배꽃 광명이라

한량없는 수미산 티끌 같은데

이 겁에 가장 먼저 나시었으며

법계염등왕이라 일컬으시니

내가 모두 공양하고 법을 들었네

그의 몸은 모두 다 황금빛이요

나도 여래 이루려고 발심했으며

광대한 보리심을 즉시 내었으며

그 성품이 법계의 허공과 같아

由斯普見三世佛과　　　及以一切菩薩衆하며
亦見國王衆生海하고　　而普攀緣起大悲호라
隨諸衆生心所樂하야　　示現種種無量身하야
普徧十方諸國土하야　　動地舒光悟含識호라
見第二佛而親近하며　　亦見十方刹海佛과
乃至最後佛出興호니　　如是須彌塵數等이샷다
於諸刹轉微塵劫에　　　所有如來照世燈을
我皆親近而瞻奉하야　　令此解脫得淸淨호라

爾時에 善財童子가 得入此菩薩甚深自在妙音解脫故로 入無邊
三昧海하며 入廣大總持海하며 得菩薩大神通하며 獲菩薩大辯才하

이리하여 삼세 부처님들과　　　모든 보살대중을 두루 뵈오며

국토와 중생 바다 다 보고 나서　그런 것들 반연하여 대비심 내며

중생들의 좋아하는 마음을 따라　한량없는 가지가지 몸 나타내어서

시방의 모든 국토 두루 가득히　　땅 흔들고 빛을 펴서 중생 깨닫게하네

둘째 나신 부처님 가까이 뵙고　　시방 세계 부처님도 다 뵈었으며

마지막 부처님이 나시기까지　　　수미산 티끌 수와 같이 많거늘

모든 세계 티끌 수 갑절 겁 동안　나시는 세상 등불 여러 부처님

내가 다 가까이하고 받들어 섬겨　이 해탈을 청정하게 닦아 이루었네

이때 선재동자는 보살의 매우 깊고 자유자재한 묘한 음성의 해탈에
들어갔으므로 그지없는 삼매 바다에 들어가고, 크고 넓은 총지 바다
에 들어가서 보살의 큰 신통과 보살의 큰 변재를 얻고는 마음이 매우

야 心大歡喜하야 觀察守護一切城主夜神하고 以偈讚曰

已行廣大妙慧海하며	已度無邊已有海하사
長壽無患智藏身과	威德光明住此衆이샷다
了達法性如虛空하사	普入三世皆無礙하야
念念攀緣一切境호대	心心永斷諸分別이샷다
了達衆生無有性호대	而於衆生起大悲하며
深入如來解脫門하사	廣度群迷無量衆이샷다
觀察思惟一切法하며	了知證入諸法性하사
如是脩行佛智慧하야	普化衆生令解脫이샷다
天是衆生調御師라	開示如來智慧道하사

환희하여 '모든 성 수호하는 밤 맡은 신'을 관찰하고 게송으로 찬탄하였다.

광대한 지혜 바다 이미 행하고	그지없는 업 바다를 이미 건너서
장수하고 근심 없는 지혜의 몸이	위덕과 광명으로 여기 계시네
법의 성품 허공같이 통달하시고	삼세 들어가되 걸림이 없어
생각으론 모든 경계 반연하여도	마음에는 여러 분별 아주 끊었고
중생들의 성품 없음 통달하고도	중생에게 대비심을 일으키시며
여래의 해탈문에 깊이 들어가	한량없는 중생을 제도하시고
온갖 법을 관찰하여 생각해 알고	모든 법의 성품에 증명하여 들며
부처님의 지혜를 이렇게 닦아	중생을 교화하여 해탈케 하며
당신은 중생들을 지도하는 이	여래의 지혜 길을 열어 보시며

普爲法界諸含識하야 　　　說離世間衆怖行이샷다
已住如來諸願道하며 　　　已受菩提廣大敎하며
已脩一切徧行力하며 　　　已見十方佛自在샷다
天神心淨如虛空하야 　　　普離一切諸煩惱하며
了知三世無量刹에 　　　　諸佛菩薩及衆生이샷다
天神一念悉了知 　　　　　晝夜日月年劫海하며
亦知一切衆生類의 　　　　種種名相各差別이샷다
十方衆生生死處와 　　　　有色無色想無想을
隨順世俗悉了知하사 　　　引導使入菩提路샷다
已生如來誓願家하며 　　　已入諸佛功德海하사

온 법계의 수없는 중생들에게 　　　공포에서 떠나는 행을 설하시어
여래의 서원 길에 이미 머물고 　　　보리의 큰 교법을 이미 받았고
온갖 것에 두루하는 힘을 닦아서 　　시방에 자재하신 부처님 뵈었네
신의 마음 깨끗하기 허공과 같아 　　여러 가지 번뇌를 두루 여의고
삼세 한량없는 여러 세계와 　　　　부처 보살 중생을 모두 아시며
천신은 한 생각에 낮과 밤이며 　　　날과 달과 해와 겁을 모두 아시고
중생들의 여러 종류 이름과 형상 　　제각기 다르다는 것을 모두 아시며
시방 세계 중생의 죽고 나는 곳 　　　유색·무색·유상·무상
이런 것들 세속 따라 모두 다 알고 　인도하여 보리에 들게 하시네
여래의 서원 집에 이미 나시고 　　　부처님의 공덕 바다 이미 들어가

法身淸淨心無礙_{하야}　　　隨衆生樂現衆色_{이삿다}

時_에 善財童子_가 說此頌已_코 禮夜神足_{하며} 遶無量帀_{하며} 殷勤瞻仰_{하고} 辭退而去_{하니라}

爾時_에 善財童子_가 入菩薩甚深自在妙音解脫門_{하야} 脩行增進_{하고} 往詣開敷一切樹華夜神所_{하야} 見其身_이 在衆寶香樹樓閣之內妙寶所成師子座上_{하사} 百萬夜神_의 所共圍遶_{하고} 時_에 善財童子_가 頂禮其足_{하며} 於前合掌_{하야} 而作是言_{호대} 聖者_하 我已先阿耨多羅三藐三菩提心_{호니} 而未知菩薩_이 云何學菩薩行_{이며} 云何得一切智_{리잇고} 唯願垂慈_{하사} 爲我宣說_{하소서}

夜神_이 言_{하사대} 善男子_야 我於此娑婆世界_에 日光已沒_{하고} 蓮華覆

마음이 걸림 없고 법신이 청정하여 중생 따라 여러 몸을 나타내신다

이때 선재동자는 이 게송을 말하고 나서, 밤 맡은 신의 발에 예배하고 수없이 돌고 은근하게 앙모하며 하직하고 물러갔다.

이때 선재동자는 보살의 매우 깊고 자유자재한 묘한 음성의 해탈문에 들어가서 수행이 증진하여 '모든 나무에 꽃을 피우는 밤 맡은 신'에게 나아가서 보니, 그 신의 몸이 보배향 나무로 지은 누각 안에서 묘한 보배로 만든 사자좌에 앉았는데, 백만의 밤 맡은 신이 함께 모시고 있었다.

선재동자는 그의 발에 예배하고 앞에 서서 합장하고 말하였다.

"거룩하신이여, 저는 이미 아뇩다라삼먁삼보리심을 내었사오나, 보살이 어떻게 보살행을 배우며 어떻게 온갖 지혜를 얻나이까? 바라옵건대, 자비하신 마음으로 저에게 말씀하여 주소서."

밤 맡은 신이 말하였다.

"착한 남자여, 나는 이 사바세계에서 해가 지고 연꽃이 오므라들어

合하야 諸人衆等이 罷遊觀時에 見其一切若山若水와 若城若野인
如是等處의 種種衆生이 咸悉發心하야 欲還所住하고 我皆密護하야
令得正道하며 達其處所하야 宿夜安樂케호라 善男子야 若有衆生이
盛年好色하야 驕慢放逸하야 五欲自恣하면 我爲示現老病死相하야
令生恐怖하야 捨離諸惡하고 復爲稱歎種種善根하야 使其脩習하며
爲慳悋者하야 讚歎布施하며 爲破戒者하야 稱揚淨戒하며 有瞋恚者면
教住大慈하며 懷惱害者면 令行忍辱하며 若懈怠者면 令起精進하며
若散亂者면 令脩禪定하며 住惡慧者면 令學般若하며 樂小乘者면
令住大乘하며 樂着三界諸趣中者면 令住菩薩願波羅蜜하며 若有
衆生이 福智微劣하야 爲諸結業之所逼迫하야 多留礙者면 令住菩

사람들이 구경하던 일을 파할 적에 여러 종류의 산이나 물이나 성지
나 벌판 등지에 있던 여러 중생들이 모두 그들의 있던 데로 돌아가려
는 이들을 보면 내가 가만히 보호하여 바른 길을 찾게 하며, 가려는
곳에 가서 밤을 편안히 지내게 하느니라.

착한 남자여, 어떤 중생이 한창 나이에 혈기가 충실하며 교만하고
방탕하여 다섯 가지 욕락을 마음껏 하거든 나는 그에게 늙고 병들어
죽는 일을 보여 두려운 생각을 내어 나쁜 짓을 버리게 하며, 다시 가
지가지 착한 뿌리를 칭찬하여 닦아 익히게 하는데 인색한 이에게는
보시를 찬탄하고,
파계하는 이에게는 청정한 계율을 칭찬하고, 성 잘 내는 이에게는 인
자한 데 머물게 하고, 해칠 마음을 가진 이에게는 인욕을 하게 하고,
게으른 이에게는 정진하게 하고, 산란한 이에게는 선정을 닦게 하고,
나쁜 꾀를 가진 이에게는 반야를 배우게 하고, 소승을 좋아하는 이에
게는 대승에 머물게 하고, 삼계의 여러 길을 좋아하는 이에게는 보살
의 서원바라밀에 머물게 하며, 만일 중생이 복과 지혜가 미약하여 번
뇌와 업의 핍박으로 걸림이 많은 이에게는

薩力波羅蜜하며 若有衆生이 其心暗昧하야 無有智慧면 令住菩薩
智波羅蜜케호니 善男子야 我已成就菩薩出生廣大喜光明解脫門
호라 善財가 言호대 大聖하 此解脫門이 境界云何니잇고
夜神이 言하사대 善男子야 入此解脫에 能知如來普攝衆生巧方便
智니 云何普攝고
善男子야 一切衆生의 所受諸樂이 皆是如來威德力故며 順如來
敎故며 行如來語故며 學如來行故며 得如來所護力故며 脩如來
所印道故며 種如來所行善故며 依如來所說法故며 如來智慧日
光之所照故며 如來性淨業力之所攝故니라 云何知然고 善男子야
我入此出生廣大喜光明解脫에 憶念毘盧遮那如來應正等覺의

보살의 힘바라밀에 머물게 하며, 만일 중생이 마음이 어두워 지혜가
없으면 보살의 지혜바라밀에 머물게 하느니라. 착한 남자여, 나는 이
미 보살의 큰 기쁨을 내는 광명의 해탈문을 성취하였느니라."

　　선재동자가 말하였다.

　　"거룩하신이여, 이 해탈문의 경계가 어떠하옵니까?"

　　밤 맡은 신이 말하였다.

　　"착한 남자여, 이 해탈에 들어가면 여래께서 중생들을 두루 거두어
주는 교묘한 방편 지혜를 아느니라. 어떤 것이 두루 거두어 줌이냐
하면, 착한 남자여 모든 중생이 받는 여러 가지 즐거움은 모두 여래
의 위덕의 힘이니 여래의 가르침을 순종하는 연고며, 여래의 말씀을
실행하는 연고며, 여래의 행을 배우는 연고며, 여래의 보호하는 힘을
얻은 연고며, 여래의 인가하는 도를 닦는 연고며, 여래의 행하던 착한
일을 심는 연고며, 여래의 말씀하신 법을 의지하는 연고며, 여래의 지
혜의 햇빛으로 비추시는 연고며, 여래의 성품이 깨끗한 업의 힘으로
거두어 주시는 연고니라. 어떻게 그런 줄 아는가 하면, 착한 남자여
내가 이 큰 기쁨을 내는 광명의 해탈에 들어가서 비로자나여래·응공

往昔所修菩薩行海하야 悉皆明見호니

善男子야 世尊이 往昔爲菩薩時에 見一切衆生이 着我我所하야 住無明暗室하며 入諸見稠林하야 爲貪愛所縛과 忿怒所壞와 愚癡所亂과 慳嫉所纏하야 生死輪廻하며 貧窮困苦하야 不得値遇諸佛菩薩하고 見如是已에 起大悲心하야 利益衆生하시니 所謂起願得一切妙寶資具하야 攝衆生心과 願一切衆生이 皆悉具足資生之物하야 無所乏心과 於一切衆事에 離執着心과 於一切境界에 無貪染心과 於一切所有에 無慳悋心과 於一切果報에 無希望心과 於一切榮好에 無羨慕心과 於一切因緣에 無迷惑心하며 起觀察眞實法性心하며 起救護一切衆生心하며 起深入一切法淵澓心하며 起於一切

· 정등각께서 과거에 닦으시던 보살의 수행 바다를 기억하여 분명하게 보았기 때문이니라. 착한 남자여, 세존께서 옛적에 보살로 계실 때에 모든 중생들이 '나'라 '내것'이라 하는데 집착하여 무명이란 어두운 밤에 머물며 여러 소견의 숲 속에 들어가서 탐애에 얽매이고, 성내는 데 깨지고 어리석은 데 어지럽히고 미워하는 데 감기어서 나고 죽는 데 윤회하고, 빈궁한 데 피곤하여 부처님이나 보살들을 만나지 못하는 것을 보시었느니라. 그런 것을 보시고는 가엾이 여기는 마음을 내어 중생을 이익케 하였으니 이른바 모든 보배로 된 도구를 얻어 중생을 거두어 주려는 마음과 모든 중생들의 생활에 필요한 물품을 구족하여 모자람이 없게 하려는 마음과 모든 일에 집착을 여의게 하려는 마음과 모든 경계에 물들고 탐내지 않으려는 마음과 모든 것을 아끼지 않으려는 마음과 모든 과보에 희망하지 않는 마음과 모든 영화에 부러워하지 않는 마음과 모든 인연에 미혹하지 않으려는 마음을 내었다. 또한 진실한 법의 성품을 관찰하려는 마음을 내고, 모든 중생을 구호하려는 마음을 내고, 모든 법의 소용돌이에 깊이 들어가려는 마음을 내고, 모든 중생에 대하여

衆生에 住平等大慈心하며 起於一切衆生에 行方便大悲心하며 起
爲大法蓋하야 普覆衆生心하며 起以大智金剛杵로 破一切衆生煩
惱障山心하며 起令一切衆生으로 增長喜樂心하며 起願一切衆生이
究竟安樂心하며 起隨衆生所欲하야 雨一切財寶心하며 起以平等
方便으로 成熟一切衆生心하며 起令一切衆生으로 滿足聖財心하며
起願一切衆生이 究竟皆得十力智果心이니 起如是心已에 得菩
薩力하사 現大神變하야 徧法界虛空界하사 於一切衆生前에 普雨一
切資生之物하사 隨其所欲하야 悉滿其意하야 皆令歡喜하사 不悔不
悋하며 無間無斷하시니 以是方便으로 普攝衆生하야 教化成熟하사 皆
令得出生死苦難하고 不求其報하며 淨治一切衆生心寶하야 令其

평등한 데 머물려는 인자한 마음을 내고, 모든 중생에게 방편을 행하
려는 가엾이 여기는 마음을 내고, 큰 법의 일산이 되어 중생을 두루
덮으려는 마음을 내고, 큰 지혜의 금강저로 모든 중생의 번뇌의 산을
깨뜨리려는 마음을 내고, 모든 중생의 기쁨을 증장케 하려는 마음을
내고, 모든 중생을 끝까지 안락케 하려는 마음을 내고, 중생의 욕망을
따라 모든 보배를 비 내리려는 마음을 내고, 평등한 방편으로 모든
중생을 성숙케 하려는 마음을 내고, 모든 중생으로 하여금 성스러운
재물을 만족케 하려는 마음을 내고, 모든 중생들이 필경에 모두 열
가지 지혜의 열매를 얻게 하려는 마음을 내었느니라.

　이런 마음을 내고는 보살의 힘을 얻고 큰 신통변화를 나타내며, 법
계와 허공계에 두루하여 모든 중생 앞에서 생활에 필요한 모든 물품
을 비 내리어 그들의 욕망 대로 뜻에 만족하여 환희케 하며, 후회하
지도 인색하지도 아니하며, 끊이는 사이가 없었느니라. 이러한 방편
으로 중생들을 두루 거두어 교화하고 성숙케 하여 생사의 고통에서
벗어나게 하면서도 갚음을 바라지 아니하며, 일체 중생의 마음 보배
를 깨끗하게 다스려서

生起一切諸佛同一善根하야 增一切智福德大海니라 菩薩이 如是
念念成熟一切衆生하며 念念嚴淨一切佛刹하며 念念普入一切法
界하며 念念皆悉徧虛空界하며 念念普入一切三世하며 念念成就
調伏一切諸衆生智하며 念念恒轉一切法輪하며 念念恒以一切智
道로 利益衆生하며 念念普於一切世界種種差別諸衆生前에 盡
未來劫토록 現一切佛成等正覺하며 念念普於一切世界一切諸劫
에 修菩薩行호대 不生二想하시니 所謂普入一切廣大世界海와 一切
世界種中에 種種際畔諸世界와 種種莊嚴諸世界와 種種體性諸
世界와 種種形狀諸世界와 種種分布諸世界와 或有世界穢而兼
淨과 或有世界淨而兼穢와 或有世界一向雜穢와 或有世界一向

그들로 하여금 여러 부처님과 같은 착한 뿌리를 일으키게 하며 온갖
지혜와 복덕 바다를 증장하게 하였느니라.

보살이 이리하여 잠깐잠깐에 모든 중생을 성숙케 하며, 잠깐잠깐에
모든 부처님 세계를 깨끗이 장엄하며, 잠깐잠깐에 모든 법계에 두루
들어가며, 잠깐잠깐에 허공계에 두루 가득하며, 잠깐잠깐에 모든 삼
세에 두루 들어가며, 잠깐잠깐에 모든 중생의 지혜를 성취하고 조복
하며, 잠깐잠깐에 온갖 법륜을 항상 굴리며, 잠깐잠깐에 온갖 지혜의
도로써 중생을 이익케 하며, 잠깐잠깐에 모든 세계의 가지가지로 차
별한 중생 앞에서 미래 세상이 다하도록 모든 부처님의 등정각을 이
루심을 나타내며, 잠깐잠깐에 널리 모든 세계의 모든 겁에서 보살의
행을 닦아 두 생각을 내지 아니하나니, 이른바 모든 광대한 세계해의
모든 세계종 가운데 있는 가지가지로 경계가 된 세계와 가지가지로
장엄한 세계와 가지가지의 자체로 된 세계와 가지가지의 형상으로 된
세계와 가지가지 널려 있는 세계에 들어가는 것이라. 어떤 세계는 더
러우면서 깨끗함을 겸하고, 어떤 세계는 깨끗하면서 더러움을 겸하
고, 어떤 세계는 한결같이 더럽기만 하고, 어떤 세계는 한결같이

清淨과 或小或大와 或麤或細와 或正或側과 或覆或仰한 如是一切諸世界中하사 念念脩行諸菩薩行하사 入菩薩位하고 現菩薩力하며 亦現三世一切佛身하사 隨衆生心하야 普使知見케하시니라 善男子야 毗盧遮那如來가 於過去世에 如是脩行菩薩行時에 見諸衆生이 不脩功德하야 無有智慧하며 着我我所하야 無明翳障하며 不正思惟하야 入諸邪見하며 不識因果하야 順煩惱業하며 墮於生死險難深坑하야 具受種種無量諸苦하시고 起大悲心하사 具脩一切波羅蜜行하사 爲諸衆生하야 稱揚讚歎堅固善根하사 令其安住하야 遠離生死貧窮之苦하고 勤脩福智助道之法케하며 爲說種種諸因果門하며 爲說業報不相違反하며 爲說於法證入之處하며 爲說一切衆生欲解하며

깨끗하기만 하며, 작기도 하고 크기도 하고, 굵기도 하고 가늘기도 하며, 혹은 바르고 혹은 기울고, 혹은 엎어지고 혹은 잦혀졌으니 이러한 여러 세계 중에서 잠깐잠깐에 보살들의 행을 행하고 보살의 지위에 들어가고 보살의 힘을 나투며 또한 삼세 모든 부처님의 몸을 나타내고, 중생의 마음을 따라 모두 알고 보게 하느니라.

착한 남자여, 비로자나여래께서 지나간 옛날 이렇게 보살의 행을 닦을 적에 여러 중생들이 공덕을 닦지 않고서 지혜가 없어 '나'와 '내 것'에 집착하며, 무명에 가리워서 바르게 생각하지 않고 삿된 소견에 들어가며, 원인과 결과를 알지 못하고 번뇌의 업을 따르다가 생사의 험악한 구렁에 빠져서 가지가지 한량없는 괴로움을 받는 것을 보고는 크게 가엾이 여기는 마음을 내어 온갖 바라밀 행을 갖추어 닦으며, 중생들을 위하여 견고하고 착한 뿌리를 일컬어 찬탄하며 편안히 머물게 하여 생사와 빈궁한 고통을 여의고 복덕과 도를 돕는 법을 닦게 하느니라.

가지가지 인과의 문을 말하며, 업과 과보가 서로 위반하지 않음을 말하며, 법에 증하여 들어갈 곳을 말하며, 모든 중생의 욕망과 이해함

及說一切受生國土하사 令其不斷一切佛種하고 令其守護一切佛教하고 令其捨離一切諸惡하며 又爲稱讚趣一切智助道之法하사 令諸衆生으로 心生歡喜하며 令行法施하야 普攝一切하며 令其發起一切智行하며 令其修學諸大菩薩波羅蜜道하며 令其增長成一切智諸善根海하며 令其滿足一切聖財하며 令其得入佛自在門하며 令其攝取無量方便하며 令其觀見如來威德하며 令其安住菩薩智慧케하시니라

善財童子가 言호대 聖者하 發阿耨多羅三藐三菩提心이 其已久如니잇고 夜神이 言하사대 善男子야 此處가 難信이며 難知며 難解며 難入이며 難說이라 一切世間과 及以二乘은 皆不能知요 唯除諸佛神力所

을 말하며, 여러 가지로 태어날 국토를 말하며, 그들로 하여금 모든 부처님의 종자를 끊지 않게 하며, 모든 부처님의 가르침을 수호하게 하며, 모든 나쁜 짓을 버리게 하며, 또 온갖 지혜에 나아가는 도를 돕는 법을 말하여, 중생들로 하여금 환희한 마음을 내게 하며, 법보시를 행하여 모든 것을 두루 거두어 주게 하여 온갖 지혜의 행을 일으키게 하며, 모든 보살의 바라밀 도를 닦아 배우게 하며, 온갖 지혜를 이루는 여러 착한 뿌리 바다를 증장케 하며, 모든 거룩한 재물을 만족케 하며, 부처님의 자유자재한 문에 들어가게 하며, 한량없는 방편을 거두어 가지게 하며, 여래의 위엄과 공덕을 살펴보게 하며, 보살의 지혜에 편안히 머물게 하느니라."

선재동자가 말하였다.

"거룩하신이께서 아뇩다라삼먁삼보리심을 내신 지는 얼마나 오래되었나이까?"

밤 맡은 신이 대답하였다. "착한 남자여, 이것은 믿기 어렵고 알기 어렵고 이해하기 어렵고 들어가기 어렵고 말하기 어려우니, 모든 세간에서나 이승들도 알지 못하느니라. 오직 부처님들의 신통한 힘으로

護와 善友所攝으로 集勝功德하야 欲樂淸淨하야 無下劣心하며 無雜
染心하며 無諂曲心하며 得普照耀智光明心하며 發普饒益諸衆生
心과 一切煩惱及以衆魔無能壞心하며 起必成就一切智心과 不
樂一切生死樂心하며 能求一切諸佛妙樂하며 能滅一切衆生苦惱
하며 能修一切佛功德海하며 能觀一切諸法實性하며 能具一切淸
淨信解하며 能超一切生死瀑流하며 能入一切如來智海하며 能決
定到無上法城하며 能勇猛入如來境界하며 能速疾趣諸佛地位하며
能卽成就一切智力하며 能於十力에 已得究竟한 如是之人이라야 於
此에 能持能入能了니 何以故오 此是如來智慧境界라 一切菩薩도
尙不能知어든 況餘衆生가 然我今者에 以佛威力으로 欲令調順可

수호하고 선지식이 거두어 주는 이는 알 수 있을 것이니, 훌륭한 공덕
을 모아 욕망과 좋아함이 청정하여져 용렬한 마음이 없고 물든 마음
이 없고 왜곡된 마음이 없으며, 널리 비추는 지혜의 광명한 마음을 얻
고, 중생들을 두루 이익케 하려는 마음과 모든 번뇌와 여러 마가 깨뜨
릴 수 없는 마음을 내고, 온갖 지혜를 기어코 성취하려는 마음과 모든
생사의 즐거움을 좋아하지 않는 마음을 일으키며, 모든 부처님의 묘
한 즐거움을 능히 구하고, 모든 중생의 괴로움을 능히 멸하고, 모든
부처님의 공덕 바다를 능히 닦고, 모든 법의 참된 성품을 능히 관찰하
고, 모든 청정한 믿음과 이해를 능히 갖추고, 모든 생사의 흐름을 능
히 초월하여 모든 여래의 지혜 바다에 능히 들어가며, 능히 위 없는
법의 성에 결정코 이르며, 여래의 경계에 능히 용맹하게 들어가며, 모
든 부처님의 지위에 빨리 나아가며, 온갖 지혜의 힘을 능히 성취하며,
능히 열 가지 힘에 이미 구경을 얻는 이러한 사람이라야 이것을 능히
지니며 능히 들어가고 능히 통달하리라.

　왜냐하면, 이것은 여래의 지혜 경계이므로 모든 보살들도 알지 못
하거든 하물며 다른 중생이리오. 그러나 내가 이제 부처님의 위신력

化衆生으로 意速淸淨하며 欲令脩習善根衆生으로 心得自在하야 隨
汝所問하야 爲汝宣說호리라 爾時에 開敷一切樹華夜神이 欲重明其
義하사 觀察三世如來境界하고 而說頌言하사대

佛子汝所問　　　　　　　甚深佛境界여
難思刹塵劫에　　　　　　說之不可盡이로다
非是貪恚癡와　　　　　　驕慢惑所覆한
如是衆生等의　　　　　　能知佛妙法이며
非是住慳嫉과　　　　　　諂誑諸濁意하야
煩惱業所覆의　　　　　　能知佛境界며
非着蘊界處하고　　　　　及計於有身하는

으로써 화순하여 교화할만한 중생의 뜻이 빨리 청정케 하며, 착한 뿌
리를 닦는 중생의 마음이 자유자재하게 하기 위하여 그대의 물음을
따라 말하느니라."

　이때 '모든 나무에 꽃을 피우는 밤 맡은 신'이 이 뜻을 거듭 밝히려
고 삼세 여래의 경계를 관찰하고 게송을 말하였다.

불자여, 그대가 물은　　　　　깊고 깊은 부처님 경계는

헤아릴 수없는 오랜 겁 동안　　말하여도 다할 수 없나니

탐욕 · 성냄 · 어리석음과　　　교만과 의혹에 가리어진

이런 중생들이 알 수 있는　　　부처님의 묘한 법이 아니고

간탐 · 질투　　　　　　　　　아첨과 속이는 흐린 마음이나

번뇌와 업에 가리어진 이가　　알 수 있는 부처님의 경계가 아니고

오온 · 십이처 · 십팔계에 집착하거나　몸이 있다거나 소견이 뒤바뀌고

見倒想倒人의　能知佛所覺이로다
佛境界寂靜하야　性淨離分別하니
非着諸有者의　能知此法性이로다
生於諸佛家하야　爲佛所守護하야
持佛法藏者인　智眼之境界로다
親近善知識하고　愛樂白淨法하야
勤求諸佛力하야사　聞此法歡喜로다
心淨無分別하야　猶如太虛空하며
慧燈破諸暗이　是彼之境界로다
以大慈悲意로　普覆諸世間하야

생각이 뒤바뀐 이가 알 수 있는　부처님의 깨달으심이 아니며

부처님 경계 고요하고　성품은 깨끗하고 분별 여의어

있다고 고집하는 이로는　이 법의 성품을 알 수 없어

부처님의 가문에 나서　부처님의 수호를 받으며

부처님의 법장을 가지는 이라야　지혜 눈으로 보는 경계라

선지식을 가까이 모시고　희고 깨끗한 법을 좋아하며

부처님의 힘을 구하는 이는　이 법문 듣고 기뻐하리니

마음이 깨끗하고 분별없어　마치 허공과 같고

지혜의 등불로 어둠을 깨친다면　이것이 그들의 경계니라

크게 자비한 마음　모든 세간을 두루 덮어

一切皆平等이   是彼之境界로다

歡喜心無着하고   一切皆能捨하야

平等施衆生이   是彼之境界로다

心淨離諸惡하고   究竟無所悔하야

順行諸佛敎가   是彼之境界로다

了知法自性과   及以諸業種하야

其心無動亂이   是彼之境界로다

勇猛勤精進하고   安住心不退하야

勤修一切智가   是彼之境界로다

其心寂靜住三昧하며   究竟淸凉無熱惱하야

온갖 것에 평등하면   이것이 그들의 경계니라

기쁜 마음 집착이 없어   온갖 것을 모두 버리고

중생에게 평등하게 보시하면   이것이 그들의 경계니라

깨끗한 마음 나쁜 일 여의고   끝까지 후회함 없으며

부처님의 가르침을 따라 행하면   이것이 그들의 경계니라

모든 법의 성품과   모든 업의 씨를 알고

마음이 흔들리지 않으면   이것이 그들의 경계니라

용맹하게 꾸준히 노력하고   편안한 마음 물러가지 않아

온갖 지혜 부지런히 닦으면   이것이 그들의 경계니라

마음은 고요히 삼매에 머물고   끝까지 청량하여 번뇌 없으며

已脩一切智海因이
善知一切眞實相하고
普度群生靡有餘가
了達衆生眞實性하고
如影普現心水中이
從於一切三世佛의
盡諸劫刹勤脩行이
普入一切法界門하야
亦見其中劫成壞호대
法界所有微塵中에

此證悟者之解脫이며
深入無邊法界門하야
此慧燈者之解脫이며
不着一切諸有海하야
此正道者之解脫이며
方便願種而出生하야
此普賢者之解脫이며
悉見十方諸刹海하고
而心畢竟無分別하며
悉見如來坐道樹하사

온갖 지혜의 인(因)을 닦았으면

모든 진실한 모양 알고

중생을 제도하여 남김없으면

중생의 진실한 성품 통달해

그림자처럼 마음 물에 비치면

삼세 모든 부처님의

모든 세계와 겁에 부지런히 수행하면

모든 법계의 문에 두루 들어가

이뤄지고 무너지는 겁을 보아도

법계의 모든 티끌 속마다

이것이 깨달은 이의 해탈이니라

그지없는 법계의 문에 들어가

이것이 지혜 등 얻은 이의 해탈이니라

모든 있다는 데 집착하지 않고

이것이 바른 길 걷는 이의 해탈이니라

방편과 서원의 힘으로 나서

이것이 보현의 해탈이니라

시방의 세계 바다 모두 보고

끝까지 분별하는 마음 없으며

여래가 보리수 아래 앉아서

成就菩提化群品이　　　此無礙眼之解脫이로다
汝於無量大劫海에　　　親近供養善知識하고
爲利群生求正法하야　　聞已憶念無遺忘이로다
毘盧遮那廣大境이　　　無量無邊不可思어늘
我承佛力爲汝說하야　　令汝深心轉淸淨이로라

善男子야 乃往古世에 過世界海微塵數劫하야 有世界海하니 名普
光明眞金摩尼山이요 其世界海中에 有佛出現하시니 名普照法界
智慧山寂靜威德王이라 善男子야 其佛이 往修菩薩行時에 淨彼世
界海하니 其世界海中에 有世界微塵數世界種하고 一一世界種에
有世界微塵數世界하고 一一世界에 皆有如來가 出興於世어시든 一

성도하고 중생 교화함을 본다면　　이것이 걸림 없는 눈 가진 이의 해탈

그대는 한량없는 겁 바다에서　　　선지식을 모셔 공양하였고

중생을 이익케 하려 바른 법 구하니　들거든 기억하고 잊지 말아라

비로자나의 광대한 경계　　　　　　한량없고 그지없어 부사의하지만

부처님 힘을 입어 말씀하여서　　　그대의 깊은 마음 더욱 청정케 하도다

"착한 남자여, 지나간 옛적 세계해의 티끌 수 겁 전에 한 세계해가
있었으니 이름은 넓은 광명 진금 마니산이요, 그 세계해 가운데 부처
님이 나시었으니, 이름이 보조법계지혜산적정위덕왕이었느니라. 착
한 남자여, 그 부처님이 예전 보살행을 닦으실 적에 그 세계해를 깨
끗이 하였는데, 그 세계해 가운데 세계의 티끌 수 세계종이 있고, 낱
낱 세계종마다 세계의 티끌 수 세계가 있으며, 낱낱 세계 마다 여래
께서 나셨으며,

一如來가 說世界海微塵數脩多羅하고 一一脩多羅에 授佛利微
塵數諸菩薩記하사 現種種神力하며 說種種法門하사 度無量衆生하
시니라 善男子야 彼普光明眞金摩尼山世界海中에 有世界種하니 名
普莊嚴幢이요 此世界種中에 有世界하니 名一切寶色普光明이니 以
現一切化佛影摩尼王으로 爲體하야 形如天城하고 以現一切如來
道場影像摩尼王으로 爲其下際하야 住一切寶華海上하니 淨穢相
雜이라 此世界中에 有須彌山微塵數四天下어든 有一四天下가 最
處其中하니 名一切寶山幢이라 其四天下가 一一縱廣이 十萬由旬이
요 一一各有一萬大城이러라 其閻浮提中에 有一王都하니 名堅固妙
寶莊嚴雲燈이니 一萬大城이 周帀圍遶요 閻浮提人壽萬歲時에 其

낱낱 여래께서 세계해 티끌 수 경을 말씀하시고, 낱낱 경에서 세계의
티끌 수 보살들에게 수기를 주시며 가지가지 신통한 힘을 나타내고,
가지가지 법문을 말하여 한량없는 중생을 제도하였느니라.

착한 남자여, 저 넓은 광명 진금 마니산 세계해 가운데 한 세계 종
이 있으니 이름은 두루 장엄한 당기요, 그 세계종 가운데 한 세계가
있으니 이름이 모든 보배빛 넓은 광명이니,
모든 화신 부처님의 그림자를 나타내는 마니왕으로 자체가 되고, 형
상은 하늘 성과 같으며, 모든 여래 도량의 영상을 나타내는 마니왕으
로 밑바닥이 되어 모든 보배꽃 바다 위에 있으니 깨끗하고 더러움이
섞이었으며,
이 세계에 수미산의 티끌 수 사천하가 있고, 한 사천하가 그 복판에
있으니 이름이 온갖 보배산 당기요, 사천하마다 넓이와 길이가 십만
유순이며, 낱낱 사천하에 각각 일만의 큰 성이 있고, 그 염부제에 한
서울이 있으니 이름이 견고하고 묘한 보배장엄 구름등불인데 일만의
큰 성들이 두루 둘러 있느니라.

그 염부제 사람의 수명이 일만 세 때에

中有王하니 名一切法音圓滿蓋라 有五百大臣과 六萬婇女와 七百王子하니 其諸王子가 皆端正勇健하야 有大威力이러라 爾時에 彼王威德이 普被閻浮提內하야 無有怨敵이러니 時彼世界의 劫欲盡時에 有五濁起하야 一切人衆이 壽命短促하고 資財乏少하며 形色鄙陋하야 多苦少樂하며 不脩十善하고 專作惡業하며 更相忿諍하고 互相毁辱하며 離他眷屬하고 妬他榮好하며 任情起見하야 非法貪求일새 以是因緣으로 風雨不時하고 苗稼不登하며 園林草樹가 一切枯槁하며 人民匱乏하야 多諸疫病하며 馳走四方하야 靡所依怙라 咸來共遶王都大城하야 無量無邊百千萬億이 四面周帀하야 高聲大呼하며 或擧其手하고 或合其掌하며 或以頭扣地하고 或以手搥胸하며 或屈膝長號하고

왕이 있었으니 이름이 모든 법 음성 원만한 일산이요, 오백 대신과 육만 궁녀와 칠백 왕자가 있는데 왕자들의 용모가 모두 단정하고 용맹하여 큰 위덕이 있었으며 그 왕의 위덕이 염부제에 널리 퍼져서 원수와 대적이 없었느니라.

그 세계에서 겁이 다하려 할 적에 다섯 가지 흐린 것이 생기어 사람들의 수명은 짧아지고 재물은 모자라고 형상은 더럽고 고통이 많고 즐거움이 적으며,

열 가지 착한 일은 닦지 않고 나쁜 업만 짓고, 서로 다투고 서로 헐뜯으며, 다른 이의 권속을 떠나게 하고 남의 영화를 질투하며, 생각대로 소견을 내고 법답지 못하게 탐심을 내었느니라.

그런 인연으로 비바람이 고르지 못하고 곡식은 풍년이 들지 않으며, 동산의 풀과 나무가 타죽고 백성들은 궁핍하고 질병이 많아서 사방으로 흩어 다니며, 의지할 데가 없어 모두 서울로 와서 여러 천만억 겹을 둘러싸고 사방에서 고래고래 소리를 지르고 손을 들기도 하고 합장하기도 하며, 머리를 땅에 조아리기도 하고 손으로 가슴을 두들기기도 하며, 무릎을 꿇고 부르짖기도 하고

或踊身大叫하며 頭髮鬈亂하고 衣裳弊惡하며 皮膚皴裂하고 面目無
光하야 而向王言호대

大王大王하 我等이 今者에 貧窮孤露와 飢渴寒凍과 疾病衰羸와
爲苦所逼으로 命將不久호대 無依無救하며 無所控告일새 我等이 今
者에 來歸大王이로소이다 我觀大王의 仁慈智慧하고 於大王所에 生得
安樂想과 得所愛想과 得活命想과 得攝受想과 得寶藏想과 遇津
梁想과 逢道路想과 爲船筏想과 見寶洲想과 獲財利想과 升天宮
想하노이다 爾時大王이 聞此語已코 得百萬阿僧祇大悲門하야 一心
思惟하야 發十種大悲語하니 其十者는 何오

所謂哀哉衆生이여 墮於無底生死大坑하니 我當云何而速勉濟하야

몸을 솟아 외치기도 하고 머리를 풀어헤치고 옷은 남루하며, 살갗이
터지고 눈에는 빛이 없는 이들이 임금을 향하여 하소연하였느니라.

'대왕이여, 대왕이여! 저희들은 지금 빈궁하고 외롭고 굶주리고 헐
벗고 병들고 쇠약하여 여러 가지 고통에 시달리고 있습니다. 목숨이
바람 앞의 등불 같사오나 의지할 데도 없고 구해 줄 이도 없사오며,
이런 하소연을 할 데도 없습니다. 그래서 저희들은 이제 대왕을 바라
고 왔나이다. 저희들이 보기에 대왕께서는 매우 인자하시고 매우 슬
기로우심에 저희들은 안락을 얻으리란 생각, 사랑을 받으리란 생각,
살려 주시리란 생각, 거두어 주시리란 생각, 보배 창고를 얻었다는 생
각, 나루를 만났다는 생각, 바른 길을 찾았다는 생각, 뗏목을 만났다
는 생각, 보물섬을 보았다는 생각, 금은보화를 얻으리란 생각, 천궁에
올랐다는 생각을 내나이다.'

그때 대왕은 이 말을 듣고 백만 아승지 가엾이 여기는 문을 얻어
한결같은 마음으로 생각하며, 열 가지 가엾이 여기는 말을 하였느니
라. 무엇이 열인가?

애닯다, 중생이여. 바닥 모를 생사의 구렁에 빠졌으니, 내가 어떻게

令其得住一切智地며 哀哉衆生이여 爲諸煩惱之所逼迫하니 我當云何而作救護하야 令其安住一切善業이며 哀哉衆生이여 生老病死之所恐怖니 我當云何爲作歸依하야 令其永得身心安隱이며 哀哉衆生이여 常爲世間衆怖所逼하니 我當云何而爲祐助하야 令其得住一切智道며 哀哉衆生이여 無有智眼하야 常爲身見疑惑所覆하니 我當云何爲作方便하야 令其得抉疑見翳膜이며 哀哉衆生이여 常爲癡暗之所迷惑하니 我當云何爲作明炬하야 令其照見一切智城이며 哀哉衆生이여 常爲慳嫉諂誑所濁하니 我當云何而爲開曉하야 令其證得淸淨法身이며 哀哉衆生이여 長時漂沒生死大海하니 我當云何而普運度하야 令其得上菩提彼岸이며 哀哉衆生이여 諸根

라도 속히 건져내어 온갖 지혜의 땅에 머물게 하리라. 애닯다, 중생이여. 모든 번뇌의 핍박한 바가 되었으니, 내가 어떻게라도 구제하여 그들로 하여금 온갖 착한 업에 편안히 머물게 하리라.

애닯다, 중생이여. 나고 늙고 병들고 죽는 데 떨고 있으니, 내가 어떻게라도 의지할 데가 되어 몸과 마음이 편안함을 영원히 얻게 하리라. 애닯다, 중생이여. 항상 세상의 공포 속에서 시달리니, 내가 어떻게라도 도와주어 온갖 지혜의 길에 머물게 하리라.

애닯다, 중생이여. 지혜의 눈이 없어 내 몸이란 소견의 의혹에 덮이었으니 내가 어떻게라도 방편을 지어 의혹의 소견과 눈에 가린 막을 결정해 주리라. 애닯다, 중생이여. 항상 어리석음에 미혹되었으니, 내가 어떻게라도 밝은 횃불이 되어 온갖 지혜의 성을 비추어 보게 하리라. 애닯다, 중생이여. 항상 아끼고 질투하고 아첨하는 데 흐리어졌으니, 내가 어떻게라도 열어 보여서 청정한 법의 몸을 증득케 하리라.

애닯다, 중생이여. 생사하는 바다에 오랫동안 빠졌으니, 내가 어떻게라도 널리 건져내어 보리의 피안에 오르게 하리라.

애닯다, 중생이여.

剛强하야 難可調伏하니 我當云何而爲調御하야 令其具足諸佛神力이며 哀哉衆生이여 猶如盲瞽하야 不見道路하니 我當云何而爲引導하야 令其得入一切智門이라 作是語已코 擊鼓宣令호대 我今普施一切衆生호리니 隨有所須하야 悉令充足이라하고 卽時頒下閻浮提內大小諸城과 及諸聚落하야 悉開庫藏하야 出種種物하야 置四衢道하니 所謂金銀瑠璃摩尼等寶와 衣服飮食과 華香瓔絡과 宮殿屋宅과 床榻敷具요 建大光明摩尼寶幢하니 其光觸身하야 悉使安隱하며 亦施一切病緣湯藥과 種種寶器에 盛衆雜寶와 金剛器中에 盛種種香과 寶香器中에 盛種種衣와 輦輿車乘과 幢旛繒蓋하야 如是一切資生之物을 悉開庫藏하야 而以給施하며 亦施一切村營城邑과 山

여러 감관이 억세어 조복하기 어려우니, 내가 어떻게라도 잘 다스려 여러 부처님의 신통한 힘을 갖추게 하리라.

애닯다, 중생이여. 소경과 같아서 길을 보지 못하니, 내가 어떻게라도 잘 인도하려 온갖 지혜의 문에 들어가게 하리라.

대왕이 이렇게 말하고는 북을 치고 명하기를, '내가 지금 모든 중생에게 보시하여 필요한 것을 모두 만족케 하리라.'하고, 즉시 염부제에 있는 크고 작은 여러 성과 모든 마을에 선포하여 창고를 열고 가지가지 물품을 내어 네거리에 쌓아 놓았으니 금, 은, 유리, 마니 등의 보배와 의복과 음식과 꽃과 향과 영락과 궁전과 집과 평상과 방석들이 있으며, 큰 광명마니 보배당기를 세웠으니 그 빛이 몸에 비치면 모두 편안하리라.

또 여러 가지 병에 필요한 약과 끓는 물을 보시하고 여러 가지 보배 그릇에 여러 가지 보배를 담았으니 금강 그릇에는 가지가지 향을 담고 보배향 그릇에는 가지가지 옷을 담았으며, 연과 가마와 수레와 당기 번기와 비단 일산 등의 여러 가지 살림살이에 필요한 것들을 고방 문을 열어 놓고 보시하여 주며, 또 여러 마을과 성시와 동산과 숲

澤林藪와 妻子眷屬과 及以王位와 頭目耳鼻와 脣舌牙齒와 手足皮肉과 心腎肝肺하야 內外所有를 悉皆能捨하니라 其堅固妙寶莊嚴雲燈城東面에 有門하니 名摩尼山光明이요 於其門外에 有施會處하니 其地廣博하야 淸淨平坦하며 無諸坑坎과 荊棘沙礫이요 一切가 皆以妙寶所成이라 散衆寶華하며 熏諸妙香하며 然諸寶燈하며 一切香雲이 充滿虛空하며 無量寶樹가 次第行列하며 無量華網과 無量香網이 彌覆其上하며 無量百千億那由他諸音樂器가 恒出妙音하니 如是一切가 皆以妙寶로 而爲莊嚴하니 悉是菩薩淨業果報라 於彼會中에 置師子座호대 十寶爲地하고 十寶欄楯과 十種寶樹로 周帀圍遶하며 金剛寶輪으로 以承其下하고 以一切寶로 爲龍神像하야 而

과 처자와 권속과 왕의 지위와 머리 · 눈 · 귀 · 코 · 입술 · 혀 · 치아 · 손 · 발 · 가죽 · 살 · 염통 · 콩팥 · 간 · 허파 등의 몸속과 밖에 있는 것들을 베풀어 주었느니라.

그 견고하고 묘한 보배로 장엄한 구름등불성 동쪽에 문이 있으니 이름은 마니산광명이고, 그 문밖에 보시하는 모임이 있으니, 땅이 넓고 청정하고 평탄하여 구렁이나 가시덤불이나 자갈 등이 없고, 모두 아름다운 보배로 되었으며, 여러 보배 꽃을 흩고 묘한 향을 풍겼으며 여러 가지 보배등을 켰으니

모든 향기 구름이 허공에 가득하고, 한량없는 보배 나무가 차례차례 줄을 지었으며, 한량없는 꽃 그물 · 한량없는 향 그물이 위에 덮이고, 한량없는 백천억 나유타 악기에서는 아름다운 음악이 항상 나는데, 이런 것들을 모두 묘한 보배로 장엄하였으니 모두 보살의 깨끗한 업으로 생긴 과보니라.

그 모임 가운데 사자좌를 놓았으니, 열 가지 보배가 바닥이 되고, 열 가지 보배로 난간이 되었으며, 열 가지 보배 나무가 사방으로 둘러섰고, 금강보배 바퀴가 그 밑을 받치었는데, 모든 보배로 용과 신의

共捧持하며 種種寶物로 以爲嚴飾하며 幢旛間列에 衆網覆上하며 無量寶香이 常出香雲하며 種種寶衣가 處處分布하며 百千種樂이 恒奏美音하며 復於其上에 張施寶蓋하야 常放無量寶焰光明하니 如閻浮金이 熾然淸淨하며 覆以寶網하고 垂諸纓絡하며 摩尼寶帶로 周廻間列하고 種種寶鈴이 恒出妙音하야 勸諸衆生하야 脩行善業이어든 時彼大王이 處師子座하니 形容端正하야 人相具足하며 光明妙寶로 以爲其冠하며 那羅延身이 不可沮壞며 一一支分이 悉皆圓滿하며 性普賢善하고 王種中生하야 於財及法에 悉得自在하며 辯才無礙하고 智慧明達하야 以政治國에 無違命者러라 爾時에 閻浮提無量無數百千萬億那由他衆生이 種種國土와 種種族類와 種種形貌와 種

형상을 만들어 함께 받들게 하였고, 가지가지 보물로 장엄하였으며, 당기·번기가 사이사이로 벌였고, 여러 가지 그물이 위에 덮이고, 한량없는 보배 향에서는 향기 구름이 나오고, 여러 가지 보배 옷이 곳곳에 깔려 있고, 백천 가지 음악을 항상 연주하며, 또 그 위에 보배 일산을 받았는데 한량없는 보배불꽃 광명을 놓아서 염부단금처럼 찬란하고 깨끗하며 보배그물을 덮고 영락을 드리우고, 마니 보배로 된 띠가 두루 펴 있고, 가지가지 풍경에서는 항상 묘한 소리를 내어 중생들에게 착한 업을 닦으라고 권하였느니라.

그때 대왕이 사자좌에 앉았는데 얼굴이 단정하고 거룩한 모습을 구족하며, 빛이 찬란한 보배로 관을 만들어 썼으니, 나라연 같은 몸을 해칠 수 없고 낱낱의 수족이 모두 원만하고 성품이 너그럽고 어질어서 왕족에 태어났으며, 재물과 법에 자유자재하고 변재가 걸림 없고 지혜를 통달하여 어진 정사로 나라를 다스림에 명령을 어기는 이가 없었느니라.

그때 염부제에 한량없고 수없는 백천만억 나유타 중생들이 있는데, 가지가지 국토에서 가지가지 종족과 가지가지 형상과 가지가지 의복

種衣服와 種種言辭와 種種欲樂으로 俱來此會하야 觀察彼王하고 咸言此王이 是大智人이며 是福須彌며 是功德月이라 住菩薩願하야 行廣大施라한대 時에 王이 見彼諸來乞者하시고 生悲愍心하며 生歡喜心하며 生尊重心하며 生善友心하며 生廣大心하며 生相續心하며 生精進心하며 生不退心하며 生捨施心하며 生周徧心하니라 善男子야 爾時彼王이 見諸乞者하시고 心大歡喜하야 經須臾頃이 假使忉利天王과 夜摩天王과 兜率陀天王의 盡百千億那由他劫所受快樂이라도 亦不能及이며 善化天王의 於無數劫所受快樂과 自在天王의 於無量劫所受快樂과 大梵天王의 於無邊劫所受梵樂과 光音天王의 於難思劫所受天樂과 徧淨天王의 於無盡劫所受天樂과 淨居天王의

과 가지가지 말과 가지가지 욕망을 가진 이들이 이 모임에 와서 대왕을 우러러보면서 이렇게 말하였다.

'이 대왕은 큰 지혜가 있는 이며, 복이 수미산 같은 이며, 공덕이 달 같은 이로써 보살의 서원에 머물러서 광대한 보시를 하시나이다.'

이때 대왕은 저들이 와서 구걸함을 보고 가엾이 여기는 마음을 내고, 환희한 마음을 내고, 존중하는 마음을 내고, 선지식이란 마음을 내고, 광대한 마음을 내고, 서로 계속하는 마음을 내고, 정진하는 마음을 내고, 물러나지 않는 마음을 내고, 모든 것을 주려는 마음을 내고, 두루한 마음을 내었느니라.

착한 남자여, 그때 대왕이 구걸하는 이들을 보고 크게 환희한 마음을 내는 것이 잠깐 동안이지마는 가령 도리천왕·야마천왕·도솔타천왕이 백천억 나유타 겁 동안에 받을 쾌락으로도 미칠 수 없고, 선화천왕이 수없는 겁 동안에 받을 쾌락과 자재천왕이 한량없는 겁 동안에 받을 쾌락과 대범천왕이 그지없는 겁 동안에 받을 범천의 쾌락과 광음천왕이 헤아릴 수 없는 겁 동안에 받을 천상의 즐거움과 변정천왕이 다함없는 겁 동안에 받을 천왕의 즐거움과 정거천왕이 말할

不可說劫住寂靜樂도 悉不能及이러라 善男子야 譬如有人이 仁慈
孝友호대 遭逢世難하야 父母妻息과 兄弟姊妹를 並皆散失이라가 忽
於曠野道路之間에 而相値遇하며 瞻奉撫對에 情無厭足인달하야 時
彼大王이 見來求者하고 心生歡喜도 亦復如是러라 善男子야 其王이
爾時에 因善知識하야 於佛菩提에 解欲增長하며 諸根成就하며 信心
淸淨하며 歡喜圓滿하니 何以故오 此菩薩이 勤脩諸行하야 求一切智
하며 願得利益一切衆生하며 願獲菩提無量妙樂하며 捨離一切諸
不善心하며 常樂積集一切善根하며 常願救護一切衆生하며 常樂
觀察薩婆若道하며 常樂脩行一切智法하며 滿足一切衆生所願하며
入一切佛功德大海하며 破一切魔業惑障山하며 隨順一切如來敎

수 없는 겁 동안에 고요한 데 머무를 즐거움으로 미칠 수 없느니라.

착한 남자여, 마치 어떤 사람이 어질고 인자하고 효도하고 공순한
이로써 난리를 만나 부모·처자·형제·자매와 멀리 헤어졌다가 뜻
밖에 거친 벌판에서 서로 만나면 반겨 붙들고 어루만지며 어쩔 줄
모르듯이, 저 대왕이 와서 구걸하는 이들을 보고 기뻐함도 그와 같
았느니라.

착한 남자여, 그 대왕이 그때에 선지식을 만나서 부처님의 깨달음
을 이해하고 이루고자 함이 더욱 증장하며 근기가 성취하고 믿음이
청정하며 환희함을 만족하였으니, 무슨 까닭인가?

이 보살이 여러 가지 행을 부지런히 닦아 온갖 지혜를 구하며, 모
든 중생을 이익케 하기를 원하고 보리의 한량없는 즐거움을 얻기를
원하며, 모든 착하지 못한 마음을 버리고 모든 착한 뿌리를 모으기를
좋아하며, 모든 중생을 구호하기를 원하고 살바야의 도를 관찰하기
좋아하며, 온갖 지혜의 법을 수행하기를 즐기며, 모든 중생의 소원을
만족케 하며, 모든 부처님의 공덕 바다에 들어가서 모든 마의 번뇌와
업을 깨뜨리며, 모든 여래의 가르침을 따라서 온갖 지혜의 걸림 없는

行하며 行一切智無障礙道니라 已能深入一切智流하야 一切法流가
常現在前하며 大願無盡하야 爲大丈夫하며 住大人法하야 積集一切
普門善藏하며 離一切着하야 不染一切世間境界하며 知諸法性이 猶
如虛空하야 於來乞者에 生一子想하며 生父母想하며 生福田想하며
生難得想하며 生恩益想하며 生堅固想과 師想과 佛想하야 不簡方處
하며 不擇族類하며 不選形貌하고 隨有來至하야 如其所欲하야 以大慈
心으로 平等無礙하야 一切普施하야 皆令滿足호대 求飮食者엔 施與
飮食하고 求衣服者엔 施與衣服하며 求香華者엔 施與香華하고 求鬘
蓋者엔 施與鬘蓋하며 幢旛纓絡과 宮殿園苑과 象馬車乘과 牀座被
褥과 金銀摩尼의 諸珍寶物과 一切庫藏과 及諸眷屬과 城邑聚落을

도를 행하였느니라.

온갖 지혜의 흐름에 깊이 들어갔으며, 모든 법의 흐름이 항상 앞에
나타나며, 큰 서원이 다함없어 대장부가 되었으며, 거룩한 이의 법에
머물러 여러 가지 착한 일을 쌓아 모으며, 모든 집착을 여의어 모든
세간의 경계에 물들지 않으며, 모든 법의 성품이 허공과 같음을 알고
와서 구걸하는 이에게 외아들이라는 생각과 부모라는 생각과 복전이
란 생각과 만나기 어렵다는 생각과 이익하고 은혜롭다는 생각과 견고
한 생각과 스승이란 생각과 부처님이란 생각을 내었느니라.

그래서 처소도 가리지 않고, 종류도 택하지 않고, 형상도 가림이 없
이 오는 이마다 그의 욕망대로 인자한 마음으로 모든 것을 평등하게
보시하여 만족케 하였으니, 음식을 구하는 이에게는 음식을 주고, 옷
을 구하는 이에게는 옷을 주고, 향과 꽃을 구하는 이에게는 향과 꽃
을 주고, 화만과 일산을 구하는 이에게는 화만과 일산을 주고, 당기·
번기·영락·궁전·동산·정원·코끼리·말·수레·평상·보료·
금·은·마니·보물과 고방에 쌓아둔 것과 권속·도시·마을들을 모
두 이렇게 중생들에게 보시하였느니라.

皆悉如是普施衆生하니라 時此會中에 有長者女하니 名寶光明이니
與六十童女로 俱호대 端正姝妙하야 人所喜見이라 皮膚金色이요 目
髮紺靑이며 身出妙香하고 口演梵音하며 上妙寶衣로 以爲莊嚴하고
常懷慙愧하야 正念不亂하며 具足威儀하고 恭敬師長하며 常念順行
甚深妙行하야 所聞之法을 憶持不忘하며 宿世善根이 流潤其心하야
淸淨廣大가 猶如虛空하며 等安衆生하고 常見諸佛하야 求一切智러니
時에 寶光明女가 去王不遠에 合掌頂禮하야 作如是念호대 我獲善
利며 我獲善利니 我今得見大善知識이라하고 於彼王所에 生大師想
과 善知識想과 具慈悲想과 能攝受想하야 其心正直하야 生大歡喜하
며 脫身纓絡하야 持奉彼王하고 作是願言호대 今此大王이 爲無量無

그때 이 모임 가운데 한 장자의 딸이 있었으니, 이름은 보배광명으
로 육십 명의 동녀들과 함께 있었느니라. 단정하고 아름다워 사람들
이 기뻐하니 살갗은 금빛이고, 눈과 머리카락은 검푸르고, 몸에서는
아름다운 향기가 나고, 입으로는 범천의 음성을 말하고, 훌륭한 보배
옷으로 단장하였고, 항상 수줍은 모습을 품고, 바른 생각이 산란하지
않고, 위의를 갖추고, 어른을 공경하고, 깊고 묘한 행 따르기를 생각
하여 한 번 들은 법은 늘 기억하고 잊지 않고, 전생에 심은 착한 뿌리
가 마음을 윤택하게 함에 청정하고 광대하기가 허공과 같아서 중생들
을 평등하게 하며 부처님들을 항상 보고 온갖 지혜를 구하였느니라.
그때 보배광명 아가씨가 대왕으로부터 멀지 않은 데서 합장 예배하
고 이렇게 생각하였느니라. '나는 좋은 이익을 얻었네. 나는 좋은 이
익을 얻었네. 나는 지금 큰 선지식을 뵈었네.' 하면서, 대왕에 대하여
큰 스승이란 생각과 선지식이란 생각과 자비를 구족하였다는 생각과
능히 거두어 주리라는 생각을 내고는 마음이 정직하여 환희심을 내
고, 몸에 걸었던 영락을 벗어 왕에게 받들고 이렇게 원하였느니라.
'지금 이 대왕께서 한량없고

邊無明衆生하야 作所依處하시니 願我未來에 亦復如是하며 如彼大
王의 所知之法과 所載之乘과 所脩之道와 所具色相과 所有財産과
所攝衆會가 無邊無盡하고 難勝難壞하야 願我未來에 悉得如是하야
隨所生處하야 皆隨往生이라한대 爾時大王이 知此童女의 發如是心하
고 而告之言하사대 童女야 隨汝所欲하야 我皆與汝호리니 我今所有를
一切皆捨하야 令諸衆生으로 普得滿足이로라 時에 寶光明女가 信心
淸淨하야 生大歡喜하야 卽以偈頌으로 而讚王言호대

往昔此城邑이   大王未出時에
一切不可樂이   猶如餓鬼處하야
衆生相殺害하고   竊盜縱淫佚하며

그지없는 무명 중생의 의지할 데가 되었사오니, 저도 오는 세상에서
그와 같이 되어지이다.

이 대왕의 아시는 법과 타시는 수레와 닦으시는 도와 갖추신 모습
과 가지신 재산과 거두어 주시는 대중이 그지없고 다함이 없으며, 이
길 수 없고 파괴할 수 없사오니 저도 오는 세상에 그와 같이 되며, 그
의 나시는 곳에 저도 따라가서 나게 하여지이다.'

이때 대왕은 이 아가씨가 이런 마음을 내는 줄 알고 말하였느니라.

'아가씨여, 그대가 하고자 하는 대로 모두 그대에게 주리라. 내게
있는 모든 것을 다 버려서 모든 중생들이 모두 만족케 하리라.'

이때 보배광명 아가씨는 믿는 마음이 청정하여지고 매우 환희하여
게송으로 대왕을 찬탄하였다.

지난 옛날 이 성중에   대왕이 나시기 전

즐거운 것 하나 없어   마치 아귀들 사는 데 같았네

중생들이 서로 살해하고   훔치고 간음하며

兩舌不實語와　　　無義麤惡言하며
貪愛他財物하고　　瞋恚懷毒心하고
邪見不善行하야　　命終墮惡道라
以是等衆生이　　　愚癡所覆蔽로
住於顚倒見하야　　天旱不降澤하니
以無時雨故로　　　百穀悉不生하며
草本皆枯槁하며　　泉流亦乾竭이로다
大王未興世에　　　津池悉枯涸하고
園苑多骸骨하야　　望之如曠野러니
大王昇寶位에　　　廣濟諸群生하시니

이간하고 거짓말하고　　　무리하고 욕설하며

남의 재물을 욕심내고　　　성 잘 내고 표독한 마음 품어

나쁜 소견, 나쁜 행동으로　죽으면 나쁜 길에 떨어지며

이러한 중생들이　　　　　우악하고 어리석어

뒤바뀐 소견에 빠졌음에　　매우 가물어 비가 오지 않고

비가 오지 아니하여　　　　곡식은 싹이 나지 못하고

풀과 나무는 타 죽고　　　　샘과 시냇물 모두 말라버렸네

대왕이 아직 나시기 전에　　물은 모두 말라 버리고

동산에 해골이 많아　　　　마치 거친 벌판 같았네

대왕께서 임금이 되시어　　여러 백성을 건지시니

油雲被八方하야 普雨皆充洽이로다
大王臨庶品에 普斷諸暴虐하시니
刑獄皆止措하고 煢獨悉安隱이로다
往昔諸衆生이 各各相殘害하야
飲血而噉肉이러니 今悉起慈心이로다
往昔諸衆生이 貧窮少衣服하야
以草自遮蔽하고 饑羸如餓鬼러니
大王旣興世에 粳米自然生하고
樹中出妙衣하야 男女皆嚴飾이로다
昔日競微利하야 非法相凌奪이러니

빛나는 구름 팔방에 퍼져 감로가 흡족하게 내리며
대왕이 이 나라에 군림하여 여러 가지 나쁜 짓 끊어 주심에
감옥에는 죄인이 없고 외로운 이들 모두 편안해하였네
예전에는 여러 중생들 서로서로 남을 해치며
피를 빨고 살을 씹더니 지금은 모두 인자하여졌네
예전에는 여러 중생들 가난하고 헐벗어서
풀잎으로 앞을 가리고 굶주려서 아귀 같더니
대왕이 세상에 나심에 살이 저절로 나고
나무에서 의복이 나와 남자와 여자들 새 옷을 입었네
예전에는 하찮은 이익을 다투어 법도 없이 서로 뺏더니

今時並豊足하니　　　如遊帝釋園이로다
昔時人作惡하야　　　非分生貪染하야
他妻及童女를　　　　種種相侵逼이러니
今見他婦人의　　　　端正妙嚴飾호대
而心無染着이　　　　猶如知足天이로다
昔日諸衆生이　　　　妄言不眞實하며
非法無利益하며　　　詔曲取人意러니
今日群生類가　　　　悉離諸惡言하야
其心旣柔軟하고　　　發語亦調順이로다
昔日諸衆生이　　　　種種行邪法하야

지금은 모든 것이 풍족하여　　　마치 제석천의 동산에 온 듯 하였네

옛날에는 사람들 나쁜 짓을 하며　　　턱없이 음탐을 내어

유부녀나 아가씨들을　　　가지가지로 침해하더니

지금은 얌전하고　　　옷 잘 입은 부인을 보고도

마음이 물들지 않아　　　마치 지족천에나 온 듯 하였네

옛날에는 여러 중생들　　　거짓말하고 진실하지 못하여

법도 모르고 이익도 없이　　　아첨하고 잘 보이려 하더니

지금에는 여러 사람들　　　나쁜 말은 하나도 없고

마음이 유순하며　　　하는 말이 모두 화순하도다

옛날에는 여러 중생들　　　여러 가지로 삿된 짓 하여

合掌恭敬禮　　　　　　牛羊犬豚類러니
今聞王正法하고　　　　悟解除邪見하야
了知苦樂報가　　　　　悉從因緣起로다
大王演妙音에　　　　　聞者皆欣樂이라
梵釋音聲等이　　　　　一切無能及이로다
大王衆寶蓋가　　　　　迥處虛空中하니
擎以瑠璃幹하고　　　　覆以摩尼網하며
金鈴自然出　　　　　　如來和雅音하야
宣揚微妙法하야　　　　除滅衆生惑이로다
次復廣演說　　　　　　十方諸佛刹의

개 · 돼지 · 소를 보고도　　　　합장하고 절을 하더니

지금은 임금의 바른 법 들어　　옳게 알고 사견이 없어져

즐거움과 괴로움 모두가　　　　인연으로 생기는 줄 알았네

대왕이 묘한 법 연설하심에　　듣는 이 모두 기뻐하나니

제석과 범천의 음성으로도　　이 소리 미칠 수 없네

대왕의 보배로 된 일산　　　　공중에 높이 솟았는데

유리로 대가 되고　　　　　　　마니 그물로 덮었으며

황금 풍경에서는　　　　　　　여래의 화평한 음성이 나서

미묘한 법을 말하여　　　　　　중생의 번뇌를 멸하며

또 시방 여러 세계의　　　　　모든 겁 동안에 나신

一切諸劫中에　　　　如來幷眷屬하며
又復次第說　　　　過去十方刹과
及彼國土中에　　　　一切諸如來하며
又出微妙音하야　　　普徧閻浮界하야
廣說人天等의　　　　種種業差別하니
衆生聽聞已에　　　　自知諸業藏하야
離惡勤脩行하야　　　廻向佛菩提로다
王父淨光明이요　　　王母蓮華光이니
五濁出現時에　　　　處位治天下로다
時有廣大園하고　　　園有五百池하니

여래와 그 권속들의　　　　법을 널리 연설하고

또 차례차례로　　　　　　　과거의 시방 세계와

그 국토에 계시던　　　　　　모든 여래를 말하며

또 미묘한 음성이　　　　　　염부제에 퍼져서

인간과 천상의　　　　　　　　여러 가지 업의 차별을 말하니

중생들이 듣고는　　　　　　　스스로 업의 모임을 알고

악을 버리고 부지런히 닦아　　부처님의 깨달음으로 회향하였네

대왕의 아버지는 정광명이고　대왕의 어머니는 연화광이라

다섯 가지 흐림이 나타날 적에　임금으로서 천하를 다스리니

그때 엄청난 동산이 있고　　　동산에는 오백의 못이 있어

一一千樹遶_{하야}　　　各各華彌覆_{로다}
於其池岸上_에　　　建立千柱堂_{하니}
欄楯等莊嚴_이　　　一切無不備_{로다}
末世惡法起_에　　　積年不降雨_{하야}
池流悉乾竭_{하고}　　　草樹皆枯槁_{러니}
王生七日前_에　　　先現靈瑞相_{하니}
見者咸心念_{호대}　　　救世今當出_{이로다}
爾時於中夜_에　　　大地六種動_{하며}
有一寶華池_에　　　光明猶日現_{하니라}
五百諸池內_에　　　功德水充滿_{하며}

각각 일천의 나무가 에워싸고　　　못마다 연꽃이 덮이고

그 못 언덕 위에　　　집을 지으니 기둥이 천 개라

난간이며 모든 장엄이　　　모두 구비하였네

말세가 되고 나쁜 법 생겨　　　여러 해 비가 오지 않으니

못에는 물이 마르고　　　초목은 말라죽더니

대왕이 나시기 천일 전에　　　이상한 상서가 나타나

보는 이마다 생각하기를　　　세상을 구제할 이가 나시려는가

그날 밤중에　　　여섯 가지로 땅이 진동하며

어느 보배꽃 덮인 못에는　　　햇빛처럼 빛나며

오백 개의 못 안에는　　　팔공덕수가 가득하고

枯樹悉生枝하야　華葉皆榮茂로다
池水旣盈滿에　流演一切處하야
普及閻浮地하니　靡不皆霑洽이로다
藥草及諸樹와　百穀苗稼等의
枝葉華果實이　一切皆繁盛이로다
溝坑及墟阜와　種種高下處의
如是一切地가　莫不皆平坦이로다
荊棘沙礫等의　所有諸雜穢가
皆於一念中에　變成衆寶玉이로다
衆生見是已코　歡喜而讚歎하야

마른 나무에는 가지가 나고　꽃과 잎이 무성하며
못에 가득한 물은　여러 곳으로 넘쳐 흘러서
널리 염부제까지　흡족하게 적시었으니
약풀이나 여러 나무나　온갖 곡식이며 채소들
가지와 잎과 꽃과 열매가　모두 다 번성하였고
구렁과 도랑과 언덕　높은 곳 낮은 땅의
이런 모든 땅바닥　한결같이 평탄하여지고
가시덤불과 자갈밭　온갖 더러운 것들도
모두 잠깐 동안에　보배옥으로 변하니
중생들 이것을 보고　기뻐 찬탄하면서

咸言得善利라하야　　　如渴飮美水러라
時彼光明王이　　　　　眷屬無量衆으로
斂然備法駕하야　　　　遊觀諸園苑할새
五百諸池內에　　　　　有池名慶喜요
池上有法堂하니　　　　父王於此住라
先王語夫人호대　　　　我念七夜前에
中宵地震動하고　　　　此中有光現하니
時彼華池內에　　　　　千葉蓮華出호대
光如千日照하야　　　　上徹須彌頂이라
金剛以爲莖하며　　　　閻浮金爲臺하며

좋은 이익을 얻은 것이　　　목마를 때 마신 물 같다고 하네

그때 정광명 왕은　　　　　한량없는 권속들과 함께

법의 수레를 갖추고　　　　숲 동산에 놀러 가시니

오백 연못 가운데　　　　　경희라는 못이 있고

못 위에 법당이 있으니　　　부왕께서 거기 앉으시었네

선왕이 부인께 말하기를　　　지금부터 이레 전에

밤중에 땅이 진동하면서　　　여기서 광명이 나타나고

저 연못 속에는　　　　　　천엽 연화가 피었는데

찬란하기 일천 햇빛과 같아　　수미산 꼭대기까지 사무쳤소

금강으로 줄기가 되고　　　　염부단금은 꽃판이 되고

衆寶爲華葉하며　　　妙香作鬚蘂어든
王生彼華上하야　　　端身結跏坐하니
相好以莊嚴하야　　　天神所恭敬이로다
先王大歡喜하사　　　入池自撫鞠하야
持以授夫人호대　　　汝子應欣慶이어다
寶藏皆涌出하고　　　寶樹生妙衣하며
天樂奏美聲하야　　　充滿虛空中하니
一切諸衆生이　　　　皆生大歡喜하야
合掌稱希有호대　　　善哉救護世여
王時放身光하사　　　普照於一切하사

여러 가지 보배는 꽃과 잎이며　　　묘한 향은 꽃술이 되었는데

그 연꽃에서 왕이 탄생하여　　　단정하게 가부좌 하였으니

거룩한 모습으로 장엄하며　　　하늘신들이 공경하였네

선왕은 너무 기뻐서　　　못에 들어가 얼싸안고

나와서 부인께 주면서　　　당신의 아들이니 경사 났소

묻힌 보배 솟아 나오고　　　보배 나무에는 옷이 열리며

하늘 풍류의 아름다운 소리　　　공중에 가득히 차네

모든 중생　　　기쁜 마음으로 합장하고

희유한 일이라 외치며　　　훌륭하다, 세상을 구원할이여

왕의 몸으로 광명을 놓아　　　온갖 것을 두루 비추니

能令四天下로　暗盡病除滅하시니
夜叉毘舍闍와　毒蟲諸惡獸의
所欲害人者가　一切自藏匿이로다
惡名失善利와　橫事病所持인
如是衆苦滅이라　一切皆歡喜로다
凡是衆生類가　相視如父母하야
離惡起慈心하야　專求一切智로다
關閉諸惡趣하고　開示人天路하며
宣揚薩婆若하사　度脫諸群生이샷다
我等見大王하고　普獲於善利호니

모든 사천하의　암흑은 스러지고 병이 소멸해

야차와 비사사　독한 벌레와 나쁜 짐승

사람을 해치는 것들　모두 숨어 버리고

나쁜 소문과 손해보는 것과　횡액과 병에 붙들리는 것 등

이런 괴로움 소멸되니　모든 사람들 기뻐 뛰노네

여러 가지 중생들　부모와 같이 서로 보고

나쁜 짓 버리고 인자한 마음으로　온갖 지혜만을 구하며

나쁜 길은 닫아 버리고　인간과 천상의 길을 열며

살바야 드날려　중생들을 제도하나니

우리들 대왕 뵈옵고　모두 좋은 이익 얻으며

無歸無趣者가　　　　　　　一切悉安樂이니이다

爾時에 寶光明童女가 以偈讚歎一切法音圓滿蓋王已코 遶無量 帀하며 合掌頂禮하며 曲躬恭敬하고 却住一面한대 時彼大王이 告童 女言하사대 善哉童女여 汝能信知他人功德하니 是爲希有로다 童女 야 一切衆生이 不能信知他人功德이니라 童女야 一切衆生이 不知報 恩하고 無有智慧하며 其心濁亂하고 性不明了하며 本無志力하고 又退 脩行하나니 如是之人은 不信不知菩薩如來의 所有功德과 神通智 慧니라 童女야 汝今決定求趣菩提하야 能知菩薩如是功德하며 汝今 生此閻浮提中하야 發勇猛心하야 普攝衆生하야 功不唐捐하니 亦當 成就如是功德이로다

갈 데 없고 지도할 이 없는 이들　　모두 다 안락 얻었네

　이때 보배광명 아가씨는 게송으로 모든 법 음성 원만한 일산왕을 찬탄하고, 한량없이 돌고 합장하고 엎드려 절하고는 허리를 굽혀 공경하며 한 곁에 물러나 앉았다.

　그때 대왕은 아가씨에게 말하였느니라.

　'착하다, 아가씨여. 네가 다른 이의 공덕을 능히 믿으니 희유한 일이로다. 아가씨여, 모든 중생들은 다른 이의 공덕을 믿지도 알지도 못하느니라. 아가씨여, 모든 중생들은 은혜 갚을 줄을 알지 못하며 지혜가 없고 마음이 흐리며 성품이 밝지 못하여 뜻과 기운이 없고 수행하는 일까지 물러가나니, 이런 사람들은 보살과 여래의 공덕과 신통한 지혜를 믿지도 않고 알지도 못하느니라. 아가씨여, 그대는 이제 결정코 깨달음에 나아가려 하므로 보살의 이러한 공덕을 능히 아는 것이로다. 그대가 지금 이 염부제에 나서 용맹한 마음을 내어 중생을 널리 거두어 주는 공이 헛되지 아니할 것이며, 또 이런 공덕을 성취하리라.'

王讚女已에 以無價寶衣로 手自授與寶光童女와 幷其眷屬하고 一
一告言하사대 汝着此衣하라 時諸童女가 雙膝着地하고 兩手承捧하야
置於頂上이라가 然後而着하니라 旣着衣已코 右遶於王한대 諸寶衣中
에 普出一切星宿光明이어늘 衆人이 見之하고 咸作是言호대 此諸女
等이 皆悉端正하야 如淨夜天에 星宿莊嚴이라하니라 善男子야 爾時一
切法音圓滿蓋王者는 豈異人乎아 今毘盧遮那如來應正等覺이
是也며 光明王者는 淨飯王이 是며 蓮華光夫人者는 摩耶夫人이
是며 寶光童女者는 卽我身이 是며 其王이 爾時에 以四攝法으로 所
攝衆生은 爲此會中一切菩薩이 是니 皆於阿耨多羅三藐三菩提
에 得不退轉하며 或住初地와 乃至十地하야 具種種大願하며 集種種

　왕은 이렇게 아가씨를 칭찬하고는 훌륭한 보배 옷을 가져 보배광명
아가씨와 그 권속들에게 주며, 이 옷을 입으라고 낱낱이 말하였느니
라. 그때 아가씨들은 무릎을 땅에 꿇고 두 손으로 옷을 받들어 머리
위에 올려 놓았다가 입었느니라. 옷을 입고는 왕의 오른쪽으로 돌았
는데, 보배 옷에는 모든 별 같은 광명이 두루 나오는 것을 여러 사람
들이 보고 이렇게 말하였느니라.

　'이 아가씨들이 모두 단정하여 깨끗한 밤하늘의 별처럼 장엄하였도
다.'

　착한 남자여, 그때 모든 법 음성 원만한 왕은 다른 사람이 아니라,
지금의 비로자나여래 · 응공 · 정등각이니라.

　또 정광명왕은 지금의 정반왕이시고, 연꽃광명부인은 마야부인이
며, 보배광명 아가씨는 곧 내 몸이니라.

　그 왕이 그때 네 가지 거두어 주는 법으로 거두어 준 중생들은 지
금 이 회상에 있는 여러 보살들이니, 모두 아뇩다라삼먁삼보리에서
물러나지 않고 초지에도 있고 내지 십지에도 있으면서, 여러 가지 큰
서원을 갖추고, 여러 가지 도를 돕는 법을 모으고, 여러 가지 묘한 행

助道하며 脩種種妙行하며 備種種莊嚴하며 得種種神通하며 住種種
解脫하야 於此會中에 處於種種妙法宮殿하니라 爾時에 開敷一切樹
華主夜神이 爲善財童子하사 欲重宣此解脫義하야 而說頌言하사대

　　我有廣大眼하야　　　　　普見於十方
　　一切刹海中에　　　　　　五趣輪廻者하며
　　亦見彼諸佛이　　　　　　菩提樹下坐하사
　　神通徧十方하야　　　　　說法度衆生호라
　　我有淸淨耳하야　　　　　普聞一切聲하며
　　亦聞佛說法하고　　　　　歡喜而信受호라
　　我有他心智하니　　　　　無二無所礙하야

을 닦아서 여러 가지 장엄을 갖추고, 여러 가지 신통을 얻고 여러 가
지 해탈에 머무르면서, 이 모인 가운데서 여러 가지 묘한 법의 궁전
에 거처하느니라."

　그때 '모든 나무에 꽃을 피우는 밤 맡은 신'이 선재동자에게 이 해
탈의 뜻을 거듭 펴려고 게송을 말하였다.

나에게는 넓고 큰 눈이 있어　　　시방의 모든 세계해에서

다섯 길에 바퀴 돌듯 하는 이를　　모두 다 보며

그리고 저 여러 부처님께서　　　　보리수 아래 앉으시니

신통이 시방에 가득하며　　　　　법을 말하여 중생 제도함을 보노라

나에게는 청정한 귀가 있어　　　　모든 소리를 다 듣고

부처님께서 법을 설하시면　　　　환희하게 믿는 것도 듣노라

나에게는 남의 속 아는 지혜가 있어　둘도 없고 걸림도 없으며

能於一念中에　　　　悉了諸心海호라
我得宿命智하야　　　能知一切劫에
自身及他人하야　　　分別悉明了호라
我於一念知　　　　　刹海微塵劫에
諸佛及菩薩과　　　　五道衆生類호라
憶知彼諸佛의　　　　始發菩提願과
乃至脩諸行하야　　　一一悉圓滿하며
亦知彼諸佛의　　　　成就菩提道하사
以種種方便으로　　　爲衆轉法輪하며
亦知彼諸佛의　　　　所有諸乘海와

능히 한 생각에　　　　　　　　능히 여러 속내들을 아노라

나에게는 전생 일 아는 지혜가 있어　여러 겁 동안에 있었던

내 일과 남의 일을　　　　　　　분명하게 모두 아노라

나는 또 잠깐 동안에　　　　　　세계해의 티끌 같은 겁 동안

부처님과 보살과　　　　　　　　다섯 길의 중생들을 알며

또 여러 부처님께서　　　　　　　처음에 보리심을 내시고

내지 여러 가지 행을 닦아서　　　낱낱이 원만하심을 알고

또 저 부처님들께서　　　　　　　깨달음을 성취하시고

가지가지 방편으로 중생을 위하여　법륜 굴리심을 알며

또 저 부처님께서　　　　　　　　가지신 여러 스님들과

正法住久近과　　　　　衆生度多少호라
我於無量劫에　　　　　脩習此法門일새
我今爲汝說하노니　　　佛子汝應學이어다

善男子야 我唯知此菩薩出生廣大喜光明解脫門이어니와 如諸菩
薩摩訶薩은 親近供養一切諸佛하야 入一切智大願海하며 滿一切
佛諸願海하며 得勇猛智하야 於一菩薩地에 普入一切菩薩地海하며
得淸淨願하야 於一菩薩行에 普入一切菩薩行海하며 得自在力하야
於一菩薩解脫門에 普入一切菩薩解脫門海하나니
而我云何能知能說彼功德行이리오 善男子야 此道場中에 有一夜
神하니 名大願精進力救護一切衆生이니 汝詣彼問호대 菩薩이 云何

바른 법이 머무는 동안과　　　얼마나 중생을 건지심을 아노라
나는 한량없는 겁 동안　　　　닦아 익힌 이 법문을
이제 그대에게 말하노니　　　　불자여, 마땅히 배우라

　착한 남자여, 나는 다만 이 보살의 광대한 기쁜 광명을 내는 해탈
문을 알거니와, 저 보살마하살들이 모든 부처님을 가까이 모시고 공
양하며 온갖 지혜의 큰 서원 바다에 들어가서 모든 부처님의 서원 바
다를 만족케 하며, 용맹한 지혜를 얻어 한 보살의 지위에서 모든 보
살 지위의 바다에 들어가며, 청정한 서원을 얻어 한 보살의 행에서
모든 보살의 수행 바다에 들어가며, 자유자재한 힘을 얻어 한 보살의
해탈문에서 모든 보살의 해탈문 바다에 들어가는 일이야 내가 어떻게
알며 그 공덕행을 말하겠는가.
　착한 남자여, 이 도량 안에 한밤 맡은 신이 있으니, 이름은 '큰 서원
정진하는 힘'으로 모든 중생을 구호하는 이니라. 그대는 그에게 가서

教化衆生하야 令趣阿耨多羅三藐三菩提며 云何嚴淨一切佛刹이며 云何承事一切如來며 云何脩行一切佛法이리잇고하라 時에 善財童子가 頂禮其足하며 遶無數帀하며 殷勤瞻仰하고 辭退而去하니라

爾時에 善財童子가 往大願精進力救護一切衆生夜神所하야 見彼夜神이 在大衆中하사 坐普現一切宮殿摩尼王藏師子之座하사 普現法界國土摩尼寶網으로 彌覆其上하고 現日月星宿影像身하시며 現隨衆生心하야 普令得見身하시며 現等一切衆生形像身하시며 現無邊廣大色相海身하시며 現普現一切威儀身하시며 現普於十方示現身하시며 現普調一切衆生身하시며 現廣運速疾神通身하시며 現利益衆生不絶身하시며 現常遊虛空利益身하시며 現一切佛所頂禮身

'보살이 어떻게 중생을 교화하여 아뇩다라삼먁삼보리에 나아가게 하며, 어떻게 모든 부처님 세계를 깨끗이 장엄하며, 어떻게 모든 여래를 받들어 섬기며, 어떻게 모든 부처님의 법을 닦는가?' 하고 물으라."

그때 선재동자는 그의 발에 엎드려 절하고 수없이 돌고 은근하게 앙모하며 하직하고 물러갔다.

그때 선재동자는 '큰 서원 정진하는 힘으로 모든 중생 구호하는 밤 맡은 신'에게 나아갔다.

그 밤 맡은 신이 대중들 가운데서 모든 궁전 나타내는 마니장 사자 좌에 앉았는데, 법계의 국토를 두루 나투는 마니 그물이 그 위에 덮이었다. 해와 달과 별의 그림자인 몸을 나투고 중생들의 마음 따라 모두 볼 수 있는 몸을 나투고, 모든 중생의 형상과 평등한 몸을 나투고, 그지없이 광대한 빛깔 바다의 몸을 나투고, 온갖 위의를 나타내는 몸을 나투고, 시방에 두루 나타내는 몸을 나투고, 모든 중생을 두루 조복하는 몸을 나투고, 빠른 신통을 널리 부리는 몸을 나투고, 중생들을 이익케 하여 끊이지 않는 몸을 나투고, 항상 허공에 다니면서 이익케 하는 몸을 나투고, 여러 부처님 계신 데서 예배하는 몸을 나투

하시며 現脩習一切善根身하시며 現受持佛法不忘身하시며 現成滿菩
薩大願身하시며 現光明充滿十方身하며 現法燈普滅世暗身하시며
現了法如幻淨智身하시며 現遠離塵暗法性身하시며 現普智照法明
了身하시며 現究竟無患無熱身하시며 現不可沮壞堅固身하시며 現無
所住佛力身하시며 現無分別離染身하시며 現本淸淨法性身이러라 時
에 善財童子가 見如是等佛刹微塵數差別身하고 一心頂禮하야 擧
體投地라가 良久乃起하야 合掌瞻仰하고 於善知識에 生十種心하니
何等이 爲十고 所謂於善知識에 生同己心이니 令我精勤하야 辦一
切智助道法故며 於善知識에 生淸淨自業果心이니 親近供養하야
生善根故며 於善知識에 生莊嚴菩薩行心이니 令我速能莊嚴一

고, 모든 착한 뿌리를 닦는 몸을 나투고, 부처님 법을 받아 지니고 잊
지 않는 몸을 나투고, 보살의 큰 서원을 이룩하는 몸을 나투고, 광명
이 시방에 가득한 몸을 나투고, 법의 등불로 세상의 어둠을 두루 없
애는 몸을 나투며, 법이 환술과 같음을 아는 깨끗한 지혜의 몸을 나
투고, 티끌의 어둠을 멀리 여의는 법의 성품 몸을 나투고, 넓은 지혜
로 법을 비추어 분명히 아는 몸을 나투고, 끝까지 병환이 없고 열이
없는 몸을 나투고, 깨뜨릴 수 없이 견고한 몸을 나투고, 머무는 데 없
는 부처님 힘의 몸을 나투고, 분별없이 때를 여의는 몸을 나투고, 본
래 청정한 법의 성품 몸을 나투었다.

　이때 선재동자는 이렇게 세계의 티끌 수와 같이 차별한 몸을 보고,
한결같은 마음으로 엎드려 절하고 몸을 땅에 던졌다가 얼마 만에 일
어나 합장하고 우러러보면서 선지식에게 열 가지 마음을 내었다.

　무엇을 열 가지라 하는가? 이른바 선지식에게 내 몸과 같은 마음을
내나니 나로 하여금 부지런히 노력하여 온갖 지혜의 도를 돕는 법을 마
련케 하는 연고라. 선지식에게 자기의 업과 과보를 깨끗이 하는 마음을
내나니, 가까이 모시고 공양하여 착한 뿌리를 내는 연고라. 선지식에게

切菩薩行故며 於善知識에 生成就一切佛法心이니 誘誨於我하야
令脩道故며 於善知識에 生能生心이니 能生於我無上法故며 於善
知識에 生出離心이니 令我脩行普賢菩薩所有行願하야 而出離故
며 於善知識에 生具一切福智海心이니 令我積集諸白法故며 於善
知識에 生增長心이니 令我增長一切智故며 於善知識에 生具一切
善根心이니 令我志願으로 得圓滿故며 於善知識에 生能成辦大利
益心이니 令我自在하야 安住一切菩薩法故며 成一切智道故며 得
一切佛法故니 是爲十이니라

發是心已에 得彼夜神과 與諸菩薩의 佛刹微塵數同行하니 所謂同
念이니 心常憶念十方三世一切佛故며 同慧니 分別決了一切法

보살행을 장엄하는 마음을 내나니, 나로 하여금 모든 보살행을 빨리 장
엄케 하는 연고라. 선지식에게 모든 부처님 법을 성취하는 마음을 내나
니, 나를 인도하여 도를 닦게 하는 연고라. 선지식에게 능히 내게 한다
는 마음을 내나니, 나에게 위 없는 법을 내게 하는 연고라. 선지식에게
벗어난다는 마음을 내나니, 나로 하여금 보현보살의 행과 원을 수행하
여 벗어나게 하는 연고라. 선지식에게 온갖 복과 지혜의 바다를 갖추게
하는 마음을 내나니, 나로 하여금 여러 가지 좋은 법을 쌓게 하는 연고
라. 선지식에게 더욱 자라게 한다는 마음을 내나니, 나의 온갖 지혜를
더욱 자라게 하는 연고라. 선지식에게 모든 착한 뿌리를 갖추었다는 마
음을 내나니, 나의 소원을 원만케 하는 연고라. 선지식에게 큰 이익을
마련한다는 마음을 내나니, 나로 하여금 모든 보살의 법에 자유로이 편
안히 머물게 하는 연고며, 온갖 지혜의 길을 이루게 하는 연고며, 모든
부처님 법을 얻게 하는 연고니, 이것이 열이니라.

이런 마음을 내고는 저 밤 맡은 신이 여러 보살 세계의 티끌 수 같이
많은 행과 같음을 얻었느니라. 이른바 생각함이 같으니, 마음으로 항
상 시방의 모든 삼세 부처님을 생각하는 연고라. 슬기가 같으니, 모든

海差別門故며 同趣니 能轉一切諸佛如來妙法輪故며 同覺이니 以
等空智로 普入一切三世間故며 同根이니 成就菩薩淸淨光明智
慧根故며 同心이니 善能脩習無礙功德하야 莊嚴一切菩薩道故며
同境이니 普照諸佛所行境故며 同證이니 得一切智하야 照實相海淨
光明故며 同義니 能以智慧로 了一切法眞實性故며 同勇猛이니 能
壞一切障礙山故며 同色身이니 隨衆生心하야 示現身故며 同力이니
求一切智하야 不退轉故며 同無畏니 其心淸淨하야 如虛空故며 同
精進이니 於無量劫에 行菩薩行호대 無懈倦故며 同辯才니 得法無
礙智光明故며 同無等이니 身相淸淨하야 超世間故며 同愛語니 令
一切衆生으로 皆歡喜故며 同妙音이니 普演一切法門海故며 同滿

법 바다의 차별한 문을 분별하여 결정하는 연고라. 나아감이 같으니,
모든 부처님 여래의 묘한 법륜을 굴리는 연고라. 깨달음이 같으니, 허
공과 같은 지혜로 모든 삼세 간에 널리 들어가는 연고라. 근기가 같으
니, 보살의 청정한 광명의 지혜 뿌리를 성취하는 연고라. 마음이 같으
니, 걸림 없는 공덕을 잘 닦아서 모든 보살의 도를 장엄하는 연고라.
경계가 같으니, 부처님들의 행하시는 경계를 널리 비추는 연고라. 증
득함이 같으니, 온갖 지혜로 실상의 바다를 비추는 깨끗한 광명을 얻
는 연고라. 이치가 같으니, 지혜로써 모든 법의 진실한 성품을 아는 연
고라. 용맹함이 같으니, 모든 장애의 산을 깨뜨리는 연고라. 육신이 같
으니, 중생의 마음을 따라 몸을 나타내는 연고라. 힘이 같으니, 온갖
지혜를 구하여 물러나지 않는 연고라. 두려움 없음이 같으니, 마음이
청정하기가 허공과 같은 연고라. 정진이 같으니, 한량없는 겁에 보살
의 행을 행하여 게으르지 않는 연고라. 변재가 같으니, 법에 걸림 없는
지혜의 광명을 얻는 연고라. 평등할 이 없음이 같으니, 몸매가 청정하
여 세간에 뛰어난 연고라. 사랑스러운 말이 같으니, 모든 중생들이 기
뻐하는 연고라. 묘한 음성이 같으니, 모든 법문 바다를 두루 연설하는

音이니 一切衆生이 隨類解故며 同淨德이니 脩習如來淨功德故며
同智地니 一切佛所에 受法輪故며 同梵行이니 安住一切佛境界故
며 同大慈니 念念普覆一切國土衆生海故며 同大悲니 普雨法雨하
야 潤澤一切諸衆生故며 同身業이니 以方便行으로 敎化一切諸衆
生故며 同語業이니 以隨類音으로 演說一切諸法門故며 同意業이니
普攝衆生하야 置一切智境界中故며 同莊嚴이니 嚴淨一切諸佛刹
故며 同親近이니 有佛出世에 皆親近故며 同勸請이니 請一切佛轉
法輪故며 同供養이니 常樂供養一切佛故며 同敎化니 調伏一切諸
衆生故며 同光明이니 照了一切諸法門故며 同三昧니 普知一切衆
生心故며 同充徧이니 以自在力으로 充滿一切諸佛刹海하야 脩諸行

연고라. 원만한 음성이 같으니, 모든 중생들이 제 나름으로 아는 연고
라. 깨끗한 덕이 같으니, 여래의 깨끗한 공덕을 닦아 익히는 연고라.
지혜의 지위가 같으니, 모든 부처님 계신 데서 법륜을 받는 연고라. 청
정한 행이 같으니, 모든 부처님의 경계에 편안히 머무는 연고라. 크게
인자함이 같으니, 생각마다 모든 국토의 중생 바다를 널리 덮는 연고
라. 크게 가엾이 여김이 같으니, 법비를 널리 내려서 모든 중생을 윤택
케 하는 연고라. 몸으로 짓는 업이 같으니, 방편의 행으로 모든 중생들
을 교화하는 연고라. 말로 짓는 업이 같으니, 종류를 따르는 음성으로
모든 법문을 연설하는 연고라. 뜻으로 짓는 업이 같으니, 중생들을 두
루 포섭하여 온갖 지혜의 경계 속에 두는 연고라. 장엄함이 같으니, 모
든 부처님 세계를 깨끗이 장엄하는 연고라. 친근함이 같으니, 부처님
이 세상에 나시면 모두 가까이 모시는 연고라. 권하여 청함이 같으니,
모든 부처님께 청하여 법륜을 굴리게 하는 연고라. 공양함이 같으니,
모든 부처님께 항상 공양하기를 좋아하는 연고라. 교화함이 같으니,
모든 중생들을 조복하는 연고라. 광명이 같으니, 모든 법문을 밝게 비
추는 연고라. 삼매가 같으니, 모든 중생의 마음을 널리 아는 연고라.

故며 同住處니 住諸菩薩大神通故며 同眷屬이니 一切菩薩로 共止
住故며 同入處니 普入世界微細處故며 同心慮니 普知一切諸佛
刹故며 同往詣니 普入一切佛刹海故며

同方便이니 悉現一切諸佛刹故하 同超勝이니 於諸佛刹에 皆無比
故며 同不退니 普入十方호대 無障礙故며 同破暗이니 得一切佛成
菩提智大光明故며 同無生忍이니 入一切佛衆會海故며 同徧一
切諸佛刹網이니 恭敬供養不可說刹諸如來故며 同智證이니 了知
彼彼法門海故며 同脩行이니 順行一切諸法門故며 同希求니 於淸
淨法에 深樂欲故며

同淸淨이니 集佛功德하야 而以莊嚴身口意故며 同妙意니 於一切

두루 가득함이 같으니, 자재한 힘으로 모든 부처님의 세계 바다에 충
만하여 행을 닦는 연고라. 머무는 곳이 같으니, 모든 보살의 큰 신통에
머무는 연고라. 권속이 같으니, 모든 보살들과 함께 있는 연고라. 들어
가는 곳이 같으니, 세계의 미세한 곳에 두루 들어가는 연고라. 마음으
로 생각함이 같으니, 모든 부처님 세계를 널리 아는 연고라. 나아감이
같으니, 모든 부처님 세계 바다에 두루 들어가는 연고라. 방편이 같으
니, 모든 부처님 세계를 다 나타내는 연고라. 훌륭하게 뛰어남이 같으
니, 여러 부처님 세계에서 견줄 데가 없는 연고라. 물러가지 않음이 같
으니, 시방에 두루 들어가되 걸림이 없는 연고라. 어둠을 깨뜨림이 같
으니, 모든 부처님의 깨달음의 지혜를 이루시는 큰 광명을 얻는 연고
라. 생사 없는 지혜가 같으니, 모든 부처님의 대중이 모인 바다에 들어
가는 연고라. 두루함이 같으니 모든 부처님의 세계 그물에서 말할 수
없는 세계의 여러 여래에게 공경하고 공양하는 연고라. 지혜로 증득함
이 같으니, 저들의 법문 바다를 분명히 아는 연고라. 수행함이 같으니,
모든 부처님의 법문을 따라 행하는 연고라. 바라고 구함이 같으니, 청
정한 법을 매우 좋아하는 연고라. 청정함이 같으니, 부처님의 공덕을

法에 智明了故며 同精進이니 普集一切諸善根故며 同淨行이니 成
滿一切菩薩行故며 同無礙니 了一切法皆無相故며 同善巧니 於
諸法中에 智自在故며 同隨樂이니 隨衆生心하야 現境界故며 同方
便이니 善習一切所應習故며

同護念이니 得一切佛所護念故며 同入地니 得入一切菩薩地故며
同所住니 安住一切菩薩位故며 同記莂이니 一切諸佛이 授其記故
며 同三昧니 一刹那中에 普入一切三昧門故며 同建立이니 示現種
種諸佛事故며

同正念이니 正念一切境界門故며 同脩行이니 盡未來劫토록 脩行一
切菩薩行故며 同淨信이니 於諸如來無量智慧에 極欣樂故며 同捨

모아 몸과 입과 뜻을 장엄하는 연고라. 묘한 뜻이 같으니, 온갖 법을
지혜로 분명히 아는 연고라. 정진이 같으니, 모든 착한 뿌리에 두루 들
어가는 연고라. 깨끗한 행이 같으니, 모든 보살의 행을 만족하게 이루
는 연고라. 걸림 없음이 같으니, 모든 법이 모양 없음을 아는 연고라.
교묘함이 같으니, 모든 법의 지혜가 자재한 연고라. 따라 좋아함이 같
으니, 중생의 마음 따라 경계를 나타내는 연고라. 방편이 같으니, 익혀
야 할 모든 것을 잘 익히는 연고라. 보호하여 염려함이 같으니, 모든
부처님이 보호하여 염려하실 것을 얻는 연고라. 지위에 들어감이 같으
니, 모든 보살의 지위에 들어가게 되는 연고라. 머무를 바가 같으니,
모든 보살의 자리에 편안히 머무는 연고라. 수기함이 같으니, 모든 부
처님이 수기를 주시는 연고라. 삼매가 같으니, 한 찰나 동안에 모든 삼
매문에 두루 들어가는 연고라. 세우는 것이 같으니, 가지가지 부처님
일을 나타내는 연고라. 바르게 생각함이 같으니, 모든 경계의 문을 바
르게 생각하는 연고라. 수행함이 같으니, 미래 세상이 다하도록 모든
보살의 행을 수행하는 연고라. 깨끗한 믿음이 같으니, 모든 여래의 한
량없는 지혜를 매우 좋아하는 연고라. 버리는 것이 같으니, 모든 장애

離니 滅除一切諸障礙故며 同不退智니 與諸如來智慧等故며 同
受生이니 應現成熟諸衆生故며 同所住니 住一切智方便門故며 同
境界니 於法界境에 得自在故며
同無依니 永斷一切所依心故며 同說法이니 已入諸法平等智故며
同勤脩니 常蒙諸佛所護念故며 同神通이니 開悟衆生하야 令脩一
切菩薩行故며 同神力이니 能入十方世界海故며 同陀羅尼니 普照
一切總持海故며 同祕密法이니 了知一切脩多羅中妙法門故며
同甚深法이니 解一切法如虛空故며
同光明이니 普照一切諸世界故며 同欣樂이니 隨衆生心하야 而爲開
示하야 令歡喜故며 同震動이니 爲諸衆生하야 現神通力하야 普動十

를 멸하여 없애는 연고라. 물러가지 않는 지혜가 같으니, 모든 여래의
지혜와 평등한 연고라. 태어남이 같으니, 세상을 응하여 나타나서 모
든 중생을 성숙케 하는 연고라. 머무는 바가 같으니, 온갖 지혜의 방편
문에 머무는 연고라. 경계가 같으니, 법계의 경계에 자재함을 얻는 연
고라. 의지할 데 없음이 같으니, 모든 의지하려는 마음을 영원히 끊은
연고라. 법을 말함이 같으니, 모든 법의 평등한 지혜에 들어간 연고라.
부지런히 닦음이 같으니, 항상 부처님들의 보호와 염려하심을 입는 연
고라. 신통이 같으니, 중생을 깨우쳐서 모든 보살의 행을 닦게 하는 연
고라. 신통한 힘이 같으니, 시방의 세계 바다에 능히 들어가는 연고라.
다라니가 같으니, 모든 다라니 바다를 두루 비추는 연고라. 비밀한 법
이 같으니, 모든 경의 묘한 법문을 아는 연고라. 매우 깊은 법이 같으
니, 모든 법이 허공과 같음을 이해하는 연고라.
　광명이 같으니, 모든 세계를 두루 비추는 연고라. 기뻐서 좋아함이
같으니, 중생의 마음 따라 열어 보이어 기쁘게 하는 연고라. 진동함이
같으니, 중생에게 신통한 힘을 나타내어 시방의 모든 세계를 모두 진
동하는 연고라.

方一切刹故며 同不虛니 見聞憶念에 皆悉令其心調伏故며 同出
離니 滿足一切諸大願海하야 成就如來十力智故니라
時에 善財童子가 觀察大願精進力救護一切衆生夜神하고 起十
種淸淨心하야 獲如是等佛刹微塵數同菩薩行하니라 旣獲此已에
心轉淸淨하야 偏袒右肩하며 頂禮其足하며 一心合掌하고 以偈讚日

   我發堅固意하야　　　　志求無上覺일새
   今於善知識에　　　　　而起自己心이로다
   以見善知識일새　　　　集無盡白法하야
   滅除衆罪垢하고　　　　成就菩提果로다
   我見善知識하고　　　　功德莊嚴心하니

   헛되지 않음이 같으니, 보고 듣고 기억함이 모두 그들의 마음을 조
복케 하는 연고라. 벗어남이 같으니, 모든 큰 서원 바다를 만족케 하여
여래의 열 가지 힘의 지혜를 성취하는 연고라.
   이때 선재동자는 '큰 서원 정진하는 힘으로 모든 중생을 구호하는 밤
맡은 신'을 살펴보고 열 가지 청정한 마음을 일으키며, 이렇게 세계의
티끌 수 같이 많은 보살과 같은 행을 얻었다. 이런 것을 얻고는 마음이
더욱 청정하여 오른쪽 어깨를 드러내며 그의 발에 절하고 일심으로 합
장하고 게송을 말하였다.

   나는 굳건한 뜻을 내어　　　위 없는 깨달음을 구하려고

   지금 선지식에게　　　　　나와 같은 마음을 내었네

   선지식을 보기만 하면　　　그지없이 깨끗한 법을 모으며

   여러 가지 죄를 없애고　　　보리의 열매를 이루오리

   나는 선지식을 뵈옵고　　　공덕으로 마음 장엄하고

盡未來刹劫토록　勤脩所行道로다
我念善知識이　攝受饒益我하사
爲我悉示現　正敎眞實法이샷다
關閉諸惡趣하고　顯示人天路하며
亦示諸如來의　成一切智道샷다
我念善知識이　是佛功德藏이라
念念能出生　虛空功德海하사
與我波羅蜜하며　增我難思福하며
長我淨功德하며　令我冠佛繒이샷다
我念善知識이　能滿佛智道하시니

미래 세상의 겁이 다하도록　행할 도를 부지런히 닦으리라

내가 생각하니 선지식께서　나를 거두어 이익케 하며

또 바른 가르침의 진실한 법을　나에게 보여 주시며

나쁜 길을 닫아 버리고　인간·천상의 길을 보여 주시며

여러 부처님이 이루신　온갖 지혜의 길도 보이시네

생각건대 선지식은　부처님의 공덕 창고

잠깐잠깐마다 허공과 같은　공덕 바다를 능히 내시며

나에게 바라밀을 주시고　헤아릴 수 없는 복을 늘게 하며

깨끗한 공덕을 자라게 하여　부처님의 비단 관을 나에게 씌우고

또 생각하니 선지식은　부처님의 지혜를 만족하고

誓願常依止하야 　　圓滿白淨法이로다

我以此等故로 　　功德悉具足하니

普爲諸衆生하야 　　說一切智道로다

聖者爲我師하야 　　與我無上法하시니

無量無數劫에 　　不能報其恩이로다

爾時에 善財가 說此偈已코 白言호대 大聖하 願爲我說하소서 此解脫門이 名爲何等이며 發心已來가 爲幾時耶며 久如에 當得阿耨多羅三藐三菩提니잇고 夜神이 告言하사대

善男子야 此解脫門이 名敎化衆生令生善根이니 我以成就此解脫故로 悟一切法自性平等하며 入於諸法眞實之性하며 證無依法

원만하고 깨끗한 법을	항상 의지하려 하시니
나는 이런 것을 말미암아	모든 공덕을 구족하고
널리 여러 중생들을 위하여	온갖 지혜의 도를 연설하시네
거룩하신 나의 스승님	나에게 위 없는 법 주시니
한량없고 수 없는 겁에도	그 은혜를 다 갚지 못하리

그때 선재동자는 이 게송을 말하고 다시 여쭈었다.

"크게 거룩하신이여, 바라옵건대 말씀하소서. 이 해탈문의 이름은 무엇이오며, 발심하신 지는 얼마나 오래 되었사오며, 어느 때에 아뇩다라삼먁삼보리를 얻었나이까?"

밤 맡은 신이 말하였다.

"착한 남자여, 이 해탈문의 이름은 중생을 교화하여 착한 뿌리 내게 함이니, 나는 이 해탈을 성취하였으므로 모든 법의 성품이 평등함을 깨달았고, 법의 진실한 성품에 들어가 의지함이 없는 법을 증득하

하야 捨離世間하며 悉知諸法色相差別하며 亦能了達靑黃赤白이 性皆不實하야 無有差別호대 而恒示現無量色身하노니 所謂種種色身과 非一色身과 無邊色身과 淸淨色身과 一切莊嚴色身과 普見色身과 等一切衆生色身과 普現一切衆生前色身과 光明普照色身과 見無厭足色身과 相好淸淨色身과 離衆惡光明色身과 示現大勇猛色身과 甚難得色身과 一切世間無能暎蔽色身과 一切世間共稱歎無盡色身과 念念常觀察色身과 示現種種雲色身과 種種形顯色色身과 現無量自在力色身과 妙光明色身과 一切淨妙莊嚴色身과 隨順成熟一切衆生色身과 隨其心樂現前調伏色身과 無障礙普光明色身과 淸淨無濁穢色身과 具足莊嚴不可壞色身

였으며, 세간을 여의었으면서도 모든 법의 모양이 다르다는 것을 알고, 또 푸르고 누르고 붉고 흰 것의 성품이 실답지 아니하여 다름이 없는 것도 분명히 통달하였느니라. 그러면서도 한량없는 모양의 육신을 나타내나니 이른바 가지가지 육신, 하나 아닌 육신, 그지없는 육신, 청정한 육신, 모든 것으로 장엄한 육신, 여럿이 보는 육신,

모든 중생과 같은 육신, 여러 중생 앞에 나타나는 육신, 광명이 널리 비추는 육신, 보기에 싫지 않은 육신, 잘생긴 모습이 청정한 육신, 모든 악을 여의고 빛나는 육신, 큰 용맹을 나타내는 육신, 얻기 어려운 육신, 모든 세간에서 가릴 이 없는 육신, 모든 세간에서 함께 칭찬하여 다함이 없는 육신, 잠깐마다 항상 관찰하는 육신, 가지가지 구름을 나타내는 육신, 가지가지 형상으로 빛을 나타내는 육신, 한량없이 자재한 힘을 나타내는 육신,

묘한 광명이 있는 육신, 온갖 것으로 깨끗하고 묘하게 장엄한 육신, 모든 중생을 따라서 성숙케 하는 육신, 마음에 좋아함을 따라 앞에 나타나 조복하는 육신, 걸림 없이 널리 빛나는 육신, 깨끗하고 더럽지 않은 육신, 장엄을 구족하여 무너뜨릴 수 없는 육신,

과 不思議法方便光明色身과 無能暎奪一切色身과 無諸暗破一切暗色身과 集一切白淨法色身과 大勢力功德海色身과 從過去恭敬因所生色身과 如虛空淸淨心所生色身과 最勝廣大色身과 無斷無盡色身과 光明海色身과 於一切世間에 無所依平等色身과 徧十方無所礙色身과 念念現種種色相海色身과 增長一切衆生歡喜心色身과 攝取一切衆生海色身과 一一毛孔中에 說一切佛功德海色身과 淨一切衆生欲解海色身과 決了一切法義色身과 無障礙普照曜色身과 等虛空淨光明色身과 放廣大淨光明身과 照現無垢法色身과 無比色身과 差別莊嚴色身과 普照十方色身과 隨時示現應衆生色身과 寂靜色身과 滅一切煩惱色身과

부사의한 법의 방편으로 빛나는 육신, 온갖 것으로 가릴 수 없는 육신, 어둠이 없어 모든 어둠을 깨뜨리는 육신, 모든 희고 깨끗한 법을 모은 육신, 큰 세력의 공덕 바다 육신, 과거에 공경한 원인으로 생긴 육신, 허공같이 청정한 마음으로 생긴 육신, 가장 훌륭하고 광대한 육신, 끊임없고 다함 없는 육신, 광명 바다 육신, 모든 세간에 의지할데 없고 평등한 육신,

시방에 두루 하여 걸림 없는 육신, 잠깐잠깐마다 가지가지 빛깔 바다를 나타내는 육신, 모든 중생의 기쁜 마음을 늘게 하는 육신, 모든 중생 바다를 거두어들이는 육신, 낱낱 털구멍에서 모든 부처님의 공덕 바다를 말하는 육신,

모든 중생의 욕망과 이해하는 바다를 깨끗이 하는 육신, 모든 법과 이치를 결정코 분명히 아는 육신, 장애 없이 널리 비추는 육신, 허공과 같은 깨끗한 광명 육신, 넓고 크고 깨끗한 광명을 놓는 육신, 때 없는 법을 비추어 나타내는 육신, 견줄 데 없는 육신, 차별하게 장엄한 육신, 시방을 두루 비추는 육신, 때를 따라 나타나서 중생을 응해주는 육신, 고요한 육신, 모든 번뇌를 없앤 육신,

一切衆生福田色身과 一切衆生見不虛色身과 大智慧勇猛力色身과 無障礙普周徧色身과 妙身雲普現世間皆蒙益色身과 具足大慈海色身과 大福德寶山王色身과 放光明普照世間一切趣色身과 大智慧清淨色身과 生衆生正念心色身과 一切寶光明色身과 普光藏色身과 現世間種種清淨相色身과 求一切智處色身과 現微笑令衆生生淨信色身과 一切寶莊嚴光明色身과 不取不捨一切衆生色身과 無決定無究竟色身과 現自在加持力色身과 現一切神通變化色身과 生如來家色身과 遠離衆惡徧法界海色身과 普現一切如來道場衆會色身과 具種種衆色海色身과 從善行所流色身과 隨所應化示現色身과 一切世間見無厭足色身과 種

모든 중생의 복밭인 육신, 모든 중생의 봄이 헛되지 않은 육신, 큰 지혜의 용맹한 힘인 육신, 거리낌 없이 두루 가득한 육신, 묘한 몸 구름이 널리 나타나 세간이 모두 이익을 받는 육신, 큰 자비 바다를 구족한 육신, 큰 복덕 보배산왕 육신, 광명을 놓아 세간의 온갖 길을 비추는 육신, 큰 지혜 청정한 육신, 중생의 바른 생각을 내는 육신, 모든 보배 광명 육신이며,

넓은 광명 창고 육신, 세간의 가지가지 청정한 모양을 나타내는 육신, 온갖 지혜의 처소를 구하는 육신, 미소를 나투어 중생의 깨끗한 믿음을 내게 하는 육신, 모든 보배로 장엄한 광명 육신, 모든 중생을 취하지도 않고 버리지도 않는 육신, 결정도 없고 끝닿은 데도 없는 육신, 자재하게 가지하는 힘을 나타내는 육신,

모든 신통변화를 나투는 육신, 여래의 가문에 태어나는 육신, 모든 악을 멀리 여의고 법계 바다에 두루 하는 육신, 모든 여래의 도량에 모인 회중에 두루 나타나는 육신, 가지가지 빛깔 바다를 구족한 육신, 착한 행에서 흘러나오는 육신, 교화할 이를 따라 나타내는 육신, 모든 세간에서 보아도 싫은 줄 모르는 육신,

種淨光明色身과 現一切三世海色身과 放一切光明海色身과 現無量差別光明海色身과 超諸世間一切香光明色身과 現不可說日輪雲色身과 現廣大月輪雲色身과 放無量須彌山妙華雲色身과 出種種鬘雲色身과 現一切寶蓮華雲色身과 興一切燒香雲徧法界色身과 散一切末香藏雲色身과 現一切如來大願身色身과 現一切語言音聲演法海色身과 現普賢菩薩像色身이라 念念中에 現如是等色相身하야 充滿十方하야 令諸衆生으로 或見或念하며 或聞說法하며 或因親近하며 或得開悟하며 或見神通하며 或睹變化하야 悉隨心樂하야 應時調伏하야 捨不善業하고 住於善行케호니 善男子야 當知此由大願力故며 一切智力故며 菩薩解脫力故며 大悲力故

가지가지 깨끗한 광명 육신, 모든 삼세 바다를 나타내는 육신, 모든 광명 바다를 놓는 육신, 한량없이 차별한 광명 바다를 나타내는 육신, 모든 세간의 향기 광명을 일으키는 육신, 말할 수 없는 해바퀴 구름을 나타내는 육신, 광대한 달바퀴 구름을 나타내는 육신, 한량없는 수미산의 묘한 꽃 구름을 놓는 육신, 가지가지 화만 구름을 내는 육신, 모든 보배 연꽃 구름을 나타내는 육신, 모든 사르는 향 구름을 일으켜 법계에 두루하는 육신, 모든 가루향 창고 구름을 흩는 육신, 모든 여래의 큰 서원 몸을 나타내는 육신, 모든 말과 음성으로 법 바다를 연설하는 육신, 보현보살의 형상을 나타내는 육신들이니라.

잠깐잠깐마다 이러한 빛깔 육신을 나타내어 시방에 가득하여 중생들로 하여금 보거나 생각하거나 법문 말함을 듣거나 가까이 모시거나 하여, 깨달음을 얻게도 하고 신통을 보게도 하고 변화를 보게도 하되, 마음에 좋아함을 따라 조복하여 착하지 못한 업을 버리고 착한 행에 머물게 하느니라.

착한 남자여, 이것은 큰 원력을 말미암은 연고며, 온갖 지혜의 힘인 연고며, 보살의 해탈한 힘인 연고며, 크게 가엾이 여기는 힘인 연고

며 大慈力故로 作如是事니라 善男子야 我入此解脫에 了知法性이
無有差別호대 而能示現無量色身하야 一一身에 現無量色相海하며
一一相애 放無量光明雲하며 一一光애 現無量佛國土하며 一一土애
現無量佛興世하며 一一佛애 現無量神通力하야 開發衆生의 宿世
善根하야 未種者로 令種하며 已種者로 令增長하며 已增長者로 令成
熟하야 念念中애 令無量衆生으로 於阿耨多羅三藐三菩提에 得不
退轉케호라 善男子야 如汝所問하야 從幾時來로 發菩提心이며 脩菩
薩行고한 如是之義는 承佛神力하야 當爲汝說호리라 善男子야 菩薩
智輪이 遠離一切分別境界하야 不可以生死中長短染淨廣狹多
少인 如是諸劫으로 分別顯示니 何以故오 菩薩智輪이 本性淸淨하야

며, 크게 인자한 힘인 연고로 이런 일을 짓느니라.

착한 남자여, 나는 이 해탈에 들어서 법의 성품이 차별 없음을 알
면서도 한량없는 육신을 능히 나타내며, 낱낱 몸마다 한량없는 모습
바다를 나타내고, 낱낱 모습에서 한량없는 광명 구름을 놓고, 낱낱 광
명에서 한량없는 부처님의 국토를 나타내고, 낱낱 국토에 한량없는
부처님이 나심을 나타내며, 낱낱 부처님이 한량없는 신통한 힘을 나
타내어 중생들의 지난 세상에 지은 착한 뿌리를 열어 내나니, 심지
못한 이는 심게 하고, 이미 심은 이는 자라게 하고, 이미 자란 이는
성숙케 하며, 잠깐잠깐 동안에 한량없는 중생으로 아뇩다라삼먁삼보
리에서 물러나지 않게 하느니라.

착한 남자여, 그대가 '언제부터 보리심을 내었으며 보살행을 닦았
는가?'하고 물으면, 이런 이치를 부처님의 신통한 힘을 받들어 그대
에게 말하리라. 착한 남자여, 보살의 지혜 바퀴는 모든 분별하는 경계
를 멀리 여의었으므로 생사 중에 있는 길고 짧고 물들고 깨끗하고 넓
고 좁고 많고 적은 그러한 겁으로는 분별하여 보일 수 없느니라. 왜
냐하면, 보살의 지혜 바퀴는 본래부터 성품이 깨끗하여 모든 분별의

離一切分別網하며 超一切障礙山하야 隨所應化하야 而普照故니라

善男子야 譬如日輪이 無有晝夜로대 但出時名晝요 沒時名夜인달하야

菩薩智輪도 亦復如是하야 無有分別하며 亦無三世로대 但隨心現하야

敎化衆生일새 言其止住前劫後劫이니라

善男子야 譬如日輪이 住閻浮空에 其影이 悉現一切寶物과 及以

河海諸淨水中이어든 一切衆生이 莫不目見호대 而彼淨日은 不來至

此인달하야 菩薩智輪도 亦復如是하야 出諸有海하고 住佛實法하야 寂

靜空中에 無有所依호대 爲欲化度諸衆生故로 而於諸趣에 隨類受

生이나 實不生死하며 無所染着하며 無長短劫과 諸想分別이니 何以

故오 菩薩이 究竟離心想見一切顚倒하고 得眞實見하야 見法實性하

그물을 여의고 모든 장애의 산을 초월하였지만 교화할 만한 이를 따라서 널리 비추는 연고니라.

착한 남자여, 비유컨대 해는 낮과 밤이 없지만 뜨는 때를 낮이라 하고 지는 때를 밤이라 하나니, 보살의 지혜 바퀴도 그와 같아서 분별도 없고 삼세도 없지만 교화 받을 중생이 마음에 나타남을 따라서 머물러 있는 것을 말하여 앞의 겁·뒤의 겁이라 하느니라.

착한 남자여, 마치 해가 염부제의 허공에 떴을 적에 그림자가 모든 보물이나 강과 바다의 맑은 물에 나타나는 것을 모든 중생들이 눈으로 보지만 저 해는 여기 오는 것이 아니니라.

보살의 지혜 바퀴도 그와 같아서 생사 과보 바다에서 뛰어나 부처님의 참된 법의 고요한 허공에 머물러서 의지한 데가 없거니와 중생들을 교화하기 위하여 여러 길에서 여러 종류로 태어나지마는, 실제로는 나지도 않고 죽지도 않고 물들지도 않으며, 긴 세월·짧은 세월이라는 생각의 분별이 없느니라.

왜냐하면, 보살은 모든 뒤바뀐 생각과 소견을 끝까지 여의고, 진실한 견해를 얻어 법의 참 성품을 보았으므로 모든 세간이 꿈 같고 환

며 知一切世間이 如夢如幻하야 無有衆生이언마는 但以大悲大願力故로 現衆生前하야 敎化調伏이니라 佛子야 譬如船師가 常以大船으로 於河流中에 不依此岸하며 不着彼岸하며 不住中流하고 而渡衆生호대 無有休息인달하야 菩薩摩訶薩도 亦復如是하야 以波羅蜜船으로 於生死流中에 不依此岸하며 不着彼岸하며 不住中流하고 而度衆生호대 無有休息하나니 雖無量劫에 修菩薩行이나 未曾分別劫數長短이니라 佛子야 如太虛空이 一切世界- 於中成壞호대 而無分別하야 本性淸淨하야 無染無亂하며 無礙無厭하며 非長非短이라 盡未來劫토록 持一切刹인달하야 菩薩摩訶薩도 亦復如是하야 以等虛空界廣大深心으로 起大願風輪하야 攝諸衆生하야 令離惡道하고 生諸善趣하며 悉令

술과 같아서 중생이 없는 줄 알지만 큰 자비와 원력으로 중생의 앞에 나타나서 교화하고 조복하느니라.

불자여, 마치 뱃사공이 항상 큰 배를 타고 강 가운데서 이 언덕을 의지하지도 않고, 저 언덕에 닿지도 않고, 가운데 머물지도 않으면서 중생 건네주기를 쉬지 아니하는 것처럼 보살마하살도 그와 같아서 바라밀 배를 가지고 생사의 흐름에서 이 언덕을 의지하지도 않고 저 언덕에 닿지도 않고 가운데 머물지도 않으면서 중생 제도하기를 쉬지 아니하나니, 비록 한량없는 겁 동안에 보살행을 닦으면서 일찍이 겁의 길고 짧음을 분별하지 아니하느니라.

불자여,

마치 큰 허공은 모든 세계가 그 속에서 이루어지고 무너지거니와 본 성품이 청정하여 물들지도 어지럽지도 않고 걸림도 없고 만족함도 없으며, 길지도 않고 짧지도 아니하여 미래 세상이 다하도록 모든 세계를 가지고 있느니라. 보살마하살도 그와 같아서 허공과 같이 넓고 크고 깊은 마음으로 큰 서원인 바람 둘레를 일으키어 모든 중생들을 거두어 주는데, 나쁜 길을 여의고 착한 길에 나게 하며,

安住一切智地하야 滅諸煩惱生死苦縛호대 而無憂喜疲厭之心이니
라 善男子야 如幻化人이 肢體雖具나 而無入息과 及以出息과 寒
熱飢渴과 憂喜生死十種之事인달하야 菩薩摩訶薩도 亦復如是하야
以如幻智平等法身으로 現衆色相하야 於諸有趣에 住無量劫하야 教
化衆生호대 於生死中一切境界에 無欣無厭하며 無愛無恚하며 無苦
無樂하며 無取無捨하며 無安無怖니라 佛子야 菩薩智慧가 雖復如是
甚深難測이나 我當承佛威神之力하야 爲汝解說하야 令未來世諸
菩薩等으로 滿足大願하고 成就諸力케호리라 佛子야 乃往古世에 過世
界海微塵數劫하야 有劫하니 名善光이요 世界는 名寶光이며 於其劫
中에 有一萬佛이 出興於世하시니 其最初佛이 號法輪音虛空燈王이

온갖 지혜 자리에 머물게 하여 번뇌와 생사의 속박을 없애지마는 근
심하거나 기뻐하거나 고달파하는 마음이 없느니라.

착한 남자여, 마치 요술로 만든 사람이 몸과 사지를 갖추었지마는
숨을 들이쉬고, 내쉬고, 차고, 덥고, 굶주리고, 목마르고, 근심하고,
기뻐하고, 나고, 죽는 열 가지 일이 없느니라. 보살마하살도 그와 같
아서 환술같은 지혜와 평등한 법의 몸으로써 여러 가지 모습을 나타
내어 모든 업보의 길에서 한량없는 겁을 지나면서 중생을 교화하지마
는 죽고 사는 모든 경계에 대하여 기쁨도 싫음도 없고, 사랑함도 성
냄도 없으며, 괴로움도 즐거움도 없고, 가짐도 버림도 없으며, 편안함
도 공포함도 없느니라.

불자여, 보살의 지혜가 이렇게 깊고 깊어 비록 헤아릴 수 없으나
내가 부처님의 위신을 받들어 그대에게 말하며 미래 세상의 모든 보
살들로 하여금 큰 서원을 만족케 하여 모든 힘을 성취케 하리라.

불자여, 지나간 옛적 세계해의 티끌 수 겁 전에 한 겁이 있었으니
이름이 착한 빛이요, 세계의 이름은 보배광명이었느니라. 그 겁 동안
에 일만 부처님이 세상에 나셨으니 그 첫 부처님의 이름은 법륜음허

라 如來應正等覺十號圓滿이러니 彼閻浮提에 有一王都하니 名寶莊嚴이요 其東不遠에 有一大林하니 名曰妙光이며 中有道場하니 名爲寶華라 彼道場中에 有普光明摩尼蓮華藏師子之座어든 時彼如來가 於此座上에 成阿耨多羅三藐三菩提하사 滿一百年토록 坐於道場하사 爲諸菩薩諸天世人과 及閻浮提宿植善根已成熟者하야 演說正法하시니라 是時國王이 名曰勝光이니 時世人民이 壽一萬歲라 其中에 多有殺盜淫佚과 妄言綺語와 兩舌惡口와 貪瞋邪見하야 不孝父母하며 不敬沙門婆羅門等할새 時王이 爲欲調伏彼故로 造立囹圄하야 枷鎖禁閉하야 無量衆生이 於中受苦러니 王有太子하니 名爲善伏이니 端正殊特하야 人所喜見이요 具二十八大人之相이라 在

공덕왕 여래·응공·정등각이어서 열 가지 호가 원만하셨느니라.

그 염부제에 한 서울이 있으니 이름이 보배장엄이요, 그 동쪽으로 멀지 않은 곳에 큰 숲이 있으니 이름이 묘한 빛이요, 그 숲속에 보배 꽃이란 도량이 있고, 그 도량에 보광명마니연화장 사자좌가 있었는데, 그 부처님이 이 사자좌에서 아뇩다라삼먁삼보리를 이루시고, 백 년 동안 이 도량에 앉아서 모든 보살과 천상 사람과 인간 사람과 염부제에서 착한 뿌리를 심어 성숙한 이들을 위하여 바른 법을 연설하셨느니라.

그때 임금의 이름은 훌륭한 빛이요, 사람들의 목숨은 일만 살인데 그 가운데는 살생하고 훔치고 음란하고 방탕하고 거짓말, 비단결 같은 말, 이간하는 말, 욕설을 하며, 탐욕 많고 성내고 나쁜 소견 가지고 부모에게 불효하고, 사문·바라문을 공경하지 않는 이가 많았으므로 임금은 그들을 조복하기 위하여 감옥을 만들고 칼과 고랑과 수갑들을 마련하여 한량없는 중생이 그 속에서 고생하고 있었느니라. 그 임금의 태자는 이름이 '조복 잘하는 이'인데 단정하고 매우 뛰어나서 사람들이 보기를 좋아하며 스물여덟 가지의 거룩한 모습을 구족하였느니라.

宮殿中이라가 遙聞獄囚의 楚毒音聲하고 心懷傷愍하야 從宮殿出하야 入牢獄中하야 見諸罪人이 杻械枷鎖로 遞相連繫하야 置幽暗處하야 或以火炙하며 或以煙熏하며 或被搒笞하며 或遭臏割하며 裸形亂髮하며 飢渴羸瘦하며 筋斷骨現하야 號叫苦劇하고 太子見已에 心生悲愍하야 以無畏聲으로 安慰之言호대 汝莫憂惱하며 汝莫愁怖하라 我當令汝로 悉得解脫케호리라하고 便詣王所하야 而白王言호대 獄中罪人이 苦毒難處하니 願垂寬宥하야 施以無畏하소서

時王이 卽集五百大臣하야 而問之言하사대 是事云何오 諸臣이 答言호대 彼罪人者는 私竊官物하며 謀奪王位하야 盜入宮闈라 罪應刑戮이니 有哀救者도 罪亦至死니이다

태자는 궁중에 있으면서 옥에 갇힌 죄수들이 고생하는 소리를 듣고 가엾은 마음을 이기지 못하여 대궐에서 나와 옥으로 달려가 보았느니라. 모든 죄수들이 고랑을 차고 칼에 씌워져 쇠사슬에 서로 묶이어서 어둠 속에 갇혔는데, 불에 볶이고 연기에 쏘이고 곤장을 맞고 코를 베이기도 하였으며, 발가벗기고 머리카락이 헝클어지고 배 고프고 목이 말라 몸이 수척하고 근육이 터지고 뼈가 드러나 지독한 고통을 부르짖고 있었느니라. 태자가 보고는 자비심을 내어 두려움이 없는 음성으로 위로하였느니라.

'그대들은 걱정하지 말고 공포하지 말라. 내가 그대들을 이 고통에서 벗어나게 하리라.'

태자는 임금이 계신 곳에 가서 여쭈기를, '옥에 갇힌 죄인들의 고통이 막심하오니 관대하게 용서하시어 두려움 없음을 베푸십시오.'

왕이 오백 대신들을 모아 묻기를, '어찌하면 되겠는가?' 하자 대신들이 대답하대 '저 죄인들은 관청의 물품을 훔치고 왕의 자리를 뺏으려 하고 궁중에 침입하였사오니, 죄는 열 번 죽어 마땅하오며, 만일 구하려는 이가 있으면 그 역시 죽음으로 벌을 받아야 합니다.'

時彼太子가 悲心轉切하야 語大臣言호대 如汝所說이니 但放此人하고
隨其所應하야 可以治我하라 我爲彼故로 一切苦事를 悉皆能受하야
粉身歿命이라도 無所顧惜하고 要令罪人으로 皆得免苦니 何以故오
我若不救此衆生者인댄 云何能救三界牢獄諸苦衆生이리오 一切
衆生이 在三界中하야 貪愛所縛과 愚癡所蔽로 貧無功德하야 墮諸
惡趣하며 身形鄙陋하야 諸根放逸하며 其心迷惑하야 不求出道하며 失
智慧光하야 樂着三有하며 斷諸福德하고 滅諸智慧하며 種種煩惱가
濁亂其心하며 住苦牢獄하고 入魔羂網하며 生老病死와 憂悲惱害의
如是諸苦가 常所逼迫이어니 我當云何令彼解脫이리오 應捨身命하야
而拔濟之로다 時諸大臣이 共詣王所하야 悉擧其手하고 高聲唱言호대

　　그때 태자는 슬픈 마음이 더욱 간절하여 대신들에게 말하였느니라.
'그대들의 말과 같을진댄, 저 사람들은 놓아주고 그들이 받을 형벌
로 나를 다스리라. 나는 그들을 위하여 모든 형벌을 다 받을 것이며,
몸이 가루가 되고 목숨이 끊어져도 아낄 것이 없으며, 다만 저 죄인
들의 고통을 면하게 하리라.
　　왜냐하면, 내가 만일 이 중생들을 구원하지 못한다면 어떻게 삼계
라는 옥중에서 고통 받는 중생을 구원하리오. 모든 중생들이 삼계 가
운데서 탐욕과 애정에 얽매이고 어리석음에 가리워서 가난하여 공덕
이 없고, 여러 가지 나쁜 길에 떨어져서 형상이 더럽고 모든 기관이
방일하며, 마음이 아득하여 나갈 길을 구하지 못하고, 지혜의 빛을 잃
어 삼계를 좋아하며, 모든 복덕을 끊고 지혜를 멸하였으며, 가지가지
번뇌가 마음을 어지럽게 하며 고통의 옥에 갇히고 마의 그물에 들어
가 나고 늙고 병들고 죽음과 근심하고 슬퍼하고 시끄럽고 해치어서
이런 고통이 항상 괴롭히나니, 내가 어찌하면 저들을 해탈케 하리오.
마땅히 몸과 목숨을 버리어 구제하리라.'
　　이때 대신들이 왕에게 나아가서 손을 들고 외치었느니라.

大王하 當知하소서 如太子意인댄 毁壞王法하야 禍及萬人이니 若王愛
念하야 不責治者인댄 王之寶祚가 亦不久立이니이다 王聞此言하시고 赫
然大怒하사 令誅太子와 及諸罪人이러니 王后聞之하시고 愁憂號哭하
며 毁形降服하야 與千婇女로 馳詣王所하야 擧身投地하야 頂禮王足
하고 俱作是言호대 唯願大王은 赦太子命하소서 王卽廻顧하야 語太子
言하사대 莫救罪人하라 若救罪人이면 必當殺汝리라 爾時太子가 爲欲
專求一切智故며 爲欲利益諸衆生故며 爲以大悲普救攝故로 其
心堅固하야 無有退怯하야 復白王言호대 願恕彼罪하소서 身當受戮호
리이다 王言하사대 隨意호리라

爾時에 王后가 白言호대 大王하 願聽太子半月行施하야 恣意脩福한

'대왕이시여, 태자의 생각은 국법을 깨뜨리고 만민에게 화난을 미
치게 할 것입니다. 대왕께서 태자를 사랑하고 책벌하지 않으신다면
대왕의 지위도 오래도록 보존하지 못하리이다.'

왕은 이 말을 듣고 대노하여 태자와 모든 죄인들을 사형하려 하였
느니라. 왕후가 이 일을 알고는 근심하고 부르짖으며, 초라한 모습과
허름한 의복으로 일천 시녀와 함께 왕에게 나아가 몸을 땅에 던지며
왕의 발에 엎드려 절하며 이렇게 말하였느니라.

'바라옵건대 대왕이시여, 태자를 용서하시어 살려주십시오.'

임금은 태자를 돌아보면서 '죄인들을 구원하려 하지 말라. 만일 죄
인을 구원하려 한다면 너를 죽이리라.' 하였다.

그때 태자는 오로지 온갖 지혜를 구하기 위하여, 여러 중생들을 이
익케 하기 위하여, 크게 가엾이 여김으로써 널리 구원해 주기 위하여
마음이 굳세어지고 물러나거나 겁나는 일이 없어져서 왕에게 아뢰었
느니라. '바라옵건대, 저들의 죄를 용서하소서. 제가 사형을 받겠나이
다.'하자 왕은 '네 뜻대로 하리라.' 하였다. 이때 왕후가 다시 왕에게
아뢰기를, '대왕이시여, 태자로 하여금 보름 동안만 보시를 행하여 마

然後治罪하소서 王卽聽許하시다 時에 都城北에 有一大園하니 名曰日光이니 是昔施場이라 太子往彼하야 設大施會하니 飮食衣服과 華鬘纓絡과 塗香末香과 幢旛寶蓋의 諸莊嚴具를 隨有所求하야 靡不周給이라 經半月已하야 於最後日에 國王大臣과 長者居士와 城邑人民과 及諸外道가 悉來集會러니 時에 法輪音虛空燈王如來- 知諸衆生의 調伏時至하시고 與大衆俱호대 天王은 圍遶하며 龍王은 供養하며 夜叉王은 守護하며 乾闥婆王은 讚歎하며 阿脩羅王은 曲躬頂禮하며 迦樓羅王은 以淸淨心으로 散諸寶華하며 緊那羅王은 歡喜勸請하며 摩睺羅伽王은 一心瞻仰하야 來入彼會어시늘 爾時太子와 及諸大衆이 遙見佛來에 端嚴殊特하사 諸根寂定이 如調順象하며 心無垢

음대로 복을 지은 뒤에 죄를 받도록 허락하옵소서.'

왕은 그 일을 허락하였느니라. 그때 서울의 북쪽에 큰 동산이 있으니 이름이 햇빛이라. 그 곳은 옛적에 보시하던 곳인데, 태자는 그곳에 가서 크게 보시하는 모임을 열고, 음식·의복·화만·영락·바르는 향·가루향·당기·번기·보배 일산과 모든 장엄거리를 사람들이 달라는 대로 모두 주었느니라. 이렇게 보름이 지나서 마지막 날이 되자 임금과 대신과 장자와 거사와 성 안에 있는 백성들과 여러 외도들이 모두 모였느니라.

이때 법륜음허공등왕 여래께서 중생들을 조복할 때가 된 줄을 아시고 대중들과 함께 이 동산으로 오시는데 천왕들은 둘러싸고, 용왕은 공양하고, 야차왕은 수호하고, 건달바왕은 찬탄하고, 아수라왕은 허리 굽혀 절하고, 가루라 왕은 깨끗한 마음으로 보배꽃을 흩고, 긴나라 왕은 환희하여 권하고, 마후라가왕은 일심으로 우러러 보면서 모임 가운데로 들어왔느니라.

이때 태자와 대중들은 부처님 오시는 것을 멀리서 보았느니라. 단정하고 존엄하고 특별하시며 여러 기관이 고요하심은 길 잘든 코끼리

濁이 如淸淨池하며 現大神通하며 示大自在하며 顯大威德하며 種種
相好로 莊嚴其身하며 放大光明하야 普照世界하며 一切毛孔에 出香
焰雲하며 震動十方無量佛刹하며 隨所至處하야 普雨一切諸莊嚴
具하며 以佛威儀와 以佛功德으로 衆生見者가 心淨歡喜하야 煩惱消
滅하니라 爾時太子와 及諸大衆이 五體投地하야 頂禮其足하며 安施
牀座하고 合掌白言호대 善來世尊하 善來善逝하 唯願哀愍하사 攝受
於我하사 處於此座하소서 以佛神力으로 淨居諸天이 卽變此座하야 爲
香摩尼蓮華之座어늘 佛坐其上하시니 諸菩薩衆도 亦皆就座하야 周
帀圍遶하니라 時彼會中에 一切衆生이 因見如來하야 苦滅障除하니
堪受聖法이라 爾時如來가 知其可化하사 以圓滿音으로 說修多羅하시

같고, 마음에 때 없기는 깨끗한 몸과 같으며, 큰 신통을 나투시고 크
게 자재하심을 보이시고 큰 위덕을 나타내시며, 여러 가지 거룩한 모
습으로 몸을 장엄하였고, 큰 광명을 놓아 세계를 널리 비추며 모든
털구멍으로는 향기 불꽃 구름을 내어 시방의 한량없는 세계를 진동하
며, 이르는 곳마다 여러 가지 장엄거리를 비 내리시니, 부처님의 위의
와 부처님의 공덕으로 보는 중생들의 마음이 깨끗하고 환희하여 번뇌
가 소멸되었느니라. 이때 태자와 대중들은 땅에 엎드려 부처님 발에
절하고 평상을 차려 놓고 합장하고 아뢰었느니라.

'잘 오시나이다, 세존이시여! 잘 오시나이다, 부처님이시여! 바라옵
건대 저희들을 가엾이 여기시며 저희들을 거두어 주사 이 자리에 앉
으시옵소서.'

부처님의 신통한 힘으로 정거천 사람들이 그 자리를 변화하여 향마
니 연화좌를 만드니, 부처님께서는 그 위에 앉으시고 보살대중도 자
리에 나아가 둘러앉았느니라. 그때 모임 가운데 있던 모든 중생은 여
래를 친견함으로 인하여 괴로움이 멸하고 장애가 없어져서 거룩한 법
을 들을 만하였느니라. 여래께서는 교화할 시기인 줄을 아시고 원만

니 名普照因輪이라 令諸衆生으로 隨類各解케하신대 時彼會中에 有八
十那由他衆生이 遠塵離垢하야 得淨法眼하며 無量那由他衆生이
得無學地하며 十千衆生이 住大乘道하고 入普賢行하야 成滿大願하니
當爾之時하야 十方各百佛刹微塵數衆生이 於大乘中에 心得調
伏하며 無量世界一切衆生이 免離惡趣하고 生於天上하며 善伏太子
가 卽於此時에 得菩薩敎化衆生令生善根解脫門하니라 善男子야
爾時太子가 豈異人乎아 我身이 是也니 我因往昔에 起大悲心하야
捨身命財하야 救苦衆生하며 開門大施하야 供養於佛하야 得此解脫호
라 佛子야 當知하라 我於爾時에 但爲利益一切衆生일새 不着三界하
며 不求果報하며 不貪名稱하며 不欲自讚하야 輕毀於他하며 於諸境

한 음성으로 경을 말씀하시니, 그 이름은 원인을 두루 비추는 바퀴라.
여러 중생이 제 나름대로 이해하였느니라. 그 회중에 있던 팔십 나유
타 중생들은 티끌과 때를 멀리 여의고 깨끗한 법안을 얻었으며, 한량
없는 나유타 중생들은 배울 것 없는 지위를 얻었고, 일만 중생은 대
승의 도에 머물러서 보현의 행에 들어가 큰 서원을 성취하였느니라.
이때에 시방으로 각각 백 세계의 티끌 수 중생들은 대승법 가운데서
마음이 조복되고 한량없는 세계의 모든 중생은 나쁜 길을 여의고 천
상에 태어났고, 잘 조복하는 태자는 그 즉시 보살이 중생을 교화하여
착한 뿌리를 내게 하는 해탈문을 얻었느니라.

착한 남자여, 그때의 태자는 다른 이가 아니라 곧 내 몸이었으니,
나는 옛적에 크게 가엾이 여기는 마음을 내어 몸과 목숨과 재물을 버
려 고통 받는 중생들을 구제하였고, 크게 보시하는 문을 열고 부처님
께 공양하였으므로 이 해탈을 얻었느니라.

불자여, 나는 그때에 다만 모든 중생을 이익케 하려 하였을 뿐이고,
삼계에 애착하지도 않고, 과보를 구하지도 않고, 명예를 탐하지도 않
고, 자기는 칭찬하고 남은 훼방하지도 않았으며, 모든 경계에 대하여

界에 無所貪染하며 無所怖畏하고 但莊嚴大乘出要之道하며 常樂觀
察一切智門하야 脩行苦行하야 得此解脫호라 佛子야 於汝意云何오
彼時에 五百大臣이 欲害我者는 豈異人乎아 今提婆達多等五百
徒黨이 是也니 是諸人等이 蒙佛敎化하야 皆當得阿耨多羅三藐三
菩提라 於未來世에 過須彌山微塵數劫하야 爾時有劫하니 名善光이
요 世界는 名寶光이어든 於中成佛하야 其五百佛이 次第興世하리니 最
初如來는 名曰大悲요 第二는 名饒益世間이요 第三은 名大悲師子
요 第四는 名救護衆生이며 乃至最後는 名曰醫王이니 雖彼諸佛이
大悲平等이나 然其國土와 種族父母와 受生誕生과 出家學道와 往
詣道場과 轉正法輪과 說脩多羅와 語言音聲과 光明衆會와 壽命

탐내어 물들지도 않고, 두려워함도 없었고, 오직 대승으로 벗어날 길
을 장엄하고, 온갖 지혜의 문을 관찰하기를 좋아하면서 고행을 닦아
이 해탈문을 얻었느니라.

불자여, 그대는 어떻게 생각하는가? 그때 나를 해하려던 오백 대신
이 어찌 다른 사람이랴. 지금의 제바달다의 오백 무리들이니, 이 사람
들도 부처님의 교화를 받고 모두 아뇩다라삼먁삼보리를 얻을 것이니
라. 미래 세상에 수미산의 티끌 수 겁을 지나서 그때 겁의 이름은 착
한 빛이요, 세계의 이름은 보배 광명이니, 그 가운데서 성불하여 오백
부처님이 차례로 세상에 나실 터이니라.

첫 부처님 이름은 대비시고, 둘째 부처님은 요익 세간이시고, 셋째
부처님은 대비 사자이시고, 넷째 부처님은 구호 중생이시며, 마지막
부처님은 의왕이시니라.

비록 여러 부처님의 가엾이 여기심은 평등하나 그 국토와 문벌과
부모와 태어나서 탄생하고 출가하여 도를 닦고 도량에 나아가 바른
법륜을 굴리어 경을 말씀하시는 말씀과 음성과 광명과 모인 대중과
수명과

法住와 及其名號는 各各差別하리라 佛子야 彼諸罪人을 我所救者는 卽拘留孫等賢劫千佛과 及百萬阿僧祇諸大菩薩이 於無量精進力名稱功德慧如來所에 發阿耨多羅三藐三菩提心하고 今於十方國土에 行菩薩道하야 脩習增長此菩薩教化衆生令生善根解脫者가 是며 時에 勝光王은 今薩遮尼乾子大論師가 是며 時에 王宮人과 及諸眷屬은 卽彼尼乾六萬弟子가 與師俱來하야 建大論幢하고 共佛論議어늘 悉降伏之하야 授阿耨多羅三藐三菩提記者가 是니 此諸人等이 皆當作佛호대 國土莊嚴과 劫數名號가 各各有異하리라 佛子야 我於爾時에 救罪人已에 父母가 聽我捨離國土妻子財寶어늘 於法輪音虛空燈王佛所에 出家學道하고 五百歲中에 淨脩梵行

법이 세상에 머무는 일과 그 명호는 각각 다르시니라.

불자여,

내가 구원한 그 죄인들은 곧 구류손 등 현겁의 일천 부처님과 백만 아승지 큰 보살들로서 무량정진력명칭공덕혜 여래에게서 아뇩다라삼먁삼보리심을 내었고, 지금 시방의 국토에서 보살의 도를 행하며 이 보살이 중생을 교화하여 착한 뿌리를 내게 하는 해탈을 닦아서 늘게 하는 이들이니라.

그때의 훌륭한 빛 임금은 지금의 살차니건자대논사요, 그 왕궁에 있던 이와 권속들은 니건의 육만 제자로서 스승과 함께 와서 큰 논의 당기를 세우고 부처님과 논의하다가 항복하여 아뇩다라삼먁삼보리의 수기를 받은 이들이니 이 사람들도 장래에 부처를 이룰 것이며, 그 국토의 장엄과 겁의 수와 명호는 각각 다르니라.

불자여,

나는 그때에 죄인을 구원하고 부모의 허락을 얻어 국토와 처자와 재물을 버리고 법륜음허공등왕 부처님 계신 데서 출가하여 도를 배우며 오백 년 동안 범행을 닦아서

하야 卽得成就百萬陀羅尼와 百萬神通과 百萬法藏과 百萬求一切
智勇猛精進하야 淨治百萬堪忍門하며 增長百萬思惟心하며 成就
百萬菩薩力하며 入百萬菩薩智門하며 得百萬般若波羅蜜門하며
見十方百萬諸佛하며 生百萬菩薩大願하며 念念中에 見十方各照
百萬佛刹하며 念念中에 憶念十方世界前後際劫百萬諸佛하며 念
念中에 知十方世界百萬諸佛變化海하며 念念中에 見十方百萬
世界所有衆生의 種種諸趣와 隨業所受와 生時死時와 善趣惡趣와
好色惡色하며 其諸衆生의 種種心行과 種種欲樂과 種種根性과 種
種業習과 種種成就를 皆悉明了호라 佛子야 我於爾時命終之後에
還復於彼王家受生하야 作轉輪王하야 彼法輪音虛空燈王如來滅

백만 다라니와 백만 신통과 백만 법장을 성취하고, 백만의 온갖 지혜를 구하려고 용맹하게 정진하며, 백만의 인욕 문을 깨끗하게 다스리고, 백만의 생각하는 마음을 늘게 하고, 백만의 보살의 힘을 성취하고 백만의 보살 지혜의 문에 들어가 백만의 반야바라밀 문을 얻었느니라.

시방의 백만 부처님을 뵈옵고 백만 보살의 큰 원을 내었으며, 생각마다 시방으로 각각 백만의 부처님 세계를 비추어 보고,
생각마다 시방 세계의 지난 겁과 오는 겁에 나시는 백만 부처님을 기억하고, 생각마다 시방 세계의 백만 부처님의 변화 바다를 알고, 생각마다 시방의 백만 세계에 중생들이 여러 가지 길에서 업을 따라
태어나는 때·죽는 때와 착한 길·나쁜 길과
좋은 모습·나쁜 모습을 보며,
그 중생들의 가지가지 마음과 가지가지 욕망과 가지가지 근성과
가지가지 익힌 업과 가지가지 성취함을 다 분명하게 아느니라.
불자여, 나는 그때에 목숨이 다한 뒤에 다시 그 왕가에 태어나서
전륜왕이 되었고, 법륜음허공등왕여래가

後에 次卽於此에 値法空王如來하야 承事供養하며 次爲帝釋하야 卽此道場에 値天王藏如來하야 親近供養하며 次爲夜摩天王하야 卽於此世界에 値大地威力山如來하야 親近供養하며 次爲兜率天王하야 卽於此世界에 値法輪光音聲王如來하야 親近供養하며 次爲化樂天王하야 卽於此世界에 値虛空智王如來하야 親近供養하며 次爲他化自在天王하야 卽於此世界에 値無能壞幢如來하야 親近供養하며 次爲阿脩羅王하야 卽於此世界에 値一切法雷音王如來하야 親近供養하며 次爲梵王하야 卽於此世界에 値普現化演法音如來하야 親近供養호라 佛子야 此寶光世界善光劫中에 有一萬佛이 出興於世어시늘 我皆親近하야 承事供養호라 次復有劫하니 名曰日光이요 有六

열반한 뒤 또 여기에서 법공왕 여래를 만나서 받들어 섬기고 공양하였으며, 다음에는 제석이 되어 이 도량에서 천왕장여래를 만나 친근하고 공양하였으며, 다음에는 야마천왕이 되어 이 세계에서 대지위력산여래를 만나 친근하고 공양하였으며, 다음에는 도솔천왕이 되어 이 세계에서 법륜광음성왕여래를 만나 친근하고 공양하였으며,

다음에는 화락천왕이 되어

이 세계에서 허공지왕여래를 만나 친근하고 공양하였으며,

다음에는 타화자재천왕이 되어 이 세계에서 무능괴당여래를 만나 친근하고 공양하였으며,

다음에는 아수라왕이 되어 이 세계에서 일체법뢰음왕여래를 만나 친근하고 공양하였으며,

다음에는 범왕이 되어 이 세계에서 보현화연법음여래를 만나 친근하고 공양하였느니라.

불자여, 이 보배광명 세계의 착한 빛 겁 가운데서 일만 부처님이 세상에 나시었는데 내가 모두 가까이 섬기고 공양하였느니라.

다음에 또 겁이 있으니 이름이 햇빛이라.

十億佛이 出興於世하시니 最初如來가 名妙相山이며 我時爲王하니 名曰大慧니 於彼佛所에 承事供養하며 次有佛出하시니 名圓滿肩이니 我爲居士하야 親近供養하며 次有佛出하시니 名離垢童子니 我爲大臣하야 親近供養하며 次有佛出하시니 名勇猛持니 我爲阿脩羅王하야 親近供養하며 次有佛出하시니 名須彌相이니 我爲樹神하야 親近供養하며 次有佛出하시니 名離垢臂니 我爲商主하야 親近供養하며 次有佛出하시니 名師子遊步니 我爲城神하야 親近供養하며 次有佛出하시니 名爲寶髻니 我爲毘沙門天王하야 親近供養하며 次有佛出하시니 名最上法稱이니 我爲乾闥婆王하야 親近供養하며 次有佛出하시니 名光明冠이니 我爲鳩槃茶王하야 親近供養호라 於彼劫中에 如是次第有

육십억 부처님이 세상에 나셨는데, 맨 처음 부처님의 이름이 묘상산이시고, 나는 큰 지혜라는 왕이 되어 그 부처님을 받들어 섬기며 공양하였고, 다음에 나신 부처님은 원만견이신데 나는 거사가 되어 가까이하며 공양하였고, 다음에 나신 부처님은 이구동자신데 나는 대신이 되어 가까이하며 공양하였고,

다음 나신 부처님은 용맹지신데 나는 아수라왕이 되어 가까이하며 공양하였고, 다음에 나신 부처님은 수미상이신데 나는 나무 맡은 신이 되어 가까이하며 공양하였고,

다음에 나신 부처님은 이구비신데 나는 장사물주가 되어 가까이하며 공양하였고, 다음에 나신 부처님은 사자유보신데 나는 성 맡은 신이 되어 가까이하며 공양하였고, 다음에 나신 부처님은 보계신데 나는 비사문천왕이 되어 가까이하며 공양하였고,

다음에 나신 부처님은 최상법칭이신데 나는 건달바왕이 되어 가까이하며 공양하였고, 다음에 나신 부처님은 광명관이신데 나는 구반다왕이 되어 가까이하며 공양하였느니라.

그 겁 가운데 이렇게 차례로

六十億如來가 出興於世어시늘 我常於此에 受種種身하야 一一佛所에 親近供養하야 教化成就無量衆生하며 於一一佛所에 得種種三昧門과 種種陀羅尼門과 種種神通門과 種種辯才門과 種種一切智門과 種種法明門과 種種智慧門하야 照種種十方海하며 入種種佛刹海하며 見種種諸佛海하야 清淨成就하며 增長廣大호니 如於此劫中에 親近供養爾所諸佛하야 於一切處一切世界海微塵數劫에 所有諸佛이 出興於世어시든 親近供養하야 聽聞說法하고 信受護持도 亦復如是하야 如是一切諸如來所에 皆悉修習此解脫門하며 復得無量解脫方便호라 爾時에 救護一切衆生主夜神이 欲重宣此解脫義하사 卽爲善財하야 而說頌曰

육십억 여래가 세상에 나시었는데, 나는 항상 여기에서 여러 가지 몸을 받아서 부처님 계신 데마다 가까이하며 공양하면서 한량없는 중생을 교화하여 성취케 하였고,

낱낱 부처님 계신 데서 가지가지 삼매문과 가지가지 다라니문과 가지가지 신통문과 가지가지 변재문과 가지가지 온갖 지혜의 문과 가지가지 법을 밝히는 문과 가지가지 지혜의 문을 얻어,

가지가지 시방 바다를 비추며,

가지가지 부처님 세계 바다에 들어가며, 가지가지 부처님 바다를 보아서 청정하게 성취하며 증장하고 광대케 하였느니라.

이 겁에서 저러한 부처님을 가까이하며 공양한 것처럼, 모든 곳에서 온갖 세계해의 티끌 수 겁에 모든 부처님이 세상에 나실 적마다 가까이하며 공양하고, 법문을 듣고 믿어 받들어 보호해 가지는 것도 또한 그렇게 하였으며, 이러한 모든 부처님 처소에서 이 해탈문을 닦아 익히고, 다시 한량없는 해탈의 방편을 얻었느니라."

이때 모든 중생을 구호하는 밤 맡은 신이 이 해탈의 뜻을 거듭 펴려고 선재동자에게 게송을 말하였다.

汝以歡喜信樂心으로　問此難思解脫法일새
我承如來護念力하야　爲汝宣說應聽受어다
過去無邊廣大劫에　過於刹海微塵數하야
時有世界名寶光이요　其中有劫號善光이라
於此善光大劫中에　一萬如來出興世어시늘
我皆親近而供養하고　從其脩學此解脫호라
時有王都名喜嚴이니　縱廣寬平極殊麗하야
雜業衆生所居住라　或心淸淨或作惡이로다
爾時有王名勝光이라　恒以正法御群生이러니
其王太子名善伏이니　形體端正備衆相이로다

그대가 환희하여 믿는 마음으로　부사의한 해탈법을 내게 물으니
부처님의 염려하는 힘을 받들어　그대에게 말하노니 자세히 들으라
과거 그지없이 넓고 큰 겁이　세계 바다 티끌 수 보다 많은데
그때의 세계 이름 보배광명이요　그 세계의 겁 이름 착한 빛이니라
이 시절의 착한 빛 큰 겁 동안에　일만 여래 세상에 나시는 이를
내가 모두 가까이하고 공양하면서　그를 따라 배우고 해탈 얻었네
그때의 서울 이름 기쁜 장엄　사방이 반듯하고 빼어나게 아름다워
여러 업을 지은 중생 살고 있는데　어떤 이는 청정하고 어떤 이는 악하더라
그 서울에 훌륭한 빛 임금이 있어　언제나 정법으로 중생을 교화하는데
잘 조복하는 이라는 태자 있으니　형상이 단정하고 모습은 거룩하여

時有無量諸罪人이　　繫身牢獄當受戮이어늘
太子見已生悲愍하야　　上啓於王請寬宥한대
爾時諸臣共白王호대　　今此太子危王國이니이다
如是罪人應受戮이어늘　　如何悉救令除免이리잇고
時勝光王語太子하사대　　汝救彼罪自當受리라
太子哀念情轉深하야　　誓救衆生無退怯이러니
時王夫人婇女等이　　俱來王所白王言호대
願放太子半月中에　　布施衆生作功德케하소서
時王聞已卽聽許한대　　設大施會濟貧乏할새
一切衆生靡不臻이라　　隨有所求皆給與러니

그때 한량없는 여러 죄인들　　옥중에 갇히어서 죽게 되었는데
태자는 그들을 보고 자비한 마음　　왕에게 간청하기를 '용서하소서'
이때 신하들은 왕께 말하되　　'태자의 이런 말은 나라 망치니
죄인들은 형벌을 받아야하거늘　　어떻게 용서하여 주게 되리까
태자에게 훌륭한 빛 임금의 말씀　　'용서하면 그 죄를 네가 받는다'
태자는 자비한 마음이 간절하여　　중생을 구하기에 두려움 없었어라
그때 왕의 부인 시녀 데리고　　임금 앞에 나아가 아뢰는 말씀
'태자에게 허락하여 보름 동안만　　보시하여 공덕을 짓게 하소서'
대왕은 이 말 듣고 허락하여서　　보시회를 열고 가난을 구제하려 하니
모든 중생 그리로 모여드는데　　요구대로 모든 것 베풀어 주나니

如是半月日云滿에　　　　太子就戮時將至라
大衆百千萬億人이　　　　同時瞻仰俱號泣이러니
彼佛知衆根將熟하고　　　而來此會化群生하사대
顯現神變大莊嚴하시니　靡不親近而恭敬이어늘
佛以一音方便說　　　　法燈普照脩多羅하시니
無量衆生意柔軟하야　　悉蒙與授菩提記로다
善伏太子生歡喜하야　　發興無上正覺心하고
誓願承事於如來하야　　普爲衆生作依處러니
便卽出家依佛住하야　　脩行一切種智道일새
爾時便得此解脫하야　　大悲廣濟諸群生이로다

이렇게 보시하기 보름이 차서　　태자의 죽을 시간 닥쳐 왔음에

백천만억 사람들 몰려 들어서　　한꺼번에 쳐다보고 울부짖는다

여러 사람 근성이 익은 줄 알고　　중생을 교화하려 부처님 오셔서

신통변화 나투어 장엄하시니　　가까이하여 공경하지 않는 이 없네

부처님이 한결같은 음성과 방편으로　두루 비추는 경을 말씀하시니

한량없는 중생들 마음이 화평　　아뇩다라 수기를 모두 받았고

잘 조복하는 태자 즐거운 마음　　위 없는 보리심을 일으켜

여래를 섬기려는 서원 세우고　　중생의 의지할 곳 되어지이다

그리고는 부처님을 따라 출가해　　온갖 가지 지혜의 길을 닦아서

그때 이 해탈문 법을 얻은 후　　큰 자비로 모든 중생 제도하였고

於中止住經劫海하야 　諦觀諸法眞實性하고
常於苦海救衆生하야 　如是修習菩提道할새
劫中所有諸佛現을 　悉皆承事無有餘하야
咸以淸淨信解心으로 　聽聞持護所說法하며
次於佛刹微塵數 　無量無邊諸劫海에
所有諸佛現世間을 　一一供養皆如是로다
我念往昔爲太子하야 　見諸衆生在牢獄하고
誓願捨身而救護일새 　因其證此解脫門호라
經於佛刹微塵數 　廣大劫海常修習하야
念念令其得增長하고 　復獲無邊巧方便호라

그 속에서 겁 바다를 지나가면서 　모든 법의 참된 성품 자세히 살피고

언제나 고해에서 중생 건지며 　이렇게 보리도를 닦아 익히고

그 겁에서 나시는 모든 부처님 　받들어 섬기면서 남기지 않고

청정하게 믿고 아는 마음으로써 　말씀하신 법문 듣고 지니었으며

그 다음에 세계의 티끌 수처럼 　한량없고 그지없는 겁 바다에서

그 세상에 나시는 모든 부처님 　모두 다 이와 같이 공양하느니라

나는 옛날 태자로 있었을 적에 　중생들이 옥중에 갇힘을 보고

서원코 몸을 버려 구원했으며 　그 연유로 이 해탈문 증득하였고

세계에 티끌처럼 많은 겁 바다 　지내오며 이것을 항상 익히어

생각생각 그 법문 증장케 하고 　그지없는 좋은 방편 다시 얻었고

彼中所有諸如來를　　我悉得見蒙開悟하야
令我增明此解脫과　　及以種種方便力호라
我於無量千億劫에　　學此難思解脫門일새
諸佛法海無有邊을　　我悉一時能普飮호라
十方所有一切刹에　　其身普入無所礙하야
三世種種國土名을　　念念了知皆悉盡호라
三世所有諸佛海를　　一一明見盡無餘하며
亦能示現其身相하야　普詣於彼如來所호라
又於十方一切刹　　　一切諸佛導師前에
普雨一切莊嚴雲하야　供養一切無上覺하며

저 가운데 계시는 여러 부처님　내가 모두 뵈옵고 깨달았으며

내가 얻은 해탈문 더욱 밝았고　가지가지 방편도 함께 늘었고

한량없는 천만억 오랜 겁 동안　부사의한 해탈문 배워 얻었으며

부처님의 법 바다 그지없거늘　나는 모두 한꺼번에 능히 마셨어라

시방에 많이 있는 모든 세계에　이 몸이 들어가서 걸림이 없고

삼세 가지가지 국토의 이름　　잠깐잠깐 죄다 알아 남김 없으며

삼세의 수없는 부처님 바다　　낱낱이 분명하게 모두 보았고

그 몸의 모습까지 나타내어서　여래의 계신 곳에 두루 나가며

또한 시방의 모든 세계에　　　모든 부처님들 계신 데마다

여러 가지 장엄 구름 널리 비 내려 모든 무상각께 공양하였고

又以無邊大問海로　啓請一切諸世尊하야
彼佛所雨妙法雲을　皆悉受持無忘失하며
又於十方無量刹　一切如來衆會前에
坐於衆妙莊嚴座하야　示現種種神通力하며
又於十方無量刹에　示現種種諸神變호대
一身示現無量身하고　無量身中現一身하며
又於一一毛孔中에　悉放無數大光明하야
各以種種巧方便으로　除滅衆生煩惱火하며
又於一一毛孔中에　出現無量化身雲하야
充滿十方諸世界하야　普雨法雨濟群品호라

또다시 그지없는 물음으로써　수많은 세존들께 여쭈어 보고
그 부처님 말씀하시는 묘한 법 구름　모두 받아 지니어 잊지 않았고
시방의 한량없는 모든 세계에　계시는 부처님과 대중 앞에서
기묘하게 장엄한 자리에 앉아　가지가지 신통한 힘 나타냈으며
시방의 한량없는 여러 세계에　가지가지 신통변화 나타내는데
한 몸에 한량없는 몸을 나투고　한량없는 몸 속에 한 몸 나투며
또다시 하나하나 털구멍 속에　수없는 큰 광명을 두루 놓으며
가지가지 교묘한 방편으로써　중생의 번뇌불을 꺼서 멸하고
또다시 하나하나 털구멍 속에　한량없는 화신 구름 나타내어서
시방의 온 세계에 가득히 차게　법비를 두루 내려 중생을 제도하고

十方一切諸佛子가　　　入此難思解脱門하야
悉盡未來無量劫토록　　安住脩行菩薩行이어든
隨其心樂爲說法하야　　令彼皆除邪見網하고
示以天道及二乘과　　　乃至如來一切智호라
一切衆生受生處에　　　示現無邊種種身하야
悉同其類現衆像하야　　普應其心而說法호니
若有得此解脱門이면　　則住無邊功德海호대
譬如刹海微塵數하야　　不可思議無有量이로다

善男子야　我唯知此教化衆生令生善根解脱門이어니와　如諸菩薩摩訶薩은　超諸世間하야　現諸趣身하며　不住攀緣하야　無有障礙하며

시방에 수없는 모든 불자들　　　부사의한 이 해탈문 속히 들어가

미래 세상 한량없는 겁이 다하도록　편안히 보살행을 닦아 행하며

좋아하는 마음 따라 법을 말하여　　저들의 삿된 소견 없애버리고

하늘 길과 성문과 연각들이며　　　여래의 온갖 지혜 보여 주시며

모든 중생 태어나는 곳을 따라서　　그지없는 가지가지 몸을 보이되

그들의 종류 따라 형상 나투며　　　그 마음 맞추어서 법을 말하니

누구나 이 해탈문 얻기만 하면　　　그지없는 공덕 바다 머무르리니

세계해의 티끌 수가 한량없듯이　　헤아릴 수가 없고 끝이 없으리로다

"착한 남자여, 나는 다만 이 중생을 교화하여 착한 뿌리를 내게 하는 해탈문을 알거니와 저 보살마하살들이 모든 세간을 초월하여 여러 길의 몸을 나타내며, 머무름 없이 반연하여 장애가 없고 모든 법의

了達一切諸法自性하며　善能觀察一切諸法하며　得無我智하야　證
無我法하며　敎化調伏一切衆生호대　恒無休息하며　心常安住無二
法門하며　普入一切諸言辭海하나니　我今云何能知能說彼功德海와
彼勇猛智와　彼心行處와　彼三昧境과　彼解脫力이리오
善男子야　此閻浮提에　有一園林하니　名嵐毘尼요　彼園에　有神하니
名妙德圓滿이니　汝詣彼問호대　菩薩이　云何脩菩薩行하며　生如來家
하야　爲世光明호대　盡未來劫토록　而無厭倦이리잇고하라　時에　善財童子가
頂禮其足하며　遶無量帀하며　合掌瞻仰하고　辭退而去하니라
爾時에　善財童子가　於大願精進力救護一切衆生夜神所에　得菩
薩解脫已에　憶念脩習하며　了達增長하고　漸次遊行하야　至嵐毘尼林

성품을 분명히 알며, 온갖 법을 잘 관찰하여 내가 없는 지혜를 얻고 내가 없는 법을 증득하며, 모든 중생을 교화하고 조복하되 쉬지 아니하고, 마음이 항상 둘이 아닌 법문에 머무르고, 모든 말씀 바다에 두루 들어가는 일이야 내가 어떻게 알며, 저의 공덕 바다와 저의 용맹한 지혜와 저의 마음으로 행하는 것과 저의 삼매의 경계와 저의 해탈의 힘을 어떻게 말하겠는가?

착한 남자여,

이 염부제에 룸비니 숲 동산이 있고, 그 숲에 '묘한 덕이 원만한 신'이 있으니, 그대는 가서 '보살이 어떻게 보살행을 닦아 여래의 가문에 태어나며, 세상의 빛이 되어 미래 세상이 다하도록 고달픔이 없는가' 하고 물으라."

이때 선재동자는 그의 발에 엎드려 절하고 한량없이 돌고 합장하고 우러러 보면서 하직하고 물러갔다.

이때 선재동자는 '큰 서원 정진하는 힘으로 모든 중생 구호하는 밤 맡은 신'에게서 보살의 해탈을 얻고는 생각하고 닦으며 분명히 알고 정진하면서, 점점 나아가다가 룸비니 숲에 이르러

하야 周徧尋覓彼妙德神이라가 見在一切寶樹莊嚴樓閣中하야 坐寶
蓮華師子之座하사 二十億那由他諸天이 恭敬圍遶어든 爲說菩薩
受生海經하사 令其皆得生如來家하야 增長菩薩大功德海하고 善
財가 見已에 頂禮其足하며 合掌前立하야 白言호대 大聖하 我已先發
阿耨多羅三藐三菩提心호니 而未能知菩薩이 云何修菩薩行하며
生如來家하야 爲世大明이리잇고

彼神이 答言하사대 善男子야 菩薩이 有十種受生藏하니 若菩薩이 成
就此法하면 則生如來家하야 念念增長菩薩善根하야 不疲不懈하며
不厭不退하며 無斷無失하며 離諸迷惑하야 不生怯劣惱悔之心하며
趣一切智하야 入法界門하며 發廣大心하야 增長諸度하며 成就諸佛

'묘한 덕이 원만한 신'을 두루 찾았다.

그는 온갖 보배 나무로 장엄한 누각 가운데 보배 연꽃 사자좌에 앉
았는데, 이십억 나유타 하늘들이 둥글게 에워싸서 공경하며 그들에게
보살의 태어나는 바다경을 말씀하여 여래의 가문에 나서 보살의 큰
공덕을 증장케 하는 것을 보았다.

선재동자가 보고는 그의 발에 절하고 합장하고 서서 말하였다.

"거룩하신이여, 저는 이미 아뇩다라삼먁삼보리심을 내었사오나 보
살이 어떻게 보살행을 닦으며 여래의 가문에 나서 세상의 큰 광명이
되는지 알지 못하나이다."

그 신이 대답하였다.

"착한 남자여, 보살의 열 가지 태어나는 장이 있나니, 만일 보살이
이 법을 성취하면 여래의 가문에 태어나서 잠깐잠깐에 보살의 착한
뿌리를 증장하되, 고달프지도 않고 게으르지도 않으며, 싫지도 않고
물러나지도 않으며, 끊어짐도 없고 잃어짐도 없으며, 모든 미혹을 여
의어 겁약하거나 후회하는 마음을 내지 않고, 온갖 지혜에 나아가 법
계의 문에 들어가며, 광대한 마음을 내고 모든 바라밀을 증장하여 부

無上菩提하야 捨世間趣하고 入如來地하며 獲勝神通하야 諸佛之法이
常現在前하며 順一切智眞實義境하나니 何等이 爲十고 一者는 願常
供養一切諸佛受生藏이요 二者는 發菩提心受生藏이요 三者는 觀
諸法門勤脩行受生藏이요 四者는 以深淨心普照三世受生藏이요
五者는 平等光明受生藏이요 六者는 生如來家受生藏이요 七者는
佛力光明受生藏이요 八者는 觀普智門受生藏이요 九者는 普現莊
嚴受生藏이요 十者는 入如來地受生藏이니라
善男子야 云何名願常供養一切佛受生藏고 善男子야 菩薩이 初
發心時에 作如是願호대 我當尊重恭敬供養一切諸佛하야 見佛無
厭하며 於諸佛所에 常生愛樂하며 常起深信하야 脩諸功德하야 恒無

처님의 위 없는 보리를 성취하며, 세상 길을 버리고 여래의 지위에
들어가 훌륭한 신통을 얻으며, 부처님의 법이 항상 앞에 나타나서 온
갖 지혜의 진실한 이치를 따르게 되느니라.

무엇이 열인가? 하나는 모든 부처님께 항상 공양하기를 원하여 태
어나는 장이요, 둘은 보리심을 내어 태어나는 장이요, 셋은 여러 법문
을 관찰하고 부지런히 행을 닦아 태어나는 장이요, 넷은 깊고 청정한
마음으로 삼세를 두루 비추어 태어나는 장이요, 다섯은 평등한 광명
으로 태어나는 장이요, 여섯은 여래의 가문에 나게 되는 태어나는 장
이요, 일곱은 부처님 힘의 광명으로 태어나는 장이요, 여덟은 넓은 지
혜의 문을 관찰하여 태어나는 장이요, 아홉은 장엄을 널리 나투어 태
어나는 장이요, 열은 여래의 지위에 들어가 태어나는 장이니라.

착한 남자여, 어찌하여 모든 부처님께 항상 공양하기를 원하여 태
어나는 장이라 하는가? 착한 남자여, 보살이 처음 마음 낼 적에 원하
기를 '나는 마땅히 모든 부처님을 존중하고 공경하고 공양하며, 부처
님을 뵈옵되 싫어함이 없으며, 여러 부처님을 항상 사모하고 좋아하
며, 깊은 믿음을 내고 모든 공덕을 닦아 항상 쉬지 않으리라.' 하나니,

休息이라하나니 是爲菩薩爲一切智始集善根受生藏이니라 云何名發
菩提心受生藏고

善男子야 此菩薩이 發阿耨多羅三藐三菩提心하니 所謂起大悲
心이니 救護一切衆生故며 起供養佛心이니 究竟承事故며 起普求
正法心이니 一切無悋故며 起廣大趣向心이니 求一切智故며 起慈
無量心이니 普攝衆生故며 起不捨一切衆生心이니 被求一切智堅
誓甲故며 起無諂誑心이니 得如實智故며 起如說行心이니 脩菩薩
道故며 起不誑諸佛心이니 守護一切佛大誓願故며 起一切智願
心이니 盡未來化衆生不休息故라

菩薩이 以如是等佛刹微塵數菩提心功德故로 得生如來家하나니

이것이 보살이 온갖 지혜를 위하여 처음으로 착한 뿌리를 모으는 태
어나는 장이니라.

어찌하여 보리심을 내어 태어나는 장이라 하는가? 착한 남자여, 이
보살이 아뇩다라삼먁삼보리심을 내는 것은 이른바 크게 가엾이 여기
는 마음을 내나니, 모든 중생을 구호하려는 연고라. 부처님께 공양하
려는 마음을 내나니, 끝까지 받들어 섬기려는 연고라. 바른 법을 널리
구하려는 마음을 내나니, 모든 것을 아끼지 않는 연고라. 광대하게 향
하여 나아가려는 마음을 내나니, 온갖 지혜를 구하는 연고라. 한량없
이 인자한 마음을 내나니, 중생을 널리 거두어 주는 연고라.

모든 중생을 버리지 않으려는 마음을 내나니, 온갖 지혜를 구하는
서원인 갑옷을 입는 연고라. 아첨이 없으려는 마음을 내나니, 실제와
같은 지혜를 얻는 연고라. 말씀과 같이 실행하려는 마음을 내나니, 보
살도를 닦는 연고라. 부처님을 속이지 않으려는 마음을 내나니, 모든
부처님의 큰 서원을 수호하는 연고라. 온갖 지혜로 원하는 마음을 내
나니, 미래 세상이 다하도록 중생 교화하기를 쉬지 않으려는 연고라.
보살이 이러한 세계의 티끌 수 보리심의 공덕으로 여래의 가문에 태

是爲菩薩第二受生藏이니라

云何名觀諸法門勤脩行受生藏고 善男子야 此菩薩摩訶薩이 起觀一切法門海心하며 起廻向一切智圓滿道心하며 起正念無過失業心하며 起一切菩薩三昧海清淨心하며 起脩成一切菩薩功德心하며 起莊嚴一切菩薩道心하며 起求一切智大精進行으로 脩諸功德호대 如劫火熾然無休息心하며 起脩普賢行하야 敎化一切衆生心하며 起善學一切威儀하야 脩菩薩功德하야 捨離一切所有하고 住無所有眞實心이 是爲菩薩第三受生藏이니라

云何名以深淨心普照三世受生藏고 善男子야 此菩薩이 具淸淨增上心하야 得如來菩提光하며 入菩薩方便海하며 其心堅固가 猶若

어나나니, 이것이 보살의 둘째 태어나는 장이니라.

어찌하여 여러 법문을 관찰하고 부지런히 행을 닦아 태어나는 장이라 하는가? 착한 남자여, 이 보살마하살이 모든 법문 바다를 관찰하려는 마음을 일으키고, 온갖 지혜의 원만한 길에 회향하려는 마음을 일으키고, 바른 생각으로 잘못된 업이 없으려는 마음을 일으키고, 모든 보살의 삼매 바다의 청정한 마음을 일으키고, 모든 보살의 공덕을 닦아 이루려는 마음을 일으키고, 모든 보살의 도를 장엄하려는 마음을 일으키고, 온갖 지혜를 구하여 크게 정진하는 행으로 모든 공덕을 닦을 적에 겁말의 불이 치성하듯이 쉬는 일이 없으려는 마음을 일으키고, 보현행을 닦아 모든 중생을 교화하려는 마음을 일으키고, 모든 위의를 잘 배우고 보살의 공덕을 닦아 모든 있는 것을 버리고 아무것도 없는 데 머물려는 진실한 마음을 일으키나니, 이것이 보살의 셋째 태어나는 장이니라.

어찌하여 깊고 청정한 마음으로 삼세를 두루 비추어 태어나는 장이라 하는가? 착한 남자여, 이 보살이 청정하여 더 나아가는 마음을 갖추고 여래의 보리 광명을 얻으며, 보살의 방편 바다에 들어가 마음

金剛하며 背捨一切諸有趣生하며 成就一切佛自在力하며 脩殊勝行하야 具菩薩根하며 其心明潔하야 願力不動하며 常爲諸佛之所護念하며 破壞一切諸障礙山하며 普爲衆生作所依處가 是爲菩薩第四受生藏이니라

云何名平等光明受生藏고 善男子야 此菩薩이 具足衆行하야 普化衆生호대 一切所有를 悉皆能捨하며 住佛究竟淨戒境界하며 具足忍法하야 成就諸佛法忍光明하며 以大精進으로 趣一切智하야 到於彼岸하며 脩習諸禪하야 得普門定하며 淨智圓滿하야 以智慧日로 明照諸法하며 得無礙眼하야 見諸佛海하며 悟入一切眞實法性하며 一切世間에 見者歡喜하며 善能脩習如實法門이 是爲菩薩第五受生

이 견고하기가 금강과 같으며, 모든 생사의 길에 나는 것을 등지고 모든 부처님의 자재한 힘을 이룩하며, 수승한 행을 닦아 보살의 근기를 갖추며, 마음이 밝고 깨끗하고 서원하는 힘이 흔들리지 아니하여 부처님들의 보호하고 생각하심이 되며, 모든 장애의 산을 깨뜨리고 중생들의 의지할 곳이 되려 하나니, 이것이 보살의 넷째 태어나는 장이니라.

어찌하여 평등한 광명으로 태어나는 장이라 하는가?

착한 남자여, 이 보살이 여러 가지 행을 구족하고 중생을 널리 교화하되, 가진 모든 것을 능히 버리고, 부처님의 끝까지 청정한 계율의 경계에 머물며, 인욕한 법을 구족하여 부처님들의 법 지혜 광명을 얻으며, 큰 정진으로 온갖 지혜에 나아가 피안에 이르며, 선정을 닦아 넓은 문의 삼매를 얻으며, 깨끗한 지혜가 원만하여 지혜의 해로 모든 법을 밝게 비추며, 장애 없는 눈을 얻어 부처님 바다를 보고 모든 진실한 법의 성품에 깨달아 들어가며, 모든 세간의 보는 이들이 환희하여 실제와 같은 법문을 닦나니, 이것이 보살의 다섯째 태어나는 장이니라.

藏이니라 云何名生如來家受生藏고 善男子야 此菩薩이 生如來家하
야 隨諸佛住하며 成就一切甚深法門하야 具三世佛淸淨大願하며 得
一切佛同一善根하야 與諸如來로 共一體性하며 具出世行白淨善
法하야 安住廣大功德法門하며 入諸三昧하야 見佛神力하며 隨所應
化하야 淨諸衆生하며 如問而對하야 辯才無盡이 是爲菩薩第六受生
藏이니라 云何名佛力光明受生藏고 善男子야 此菩薩이 深入佛力하
야 遊諸佛刹호대 心無退轉하며 供養承事菩薩衆會호대 無有疲厭하며
了一切法이 皆如幻起하며 知諸世間이 如夢所見하며 一切色相이
猶如光影하며 神通所作이 皆如變化하며 一切受生이 悉皆如影하며
諸佛說法이 皆如谷響하며 開示法界하야 咸令究竟이 是爲菩薩第

어찌하여 여래의 가문에 태어나는 장이라 하는가? 착한 남자여, 이 보살이 여래의 가문에 나서 부처님들을 따라 머물며, 모든 깊고 깊은 법문을 성취하고, 삼세 부처님들의 청정한 큰 서원을 갖추며, 모든 부처님과 같은 착한 뿌리를 얻어 부처님들과 자체의 성품이 같으며, 세상에서 벗어나는 행과 희고 깨끗한 법을 갖추어 광대한 공덕의 법문에 편안히 머물며, 모든 삼매에 들어가 부처님의 신통한 힘을 보며, 교화할 이를 따라 중생들을 청정케 하며, 묻는 대로 대답하여 변재가 다함이 없나니, 이것이 보살의 여섯째 태어나는 장이니라.

어찌하여 부처님 힘의 광명으로 태어나는 장이라 하는가? 착한 남자여, 이 보살이 부처님 힘에 깊이 들어가 여러 부처님의 세계에 노닐어도 물러나는 생각이 없으며, 보살대중을 공양하며 받들어 섬겨도 고달프지 아니하며, 모든 법이 환술처럼 일어난 줄을 알며, 모든 세간이 꿈과 같음을 알며, 눈에 보이는 모든 빛깔이 그림자와 같으며, 신통으로 짓는 일이 모두 변화함과 같으며, 모든 태어나는 것이 그림자와 같으며, 부처님의 말씀하는 법이 메아리와 같은 줄을 알고, 법계를 열어 보여 마침내 이르게 하나니, 이것이 보살의 일곱째 태어나는 장

七受生藏이니라 云何名觀普智門受生藏고 善男子야 此菩薩이 住
童眞位에 觀一切智와 一一智門하야 盡無量劫토록 開演一切菩薩
所行하며 於諸菩薩甚深三昧에 心得自在하며 念念生於十方世界
諸如來所하며 於有差別境에 入無差別定하며 於無差別法에 現有
差別智하며 於無量境에 知無境界하며 於少境界에 入無量境하며 通
達法性이 廣大無際하며 知諸世間이 悉假施設이라 一切皆是識心
所起가 是爲菩薩第八受生藏이니라 云何名普現莊嚴受生藏고 善
男子야 此菩薩이 能種種莊嚴無量佛刹하며 普能化現一切衆生과
及諸佛身하며 得無所畏하야 演淸淨法하며 周流法界하야 無所障礙하
며 隨其心樂하야 普使知見하며 示現種種成菩提行하야 令生無礙一

이니라.

어찌하여 넓은 지혜의 문을 관찰하여 태어나는 장이라 하는가? 착한 남자여, 이 보살이 동진의 지위에 머물러 있으면서 온갖 지혜를 관찰하고, 낱낱 지혜의 문에서 한량없는 겁이 다하도록 모든 보살의 행을 연설하며 모든 보살의 깊은 삼매에 마음이 자재하여지고, 잠깐 잠깐마다 시방 세계의 여래가 계신 데 태어나며, 차별이 있는 경계에서 차별이 없는 선정에 들어가고, 차별이 없는 법에 차별이 있는 지혜를 나타내며, 한량없는 경계에서 경계가 없음을 알고, 적은 경계에서 한량없는 경계에 들어가며, 법의 성품이 광대하여 끝이 없음을 통달하고, 모든 세간이 다 거짓 시설이어서 모든 것이 인식하는 마음으로 생긴 줄을 아나니, 이것이 보살의 여덟째 태어나는 장이니라.

어찌하여 장엄을 널리 나투어 태어나는 장이라 하는가? 착한 남자여, 이 보살이 한량없는 부처님 세계를 여러 가지로 장엄하며, 모든 중생과 부처님들의 몸을 널리 변화하여 나타내되 두려움이 없으며, 청정한 법을 연설하여 법계에 두루 다니되 걸림이 없으며, 그들의 마음이 좋아하는 대로 모두 알고 보게 하고, 가지가지로 보리행을 이루

切智道하며 如是所作이 不失其時호대 而常在三昧毘盧遮那智慧
之藏이 是爲菩薩第九受生藏이니라 云何名入如來地受生藏고 善
男子야 此菩薩이 悉於三世諸如來所에 受灌頂法하야 普知一切境
界次第하나니 所謂知一切衆生前際後際歿生次第와 一切菩薩修
行次第와 一切衆生心念次第와 三世如來成佛次第와 善巧方便
說法次第하며 亦知一切初中後際所有諸劫의 若成若壞하는 名號
次第하야 隨諸衆生의 所應化度하야 爲現成道하야 功德莊嚴하며 神
通說法하며 方便調伏이 是爲菩薩第十受生藏이니라 佛子야 若菩薩
摩訶薩이 於此十法에 修習增長하야 圓滿成就하면 則能於一莊嚴
中에 現種種莊嚴하야 如是莊嚴一切國土하며 開導示悟一切衆生

는 것을 나타내어 보리에 걸림이 없는 온갖 지혜의 길을 내게 하며,
이렇게 하는 일이 때를 놓치지 아니하면서 항상 삼매와 비로자나 지
혜의 장에 있나니, 이것이 보살의 아홉째 태어나는 장이니라.

어찌하여 여래의 지위에 들어가 태어나는 장이라 하는가? 착한 남
자여, 이 보살이 삼세 여래의 처소에서 정수리에 물 붓는 법을 받고
모든 경계의 차례를 두루 아느니라. 이른바 모든 중생이 과거 세상과
미래 세상에서 죽고 나는 차례와 모든 보살의 수행하는 차례와 모든
중생의 마음으로 생각하는 차례와 삼세 여래의 성불하는 차례와 교묘
한 방편으로 법문 말씀하는 차례를 알며, 과거 세상 · 현재 세상 · 미
래 세상의 모든 겁이 이루어지고 무너지는 이름의 차례도 알고, 교화
받을 만한 중생을 따라서 도를 이루는 공덕과 장엄을 나타내며, 신통
으로 법을 말하고 방편으로 조복하나니, 이것이 보살의 열째 태어나
는 장이니라.

불자여, 만일 보살마하살이 이 열 가지 법을 닦아 익히고 증장하며
원만하게 성취하면 능히 한 가지 장엄 속에 가지가지 장엄을 나타내
며, 이렇게 모든 국토를 장엄하며 모든 중생을 인도하고 깨우쳐서 미

호대 盡未來劫토록 無有休息하며 演說一切諸佛法海와 種種境界와 種種成熟과 展轉傳來無量諸法하며 現不可思議佛自在力하야 充滿一切虛空法界하야 於諸衆生心行海中에 而轉法輪하며 於一切世界에 示現成佛호대 恒無間斷하며 以不可說淸淨言音으로 說一切法하며 住無量處하야 通達無礙하며 以一切法으로 莊嚴道場하며 隨諸衆生의 欲解差別하야 而現成佛하며 開示無量甚深法藏하야 敎化成就一切世間이니라 爾時에 嵐毘尼林神이 欲重明其義하사 以佛神力으로 普觀十方하고 而說頌言하사대

最上離垢淸淨心으로 　　　　見一切佛無厭足하야
願盡未來常供養이 　　　　此明慧者受生藏이로다

래 세상이 다하도록 쉬지 아니하며,
모든 부처님 법 바다를 연설하며, 여러 가지 경계를 여러 가지로 성숙케 하여 한량없는 법을 차츰차츰 전해 오며, 헤아릴 수 없는 부처님의 자재한 힘을 나타내어 모든 허공과 법계에 가득하며, 중생의 마음으로 행하는 바다에서 법륜을 굴리며, 모든 세계에서 성불함을 나타내되 사이가 끊이지 아니하며, 말할 수 없이 청정한 음성으로 모든 법을 말하여 한량없는 곳에 머무르되 통달하여 걸림이 없으며, 온갖 법으로 도량을 장엄하고, 중생의 욕망과 이해하는 차별을 따라 성불함을 나타내고, 한량없는 깊은 법장을 열어 보여 모든 세간을 교화하고 성취하느니라.”

　이때 ‘룸비니 숲 맡은 신’이 이 뜻을 거듭 펴려고 부처님의 신통으로 시방을 관찰하고 게송을 말하였다.

　가장 높고 때 없이 청정한 마음　　부처님들 뵈옵기 싫은 줄 몰라

　미래 세상 다하도록 공양하고자　　이는 지혜 밝은 이 태어나는 장

一切三世國土中에 所有衆生及諸佛을
悉願度脫恒瞻奉이 此難思者受生藏이로다
聞法無厭樂觀察하며 普於三世無所礙하야
身心淸淨如虛空이 此名稱者受生藏이로다
其心恒住大悲海하며 堅如金剛及寶山하며
了達一切種智門이 此最勝者受生藏이로다
大慈普覆於一切하고 妙行常增諸度海하야
以法光明照群品이 此雄猛者受生藏이로다
了達法性心無礙하며 生於三世諸佛家하야
普入十方法界海가 此明智者受生藏이로다

삼세의 수없는 국토 가운데 살고 있는 중생들과 여러 부처님

제도하고 받드옵기 항상 원하니 부사의한 이들의 태어나는 장

법 듣기 싫지 않고 관찰 좋아해 삼세에 두루하여 걸림 없으며

몸과 마음 깨끗하기 허공 같나니 이는 소문 난 이들의 태어나는 장

마음은 자비 바다 항상 머물고 굳기로는 금강과 보배산 같아

온갖 가지 지혜문을 통달했으니 이는 가장 높은 이의 태어나는 장

인자함이 모든 것에 두루 덮이고 묘한 행은 바라밀 항상 더하여

법의 광명 삼라만상 두루 비추니 이는 용맹한 이의 태어나는 장

법의 성품 통달하여 걸림이 없고 삼세 부처님들 가문에 나서

시방의 법계 바다 널리 드나니 이는 슬기 있는 이의 태어나는 장

法身淸淨心無礙_{하야} 普詣十方諸國土_{하야}
一切佛力靡不成_이 此不思議受生藏_{이로다}
入深智慧已自在_{하고} 於諸三昧亦究竟_{하야}
觀一切智如實門_이 此眞身者受生藏_{이로다}
淨治一切諸佛土_{하며} 勤脩普化衆脩生法_{하며}
顯現如來自在力_이 此大名者受生藏_{이로다}
久已脩行薩婆若_{하고} 疾能趣入如來位_{하야}
了知法界皆無礙_가 此諸佛子受生藏_{이로다}

善男子_야 菩薩_이 具此十法_{하면} 生如來家_{하야} 爲一切世間淸淨光
明_{하나니} 善男子_야 我從無量劫來_로 得是自在受生解脫門_{호라} 善財

법의 몸 깨끗하고 마음 트이어 시방의 모든 국토 두루 나아가

부처님의 모든 힘 다 이루나니 헤아릴 수 없는 이 태어나는 장

깊은 지혜 들어가 자재하였고 여러 가지 삼매도 다 끝났으며

온갖 지혜 진실한 문 다 보았으니 이는 참 몸 가진 이의 태어나는 장

부처님의 모든 국토 잘 다스리고 중생 교화하는 법 닦아 이루어

여래의 자재한 힘 나타내나니 큰 이름 떨친 이가 태어나는 장

오래부터 살바야 닦아 행하고 여래의 높은 지위 속히 들어가

법계를 밝게 알아 걸림 없나니 이는 여러 불자들이 태어나는 장

"착한 남자여, 보살이 이 열 가지 법을 갖추고 여래의 가문에 태어
나면 모든 세간의 청정한 광명이 되느니라. 착한 남자여, 나는 한량없
이 오랜 겁으로부터 이 자재하게 태어나는 해탈문을 얻었느니라."

가 白言호대 聖者하 此解脫門이 境界云何니잇고

答言하사대 善男子야 我先發願호대 願一切菩薩이 示受生時에 皆得親近하야 願入毘盧遮那如來無量受生海일새 以昔願力으로 生此世界閻浮提中嵐毘尼園하야 專念菩薩의 何時下生이러니 經於百年하야 世尊이 果從兜率陀天으로 而來生此하실새 時此林中에 現十種相하니 何等이 爲十고

一者는 此園中地가 忽自平坦하야 坑坎堆阜가 悉皆不現이요 二者는 金剛爲地하고 衆寶莊嚴하야 無有瓦礫荊棘株杌이요 三者는 寶多羅樹가 周帀行列호대 其根深植하야 至於水際요 四者는 生衆香芽하며 現衆香藏하며 寶香爲樹호대 扶疎蔭暎하야 其諸香氣가 皆踰天香이요

선재동자는 말하였다.

"거룩하신이여, 이 해탈문의 경계는 어떠하옵니까?"

신은 대답하였다.

"착한 남자여, 나는 먼저 발원하기를 '모든 보살이 태어날 때마다 모두 가까이하게 하여지이다. 비로자나 여래의 한량없이 태어나는 바다에 들어가지이다.' 하였고, 이런 서원의 힘으로 이 세계의 염부제에 있는 룸비니 숲 동산에 나서 '보살이 언제나 내려오시려는가.' 하고 생각하였느니라. 백 년이 지난 뒤에 세존이 도솔천으부터 내려오시는데, 그때 이 숲 속에는 열 가지 상서가 나타났으니, 무엇이 열인가? 하나는 이 동산의 땅이 홀연히 평탄해지고, 구렁이나 등성이가 나타나지 않았느니라. 둘은 금강으로 땅이 되어 모든 보배로 장엄하고, 자갈과 가시덤불과 말뚝들이 없어졌느니라. 셋은 보배로 된 다라 나무가 줄을 지어 둘러서고 그 뿌리가 깊이 들어가 물 있는 경계까지 이르렀느니라. 넷은 모든 향의 움이 돋고 향의 광이 나타났으며, 보배 향으로 된 나무가 수북하게 무성하여 모든 향기가 천상의 향기보다도 더 아름다웠느니라.

五者는 諸妙華鬘과 寶莊嚴具가 行列分布하야 處處充滿이요 六者는 園中所有一切諸樹가 皆自然開摩尼寶華요 七者는 諸池沼中에 皆自生華호대 從地涌出하야 周布水上이요 八者는 時此林中에 娑婆世界欲色所住天龍夜叉乾闥婆阿脩羅迦樓羅緊那羅摩睺羅伽一切諸王이 莫不來集하야 合掌而住요 九者는 此世界中所有天女와 乃至摩睺羅伽女가 皆生歡喜하야 各各捧持諸供養具하고 向畢洛叉樹前하야 恭敬而立이요 十者는 十方一切諸佛臍中에 皆放光明하니 名菩薩受生自在燈이라 普照此林하니 一一光中에 悉現諸佛受生誕生所有神變과 及一切菩薩受生功德하며 又出諸佛種種言音이니 是爲林中十種瑞相이라 此相現時에 諸天王等이 卽知

다섯은 여러 묘한 화만과 보배 장엄거리가 줄지어 퍼져서 곳곳마다 가득하였느니라.

여섯은 동산 안에 있는 나무에는 모두 마니 보배 꽃이 저절로 피었느니라. 일곱은 연못 속에는 자연히 꽃이 나는데, 땅속에서 솟아올라서 물 위에 두루 덮었느니라.

여덟은 이 숲 속에는 사바세계의 욕심 세계와 형상 세계에 있는 하늘·용·야차·건달바·아수라·가루라·긴나라·마후라가의 왕들이 모두 모여와 합장하고 있었느니라.

아홉은 이 세계에 있는 하늘 여자와 내지 마후라가의 여자들이 모두 환희하여 여러 가지 공양 거리를 받들고 필락차나무를 향하여 공경하고 서 있었다. 열은 시방의 모든 부처님 배꼽에서 보살이 태어나는 자재한 등불이란 광명을 놓아 이 숲에 비추고, 낱낱 광명에서는 부처님이 태어나고 탄생하는 신통변화와 보살들이 태어나는 공덕을 나타내었고, 또 여러 부처님의 가지가지 음성을 내었느니라.

이것이 이 숲 속의 열 가지 상서였느니라. 이 상서가 나타날 때에 모든 천왕들은

當有菩薩下生하나니 我見此瑞코 歡喜無量호라 善男子야 摩耶夫人이 出迦毘羅城하야 入此林時에 復現十種光明瑞相하야 令諸衆生으로 得法光明케하시니 何等이 爲十고 所謂一切寶華藏光과 寶香藏光과 寶蓮華開演出眞實妙音聲光과 十方菩薩初發心光과 一切菩薩得入諸地現神變光과 一切菩薩脩波羅蜜圓滿智光과 一切菩薩大願智光과 一切菩薩敎化衆生方便智光과 一切菩薩證於法界眞實智光과 一切菩薩得佛自在受生出家成正覺光이니 此十光明이 普照無量諸衆生心이러라 善男子야 摩耶夫人이 於畢洛叉樹下坐時에 復現菩薩將欲誕生十種神變하시니 何等이 爲十고 善男子야 菩薩이 將欲誕生之時에 欲界諸天의 天子天女와 及以色

보살이 내려오실 줄을 알았고, 나는 이 상서를 보고 한량없이 기뻐하였느니라. 착한 남자여, 마야부인이 카필라성에서 나와 이 숲에 들어올 때에도, 열 가지 광명의 상서가 있어 중생들에게 법의 광명을 얻게 하였느니라.

무엇이 열인가? 이른바 모든 보배꽃 광 광명, 보배향 광 광명, 보배 연꽃이 피어 진실하고 묘한 음성을 연설하는 광명, 시방 보살이 처음으로 마음을 내는 광명, 모든 보살이 여러 지위에 들어가서 신통변화를 나타내는 광명, 모든 보살이 바라밀을 닦아서 원만한 지혜 광명, 모든 보살의 큰 서원의 지혜 광명, 모든 보살이 중생을 교화하는 방편 지혜의 광명, 모든 보살이 법계를 증득하는 진실한 지혜의 광명, 모든 보살이 부처님의 자재하심을 얻어 태어나고 출가하여 깨달음을 이루는 광명이니, 이 열 가지 광명이 한량없는 중생들의 마음을 두루 비추느니라.

착한 남자여, 마야부인이 필락차나무 아래 앉을 때에 다시 보살이 탄생하려는 열 가지 신통변화를 나타내었느니라. 무엇이 열인가? 착한 남자여, 보살이 탄생하시려는 때에 욕심 세계의 하늘·천자·천녀

界一切諸天과 諸龍夜叉乾闥婆阿脩羅迦樓羅緊那羅摩睺羅伽
와 幷其眷屬이 爲供養故로 悉皆雲集이어든 摩耶夫人이 威德殊勝하
사 身諸毛孔에 咸放光明하사 普照三千大千世界하야 無所障礙하니
一切光明이 悉皆不現하야 除滅一切衆生煩惱와 及惡道苦가 是爲
菩薩將欲誕生第一神變이요 又善男子야 當爾之時하야 摩耶夫人
腹中에 悉現三千世界一切形像하사 其百億閻浮提內에 各有都
邑하고 各有園林하야 名號不同이어든 皆有摩耶夫人이 於中止住하고
天衆圍遶하야 悉爲顯現菩薩將生不可思議神變之相이 是爲菩
薩將欲誕生第二神變이요 又善男子야 摩耶夫人一切毛孔에 皆
現如來往昔脩行菩薩道時恭敬供養一切諸佛과 及聞諸佛說法

와 형상 세계의 모든 하늘·용·야차·건달바·아수라·가루라·긴
나라·마후라가와 그 권속들이 공양하기 위하여 구름같이 모여왔고,
마야부인은 위엄과 덕이 수승하여 여러 털구멍에서 광명을 놓아 삼천
대천세계를 두루 비추어 막히는 데가 없었으며, 다른 광명들은 모두
나타나지 못하였고, 모든 중생의 번뇌와 나쁜 길의 고통을 소멸하였
으니, 이것이 보살의 탄생하시려는 때의 첫째 신통변화니라.

또 착한 남자여,

그때에 마야부인의 복중에서 삼천대천세계의 모든 형상을 나타내
었는데, 백억 염부제 안에 각각 서울이 있고 각각 숲 동산이 있어 이
름이 같지 아니하였으며, 마야부인이 그 가운데 계시거든, 하늘 대중
이 둘러 모셨으니, 보살이 장차 태어나시려 할 때의 부사의한 신통변
화를 나타내려는 것이니라. 이것이 보살의 탄생하시려는 때의 둘째
신통변화니라.

또 착한 남자여,

마야부인의 모든 털구멍마다 여래께서 옛날 보살의 도를 수행할 때
에 모든 부처님께 공경하고 공양하던 일과 부처님들의 법문 말씀하시

音聲하시니 譬如明鏡과 及以水中에 能現虛空日月星宿雲雷等相하야 摩耶夫人身諸毛孔도 亦復如是하야 能現如來往昔因緣이 是爲菩薩將欲誕生第三神變이요 又善男子야 摩耶夫人身諸毛孔에 一一皆現如來往脩菩薩行時所住世界의 城邑聚落과 山林河海와 衆生劫數와 値佛出世와 入淨國土와 隨所受生壽命長短과 依善知識脩行善法과 於一切刹在在生處에 摩耶夫人이 常爲其母하사 如是一切를 於毛孔中에 靡不皆現이 是爲菩薩將欲誕生第四神變이요 又善男子야 摩耶夫人一一毛孔에 顯現如來往昔脩行菩薩行時隨所生處色相形貌와 衣服飮食苦樂等事하사 一一普現하야 分明辯了가 是爲菩薩將欲誕生第五神變이요 又善男子야

는 음성을 듣던 일을 나타내었느니라. 마치 밝은 거울이나 물 속에 허공과 해와 달과 별과 구름과 우레의 모양을 나타내듯이, 마야부인의 털구멍도 그와 같아서 여래의 옛날 인연을 능히 나타내었으니, 이것이 보살의 탄생하시려는 때의 셋째 신통변화니라.

또 착한 남자여, 마야부인의 털구멍에는 여래께서 옛날 보살의 행을 닦을 때에 계시던 세계와 도시와 마을과 산과 숲과 강과 바다와 중생과 겁의 수효를 나타냈으며, 부처님이 세상에 나신 일과 깨끗한 국토에 들어가서 태어나는 일과 수명이 길고 짧음과 선지식을 의지하여 착한 법을 닦던 일과 모든 세계에서 태어날 적마다 마야부인이 어머니가 되시던 온갖 일이 모두 털구멍에 나타났으니, 이것이 보살의 탄생하시려는 때의 넷째 신통변화니라.

또 착한 남자여, 마야부인의 낱낱 털구멍마다 여래께서 옛날에 보살의 행을 닦으실 때에 나셨던 곳과 모습과 형상이 나타났으며, 의복과 음식과 괴롭고 즐거운 일이 낱낱이 나타나서 분명하게 볼 수 있었으니, 이것이 보살의 탄생하시려는 때의 다섯째 신통변화니라.

또 착한 남자여,

摩耶夫人身諸毛孔에 一一皆現世尊往昔脩施行時捨所難捨한 頭目耳鼻와 脣舌牙齒와 身體手足과 血肉筋骨과 男女妻妾과 城邑宮殿과 衣服纓絡과 金銀寶貨의 如是一切內外諸物하시며 亦見受者의 形貌音聲과 及其處所가 是爲菩薩將欲誕生第六神變이요 又善男子야 摩耶夫人이 入此園時에 其林이 普現過去所有一切諸佛의 入母胎時國土園林과 衣服華鬘과 塗香末香과 繪幡幡蓋와 一切衆寶莊嚴之事와 妓樂歌詠上妙音聲하야 令諸衆生으로 普得見聞이 是爲菩薩將欲誕生時第七神變이요 又善男子야 摩耶夫人이 入此園時에 從其身出菩薩所住摩尼寶王宮殿樓閣이 超過一切天龍夜叉乾闥婆阿脩羅迦樓羅緊那羅摩睺羅伽와 及諸人

마야부인의 털구멍마다 세존께서 옛날 보시하는 행을 닦을 때에 버리기 어려운 머리·눈·귀·코·입술·혀·치아·몸·손·발·피·살·힘줄·뼈와 아들·딸·아내·첩·도시·궁전·의복·영락·금·은·보화 등의 모든 것을 버리던 일을 나타내었으며, 또 받는 이의 형상과 음성과 처소까지 보였으니, 이것이 보살의 탄생하시려는 때의 여섯째 신통변화니라.

또 착한 남자여, 마야부인이 이 동산에 들어올 때에 이 숲에는 지난 세상의 부처님들이 모태에 드실 때의 국토와 숲 동산과 의복·화만·바르는 향·가루 향·번기·당기·깃발·일산과 모든 보배로 장엄한 것이 모두 나타났고, 풍류와 노래와 아름다운 음성을 모든 중생들이 다 듣고 보게 되었으니, 이것이 보살의 탄생하시려는 때의 일곱째 신통변화니라.

또 착한 남자여,

마야부인이 이 동산에 들어올 때에 그 몸으로부터 보살이 거주하는 마니 보배로 된 궁전과 누각을 내었는데, 모든 하늘·용·야차·건달바·아수라·가루라·긴나라·마후라가나

王之所住者하사 寶網覆上하고 妙香普熏하며 衆寶莊嚴하야 內外淸
淨하며 各各差別호대 不相雜亂하야 周帀徧滿嵐毘尼園이 是爲菩薩
將誕生時第八神變이요 又善男子야 摩耶夫人이 入此園時에 從其
身出十不可說百千億那由他佛刹微塵數菩薩하시니 其諸菩薩의
身形容貌와 相好光明과 進止威儀와 神通眷屬이 皆與毘盧遮那
菩薩로 等無有異하야 悉共同時에 讚歎如來가 是爲菩薩將誕生時
第九神變이요 又善男子야 摩耶夫人이 將欲誕生菩薩之時에 忽於
其前에 從金剛際로 出大蓮華하니 名爲一切寶莊嚴藏이라 金剛爲
莖하며 衆寶爲鬚하며 如意寶王으로 以爲其臺하며 有十佛刹微塵數
葉이 一切皆以摩尼所成이며 寶網寶蓋로 以覆其上하야 一切天王의

사람의 왕이 거처하는 데보다 뛰어났으며, 보배 그물을 위에 덮고 묘
한 향기가 두루 풍기며, 여러 보배로 장엄하여 안팎이 청정하고 제각
기 달라서 서로 섞이지 않고 룸비니 동산에 두루 가득하였으니, 이것
이 보살의 탄생하시려는 때의 여덟째 신통변화니라.

또 착한 남자여, 마야부인이 이 동산에 들어 올 때에 그 몸에서 열
곱 말할 수 없는 백천억 나유타 세계의 티끌 수 보살을 내었는데, 그
보살들의 형상과
용모와 잘생긴 모습과 광명과 앉고 서는 위의와 신통과 권속들이 모
두 비로자나 보살과 다르지 않았으며, 모두 동시에 여래를 찬탄하였
으니, 이것이 보살의 탄생하시려는 때의 아홉째 신통변화니라.

또 착한 남자여,

마야부인이 보살을 탄생하려 할 때에 문득 그 앞에 금강의 경계로
부터 큰 연꽃이 솟아났으니, 이름은 온갖 보배로 장엄한 광이라.

금강으로 줄기가 되고 여러 보배로 꽃술이 되고 여의 보배로 꽃판
이 되었으며, 열 세계의 티끌 수 잎은 모두 마니로 되었고, 보배 그물
·보배 일산이 위에 덮였는데 모든 천왕들이

所共執持하며 一切龍王이 降注香雨하며 一切夜叉王이 恭敬圍遶하야 散諸天華하며 一切乾闥婆王이 出微妙音하야 歌讚菩薩의 往昔供養諸佛功德하며 一切阿脩羅王이 捨憍慢心하고 稽首敬禮하며 一切迦樓羅王이 垂寶繪幡하야 徧滿虛空하며 一切緊那羅王이 歡喜瞻仰하야 歌詠讚歎菩薩功德하며 一切摩睺羅伽王이 皆生歡喜하야 歌詠讚歎하고 普雨一切寶莊嚴雲이 是爲菩薩將誕生時第十神變이니라 善男子야 嵐毘尼園에 示現如是十種相已한 然後菩薩의 其身誕生하시니 如虛空中에 現淨日輪하며 如高山頂에 出於慶雲하며 如密雲中에 而耀電光하며 如夜暗中에 而然大炬하야 爾時菩薩의 從母脇生한 身相光明도 亦復如是러라 善男子야 菩薩이 爾時에 雖現

함께 받들었고, 모든 용왕은 향비를 내리고, 모든 야차왕은 공경하며 둘러싸고 하늘 꽃을 흩고, 모든 건달바왕은 아름다운 음성으로 옛날에 보살이 부처님께 공양하던 공덕을 찬탄하고, 모든 아수라왕은 교만한 마음을 버리고 머리를 조아려 경례하고, 모든 가루라왕은 보배 번기를 드리워 허공에 가득하고, 모든 긴나라왕은 환희하여 앙모하면서 보살의 공덕을 노래하며 찬탄하고, 모든 마후라가왕은 모두 환희하여 노래하고 찬탄하며 모든 보배 장엄 구름을 비 내렸으니, 이것이 보살의 탄생하시려는 때의 열번째 신통변화니라.

착한 남자여,

룸비니 동산에서 이 열 가지 모양이 나타난 뒤에 보살의 몸이 탄생하시니, 마치 공중에 찬란한 해가 뜨는 듯, 높은 산 위에서 좋은 구름이 일어나는 듯, 여러 겹 쌓인 구름 속에 번개가 비치는 듯, 어두운 밤에 횃불을 밝히듯이, 보살이 어머니의 옆구리로 나시는 모습 광명도 그와 같았다.

착한 남자여,

보살이 그때에 비록 처음으로

初生이나 悉已了達一切諸法이 如夢如幻하며 如影如像하며 無來無
去하며 不生不滅하나라 善男子야 當我見佛이 於此四天下閻浮提內
嵐毗尼園에 示現初生種種神變時하야 亦見如來가 於三千大千
世界百億四天下閻浮提內嵐毗尼園中에 示現初生種種神變하며
亦見三千大千世界一一塵中無量佛刹하며 亦見百佛世界와 千
佛世界와 乃至十方一切世界一一塵中無量佛刹인 如是一切諸
佛刹中에 皆有如來가 示現受生種種神變하야 如是念念常無間
斷호라
時에 善財童子가 白彼神言호대 大天하 得此解脫이 其已久如니잇고
答言하사대 善男子야 乃往古世에 過億佛刹微塵數劫하고 復過是數

나심을 나타내었지만 모든 법이 꿈과 같고 환술 같고 그림자 같고 영
상과 같아서, 오는 것도 없고 가는 것도 없고 나지도 않고 멸하지도
않는 것임을 이미 통달하였느니라. 착한 남자여, 부처님이 이 사천하
의 염부제에 있는 룸비니 동산에서 처음으로 탄생하시면서 가지가지
신통변화가 나타나는 것을 내가 보는 동시에, 여래께서 삼천대천세계
의 백억 사천하의 염부제에 있는 룸비니 동산에서 처음으로 탄생하시
면서 가지가지 신통변화를 나타내는 것도 보았고, 또 삼천대천 세계
의 낱낱 티끌 티끌 속에 있는 한량없는 세계에서도 그러함을 보았고,
또 백 부처님 세계, 천 부처님 세계와 내지 시방 모든 세계의 낱낱 티
끌 속에 있는 한량없는 세계에서와 같이 모든 부처님 세계에도 다 여
래께서 탄생하시면서 가지가지 신통변화를 나타내는 것을 보았나니,
이와 같이 잠깐잠깐도 항상 끊어지지 아니하였느니라."

이때 선재동자는 저 신에게 말하였다.

"큰 천신께서 이 해탈을 얻은 지는 얼마나 오래되었나이까?"

신이 대답하였다.

"착한 남자여, 지나간 옛적 일억 세계의 티끌 수 겁을 지내고, 또

하야 時有世界하니 名爲普寶요 劫名悅樂이어든 八十那由他佛이 於
中出現하시니 其第一佛이 名自在功德幢이라 十號具足이시며 彼世界
中에 有四天下하니 名妙光莊嚴이요 其四天下閻浮提中에 有一王
都하니 名須彌莊嚴幢이요 其中有王하니 名寶焰眼이요 其王夫人은
名曰喜光이라

善男子야 如此世界摩耶夫人이 爲毘盧遮那如來之母하야 彼世
界中에 喜光夫人이 爲初佛母도 亦復如是하니라 善男子야 其喜光
夫人이 將欲誕生菩薩之時에 與二十億那由他婇女로 詣金華園
할새 園中에 有樓하니 名妙寶峰이요 其邊에 有樹하니 名一切施라 喜
光夫人이 攀彼樹枝하고 而生菩薩하니 諸天王衆이 各持香水하야 共

그만한 겁 전에 세계가 있었으니, 이름이 넓은 보배요 겁의 이름은
즐거움이었는데, 팔십 나유타 부처님이 그 속에서 나시었느니라.

첫 부처님 이름은 자재공덕당으로서 열 가지 명호가 구족하였고,
그 세계에 묘한 빛 장엄이라는 사천하가 있었느니라.

그 사천하의 염부제에 한 서울이 있으니 이름은 수미장엄당이요,
그 나라의 왕은 이름이 보배 불꽃눈이요, 그 왕의 부인은 기쁜 빛이
었느니라.

착한 남자여, 이 세계에서는 마야부인이 비로자나여래의 어머니가
되는 것처럼 저 세계에서는 기쁜 빛 부인이 첫 부처님의 어머니가 되
었느니라.

착한 남자여, 그 기쁜 빛 부인이 보살을 탄생하려는 때에 이십억
나유타 채녀들과 함께 금꽃 동산에 나아갔는데, 동산에 누각이 있으
니 이름이 묘한 보배 봉우리요, 그 곁에 나무가 있으니 이름이 온갖
것 보시라.

기쁜 빛 부인이 그 나뭇가지를 붙잡고 보살을 낳으니, 여러 천왕들
이 향수로써 목욕시키었느니라.

以洗沐할새 時有乳母하니 名淸淨光이라 侍立其側이러니 旣洗沐已에
諸天王衆이 授與乳母한대 乳母敬受하야 生大歡喜하야 卽得菩薩普
眼三昧하고 得此三昧已에 普見十方無量諸佛하며 復得菩薩於一
切處示現受生自在解脫하니 如初受胎識이 速疾無礙하야 得此解
脫故로 見一切佛이 乘本願力하야 受生自在도 亦復如是하니라 善男
子야 於汝意云何오 彼乳母者는 豈異人乎아 我身이 是也니 我從
是來로 念念常見毘盧遮那佛의 示現菩薩受生海와 調伏衆生自
在神力하니 如見毘盧遮那佛이 乘本願力하사 念念於此三千大千
과 乃至十方一切世界微塵之內에 皆現菩薩受生神變하야 見一
切佛도 悉亦如是하야 我皆恭敬承事供養하야 聽所說法하고 如說脩

그때 깨끗한 빛이라는 유모가 그 곁에 있었는데 천왕들이 보살을
목욕을 시킨 후에 유모에게 주었고, 유모는 보살을 받들고 매우 기뻐
하면서 보살의 넓은 눈 삼매를 얻었느니라.

이 삼매를 얻고는 시방의 한량없는 여러 부처님을 뵈옵고 다시 보
살이 여러 곳에서 일부러 태어나는 자재한 해탈을 얻었는데, 처음 태
에 드는 의식이 걸림 없이 빠른 것같이 하였고, 이 해탈을 얻은 연고
로 모든 부처님들이 본래 서원한 힘으로 자재하게 태어나는 것을 보
기도 그와 같이 하였느니라.

착한 남자여, 어떻게 생각하는가?

그 유모는 다른 이가 아니라, 내 몸이었느니라. 나는 그때부터 잠깐
동안마다 비로자나불이 보살로 태어나는 바다와 중생을 조복하는 자
재한 신통을 보았으며, 비로자나불이 본래의 서원한 힘으로 잠깐잠깐
마다 이 삼천대천세계와 내지 시방 모든 세계의 티끌 속에서 보살로
태어나면서 신통변화 나타냄을 보는 것처럼 모든 부처님도 그와 같이
보고 공경하고 받들어 섬기면서 공양하고, 말씀하시는 법을 듣고 말
씀하신 대로 수행하였느니라."

行호라 時에 嵐毘尼林神이 欲重宣此解脫義하사 承佛神力하야 普觀
十方고 而說頌言하사대

佛子汝所問	諸佛甚深境을
汝今應聽受어다	我說其因緣호리라
過億刹塵劫하야	有劫名悅樂이라
八十那由他	如來出興世하시니
最初如來號가	自在功德幢이라
我在金華園하야	見彼初生日하고
我時爲乳母하야	智慧極聰利러니
諸天授與我	菩薩金色身이어늘

이때 '룸비니 숲 맡은 신'이 이 해탈의 뜻을 거듭 펴려고 부처님의
신통한 힘을 받들어 시방을 관찰하고 게송을 말하였다.

불자여, 그대가 물은	부처님의 깊은 경지
내가 이제 그 인연 말하리니	그대여 자세히 들으라
일억 세계 티끌 수 겁 전에	즐거움이란 겁이 있으니
팔십 나유타 여래께서	그 세상에 나시었는데
그 첫 부처님이	자재공덕당이시니
나는 금꽃 동산에서	그가 탄생하심을 보았네
나는 그때 유모로서	지혜있고 총명했는데
천왕들이 금빛 보살을	나에게 주었네

我時疾捧持하야 諦觀不見頂과
身相皆圓滿하야 一一無邊際하며
離垢淸淨身에 相好以莊嚴이
譬如妙寶像하고 見已自欣慶호라
思惟彼功德하야 疾增衆福海하며
見此神通事하고 發大菩提心호라
專求佛功德하며 增廣諸大願하야
嚴淨一切刹하며 滅除三惡道호라
普於十方土에 供養無數佛하고
脩行本誓願하야 救脫衆生苦호라

나는 속히 받잡고 살폈으나 정수리는 볼 수 없고

잘생긴 모습 모두 원만하여 낱낱이 끝닿은 데 없었네

때 없이 깨끗한 몸 거룩한 모습으로 장엄했으니

마치 보배로 된 형상처럼 보고 스스로 기뻐하였네

그 공덕 생각하니 모든 복 바다 빨리 더할 듯

이 신통한 일을 보고 큰 보리심 내어

부처님의 공덕 구하고 큰 서원 더 넓혔으며

모든 세계 깨끗이 장엄 삼악도를 없앴느니라

시방의 모든 국토에서 수없는 부처님 공양하며

본래의 서원 닦아 행하여 중생들의 고통 건져 주려고

我於彼佛所에 聞法得解脫하야
億刹微塵數 無量劫脩行하며
劫中所有佛을 我悉曾供養하고
護持其正法하야 淨此解脫海호라
億刹微塵數 過去十力尊에
盡持其法輪하야 增明此解脫호라
我於一念頃에 見此刹塵中에
一一有如來의 所淨諸刹海어든
刹內悉有佛이 園中示誕生하사
各現不思議 廣大神通力하며

나는 그 부처님께 법문 듣고 해탈 얻어

일억 세계의 티끌 수처럼 한량없는 겁에 행을 닦았네

그런 겁 동안 많은 부처님 나는 모두 공양하고

그의 바른 법 보호하여 이 해탈 바다 깨끗이 하고

억만 세계 미진수 겁에 과거에 부처님 계신 데서

그 법의 바퀴 모두 가져서 이 해탈을 더욱 밝게 하였네

나는 잠깐 동안에 세계의 티끌 속에 계시는

낱낱 여래께서 깨끗하게 한 세계 바다를 보니

그 세계마다 부처님 계셔 동산에서 탄생하시며

부사의하고 광대한 신통을 제각기 나투었네

或見不思議　　　　　億刹諸菩薩이
住於天宮上하야　　　將證佛菩提하며
無量刹海中에　　　　諸佛現受生하사
說法衆圍遶를　　　　於此我皆見호라
一念見億刹　　　　　微塵數菩薩이
出家趣道場하야　　　示現佛境界하며
我見刹塵內에　　　　無量佛成道하사
各現諸方便하야　　　度脫苦衆生하시며
一一微塵中에　　　　諸佛轉法輪하사
悉以無盡音으로　　　普雨甘露法호라

어떤 때는 헤아릴 수 없는　　　억만 세계의 여러 보살들

천궁에 계시면서　　　　　　　부처님의 깨달음 증득하며

한량없는 세계 바다에서　　　　부처님들 탄생하시고

대중에 둘러싸여 설법하심을　　여기서 모두 보았네

나는 잠깐 동안에　　　　　　　억만 세계의 티끌 수 보살들이

출가하여 도량에 나아가　　　　부처님 경계 나타냄을 보고

나는 또 세계의 티끌 속에서　　한량없는 부처님 성도하시고

여러 가지 방편으로　　　　　　괴로운 중생을 건지심 보고

모든 티끌 속에서　　　　　　　부처님들 법륜 굴리며

그지없는 음성으로　　　　　　감로법을 비 내리며

億刹微塵數　　　　一一刹塵中에
悉見於如來가　　　示現般涅槃호라
如是無量刹에　　　如來示誕生이어시든
而我悉分身하야　　現前興供養하며
不思議刹海　　　　無量趣差別에
我悉現其前하야　　雨於大法雨호라
佛子我知此　　　　難思解脫門이로니
無量億劫中에　　　稱揚不可盡이로다

善男子야 我唯知此菩薩於無量劫徧一切處示現受生自在解脫
이어니와 如諸菩薩摩訶薩은 能以一念으로 爲諸劫藏하야 觀一切法하

티끌 수 같은 억 천 겁　　　낱낱 세계의 티끌 속에서

부처님께서 열반에 드심을　　나는 또 모두 보았네

이렇게 한량없는 세계에　　　여래께서 탄생하시는 대로

나는 몸을 나누어　　　　　그 앞에 공양하였고

부사의한 세계 바다　　　한량없는 길 각각 다른데

나는 그 앞에 나타나　　　큰 법비를 내렸네

불자여, 내가　　　　　이 부사의한 해탈문을

한량없는 겁 동안　　　말하여도 다하지 못할 것이로다

"착한 남자여, 나는 다만 이 보살의 한량없는 겁의 모든 곳에서 가
득히 태어나는 자재한 해탈을 알거니와 저 보살마하살들이 능히 잠깐
동안으로 여러 겁을 삼으며 온갖 법을 관찰하고,

며 以善方便으로 而現受生하야 周徧供養一切諸佛하며 究竟通達一
切佛法하며 於一切趣에 皆現受生하며 一切佛前에 坐蓮華座하며 知
諸衆生의 應可度時하야 爲現受生하야 方便調伏하며 於一切刹에 現
諸神變호대 猶如影像하야 悉現其前하나니 我當云何能知能說彼功
德行이리오

善男子야 此迦毘羅城에 有釋種女하니 名曰瞿波니 汝詣彼問호대
菩薩이 云何於生死中에 敎化衆生이리잇고하라 時에 善財童子가 頂禮
其足하며 遶無數帀하며 殷勤瞻仰하고 辭退而去하니라

爾時에 善財童子가 向迦毘羅城하야 思惟修習受生解脫하야 增長
廣大하야 憶念不捨하고 漸次遊行하야 至菩薩集會普現法界光明

좋은 방편으로 일부러 태어나서 모든 부처님께 공양하며, 모든 불법
을 끝까지 통달하고 모든 길에 태어나서 여러 부처님 앞에서 연꽃 자
리에 앉으며,

중생을 제도할 시기를 알고 일부러 태어나서 방편으로 조복하며, 여
러 세계에서 신통변화를 나타내되 그림자와 같이 그 앞에 나타나는
일이야 내가 어떻게 알며 그 공덕행을 말하겠는가.

착한 남자여,

이 카필라성 중에 석가 여인이 있으니 이름이 '구파'이니라. 그대는
그에게 가서 '보살이 어떻게 나고 죽는 속에서 중생을 교화하는가?'
하고 물으라."

선재동자는 그의 발에 엎드려 절하고 수없이 돌고 은근하게 우러러
보면서 하직하고 떠났다.

이때 선재동자는 카필라성을 향하면서 태어나는 해탈을 생각하고
닦아 더 늘게 하며 광대하게 하여 기억하고 버리지 아니하며, 점점
행하여 보살들이 모여 있는 법계를 널리 나타내는 광명한 강당에 이
르렀다.

講堂한대 其中有神하니 號無憂德이라 與一萬主宮殿神으로 俱하사 來迎善財하야 作如是言하사대 善來丈夫여 有大智慧하며 有大勇猛하야 能脩菩薩不可思議自在解脫하야 心恒不捨廣大誓願하며 善能觀察諸法境界하야 安住法城하며 入於無量諸方便門하야 成就如來功德大海하며 得妙辯才하야 善調衆生하며 獲聖智身하야 恒順脩行하며 知諸衆生의 心行差別하야 令其歡喜하야 趣向佛道로다 我觀仁者컨댄 脩諸妙行호대 心無暫懈하야 威儀所行이 悉皆淸淨하니 汝當不久에 得諸如來의 淸淨莊嚴한 無上三業하야 以諸相好로 莊嚴其身하며 以十力智로 瑩飾其心하야 遊諸世間하리라 我觀仁者컨댄 勇猛精進이 而無有比하니 不久에 當得普見三世一切諸佛하야 聽受其法하

그 가운데 신이 있으니, 이름이 근심 없는 덕으로 궁전을 맡은 일만 신들과 함께 와서 선재동자를 맞으면서 이렇게 말하였다.

"잘 오셨도다, 장부여. 큰 지혜가 있고 큰 용맹이 있어 보살의 부사의하고 자재한 해탈을 닦으며, 마음에는 광대한 서원을 항상 버리지 않고 법의 경계를 잘 관찰하며, 법의 성에 편안히 있으면서 한량없는 방편문에 들어가 여래의 큰 공덕 바다를 성취하였고 묘한 변재를 얻어 중생들을 잘 조복하며, 거룩한 지혜의 몸을 얻어 항상 따라 수행하고 모든 중생의 마음과 행이 다르다는 것을 알아 그들이 기뻐서 부처님 도에 나아가게 하나이다.

내가 보건대, 그대는 묘한 행을 닦는 마음이 잠깐도 게으르지 않으며, 동작하는 위의가 모두 청정하니 당신은 오래지 않아서 여래의 청정하게 장엄한 위 없는 세 가지 업을 얻을 것이며, 여러 가지 잘생긴 모습으로 몸을 장엄하고, 열 가지 힘의 지혜로 마음을 훌륭하게 장식하여 모든 세간에 다닐 것입니다. 또한 내가 보건대, 당신은 용맹하게 정진함이 비길 데 없으니, 오래지 않아서 삼세의 부처님들을 친견하여 법을 들을 것이며,

며 不久에 當得一切菩薩의 禪定解脫과 諸三昧樂하며 不久에 當入
諸佛如來의 甚深解脫하리니 何以故오 見善知識하고 親近供養하며
聽受其教하고 憶念脩行하야 不懈不退하며 無憂無悔하며 無有障礙하
며 魔及魔民이 不能爲難하야 不久當成無上果故니라 善財童子가
言호대 聖者하 如向所說하야 願我皆得하노이다 聖者하 我願一切衆生
이 息諸熱惱하며 離諸惡業하며 生諸安樂하며 脩諸淨行이로니 聖者하
一切衆生이 起諸煩惱하며 造諸惡業하며 墮諸惡趣하야 若身若心이
恒受楚毒일새 菩薩이 見已에 心生憂惱하나니 聖者하 譬如有人이 唯
有一子하야 愛念情至라가 忽見被人의 割截肢體하면 其心痛切하야
不能自安인달하야 菩薩摩訶薩도 亦復如是하야 見諸衆生이 以煩惱

오래지 않아서 모든 보살의 선정과 해탈과 삼매의 즐거움을 얻을 것
이며, 오래지 않아서 여러 부처님 여래의 깊은 해탈에 들어갈 것입니
다. 왜냐하면, 선지식을 보면 가까이 공양하며 그의 가르침을 받고는
기억하고 닦아 행하며, 게으르지 않고 물러나지 않고 근심이 없고 뉘
우침이 없고 장애가 없으며, 마와 마의 백성들이 저해하지 못하며, 오
래지 않아 위 없는 과를 이룰 연고이기 때문입니다."

선재동자가 말하였다.

"거룩하신이여, 지금 말씀하신 것을 제가 모두 얻으려 하나이다.
거룩하신이여, 모든 중생들이 번뇌를 쉬며 나쁜 업을 여의고, 안락한
곳에 나서 깨끗한 행 닦기를 제가 원하옵나니 거룩하신이여,

모든 중생이 번뇌를 일으키고 나쁜 업을 지어 나쁜 길에 떨어져서
몸과 마음으로 고통 받는 것을 보살이 보면 걱정하고 괴로운 마음을
낼 것입니다.

거룩하신이여, 비유하면 어떤 사람이 지극히 사랑하는 외아들이 있
는데, 다른 사람이 아들의 몸을 할퀴고 찢는 것을 보면 아픈 가슴을
참을 수 없습니다. 보살마하살도 그와 같아서, 중생들이 번뇌로 업을

業으로 墮三惡趣하야 受種種苦하면 心大憂惱하며 若見衆生이 起身語意三種善業하야 生天人趣하야 受身心樂하면 菩薩이 爾時에 生大歡喜하나니

何以故오 菩薩이 不自爲故로 求一切智하며 不貪生死와 諸欲快樂하며 不隨想倒見倒心倒의 諸結隨眠과 愛見力轉하며 不起衆生의 種種樂想하며 亦不味着諸禪定樂하나니 非有障礙하야 疲厭退轉하야 住於生死요 但見衆生이 於諸有中에 具受無量種種諸苦일새 起大悲心하야 以大願力으로 而普攝取하며 悲願力故로 修菩薩行하야 爲斷一切衆生煩惱하며 爲求如來一切智智하며 爲供養一切諸佛如來하며 爲嚴淨一切廣大國土하며 爲淨治一切衆生樂欲과 及其所

짓고 세 가지 나쁜 길에 떨어져 모든 고통 받는 것을 보면 근심하고 걱정할 것이며, 만일 중생들이 몸과 말과 뜻으로 세 가지 착한 업을 짓고 천상이나 인간에 나서 쾌락을 받는 것을 보면 보살이 매우 즐거워할 것입니다.

그 까닭을 말하면, 보살은 자기를 위하여 온갖 지혜를 구하는 것이 아니니 나고 죽는 일과 모든 욕락을 탐하지 않으며, 뒤바뀐 생각과 뒤바뀐 소견과 뒤바뀐 마음과 얽매임과 따라다니며 잠자게 하는 것과 애착하고 억측하는 힘을 따라 옮겨지지 않으며, 중생들의 여러 가지 즐기는 생각을 일으키지 않으며, 여러 선정의 즐거움에 맛들이지도 않으며, 장애가 되거나 고달프거나 물러가서 생사에 머물지도 아니하나이다. 다만 중생들이 모든 존재에서 한량없는 괴로움을 받는 것을 보고는 크게 가엾이 여기는 마음을 내어 큰 서원의 힘으로 두루 거두어 주며, 자비와 서원의 힘으로 보살의 행을 닦나니 모든 중생의 번뇌를 끊기 위하여, 여래의 온갖 지혜의 지혜를 구하기 위하여, 모든 부처님 여래에게 공양하기 위하여, 모든 넓고 큰 국토를 깨끗이 장엄하기 위하여, 모든 중생의 욕락과 그의 몸과 마음으로 행하는 일을 깨끗이

有身心諸行하야 於生死中에 無有疲厭이니이다

聖者하 菩薩摩訶薩이 於諸衆生에 爲莊嚴이니 令生人天富貴樂故며 爲父母니 爲其安立菩提心故며 爲養育이니 令其成就菩薩道故며 爲衛護니 令其遠離三惡道故며 爲船師이니 令其得渡生死海故며 爲歸依니 令捨諸魔煩惱怖故며 爲究竟이니 令其永得淸凉樂故며 爲津濟니 令入一切諸佛海故며 爲導師니 令至一切法寶洲故며 爲妙華니 開敷諸佛功德心故며 爲嚴具니 常放福德智慧光故며 爲可樂이니 凡有所作이 悉端嚴故며 爲可尊이니 遠離一切諸惡業故며 爲普賢이니 具足一切端嚴身故며 爲大明이니 常放智慧淨光明故며 爲大雲이니 常雨一切甘露法故니이다

다스리기 위하여, 나고 죽는 속에서 고달픈 줄을 모르나이다. 거룩하신이여, 보살마하살은 모든 중생에게 장엄이 되나니 인간과 천상에서 부귀의 즐거움을 내게 하는 연고며, 부모가 되나니 그를 위하여 보리심을 잘 정돈하는 연고며, 양육함이 되나니 그의 보살도를 성취케 하는 연고며, 호위함이 되나니 세 가지 나쁜 길을 여의게 하는 연고며, 뱃사공이 되나니 생사의 바다를 건너게 하는 연고며, 의지할 데가 되나니 마와 번뇌의 공포를 버리게 하는 연고입니다.

구경처가 되나니 서늘한 즐거움을 영원히 얻게 하는 연고며, 나루터가 되나니 모든 부처님 바다에 들어가게 하는 연고며, 길잡이가 되나니 온갖 법 보배가 있는 섬에 이르게 하는 연고며, 묘한 꽃이 되나니 부처님들 공덕의 마음을 두루 피게 하는 연고며, 장엄거리가 되나니 복덕과 지혜의 빛을 놓는 연고며, 좋아할 것이 되나니 무릇 하는 일이 모두 단정한 연고며, 존경할 만하나니 모든 나쁜 업을 멀리 여의는 연고며, 보현보살이 되나니 단정하고 엄숙한 몸을 갖춘 연고며, 크게 밝음이 되나니 항상 지혜의 깨끗한 광명을 놓는 연고며, 큰 구름이 되나니 모든 감로의 법을 비 내리는 연고입니다.

聖者하 菩薩이 如是脩諸行時에 令一切衆生으로 皆生愛樂하야 具
足法樂이니이다 爾時에 善財童子가 將升法堂에 其無憂德과 及諸神
衆이 以出過諸天上妙華鬘과 塗香末香과 及以種種寶莊嚴具로
散善財上하고 而說頌曰

汝今出世間하야   爲世大明燈이라
普爲諸衆生하야   勤求無上覺이로다
無量億千劫에   難可得見汝니
功德日今出하야   滅除諸世暗이로다
汝見諸衆生이   顚倒惑所覆하고
而興大悲意하야   求證無師道로다

거룩하신이여, 보살이 이렇게 수행할 때 모든 중생으로 하여금 사랑
하고 좋아하여 법의 즐거움을 구족케 하나이다."

이때 선재동자가 법당에 오르려 함에, 근심 없는 덕의 신과 여러
신들이 천상의 것보다 더 좋은 화만·바르는 향·가루 향과 여러 가
지 장엄거리로 선재에게 흩으며 게송을 말하였다.

당신은 지금 세간을 뛰어나   세상의 큰 등불되고

모든 중생을 두루 위하여   위 없는 깨달음 부지런히 구하니

한량없는 억 천 겁에   당신을 뵈올 수 없어

공덕의 햇빛 하늘에 떠서   세간의 어둠 없애고

당신은 모든 중생들이   번뇌에 덮임을 보고

가엾이 여기는 마음으로   스승 없는 도를 증득하려고

汝以淸淨心으로　尋求佛菩提하야
承事善知識에　不自惜身命이로다
汝於諸世間에　無依無所着하야
其心普無礙하야　淸淨如虛空이로다
汝脩菩提行하야　功德悉圓滿하니
放大智慧光하야　普照一切世로다
汝不離世間하며　亦不着於世하야
行世無障礙가　如風遊虛空이로다
譬如火災起에　一切無能滅인달하야
汝脩菩提行에　精進火亦然이로다

당신은 청정한 마음으로　부처님의 보리 구하여
선지식 받들어 섬기며　몸과 목숨 아끼지 않네
당신은 모든 세간에　의지도 없고 애착도 없고
넓은 마음 걸림 없이　깨끗하기가 허공 같으며
당신은 보살행을 닦아　공덕이 모두 원만하고
큰 지혜의 광명 놓아　모든 세간 널리 비추며
당신은 세간을 떠나지 않고　세간에 집착하지도 않아
걸림 없이 세간에 다니기가　바람이 허공에 다니는 듯하며
마치 화재가 일어날 적에　무엇으로도 끌 수 없듯이
당신이 보리를 닦는　정진의 불 그와 같네

勇猛大精進_{이여} 堅固不可動_{이요}
金剛慧師子_여 遊行無所畏_{로다}
一切法界中_의 所有諸刹海_에
汝悉能往詣_{하야} 親近善知識_{이로다}

爾時_에 無憂德神_이 說此頌已_코 爲愛樂法故_로 隨逐善財_{하야} 恒不捨離_{러시니}

爾時_에 善財童子- 入普現法界光明講堂_{하야} 周徧推求彼釋氏女_{라가} 見在堂內_{하야} 坐寶蓮華師子之座_{하니} 八萬四千婇女_의 所共圍遶_니 是諸婇女_가 靡不皆從王種中生_{이라} 悉於過去_에 脩菩薩行_{하야} 同種善根_{하며} 布施愛語_로 普攝衆生_{하며} 已能明見一切智境_{하며}

용맹하고 크게 정진함　　　　견고하여 동할 수 없으며

금강 같은 지혜의 사자　　　　어디 다녀도 두려움 없듯

모든 법계에 있는　　　　　　여러 세계 바다에

당신이 모두 나아가　　　　　선지식을 가까이 모시네

　그때 근심 없는 덕의 신이 이 게송을 말하고 법을 좋아하는 연고로 선재동자를 따라다니며 항상 떠나지 않았다.
　이때 선재동자는 법계를 널리 나타내는 광명한 강당에 들어가 석씨 여인을 두루 찾다가 강당 안에서 보배 연꽃 사자좌에 앉은 것을 보았다. 팔만 사천의 시녀들이 둘러 모시었는데, 그 시녀들도 모두 왕의 가문에서 났으며, 지난 세상에 보살의 행을 닦으며 착한 뿌리를 함께 심고 보시와 좋은 말로 중생들을 거두어 주며, 이미 온갖 지혜의 경계를 분명히 보았고,

已共脩習佛菩提行하며 恒住正定하고 常遊大悲하며 普攝衆生을 猶如一子하며 慈心具足하고 眷屬淸淨하며 已於過去에 成就菩薩不可思議善巧方便하야 皆於阿耨多羅三藐三菩提에 得不退轉하며 具足菩薩諸波羅蜜하야 離諸取着하고 不樂生死하며 雖行諸有나 心常淸淨하며 恒勤觀察一切智道하며 離障蓋網하야 超諸着處하며 從於法身하야 而示化形하며 生普賢行하야 長菩薩力하며 智日慧燈이 悉已圓滿하니라 爾時에 善財童子가 詣彼釋女瞿波之所하야 頂禮其足하며 合掌而住하야 作如是言호대 聖者하 我已先發阿耨多羅三藐三菩提心호니 而未知菩薩이 云何於生死中에 而不爲生死過患所染이며 了法自性호대 而不住聲聞辟支佛地며 具足佛法호대 而脩菩

부처님의 보리행을 함께 닦았으며, 바른 선정에 항상 머물고 크게 가없이 여기는 데 항상 노닐며, 중생들을 널리 거두어 주기를 외아들 같이 하고, 인자한 마음을 갖추고 권속이 청정하였으며, 지난 세상에 보살의 헤아릴 수 없는 교묘한 방편을 성취하여 아뇩다라삼먁삼보리에서 물러나지 아니하며, 보살의 모든 바라밀을 구족하고 모든 집착을 여의어 생사를 좋아하지 않으며, 비록 번뇌와 업이 있는 데 다니어도 마음은 항상 청정하며, 온갖 지혜의 도를 항상 관찰하여 장애의 그물을 떠나 집착하는 데서 뛰어났으며, 법의 몸으로부터 나툰 몸을 보이며, 보현의 행을 내고 보리의 힘을 자라게 하며, 지혜의 해와 슬기의 등불이 이미 원만하였다.

그때 선재동자는 석씨 여인 구파에게 나아가 발에 엎드려 절하고 합장하고 서서 말하였다.

"거룩하신이여, 저는 이미 아뇩다라삼먁삼보리심을 내었으나, 보살이 어떻게 해야 생사 중에서 생사의 걱정에 물들지 않으며, 법의 성품을 깨달아 성문이나 벽지불의 지위에 머물지 않으며, 부처님의 법을 구족하고도

薩行이며 住菩薩地호대 而入佛境界며 超過世間호대 而於世受生이며 成就法身호대 而示現無邊種種色身이며 證無相法호대 而爲衆生하야 示現諸相이며 知法無說호대 而廣爲衆生하야 演說諸法이며 知衆生空호대 而恒不捨化衆生事며 雖知諸佛의 不生不滅이나 而勤供養하야 無有退轉이며 雖知諸法의 無業無報나 而修諸善行하야 恒不止息이리잇고 時에 瞿波女가 告善財言하사대 善哉善哉라 善男子여 汝今能問菩薩摩訶薩의 如是行法하니 修習普賢의 諸行願者라사 能如是問이니 諦聽諦聽하야 善思念之어다 我當承佛神力하야 爲汝宣說호리라 善男子야 若諸菩薩이 成就十法하면 則能圓滿因陀羅網普智光明菩薩之行하나니

보살행을 닦으며, 보살의 지위에 있으면서 부처님 경계에 들어가며, 세간에서 초월하고도 세간에 태어나며, 법의 몸을 성취하고도 그지없는 여러 가지 육신을 나타내며, 형상 없는 법을 증득하고도 중생을 위하여 모든 형상을 나타내며, 법은 말할 것 없음을 알고도 중생을 위하여 법을 연설하며, 중생이 공한 줄 알면서도 중생을 교화하는 일을 버리지 않으며, 부처님은 나지도 않고 멸하지도 않음을 알면서도 부지런히 공양하고 물러나지 않으며, 모든 법이 업도 없고 과보도 없음을 알면서도 여러 가지 착한 행을 닦아 항상 쉬지 않는지 알지 못하나이다."

그때 석녀 구파가 선재에게 말하였다.

"좋다, 좋다. 착한 남자여, 그대가 이제 보살마하살의 이와 같이 행하는 법을 묻는구나. 보현의 모든 행과 원을 닦는 이라야 능히 이렇게 묻느니라. 자세히 듣고 잘 생각하라. 내가 부처님의 신통한 힘을 받들어 그대에게 말하리라.

착한 남자여, 만일 보살들이 열 가지 법을 성취하면 인드라 그물 같은 넓은 지혜 광명인 보살행을 능히 원만케 하리라.

何等이 爲十고 所謂依善知識故며 得廣大勝解故며 得淸淨欲樂
故며 集一切福智故며 於諸佛所에 聽聞法故며 心恒不捨三世佛
故며 同於一切菩薩行故며 一切如來의 所護念故며 大悲妙願이
皆淸淨故며 能以智力으로 普斷一切諸生死故라 是爲十이니 若諸
菩薩이 成就此法하면 則能圓滿因陀羅網普智光明菩薩之行이니라
佛子야 若菩薩이 親近善知識하면 則能精進不退하야 脩習出生無
盡佛法하리라 佛子야 菩薩이 以十種法으로 承事善知識하나니 何等이
爲十고 所謂於自身命에 無所顧惜하며 於世樂具에 心不貪求하며
知一切法이 性皆平等하며 永不退捨一切智願하며 觀察一切法界
實相하며 心恒捨離一切有海하며 知法如空하야 心無所依하며 成就

무엇이 열인가? 이른바 선지식을 의지하는 연고며, 광대하고 훌륭
한 이해를 얻는 연고며, 청정한 욕망을 얻는 연고며, 온갖 복과 지혜
를 모으는 연고며, 여러 부처님에게서 법을 듣는 연고며, 마음에 항상
삼세 부처님을 버리지 않는 연고며, 모든 보살행과 같은 연고며, 모든
여래가 보호하고 염려하는 연고며, 큰 자비와 묘한 서원이 다 청정한
연고며, 지혜의 힘으로 모든 생사를 모두 끊는 연고니 이것이 열이니
라. 만일 보살들이 이 법을 성취하면 인드라 그물 같은 넓은 지혜의
광명인 보살행을 능히 원만케 되느니라.

불자여, 만일 보살이 선지식을 가까이하면 정진하고 물러나지 아니
하여 다함이 없는 부처님의 법을 닦아 내느니라.

불자여, 보살은 열 가지 법으로 선지식을 가까이하나니, 무엇이 열
인가? 이른바 자기의 몸과 목숨을 아끼지 않으며, 세상의 즐거워하는
도구를 탐내어 구하지 않으며, 모든 법의 성품이 평등한 줄을 알며,
모든 지혜와 서원을 영원히 물러나거나 버리지 않으며, 모든 법계의
진실한 모양을 관찰하며, 마음에는 모든 존재의 바다를 항상 떠나며,
법이 공함을 알고 마음에 의지함이 없으며,

一切菩薩大願하며 常能示現一切刹海하며 淨脩菩薩無礙智輪이니 佛子야 應以此法으로 承事一切諸善知識하야 無所違逆이니라 爾時에 釋迦瞿波女가 欲重明此義하사 承佛神力하야 觀察十方하고 而說頌言하사대

菩薩爲利諸群生하야　　正念親承善知識하나니
敬之如佛心無怠여　　　此行於世帝網行이로다
勝解廣大如虛空하야　　一切三世悉入中하며
國土衆生佛皆爾하니　　此是普智光明行이로다
志樂如空無有際하야　　永斷煩惱離諸垢하고
一切佛所脩功德하니　　此行於世身雲行이로다

모든 보살의 큰 원을 성취하며, 모든 세계 바다를 항상 나타내며, 보살의 걸림 없는 지혜 바퀴를 깨끗이 닦는 것이니라.
　불자여,
마땅히 이 법으로 모든 선지식을 섬기되 어기지 말라."
　그때 석녀 구파는 이 뜻을 거듭 펴려고 부처님의 신통한 힘을 받들어 시방을 관찰하고 게송을 말하였다.

보살이 모든 중생 이익케 하려고　바른 생각으로 선지식을 친히 섬기며

부처님 같이 공경하고 게으름 없어　이 행은 이 세상의 인드라 그물

좋은 이해 넓고 크기 허공 같아서　이 가운데 삼세가 모두 들었고

국토·중생·부처님도 그러하나니　이것은 넓은 지혜 광명행이며

즐거운 마음 허공같이 끝 닿은 데 없고　번뇌는 아주 끊고 때를 여의고

모든 부처님 계신 데서 공덕 닦으니　이 행은 이 세상의 몸 구름의 행

菩薩脩習一切智와
不可思議功德海하야
淨諸福德智慧身하니
此行於世不染行이로다
一切諸佛如來所에
聽受其法無厭足하야
能生實相智慧燈하니
此行於世普照行이로다
十方諸佛無有量이어늘
一念一切悉能入하야
心恒不捨諸如來하니
此向菩提大願行이로다
能入諸佛大衆會와
一切菩薩三昧海와
願海及以方便海하니
此行於世帝網行이로다
一切諸佛所加持로
盡未來際無邊劫토록
處處脩行普賢道하니
此是菩薩分身行이로다

보살이 온갖 지혜 닦아 익히고
헤아릴 수 없는 공덕 바다에
모든 복덕 지혜의 몸 깨끗이 하니
이 세상에 물들지 아니하는 행
모든 세계 부처님 여래에서
그 법문 들어 받기 싫은 줄 몰라
실상의 지혜 등불 능히 내나니
이 행은 이 세상의 두루 비춘 행
시방의 부처님들 한량이 없어
한 생각에 모든 것 다 들어가
마음에는 여래를 버리잖나니
보리를 향해 가는 큰 서원의 행
부처님의 여러 대중 모인 회상과
수없는 보살들의 삼매 바다와
서원 바다 · 방편 바다 다 들어가니
이 행은 이 세상의 인드라 그물
모든 부처님들의 가피를 입어
그지없이 오는 세월 끝날 때까지
간 데마다 보현의 도 닦아 행하니
이것은 보살들의 몸 나투는 행

見諸衆生受大苦하고　　　　起大慈悲現世間하야
演法光明除暗冥하니　　　　此是菩薩智日行이로다
見諸衆生在諸趣하고　　　　爲集無邊妙法輪하야
令其永斷生死流하니　　　　此是修行普賢行이로다
菩薩修行此方便하야　　　　隨衆生心而現身하야
普於一切諸趣中에　　　　　化度無量諸含識이로다
以大慈悲方便力으로　　　　普徧世間而現身하야
隨其解欲爲說法하야　　　　皆令趣向菩提道로다

時에　釋迦瞿波가　說此頌已코　告善財童子言하사대　善男子야　我已
成就觀察一切菩薩三昧海解脫門호라

중생들의 많은 고통 받음을 보고　　대자대비한 마음으로 세간에 나서

법의 광명 연설하여 어둠 없애니　　이런 것은 보살의 지혜 해의 행

중생들 여러 길에 있음을 보고　　그지없는 묘한 법륜 위해 모아서

그들의 생사 흐름 끊게 하나니　　이것은 보현행을 수행하는 것

보살이 이 방편을 닦아 행하고　　중생의 마음 따라 몸을 나투어

모든 세계 좋고 나쁜 여러 길에서　　한량없는 중생들을 제도하오며

대자대비 여러 가지 방편으로써　　세간에 두루 하게 몸을 나투고

중생들의 욕망 따라 법을 말하여　　모두를 보리도로 향하게 하네

이때 석녀 구파는 이 게송을 말하고 나서 선재동자에게 말하였다.
"착한 남자여, 나는 이미 모든 보살의 삼매 바다를 관찰하는 해탈
문을 성취하였노라."

善財가 言호대 大聖하 此解脫門이 境界云何니잇고

答言하사대 善男子야 我入此解脫하야 知此娑婆世界佛刹微塵數劫의 所有衆生이 於諸趣中에 死此生彼와 作善作惡과 受諸果報와 有求出離와 不求出離와 正定邪定과 及以不定과 有煩惱善根과 無煩惱善根과 具足善根과 不具足善根과 不善根所攝善根과 善根所攝不善根하야 如是所集善不善法을 我皆知見하며 又彼劫中에 所有諸佛의 名號次第를 我悉了知하며 彼佛世尊의 從初發心과 及以方便과 求一切智와 出生一切諸大願海와 供養諸佛과 脩菩薩行과 成等正覺과 轉妙法輪과 現大神通과 化度衆生을 我悉了知하며

선재동자가 말하였다.

"거룩하신이여, 이 해탈문의 경계가 어떠하나이까?"

구파가 대답하였다.

"착한 남자여, 내가 이 해탈문에 들고는 이 사바세계에서 세계의 티끌 수 겁 동안에 있는 모든 중생들이 여러 길에서 헤매면서 여기서 죽어 저기 나는 일과, 선을 짓고 악을 지어 모든 과보를 받는 일과, 벗어나기를 구하는 이와 구하지 않는 이와, 바로 결정된 것·잘못 결정된 것·결정되지 못한 것과, 번뇌 있는 착한 뿌리·번뇌 없는 착한 뿌리와 구족한 착한 뿌리·구족하지 못한 착한 뿌리와 착하지 못한 뿌리에 잡히는 착한 뿌리와, 착한 뿌리에 잡히는 착하지 못한 뿌리와, 이렇게 모은 선한 법·선하지 못한 법을 내가 다 알고 보노라. 또 저 겁 동안에 계시던 부처님의 이름과 차례를 내가 다 알고, 그 불세존께서 처음 발심하던 것과 방편으로 온갖 지혜를 구하던 것과, 여러 가지 큰 서원 바다를 내고 부처님들께 공양하여 보살행을 닦으며, 정 등각을 이루고 묘한 법륜을 굴리며, 큰 신통을 나투어 중생들을 제도 하던 것을 내가 다 아노라.

亦知彼佛衆會差別_{호대} 其衆會中_에 有諸衆生_이 依聲聞乘_{하야} 而
得出離_와 其聲聞衆_의 過去脩習一切善根_과 及其所得種種智慧
_를 我悉了知_{하며} 有諸衆生_이 依獨覺乘_{하야} 而得出離_와 其諸獨覺_의
所有善根_과 所得菩提_와 寂滅解脫_과 神通變化_와 成熟衆生_과 入
於涅槃_을 我悉了知_{하며} 亦知彼佛_의 諸菩薩衆_{호대} 其諸菩薩_의 從
初發心_{으로} 脩習善根_과 出生無量諸大願行_과 成就滿足諸波羅
蜜_과 種種莊嚴菩薩之道_와 以自在力_{으로} 入菩薩地_와 住菩薩地_와
觀菩薩地_와 淨菩薩地_와 菩薩地相_과 菩薩地智_와 菩薩攝智_와 菩
薩敎化衆生智_와 菩薩建立智_와 菩薩廣大行境界_와 菩薩神通行
_과 菩薩三昧海_와 菩薩方便_과 菩薩_의 於念念中_에 所入三昧海_와

또 저 부처님들의 대중이 제각기 다른 것을 알며, 그 모인 가운데
중생들이 성문승을 의지하여 뛰어나던 일과 그 성문 대중이 과거에
모든 착한 뿌리를 닦던 일과 그들이 얻은 여러 가지 지혜를 내가 다
아노라.

어떤 중생은 독각승을 의지하여 뛰어나던 일과 그 독각들의 가진
착한 뿌리와 얻은 보리와 고요하게 해탈하고 신통변화로 중생을 성숙
시키며 열반에 드는 것을 내가 다 아노라.

또 저 부처님의 보살대중과 그 보살들이 처음 발심하여 착한 뿌리
를 닦아 익히고, 한량없는 원과 행을 내고 모든 바라밀을 만족하게
성취하고, 가지가지로 보살의 도를 장엄하는 것을 아노라.

자유자재한 힘으로 보살의 지위에 들어가서 보살의 지위에 머물고,
보살의 지위를 관찰하고 보살의 지위를 깨끗이 함과, 보살 지위의 모
양 · 보살 지위의 지혜 · 보살에 소속한 지혜 · 보살이 중생을 교화하
는 지혜 · 보살이 세워 놓은 지혜 · 보살의 광대한 행의 경계 · 보살의
신통 · 보살의 삼매 바다 · 보살의 방편과 보살이 잠깐 동안에 들어가
는 삼매 바다 ·

所得一切智光明과 所獲一切智電光雲과 所得實相忍과 所通達
一切智와 所住刹海와 所入法海와 所知衆生海와 所住方便과 所
發誓願과 所現神通을 我悉了知호라 善男子야 此娑婆世界盡未來
際토록 所有劫海의 展轉不斷을 我皆了知니 如知娑婆世界하야 亦
知娑婆世界內微塵數世界하며 亦知娑婆世界內一切世界하며 亦
知娑婆世界微塵內所有世界하며 亦知娑婆世界外十方無間所
住世界하며 亦知娑婆世界世界種所攝世界하며 亦知毘盧遮那世
尊의 此華藏世界海中에 十方無量諸世界種所攝世界하니
所謂世界廣博과 世界安立과 世界輪과 世界場과 世界差別과 世
界轉과 世界蓮華와 世界須彌와 世界名號와 盡此世界海一切世

얻은 온갖 지혜의 광명・얻은 온갖 지혜의 번갯빛 구름・얻은 실상
의 법 지혜・통달한 온갖 지혜・머무는 세계 바다・들어간 법 바다
・아는 중생 바다・머무는 방편・내는 서원・나투는 신통을 내가 다
아노라.

착한 남자여,

이 사바세계에서 오는 세월이 끝날 때까지의 겁 바다가 서로 계속
하여 끊어지지 아니함을 내가 다 아노라.

이 사바세계를 아는 것처럼 사바세계 안에 있는 티끌 수 세계도 알
고, 또 사바세계 안에 있는 온갖 세계도 알고, 또 사바세계의 티끌 속
에 있는 세계도 알고, 또 사바세계의 밖으로 시방에 사이가 없이 있
는 세계도 알고, 또 사바세계의 세계종에 소속한 세계도 알고, 또 비
로자나 세존의 화장세계해 가운데 있는 시방의 한량없는 세계종에 소
속한 세계들도 아노라.

이른바 세계의 넓기・세계의 정돈됨・세계의 바퀴・세계의 도량・
세계의 차별・세계의 옮김・세계의 연화・세계의 수미산・세계의 이
름과 이 세계해의 끝까지 모든 세계가

界가 由毘盧遮那世尊本願力故를 我悉能知하고 亦能憶念하며 亦
念如來往昔所有諸因緣海하니 所謂脩習一切諸乘方便과 無量
劫中에 住菩薩行과 淨佛國土와 教化衆生과 承事諸佛과 造立住
處와 聽受說法과 獲諸三昧와 得諸自在와 脩檀波羅蜜과 入佛功
德海와 持戒苦行과 具足諸忍과 勇猛精進과 成就諸禪과 圓滿淨
慧와 於一切處에 示現受生과 普賢行願이 悉皆清淨과 普入諸刹과
普淨佛土와 普入一切如來智海와 普攝一切諸佛菩提와
得於如來大智光明과 證於諸佛一切智性과 成等正覺과 轉妙法
輪과 及其所有道場衆會와 其衆會中一切衆生의 往世已來所種
善根과 從初發心으로 成熟衆生과 脩行方便하야 念念增長과 獲諸

비로자나 세존의 본래의 원력으로 말미암은 것임을 내가 다 알고 능
히 기억하노라.

또 여래께서 옛날에 있었던 여러 가지 인연의 바다도 기억하노니
이른바 모든 승의 방편을 닦아 모으며, 한량없는 겁 동안에 보살의
행에 머물렀으며, 부처님의 국토를 깨끗이 하고 중생을 교화하며, 부
처님을 받들어 섬길 곳을 마련했으며, 설법을 듣고 삼매를 얻어 자재
하여지며, 단바라밀을 닦고 부처님의 공덕 바다에 들어가며, 계율을
지니고 고행하며, 여러 가지 인욕을 갖추고 용맹하게 정진하며, 선정
을 성취하고 지혜를 원만케 하며, 여러 곳에 일부러 태어나며, 보현의
행과 원을 모두 청정히 하며, 여러 세계에 두루 들어가서 부처님의
국토를 깨끗이 하며, 모든 여래의 지혜 바다에 널리 들어가며, 모든
부처님의 보리를 두루 거두어 가지는 것을 아노라.

또 여래의 큰 지혜 광명을 얻고 부처님의 온갖 지혜의 성품을 증득
하며, 정등각을 이루고 묘한 법륜을 굴리며, 부처님의 도량에 모인 대
중과 그 대중 가운데 중생들이 옛적부터 심은 착한 뿌리와 처음 발심
할 적부터 중생을 성숙시키며, 수행하는 방편이 잠깐잠깐마다 증장하

三昧神通解脫한 如是一切를 我悉了知하노니 何以故오 我此解脫이
能知一切衆生心行과 一切衆生의 脩行善根과 一切衆生의 雜染
淸淨과 一切衆生의 種種差別과 一切聲聞의 諸三昧門과 一切緣
覺의 寂靜三昧神通解脫과 一切菩薩의 一切如來解脫光明하야 皆
了知故니라 爾時에 善財童子가 白瞿波言호대 聖者하 得此解脫이
其已久如니잇고 答言하사대 善男子야 我於往世에 過佛刹微塵數劫하
야 有劫하니 名勝行이요 世界는 名無畏며 彼世界中에 有四天下하니
名爲安隱이요 其四天下閻浮提中에 有一王城하니 名高勝樹니 於
八十王城中에 最爲上首라 彼時有王하니 名曰財主니 其王이 具有
六萬婇女와 五百大臣과 五百王子어든 其諸王子가 皆悉勇健하야

여 여러 삼매와 신통과 해탈을 얻는 등의 모든 일을 내가 분명히 아
노라.

왜냐하면, 나의 이 해탈은 모든 중생의 마음과 행동과 모든 중생의
닦아 행한 착한 뿌리와 모든 중생의 물들고 청정함과 모든 중생의 가
지가지 차별을 능히 알며, 모든 성문의 여러 삼매문과 모든 연각의
고요한 삼매·신통·해탈과 모든 보살·모든 여래의 해탈과 광명을
모두 분명히 아는 연고니라."

선재동자는 구파에게 말하였다.

"거룩하신이여, 이 해탈을 얻은 지는 얼마나 오래되었나이까?"

"착한 남자여, 지난 옛적 세계의 티끌 수 겁 전에 한 겁이 있었으니
이름은 썩 좋은 행이요, 세계의 이름은 두려움 없음이며, 그 세계에
안은이란 사천하가 있고, 그 사천하의 염부제에 서울이 있으니 이름
이 가장 좋은 나무인데, 팔십 서울 중에 가장 첫째이며, 그 나라의 임
금은 재주(財主)이었느니라.

그 왕에게 육만 시녀와 오백 대신과 오백 왕자가 있는데, 그 왕자
들이 모두 용맹하고

能伏怨敵이러라 其王太子는 名威德主니 端正殊特하야 人所樂見이라 足下平滿하며 輪相備具하며 足趺隆起하며 手足指間에 皆有網縵하며 足跟齊正하며 手足柔軟하며 伊尼耶鹿王腨이며 七處圓滿하며 陰藏隱密하며 其身上分이 如師子王하며 兩肩平滿하며 雙臂傭長하며 身相端直하며 頸文三道며 頰如師子하며 具四十齒호대 悉皆齊密하며 四牙鮮白하며 其舌長廣하며 出梵音聲하며 眼目紺青하며 睫如牛王하며 眉間毫相이며 頂上肉髻며 皮膚細軟하야 如眞金色하며 身毛上靡하며 髮帝青色이며 其身洪滿이 如尼拘陀樹러라 爾時에 太子가 受父王敎하고 與十千婇女로 詣香牙園하야 遊觀戱樂할새 太子가 是時에 乘妙寶車하니 其車가 具有種種嚴飾이라 置大摩尼師子之座하고 而

건장하여 대적을 항복받았느니라.

　그 왕의 태자는 이름이 위덕주이니 단정하고 특출하여 사람들이 보기를 좋아하며, 발바닥은 판판하며 수레바퀴 모양이 구족하고, 발등은 불룩하고, 손과 발가락 사이에는 그물 같은 막이 있고, 발꿈치는 가지런하고 손발이 보드랍고,
이니야 사슴왕의 장딴지 같이 일곱 군데가 원만하고, 남근은 으슥하게 숨어 있고, 몸의 윗부분은 사자왕 같고, 두 어깨는 평평하고, 두 팔은 통통하며 길고, 몸이 곧고, 목에 세 줄 무늬가 있고, 두 뺨은 사자와 같고, 치아는 사십인데 가지런하며 빽빽하고, 어금니 네 개가 유난이 희고, 혀가 길고 넓고, 범천의 음성을 내고, 눈이 검푸르고 속눈썹이 소와 같고, 미간에는 흰 털이 있고, 정수리에는 육계가 있고, 살결은 보드랍고 연하여 진금빛이요, 몸에 솜털이 위로 쏠리고, 머리카락이 제청 구슬빛 같고, 몸의 원만하기가 니구타 나무와 같았느니라.
　그때 태자는 부왕의 명령을 받고 일만 시녀와 함께 향아원에 가서 구경하며 즐기었느니라. 태자는 이때 보배 수레를 탔는데 수레에는 여러 가지 장엄을 갖추었고, 큰 마니 사자좌를 놓고 그 위에 앉았으

坐其上이어든 五百媒女가 各執寶繩하고 牽馭而行하니 進止有度하야
不遲不速하며 百千萬人이 持諸寶蓋하며 百千萬人이 持諸寶幢하며
百千萬人이 持諸寶幡하며 百千萬人이 作諸妓樂하며 百千萬人이
燒諸名香하며 百千萬人이 散諸妙華하야 前後圍遶하야 而爲翊從하며
道路平正하야 無有高下하며 衆寶雜華로 散布其上하며 寶樹行列하고
寶網彌覆하며 種種樓閣이 延袤其間하야 其樓閣中에 或有積聚種
種珍寶하며 或有陳列諸莊嚴具하며 或有供設種種飮食하며 或有
懸布種種衣服하며 或有備擬諸資生物하며 或復安置端正女人과
及以無量僮僕侍從하야 隨有所須하야 悉皆施與러라 時有母人하니
名爲善現이요 將一童女하니 名具足妙德이니 爲容端正하고 色相嚴

며, 오백 시녀는 보배 줄을 잡고 수레를 끌고 가는데, 나아가고 멈춤이 법도가 있어 빠르지도 더디지도 않았고, 백천만 사람은 보배 일산을 받고, 백천만 사람은 보배 당기를 들고,

백천만 사람은 보배 번기를 들고, 백천만 사람은 풍악을 연주하고, 백천만 사람은 유명한 향을 사르고, 백천만 사람은 아름다운 꽃을 흩으며 앞뒤로 호위하고 따라갔느니라.

길은 평탄하여 높고 낮은 데가 없고, 여러 가지 보배 꽃을 위에 깔았으며, 보배 나무는 줄을 짓고 보배 그물이 가득히 덮이었으며,

여러 가지 누각이 그 사이에 뻗었는데 그 누각에는 가지가지 보물을 쌓아 두기도 하고, 모든 장엄거리를 벌여 놓기도 하고, 가지가지 음식을 베풀기도 하고, 가지가지 의복을 걸어 놓기도 하였으며,

살림살이에 필요한 물품을 쌓아두고, 단정한 여인들과 많은 하인들을 있게 하고서 요구하는 대로 보시하였느니라.

그때 선현이라는 여인에게 한 동녀가 있으니 이름이 묘한 덕 갖춘이라.

얼굴이 단정하고 모습이 점잖으며,

潔하며 洪纖得所하고 脩短合度하며 目髮紺青하고 聲如梵音하며 善達
工巧하고 精通辯論하며 恭勤匪懈하고 慈愍不害하며 具足慙愧하야 柔
和質直하며 離癡寡欲하야 無諸諂誑이라 乘妙寶車하고 婇女圍遶하야
及與其母로 從王城出하야 先太子行이라가 見其太子의 言辭諷詠하고
心生愛染하야 而白母言호대 我心이 願得敬事此人이로니 若不遂情이
면 當自殞滅호리이다
母告女言호대 莫生此念하라 何以故오 此甚難得이니라 此人은 具足
輪王諸相하니 後當嗣位하야 作轉輪王하면 有寶女出하야 騰空自在하
리니 我等은 卑賤하야 非其匹偶라 此處難得이니 勿生是念이어다 彼香
牙園側에 有一道場하니 名法雲光明이요 時有如來하니 名勝日身이라

몸과 키가 알맞고 눈과 머리카락이 검푸르며, 소리는 범천의 음성 같
고 모든 기술을 통달하고 변론에 능하며, 공손하고 부지런하여 게으
르지 않고, 인자하고 사랑하여 남을 해롭게 하지 않으며, 예모를 잘
알고 온화하고 질직하며, 어리석지 않고 탐욕이 없으며, 아첨하거나
속이는 일이 없는데, 보배 수레를 타고 시녀들에게 호위되어 어머니
와 더불어 서울에서 나와 태자보다 앞서서 가다가 태자의 음성과 노
래를 듣고 사랑하는 생각이 나서 어머니에게 말하였느니라.

'저는 저 분을 섬기고자 합니다. 만일 뜻대로 되지 않으면 자살이라
도 하겠습니다.'

어머니가 말하기를, '너는 그런 생각을 하지 말라. 왜냐하면, 이 일
은 될 수 없는 일이니라. 저 태자는 전륜왕의 거룩한 모습을 구족하
였으니 후일에 왕의 대를 이어 전륜왕이 되면, 보녀가 생겨서 허공으
로 자재하게 다니게 될 것이다. 우리는 미천하여 그의 배필이 될 수
없으므로 이 일은 가망이 없으니, 너는 그런 생각을 하지 말라.'

그때 향아원 옆에 법구름 광명이란 도량이 있었고, 그 도량에 부처
님이 계셨으니 이름이 승일신이요,

十號具足하사 於中出現이 已經七日이러시니

時彼童女가 暫時假寐하야 夢見其佛하고 從夢覺已에 空中有天이
而告之言호대 勝日身如來가 於法雲光明道場에 成等正覺이 已經
七日이라 諸菩薩衆이 前後圍遶하고 天龍夜叉乾闥婆阿脩羅迦樓
羅緊那羅摩睺羅伽와 梵天乃至色究竟天과 諸地神風神火神水
神河神海神山神樹神園神藥神主城神等이 爲見佛故로 皆來集
會라하야늘 時에 妙德童女가 夢睹如來故며 聞佛功德故로 其心安隱
하야 無有怖畏하야 於太子前에 而說頌言호대

　　我身最端正하야　　　　名聞徧十方하며
　　智慧無等倫하야　　　　善達諸工巧라

열 가지 명호가 구족하였으며, 세상에 나신 지 이레가 되었느니라. 그
때 처녀가 잠깐 졸다가 꿈에 그 부처님을 뵈옵고 깨어나니, 공중에서
천인이 말하였느니라.

'승일신 여래께서 법구름 광명 도량에서 정등각을 이루신 지 이레
가 되었는데, 보살대중이 앞뒤에 둘러 모시었고 하늘·용·야차·건
달바·아수라·가루라·긴나라·마후라가와 범천과 내지 색구경천
과 지신·풍신·불 맡은 신·물 맡은 신·강 맡은 신·바다 맡은 신
·산 맡은 신·나무 맡은 신·동산 맡은 신·약 맡은 신·성 맡은 신
들이 부처님을 뵈려고 모여 왔소이다.'

이때 묘한 덕 갖춘 처녀는 꿈에 여래를 뵙기도 하고 부처님의 공덕
을 들었던 연고로 마음이 편안하고 두려움이 없어서 태자 앞에서 게
송을 말하였다.

　　내 몸은 가장 단정해　　　　소문이 시방에 퍼지고
　　지혜는 짝할 이 없으며　　　　모든 기술을 모두 잘 알아

無量百千衆이								見我皆貪染호대
我心不於彼에								而生少愛欲하야
無瞋亦無恨하며							無嫌亦無喜하고
但發廣大心하야							利益諸衆生이러니
我今見太子의							具諸功德相하고
其心大欣慶하야							諸根咸悅樂하노이다
色如光明寶하며							髮美而右旋하며
額廣眉纖曲하니							我心願事汝하노이다
我觀太子身호니							譬如眞金像하고
亦如大寶山하야							相好有光明하며

한량없는 백천 무리들				나를 보고 욕심내지만

나는 그들에게						조금도 애욕이 없어

성내지도 원망하지도 않으며			싫어하지도 기뻐하지도 않으며

광대한 마음을 내어					중생을 이익케 하려 하네

내가 지금 태자를 보니				모든 공덕의 모습 갖추고

마음은 기쁘고 즐거워하며			여러 감관이 모두 화평해

살갗은 빛난 보배 같고				고운 머리카락 오른쪽으로 돌고

넓은 이마에 눈썹 가늘어				나는 당신을 섬기려 하오

태자의 몸을 보니						순금으로 부은 등상 같고

큰 보배산과도 같고					거룩한 모습 맑고 빛나며

目廣紺靑色이요 　　月面師子頰이요
喜顔美妙音이로소니 　願垂哀納我하소서
舌相廣長妙가 　　　猶如赤銅色하며
梵音緊那聲이니 　　聞者皆歡喜로다
口方不褰縮하고 　　齒白悉齊密하니
發言現笑時에 　　　見者心歡喜로다
離垢淸淨身이 　　　具相三十二하니
必當於此界에 　　　而作轉輪位로다

爾時에 太子가 告彼女言호대 汝是誰女며 爲誰守護오 若先屬人인댄
我則不應起愛染心이니라 爾時에 太子가 以頌問曰

눈은 길고, 검푸른 빛　　　얼굴은 보름달, 사자의 뺨

화평한 면모, 고운 음성　　나의 소원 받아주소서

넓고 길고 아름다운 혀　　붉은 구릿빛 같고

범천의 음성, 긴나라 목소리　듣는 이 이마다 즐거워하며

입은 방정해 뒤집히거나 오므라들지 않고　이는 희고 가지런하고

말하거나 웃을 적에는　　보는 이가 즐거워하며

때 없고 깨끗한 몸　　　서른 두 가지의 거룩한 모습

당신은 반드시 이 세계에서　전륜왕이 되오리다

　　태자는 그 처녀에게 말하였다. '너는 누구의 딸이며 누구의 보호를
받는가? 만일 먼저 따르는 이가 있다면 나는 사랑하는 마음을 낼 수
가 없소.' 그때 태자는 게송으로 물었다.

汝身極淸淨하야　　功德相具足하니
我今問於汝하노니　　汝於誰所住오
誰爲汝父母며　　汝今繫屬誰오
若已屬於人인댄　　彼人攝受汝리라
汝不盜他物하며　　汝不有害心하며
汝不作邪婬하며　　汝依何語住오
不說他人惡하며　　不壞他所親하며
不侵他境界하며　　不於他恚怒아
不生邪險見하며　　不作相違業하며
不以諂曲力으로　　方便誑世間가

그대의 몸 매우 청정하고　　공덕의 모습 갖추었네

내 지금 묻노니　　그대는 어디 있으며

부모는 누구이며　　누구에게 매여 있는가?

이미 매인 데 있으면　　그 사람이 그대를 지배하리라

그대는 남의 것을 훔치지 않는가?　　남을 해치려는 마음이 없는가?

삿된 음행하지 않는가?　　어떤 말을 의지해 머무는가?

남의 나쁜 일을 말하지 않는가?　　남의 친한 이를 헐뜯지 않는가?

다른 이의 경계를 침노하지 않는가?　　남에게 성내지 않는가?

잘못된 소견을 내지 않는가?　　어그러지는 업을 짓지 않는가?

아첨하거나 잘못된 힘과　　방편으로 세상을 속이지 않는가?

尊重父母不아　　敬善知識不아

見諸貧窮人하고　　能生攝心不아

若有善知識이　　誨示於汝法이면

能生堅固心하야　　究竟尊重不아

愛樂於佛不아　　了知菩薩不아

衆僧功德海를　　汝能恭敬不아

汝能知法不아　　能淨衆生不아

爲住於法中가　　爲住於非法가

見諸孤獨者하고　　能起慈心不아

見惡道衆生하고　　能生大悲不아

부모를 존중하는가?　　선지식을 공경하는가?

가난하고 곤궁한 이에게　　거두어 줄 생각을 내는가?

만일 선지식이　　법을 말하여 주면

견고한 마음을 내어　　끝까지 존중하겠는가?

부처님을 사랑하는가?　　보살을 잘 아는가?

스님들의 공덕 바다를　　능히 공경하겠는가?

법을 능히 아는가?　　중생을 청정케 할 수 있는가?

법에 머무르며 살겠는가?　　법 아닌 데서 살겠는가?

외로운 이들을 보면　　인자한 마음을 내겠는가?

나쁜 길에 있는 중생에게　　가엾은 마음을 낼 수 있는가?

見他得榮樂하고　　　能生歡喜不아
他來逼迫汝에　　　　汝無瞋惱不아
汝發菩提意하야　　　開悟衆生不아
無邊劫脩行호대　　　能無疲倦不아
爾時에 女母가 爲其太子하야 而說頌言호대
太子汝應聽하라　　　我今說此女의
初生及成長한　　　　一切諸因緣호리라
太子始生日에　　　　卽從蓮華生하니
其目淨脩廣하며　　　肢節悉具足이러라
我曾於春月에　　　　遊觀娑羅園할새

다른 이의 잘 되는 것을 보고　　　환희한 마음을 내겠는가?

누가 당신을 핍박하여도　　　　　성을 내지 않겠는가?

그대는 보리심을 내어　　　　　　중생을 깨우쳐 주겠는가?

끝없는 세월에 수행하여도　　　　게으른 생각이 없겠는가?

그때 처녀의 어머니가 태자에게 게송으로 말하였다.

태자여, 들으소서　　　　　　이 딸이 처음 태어나던 일과

자라던 모든 인연을　　　　　이제 말하오리다

태자께서 처음 나시던 날　　　이 애가 연꽃에서 났는데

눈은 깨끗하고 길고　　　　　사지가 모두 구족하였소

나는 어느 봄철에　　　　　　사라 나무 동산에 구경 갔더니

普見諸藥草호니　種種皆榮茂하며
奇樹發妙華하니　望之如慶雲하며
好鳥相和鳴하야　林間共歡樂이러라
同遊八百女가　端正奪人心하니
被服皆嚴麗하며　歌詠悉殊美러라
彼園有浴池하니　名曰蓮華幢이라
我於池岸坐하야　姝女衆圍遶러니
於彼蓮池內에　忽生千葉華하니
寶葉瑠璃莖이며　閻浮金爲臺라
爾時夜分盡하고　日光初出現에

여러 가지 약풀　가지가지로 무성하였고

이상한 나무에 핀 꽃　바라봄에 좋은 구름과 같고

아름다운 새 화답하는 노래　숲 속에서 즐거워하고

함께 나갔던 팔백 아가씨들　단정하여 사람 마음 빼앗으며

입은 의복 화려하고　노래도 아름다워

그 동산에 못이 있어　이름을 연꽃 당기

나는 시녀들에게 들러싸여　연못가에 앉았소

그 연못 속에는　천 잎 연꽃이 피어났는데

보배 잎, 유리로 된 줄기　염부단금 꽃받침 되고

그날 밤 지새고　햇볕이 처음 올라와

其蓮正開剖하야　　　放大淸淨光하니
其光極熾盛하야　　　譬如日初出이라
普照閻浮提하야　　　衆歎未曾有러라
時見此玉女가　　　　從彼蓮華生하니
其身甚淸淨하고　　　肢分皆圓滿이러라
此是人間寶라　　　　從於淨業生이니
宿因無失壞하야　　　今受此果報로다
紺髮靑蓮眼이며　　　梵聲金色光이며
華鬘衆寶髻가　　　　淸淨無諸垢러라
肢節悉具足하고　　　其身無缺減하니

연꽃이 활짝 피어　　　청정한 광명 놓으니

그 광명 매우 찬란해　　해가 처음 떠오르는 듯

염부제에 두루 비추니　모두들 희한하다고 하였네

막 이때 옥 같은 딸　　그 연꽃 속에 태어나는데

몸은 한없이 청정하고　팔다리 모두 원만해

이것은 인간의 보배라　깨끗한 업으로 태어나서

전세의 인으로 고스란히　이 과보를 받았소

검은 머리칼, 청련화 같은 눈　범천의 음성, 금빛 광명

화만과 보배의 상투　　깨끗하여 때가 없고

팔다리 모두 완전하고　몸은 아무 흠도 없어

譬如眞金像이　　　　安處寶華中이러라
毛孔㫬檀香이　　　　普熏於一切하며
口出靑蓮香하야　　　常演梵音聲이러라
此女所住處에　　　　常有天音樂하니
不應下劣人이　　　　而當如是偶로다
世間無有人이　　　　堪與此爲夫요
唯汝相嚴身이니　　　願垂見納受하라
非長亦非短이며　　　非麗亦非細라
種種悉端嚴하니　　　願垂見納受하라
文字算數法과　　　　工巧諸技藝를

마치 순금으로 된 불상　　보배 꽃 속에 의젓이 앉은 듯

털구멍에서 나오는 전단 향기　사방에 풍기고

입에서 연꽃 향기 나며　　범천의 음성을 내나니

이 처녀 있는 곳에는　　　항상 하늘 음악을 연주하니

용렬한 인간으로는　　　이런 이를 짝할 수 없어

이 세상에 어느 사람도　　남편 될 이 없고

오직 당신만이 훌륭하오니　바라건대 받아지이다

키가 크지도 짧지도 않고　뚱뚱하지도 홀쭉하지도 않고

모든 것이 단정하오니　　바라건대 받아지이다

글이나 글씨나 셈하는 법이나　여러 가지 기술과 학문

一切皆通達하니　　　願垂見納受하라
善了諸兵法하며　　　巧斷衆諍訟하며
能調難可調하니　　　願垂見納受하라
其身甚淸淨하야　　　見者無厭足하며
功德自莊嚴하니　　　汝應垂納受니라
衆生所有患을　　　　善達彼緣起하야
應病而與藥하야　　　一切能消滅이니라
閻浮語言法의　　　　差別無量種과
乃至妓樂音을　　　　靡不皆通達하며
婦人之所能을　　　　此女一切知하고

통달하지 못한 것 없나니　　　바라건대 받아지이다

여러 가지 무예도 잘 알고　　　어려운 소송도 잘 판결하고

화해하기 어려운 일 화해하나니　바라건대 받아지이다

몸이 매우 청결하여　　　　　　보는 이 싫어할 줄 모르며

공덕으로 꾸미었으니　　　　　당신이여, 받아 주소서

중생들에게 있는 병환　　　　　그 원인 잘 알고

병에 알맞게 약을 주어　　　　모든 병 능히 없애며

염부제의 여러 가지 말　　　　차별도 한량없으며

음악 소리까지　　　　　　　　통달하지 못하는 것 없고

여자들이 하는 일　　　　　　　이 애가 모두 다 알지만

而無女人過하니　　　願垂速納受하라
不嫉亦不慳하며　　　無貪亦無恚하며
質直性柔軟하야　　　離諸麤獷惡하며
恭敬於尊者하야　　　奉事無違逆하고
樂脩諸善行하니　　　此能隨順汝니라
若見於老病과　　　貧窮在苦難하야
無救無所依하면　　　常生大慈愍이니라
常觀第一義하야　　　不求自利樂하고
但願益衆生하야　　　以此莊嚴心이니라
行住與坐臥에　　　一切無放逸하며

여자로서 허물이 없으니　　　당신은 속히 받아 주소서

질투도 모르고 간탐도 없고　　　욕심도 없고 성내지도 않아

성품이 곧고 부드러워　　　거칠고 나쁜 짓 모두 여의고

어른을 공경할 줄 알아　　　받들어 섬기고 거역하지 않으며

착한 행실 잘 닦나니　　　당신의 뜻을 순종하리다

늙고 병든 이 · 가난한 이와　　　곤란에 빠져서 구원할 이 없고

의지할 데 없는 이 보면　　　항상 가엾은 마음을 내며

제일가는 이치 늘 관찰하고　　　자기의 이익은 구하지 않으며

중생만 이익케 하려고　　　마음을 장엄했으며

가고 서고 앉고 눕고　　　모든 일에 방일치 않아

言說及默然에　　　　　見者咸欣樂이니라
雖於一切處에　　　　　皆無染着心이나
見有功德人에　　　　　樂觀無厭足이니라
尊重善知識하고　　　　樂見離惡人하며
其心不躁動하야　　　　先思後作業이니라
福智所莊嚴이라　　　　一切無怨恨하야
女人中最上이니　　　　宜應事太子니라

爾時에 太子가 入香牙園已에 告其妙德과 及善現言호대
善女야 我趣求阿耨多羅三藐三菩提하야 當於盡未來際無量劫에
集一切智助道之法하며 修無邊菩薩行하며 淨一切波羅蜜하며　供

말하거나 잠잠하거나　　　　보는 이들 기뻐하며

어떠한 곳에나　　　　　　　물들고 집착하지 않지만

공덕 있는 사람을 보면　　　반가워서 싫은 줄 몰라

선지식을 존경하고　　　　　악을 여읜 이 좋아하며

마음이 조급하지 않아　　　　생각한 뒤에 일을 처리해

복과 지혜로 장엄하였고　　　모든 것에 원한이 없어

여인 중에는 최상이오니　　　태자님 섬기기 마땅합니다

이때 태자는 향아원에 들어가서 묘덕과 선현에게 말하였느니라.
'착한 여인들이여,
나는 아뇩다라삼먁삼보리를 구하는 터이므로 미래 세상이 다하도
록 한량없는 겁 동안에 온갖 지혜를 돕는 법을 모으며, 그지없는 보
살의 행을 닦으며, 모든 바라밀을 깨끗이 하며,

養一切諸如來하며 護持一切諸佛教하며 嚴淨一切佛國土하며 當
令一切如來種性不斷하며 當隨一切衆生種性하야 而普成熟하며
當滅一切衆生生死苦하야 置於究竟安樂處하며 當淨治一切衆生
智慧眼하며 當脩習一切菩薩所脩行하며 當安住一切菩薩平等心
하며 當成就一切菩薩所行地하며 當令一切衆生으로 普歡喜하며 當
捨一切物하야 盡未來際토록 行檀波羅蜜하야 令一切衆生으로 普得
滿足하야 衣服飮食과 妻妾男女와 頭目手足의 如是一切內外所有
를 悉當捨施하야 無所悋惜호리니 當於爾時하야 汝或於我에 而作障
難하야 施財物時에 汝心悋惜하며 施男女時에 汝心痛惱하며 割肢體
時에 汝心憂悶하며 捨汝出家에 汝心悔恨가

모든 여래에게 공양하며, 모든 부처님의 가르침을 보호하여 가지며,
모든 부처님의 국토를 깨끗이 장엄하며, 모든 여래의 성품을 끊어지
지 않게 하며,
모든 중생의 성품을 따라 성숙케 하며, 모든 중생의 나고 죽는 고통
을 없애어 끝까지 안락한 곳에 두며,
모든 중생의 지혜의 눈을 깨끗이 다스리며, 모든 보살의 닦는 행을
익힐 것이며,
모든 보살의 평등한 마음에 머무르며, 모든 보살의 행할 지위를 성취
하며, 모든 중생을 두루 기쁘게 하며,
모든 것을 다 버려서 미래 세상이 다하도록 단바라밀을 행하여 모든
중생을 만족케 하며,
의복·음식·처·첩·아들·딸·머리·눈·손·발 등의 안과 밖에
있는 것을 모두 보시하고 아끼는 것이 없을 것입니다.
　이러한 때에 그대는 나의 일을 장애하고 재물을 보시할 때 아까워
하고, 아들·딸을 보시할 때에 가슴 아파하고, 온몸을 찢을 때에 마음
으로 걱정하고, 그대를 버리고 출가할 때에 그대들은 뉘우칠 것이요.'

爾時太子가 卽爲妙德하야 而說頌言호대

哀愍衆生故로	我發菩提心호니
當於無量劫에	習行一切智니라
無量大劫中에	淨脩諸願海하야
入地及治障을	悉經無量劫이니라
三世諸佛所에	學六波羅蜜하야
具足方便行하야	成就菩提道니라
十方垢穢刹을	我當悉嚴淨하며
一切惡道難을	我當令永出이니라
我當以方便으로	廣度諸群生하야

이때 태자는 묘한 덕 갖춘 이에게 게송으로 말하였다.

중생을 가엾이 여김으로써	나는 보리심을 내었으니
마땅히 한량없는 겁 동안에	온갖 지혜 닦아 익히리
한량없는 많은 겁 동안	모든 원력 바다 깨끗이 닦고
지상에 들고 업장 다스림	또 한량없는 겁 지내고
삼세 부처님들에게	여섯 가지 바라밀을 배우고
방편의 행 구족하여	보리의 도를 성취하리라
시방의 더러운 세계	내가 다 깨끗이 장엄
모든 나쁜 길의 환난에서	영원히 뛰어나게 하리라
나는 장차 방편으로	많은 중생 다 제도하여

令滅愚癡暗하고
當供一切佛하며
起大慈悲心하야
汝見來乞者에
我心常樂施하노니
若見我施頭하면
我今先語汝하야
乃至截手足이라도
汝今聞我語하고
男女所愛物을

住於佛智道니라
當淨一切地하야
悉捨內外物이니라
或生慳悋心가
汝勿違於我어다
愼勿生憂惱하라
令汝心堅固케하노니
汝勿嫌乞者니라
應可諦思惟니
一切我皆捨호대

어리석은 어둠 없애고

모든 부처님께 공양하옵고

큰 자비심을 일으키어

와서 달라는 이 내가 보거든

나는 항상 보시하기 좋아하니

내 머리를 보시하는 것 보고

내 지금 그대에게 말하여

내가 손과 발을 끊더라도

그대여 내 말 듣고

아들과 딸, 사랑하는 물건

부처님의 지혜에 머물게 하며

여러 지위를 깨끗이 하며

안팎의 물건 모두 버리리라

인색한 마음 행여 낼까

그대 내 뜻을 어기지 말라

삼가 걱정하지 말 것이며

그대의 마음 견고게 하며

그대는 구걸하는 이 미워하지 말라

마땅히 잘 생각하여라

모든 것 다 버릴 터이니

汝能順我心이면　　　　我當成汝意호리라
爾時에 童女가 白太子言호대 敬奉來教호리이다하고 爲說頌言호대
無量劫海中에　　　　地獄火焚身이라도
若能眷納我하면　　　　甘心受此苦하며
無量受生處에　　　　碎身如微塵이라도
若能眷納我하면　　　　甘心受此苦하며
無量劫頂戴　　　　廣大金剛山이라도
若能眷納我하면　　　　甘心受此苦호리이다
無量生死海에　　　　以我身肉施라도
汝得法王處에　　　　願令我亦然이니

그대 내 마음 따른다면　　　나도 그대의 뜻 이루어 주리

그때 동녀는 태자에게 '말씀한 대로 받자오리다.' 여쭙고 게송을 말하였다.

한량없는 겁 바다에서　　　지옥 불이 몸을 태우더라도

저를 사랑하여 받아 주시면　　　그런 고통 달게 받겠나이다

한량없이 태어나는 곳　　　티끌 같이 몸을 부숴도

저를 사랑하여 받아 주시면　　　그런 고통 달게 받겠나이다

한량없는 겁 동안에　　　크나큰 금강산 이고 다녀도

저를 사랑하여 받아 주시면　　　그런 고통 달게 받겠나이다

한량없는 생사 바다에　　　저의 몸과 살을 보시하여도

당신이 법의 왕 되시는 곳　　　저도 그렇게 하여 주소서

若能眷納我하야　　　與我爲主者면
生生行施處에　　　　願常以我施하소서
爲愍衆生苦하야　　　而發菩提心이시니
旣已攝衆生인댄　　　亦當攝受我하소서
我不求豪富하며　　　不貪五欲樂하고
但爲共行法하야　　　願以仁爲主하노이다
紺靑脩廣眼으로　　　慈愍觀世間하야
不起染着心하시니　　必成菩薩道로다
太子所行處에　　　　地出衆寶華라
必作轉輪王하리니　　願能眷納我하소서

만일 저를 받아들여　　　저의 님이 되어 주신다면

세세생생 보시하실 때　　언제나 이 몸도 보시하소서

중생의 괴로움 딱하게 여겨　보리심 내었을진대

이미 중생들 거두어 주시니　이 몸도 응당 거두어 주소서

저는 부귀도 바라지 않고　　다섯 가지 욕락도 탐내지 않고

바른 법 함께 행하며　　　당신으로 저의 님 삼으리니

검푸르고 길고 넓은 눈　　인자하게 세간 살피고

물드는 마음 내지 않으니　반드시 보리를 이루리로다

태자의 가시는 곳엔　　　땅에서 연꽃이 솟아

반드시 전륜왕 되시리니　저를 사랑하여 받아 주소서

我曾夢見此　　妙法菩提場에
如來樹下坐하사　無量衆圍遶호이다
我夢彼如來가　　身如眞金山하사
以手摩我頂하고　寤已心歡喜러니
往昔眷屬天이　　名曰喜光明이라
彼天爲我說　　　道場佛興世어늘
我曾生是念하야　願見太子身한대
彼天報我言호대　汝今當得見이라하더니
我昔所志願을　　於今悉成滿하니
唯願俱往詣하야　供養彼如來니이다

제가 언제 꿈을 꾸는데　　이 묘한 법 보리도량의

나무 아래 앉으신 여래를　많은 대중이 둘러 모셨고

저는 또 금산과 같으신　　부처님께서 저의 머리를

만져 주시는 꿈을 꾸다가　깨어나니 마음이 기뻤나니

지난 옛날에 권속 하늘의　이름이 기쁜 광명이라

그 하늘이 제게 말하길　　도량에 부처님 나셨다 하였나니

저는 일찍이 생각하여　　태자의 몸 보기를 원하였는데

저 하늘이 제게 알려 주되　네가 지금 보리라

지난 옛적에 가졌던 소원　지금 모두 이루었으니

바라건대 함께 가서　　　저 부처님께 공양합시다

爾時에 太子가 聞勝日身如來名하고 生大歡喜하야 願見彼佛하야
以五百摩尼寶로 散其女上하고 冠以妙藏光明寶冠하며 被以火焰
摩尼寶衣한대 其女가 爾時에 心不動搖하며 亦無喜相하고 但合掌恭
敬하야 瞻仰太子하야 目不暫捨어늘 其母善現이 於太子前에 而說頌
言호대

　　此女極端正하야　　　　功德莊嚴身이라
　　昔願奉太子러니　　　　今意已滿足이로다
　　持戒有智慧하며　　　　具足諸功德하니
　　普於一切世에　　　　　最勝無倫匹이로다
　　此女蓮華生하야　　　　種姓無譏醜어늘

　그때 태자는 승일신 여래의 이름을 듣고 매우 기뻐서 부처님 뵈오
려고, 그 아가씨에게 오백 마니 보배를 흩고 묘하게 갈무리한 광명관
을 씌우고 불꽃 마니 옷을 입히었느니라.

　그 아가씨는 그때에 마음이 흔들리지도 않고 기쁜 내색도 없이 다
만 합장하고 공경하여 태자를 우러러보면서 잠깐도 한눈팔지 않았느
니라.

　어머니 선현은 태자의 앞에서 게송을 말하였다.

이 딸은 매우 단정해　　　　공덕으로 몸을 장엄하고서

예전부터 태자를 섬기려 하다니　　이제 소원을 이루었네

계행을 지니고 지혜 있어　　모든 공덕 갖추었으며

넓고 넓은 이 세상에　　　　가장 훌륭해 짝할 이 없네

이 아기 연꽃에서 나　　　　가문이 나무랄 것 없고

太子同行業하야　　　遠離一切過로다
此女身柔軟이　　　　猶如天繒纊하야
其手所觸摩에　　　　衆患悉除滅이로다
毛孔出妙香하야　　　芬馨最無比하니
衆生若聞者면　　　　悉住於淨戒로다
身色如眞金하야　　　端坐華臺上하니
衆生若見者면　　　　離害具慈心이로다
言音極柔軟하야　　　聽之無不喜하니
衆生若得聞이면　　　悉離諸惡業이로다
心淨無瑕垢하야　　　遠離諸諂曲하고

태자와 행과 업 같아　　　모든 허물 멀리 여의고

이 아기 살갗 보드랍기　　하늘의 비단솜 같으니

손으로 한번 만지면　　　모든 병 소멸됨이로다

털구멍에서 나오는 향기　아름답기 비길 데 없어

중생이 맡기만 하면　　　청정한 계율에 머물게 되고

몸은 금빛과 같아　　　　연꽃좌대에 앉은 모양

중생이 보기만 하여도　　해칠 뜻 없고 인자하여져

음성이 하도 부드러워　　듣는 이 모두 기뻐하나니

중생이 듣기만 하면　　　여러 가지 나쁜 업 여의게 되네

마음은 깨끗하여 티가 없으며　아첨과 굽은 일 여의었나니

稱心而發言하니 聞者皆歡喜로다
調柔具慚愧하야 恭敬於尊宿하며
無貪亦無誑하야 憐愍諸衆生이로다
此女心不恃 色相及眷屬이요
但以淸淨心으로 恭敬一切佛이로다

爾時에 太子가 與妙德女와 及十千婇女와 幷其眷屬으로 出香牙園하야 詣法雲光明道場하야 至已에 下車步進하야 詣如來所하야 見佛身相이 端嚴寂靜하며 諸根調順하야 內外淸淨이 如大龍池하야 無諸垢濁하고 皆生淨信하야 踊躍歡喜하야 頂禮佛足하며 遶無數帀하고 於時에 太子와 及妙德女가 各持五百妙寶蓮華하야 供散彼佛하며 太

마음에 맞추어 내는 말이라 　 듣는 이 모두 즐거워하며

화평하고 부드럽고 체면을 차려 　 높은 어른 공경하고

탐욕도 없고 속이지 않으며 　 모든 중생을 가엾이 여기네

이 아가씨 얼굴이나 　 권속을 의뢰하지 않고

다만 청정한 마음으로 　 모든 부처님을 공경합니다

이때 태자는 묘한 덕 갖춘 아씨와 십천 시녀와 그 권속들과 함께 향아원에서 나와 법 구름 광명 도량으로 향하였느니라. 도량에 이르러서는 수레에서 내려 부처님 계신 데 나아가 부처님을 뵈오니, 몸매가 단정하고 고요하며 여러 기관이 화순하고 안과 밖이 청정하며, 큰 용의 못과 같아서 흐린 때가 없으셨으니 깨끗한 신심을 내어 기뻐 뛰놀며 부처님 발에 엎드려 절하고 여러 바퀴를 돌았느니라.

그때 태자와 묘한 덕 갖춘 아씨는 각각 오백의 보배 연꽃을 부처님께 흩어 공양 올리었고,

子가 爲佛하야 造五百精舍하니 一一皆以香木所成이며 衆寶莊嚴이며
五百摩尼로 以爲間錯이러라 時에 佛이 爲說普眼燈門脩多羅하신대
聞是經已코 於一切法中에 得三昧海하니 所謂得普照一切佛願
海三昧와 普照三世藏三昧와 現見一切佛道場三昧와 普照一切
衆生三昧와 普照一切世間智燈三昧와 普照一切衆生根智燈三
昧와 救護一切衆生光明雲三昧와 普照一切衆生大明燈三昧와
演一切佛法輪三昧와 具足普賢淸淨行三昧며 時에 妙德女가 得
三昧하니 名難勝海藏이니 於阿耨多羅三藐三菩提에 永不退轉하니
라 時彼太子가 與妙德女와 幷其眷屬으로 頂禮佛足하며 遶無數帀하
고 辭退還宮하야 詣父王所하야 拜跪畢已에 奉白王言호대 大王하 當

태자는 부처님을 위하여 오백 절을 지었으니, 모두 향나무로 지었고
여러 가지 보배로 장엄하였으며 오백의 마니 보배로 사이사이 꾸미었
느니라.

이때 부처님께서는 그들을 위하여 보안등문경을 말씀하셨고, 이 법
문을 듣고는 모든 법 가운데서 삼매 바다를 얻었으니, 이른바 모든
부처님의 서원 바다를 두루 비추는 삼매·삼세 창고를 두루 비추는
삼매·모든 부처님 도량을 보는 삼매·모든 중생을 두루 비추는 삼매
·모든 세간을 두루 비추는 지혜 등불 삼매·모든 중생의 근성을 두
루 비추는 지혜 등불 삼매·모든 중생을 구호하는 광명 구름 삼매·
모든 중생을 두루 비추는 크게 밝은 등 삼매·모든 부처님의 법륜을
연설하는 삼매·보현의 청정한 행을 구족한 삼매였느니라.

이때 묘한 덕 갖춘 아씨도 이기기 어려운 바다광삼매를 얻고, 아뇩
다라삼먁삼보리에서 영원히 물러가지 않았느니라.

이때 태자는 묘한 덕 갖춘 아씨와 권속들과 함께 부처님 발에 엎드
려 절하고 수없이 돌고 하직하고 궁중으로 돌아가서 부왕께 나아가
절하고 여쭈었느니라.

知하소서 勝日身如來가 出興於世하사 於此國內法雲光明菩提場中에 成等正覺이 於今未久니이다 爾時大王이 語太子言하사대 是誰爲汝하야 說如是事오 天耶아 人耶아 太子가 白言호대 是此具足妙德女가 說이니이다 時王이 聞已에 歡喜無量호미 譬如貧人이 得大伏藏하야 作如是念하사대 佛無上寶를 難可値遇니 若得見佛이면 永斷一切惡道怖畏며 佛如醫王하야 能治一切諸煩惱病하고 能救一切生死大苦하며 佛如導師하야 能令衆生으로 至於究竟安隱住處라하고 作是念已에 集諸小王群臣眷屬과 及以刹利婆羅門等一切大衆하사 便捨王位하야 授與太子하시다 灌頂訖已에 與萬人俱하야 往詣佛所하사 到已禮足하며 遶無數帀하고 幷其眷屬으로 悉皆退坐한대 爾時

'대왕이시여, 승일신 여래께서 세상에 나셨는데, 이 나라 법구름 광명 보리도량에서 정등각을 이루신 지 오래지 않았나이다.'

그때 대왕은 태자에게 말하였느니라.

'그런 일을 누가 너에게 말하던가? 하늘인가, 사람인가?'

태자가 여쭈길, '그것은 묘한 덕 갖춘 여인이 말하더이다.' 하였느니라. 왕은 이 말을 듣고 가난한 사람이 묻힌 보배를 얻은 듯, 한량없이 기뻐하면서 생각하였느니라.

'부처님은 위 없는 보배여서 뵙기 어려우니, 만일 부처님을 뵈오면 모든 나쁜 길의 공포를 끊을 것이다. 부처님은 의사와 같아서 모든 번뇌의 병을 다스리시고 모든 생사의 고통을 구원할 것이다. 부처님은 길잡이와 같아서 중생들을 끝까지 편안한 곳에 이르게 할 것이다.'

이렇게 생각하고는 작은 왕과 대신들과 권속들과 찰제리와 바라문들 모든 대중을 모아 놓고, 왕의 지위를 선위하여 태자에게 주면서 마정수기(정수리에 물 붓는 예식)를 마치었다. 그리고 일만 사람과 함께 부처님 계신 데 가서 발에 엎드려 절하고 수없이 돌고, 권속들과 함께 물러가 앉았느니라.

如來가 觀察彼王과 及諸大衆하고 白毫相中에 放大光明하시니 名一切世間心燈이라 普照十方無量世界하사 住於一切世主之前하며 示現如來不可思議大神通力하사 普令一切應受化者로 心得清淨하니라 爾時에 如來가 以不思議自在神力으로 現身超出一切世間하사 以圓滿音으로 普爲大衆하야 說陀羅尼하시니 名一切法義離暗燈이니 佛刹微塵數陀羅尼로 而爲眷屬이라 彼王이 聞已코 卽時獲得大智光明하며 其衆會中에 有閻浮提微塵數菩薩이 俱時證得此陀羅尼하며 六十萬那由他人이 盡諸有漏하야 心得解脫하며 十千衆生이 遠塵離垢하고 得法眼淨하며 無量衆生이 發菩提心하니라 時에 佛이 又以不思議力으로 廣現神變하사 普於十方無量世界에 演三

그때 여래는 그 왕과 대중을 살펴보고, 백호로 큰 광명을 놓으시니 이름이 모든 세간의 마음 등불이라.

시방의 한량없는 세계에 두루 비추며 모든 세간 주인의 앞에 머물러 여래의 부사의한 큰 신통을 나타내어 교화 받을 여러 중생의 마음을 청정케 하였느니라.

이때 여래께서 부사의하고 자재한 신통의 힘으로 몸을 나타내어 모든 세간에서 뛰어나고, 원만한 음성으로 대중을 위하여 다라니를 말하니 이름이 모든 법과 뜻이 어둠을 여읜 등불이며, 세계의 티끌 수 다라니로 권속을 삼았느니라.

그 왕은 이것을 듣고 즉시에 큰 지혜 광명을 얻었고, 모인 가운데 있는 염부제 티끌 수 보살은 이 다라니를 함께 증득하고, 육십만 나유타 사람은 모든 번뇌가 다하여 마음에 해탈을 얻었고, 일만 중생은 티끌과 때를 여의고 법 눈이 깨끗하게 되었으며, 한량없는 중생은 보리심을 내었느니라.

부처님께서는 또 부사의한 힘으로 신통변화를 널리 나투시고 시방의 한량없는 세계에서 삼승의 법을 말씀하여

乘法하사 化度衆生이러시니 時彼父王이 作如是念하사대 我若在家면 不能證得如是妙法이어니와 若於佛所에 出家學道면 卽當成就라하고 作是念已에 前白佛言하사대 願得從佛하야 出家修學하노이다 佛言하사대 隨意로니 宜自知時니라 時에 財主王이 與十千人으로 皆於佛所에 同時出家하야 未久之間에 悉得成就一切法義離暗燈陀羅尼하며 亦得如上諸三昧門하며 又得菩薩十神通門하며 又得菩薩無邊辯才하며 又得菩薩無礙淨身하야 往詣十方諸如來所하야 聽受其法하고 爲大法師하야 演說妙法하며 復以神力으로 徧十方刹하야 隨衆生心하야 而爲現身하야 讚佛出現하며 說佛本行하며 示佛本緣하며 稱揚如來自在神力하며 護持於佛所說教法하니라 爾時에 太子가 於十五

중생을 제도하시었느니라. 이때 그 부왕은 이렇게 생각하였느니라.

'내가 만일 집에 있었으면 이렇게 묘한 법을 증득하지 못하려니와, 만일 부처님께 출가하여 도를 배우면 성취하게 되리라.'

그리고 부처님께 여쭙기를 '부처님을 따라 출가하여 도를 배워지이다.'라고 하자, 부처님께서는 '마음대로 하되, 시기를 알아야 하느니라.' 하셨느니라.

이때 재물주인 왕은 일만 사람과 함께 그 부처님에게 한꺼번에 출가하였고, 오래지 않아서 모든 법과 뜻이 어둠을 여읜 등불 다라니를 성취하였으며, 또 위에 말한 삼매문들을 얻고, 또 보살의 열 가지 신통문을 얻고, 또 보살의 그지없는 변재를 얻고, 또 보살의 걸림 없이 깨끗한 몸을 얻었으며, 시방의 부처님 계신 데 가서 법문을 듣고 큰 법사가 되어 묘한 법을 연설하며, 또 신통한 힘으로 시방 세계에 두루하여 중생의 마음을 따라 몸을 나타내고, 부처님의 나타나심을 찬탄하며, 부처님의 본래 행하시던 일을 말하며, 부처님의 본래 인연을 보이며, 여래의 자재하신 신통의 힘을 칭찬하며, 부처님의 말씀하신 교법을 보호하여 유지하였느니라. 그때 태자는 보름 동안 궁전에 있

日에 在正殿上하니 婇女圍遶하며 七寶自至하니 一者는 輪寶니 名無
礙行이요 二者는 象寶니 名金剛身이요 三者는 馬寶니 名迅疾風이요
四者는 珠寶니 名日光藏이요 五者는 女寶니 名具妙德이요 六은 藏臣
寶니 名爲大財요 七은 主兵寶니 名離垢眼이라 七寶具足하야 爲轉
輪王하야 王閻浮提하야 正法治世하니 人民快樂이러라 王有千子하니
端正勇健하야 能伏怨敵하며 其閻浮提中에 有八十王城하야 一一城
中에 有五百僧坊하고 一一僧坊에 立佛支提하니 皆悉高廣하야 以衆
妙寶로 而爲校飾이라 一一王城에 皆請如來하야 以不思議衆妙供
具로 而爲供養이러니 佛이 入城時에 現大神力하사 令無量衆生으로
種諸善根하며 無量衆生으로 心得淸淨하야 見佛歡喜하야 發菩提意하

는데, 시녀들이 둘러 호위하고 일곱 가지 보배가 저절로 이르니, 하나
는 바퀴 보배니 이름이 걸림 없는 행이요, 둘은 코끼리 보배니 이름
이 금강 몸이요, 셋은 말 보배니 이름이 빠른 바람이요, 넷은 구슬 보
배니 이름이 햇빛광이요, 다섯은 여자 보배니 이름이 묘한 덕 갖춘
이요, 여섯은 재정 맡은 대신 보배니 이름이 큰 재물이요, 일곱은 군
대 맡은 대신 보배니 이름이 때 여읜 눈이라. 일곱 보배가 구족하고
전륜왕이 되어 염부제의 왕으로서 바른 법으로 세상을 다스리니 백성
들이 유쾌하고 즐거워하였느니라.

  왕은 천 명의 아들이 있어 단정하고 용맹하여 원수를 항복 받았으
며, 염부제에 팔십 개의 서울이 있고, 서울 마다 오백 절이 있으며,
절마다 탑을 세웠는데 높고 크고 여러 가지 보배로 장식하였고, 서울
마다 여래를 청하여 부사의한 여러 가지 공양거리로 공양하려 하며,
부처님이 서울에 들어가실 적에 신통한 힘을 나투어 한량없는 중생으
로 착한 뿌리를 심게 하였느니라.

  한량없는 중생들의 마음이 청정하여서 부처님을 뵙고 환희하며 보
리심을 내고,

며 起大悲心하야 利益衆生하며 勤脩佛法하야 入眞實義하며 住於法
性하야 了法平等하며 獲三世智하야 等觀三世하며 知一切佛의 出興
次第하며 說種種法하며 攝取衆生하며 發菩薩願하야 入菩薩道하며 知
如來法하야 成就法海하며 能普現身하야 徧一切刹하며 知衆生根과
及其性欲하야 令其發起一切智願케하시니라 佛子야 於汝意云何오 彼
時太子가 得輪王位하야 供養佛者는 豈異人乎아 今釋迦牟尼佛이
是也며 財主王者는 寶華佛이 是니 其寶華佛은 現在東方하시니라 過
世界海微塵數佛刹하야 有世界海하니 名現法界虛空影像雲이요
中有世界種하니 名普現三世影摩尼王이요 彼世界種中에 有世界
하니 名圓滿光이요 中有道場하니 名現一切世主身이어든 寶華如來가

가엾이 여기는 마음으로 중생을 이익케 하며, 부처님 법을 부지런히
닦아 진실한 이치에 들어갔으며, 법의 성품에 머물러 법의 평등함을
알고 삼세 지혜를 얻어 삼세를 평등하게 관찰하며, 모든 부처님의 나
시는 차례를 알고,

여러 가지 법을 말하여 중생을 거두어 주며, 보살의 서원을 내어 보
살도에 들어가며, 여래의 법을 알아 법 바다를 성취하며, 몸을 널리
나타내어 모든 세계에 두루하며, 중생들의 근성과 욕망을 알고, 그들
로 하여금 온갖 지혜의 원을 내게 하였느니라.

　불자여, 어떻게 생각하는가? 그때 왕자로서 전륜왕이 되어 부처님
께 공양한 이는 지금의 석가모니 부처님이요, 재물주인 왕은 보화불
이니라.

　그 보화불은 지금의 동방으로 세계해의 티끌 수 세계를 지나 한 세
계해가 있으니 이름이 법계 허공의 그림자를 나타내는 구름이요, 그
가운데 세계 종이 있으니 이름이 삼세 그림자를 나타내는 마니왕이
요, 그 세계 종 가운데 한 세계가 있으니 이름이 원만한 광명이요, 그
가운데 한 도량이 있어서 이름이 모든 세간 임금의 몸을 나타냄이니,

於此에 成阿耨多羅三藐三菩提하사 不可說佛刹微塵數諸菩薩
衆이 前後圍遶하야 而爲說法하시니라 寶華如來가 往昔脩行菩薩道
時에 淨此世界海하시니 其世界海中에 去來今佛이 出興世者는 皆
是寶華如來가 爲菩薩時에 敎化令發阿耨多羅三藐三菩提心이니
라 彼時女母善現者는 今我母善目이 是며 其王眷屬은 今如來所에
衆會가 是也니 皆具脩行普賢諸行하야 成滿大願하야 雖恒在此衆
會道場이나 而能普現一切世間하며 住諸菩薩平等三昧나 常得現
見一切諸佛하며 一切如來가 以等虛空妙音聲雲으로 演正法輪을
悉能聽受하며 於一切法에 悉得自在하며 名稱이 普聞諸佛國土하며
普詣一切道場之所하며 普現一切衆生之前하야 隨其所應하야 敎

보화 여래가 거기서 아뇩다라삼먁삼보리를 이루었으며,
말할 수 없는 세계의 티끌 수 보살들이 앞뒤에 둘러 있으며 법을 말
씀하느니라.

보화 여래가 옛적에 보살의 도를 닦을 때 이 세계해를 깨끗이 하였
으니, 이 세계해에서 과거·현재·미래의 부처님이 나시는 이는 모두
보화 여래께서 보살이 되었을 적에 교화하여 아뇩다라삼먁삼보리심
을 내게 한 이들이니라.

그때 아씨의 어머니인 선현은 지금 나의 어머니 좋은 눈이시고, 그
왕의 권속들은 지금 여래에게 모인 대중이니,
모두 보현의 행을 닦아 큰 원을 성취하였으며, 비록 이 대중이 모인
도량에 있으나,
모든 세간에 두루 나타나서 항상 보살의 평등한 삼매에 머물러 있어
모든 부처님을 항상 뵈옵느니라.

모든 여래께서 허공과 평등한 음성 구름으로 법을 말씀하는 것을
다 들었으며, 모든 법의 자재함을 얻어 이름이 여러 부처님 국토에
퍼졌으며, 모든 도량에 나아가고 여러 중생 앞에 나타나서 마땅한 대

化調伏하며 盡未來劫토록 脩菩薩道하야 恒無間斷하며 成滿普賢廣
大誓願하니라 佛子야 其妙德女가 與威德主轉輪聖王으로 以四事供
養勝日身如來者는 我身이 是也니라 彼佛滅後其世界中에 六十億
百千那由他佛이 出興於世어시늘 我皆與王으로 承事供養호니 其第
一佛은 名淸淨身이요 次名一切智月光明身이요 次名閻浮檀金光
明王이요 次名諸相莊嚴身이요 次名妙月光이요 次名智觀幢이요 次
名大智光이요 次名金剛那羅延精進이요 次名智力無能勝이요 次
名普安詳智요 次名離垢勝智雲이요 次名師子智光明이요 次名光
明髻요 次名功德光明幢이요 次名智日幢이요 次名寶蓮華開敷身
이요 次名福德嚴淨光이요 次名智焰雲이요 次名普照月이요 次名莊

로 교화하고 조복하여, 미래 세상이 다하도록 보살의 도를 닦아 사이
가 끊어지지 아니하고 보현의 광대한 서원을 성취하느니라.

불자여, 묘한 덕 갖춘 아씨와 위덕님 전륜왕이 네 가지로 승일신
여래께 공양한 이는 내 몸이었느니라. 그 부처님께서 열반하신 뒤에
그 세계에 육십억 백천 나유타 부처님께서 세상에 나시는 것을 내가
왕과 더불어 섬기고 공양하였느니라.

그 첫 부처님 이름이 청정신이요,
다음 부처님은 일체지월광명신이요,
다음은 염부단금광명왕이요,
다음은 제상장엄신이요, 다음은 묘월광이요, 다음은 지관당이요,
다음은 대지광이요, 다음은 금강나라연정진이요,
다음은 지력무능승이요, 다음은 보안상지요,
다음은 이구승지운이요, 다음은 사자지광명이요,
다음은 광명계요, 다음은 공덕광명당이요, 다음은 지일당이요,
다음은 보련화개부신이요, 다음은 복덕엄정광이요,
다음은 지염운이요, 다음은 보조월이요,

嚴蓋妙音聲이요 次名師子勇猛智光明이요 次名法界月이요 次名
現虛空影像開悟衆生心이요 次名恒覷寂滅香이요 次名普震寂静
音이요 次名甘露山이요 次名法海音이요 次名堅固網이요 次名佛影
髻요 次名月光毫요 次名辯才口요 次名覺華智요 次名寶焰山이요
次名功德星이요 次名寶月幢이요 次名三昧身이요 次名寶光王이요
次名普智行이요 次名焰海燈이요 次名離垢法音王이요 次名無比
德名稱幢이요 次名脩臂요 次名本願清淨月이요 次名照義燈이요 次
名深遠音이요 次名毘盧遮那勝藏王이요 次名諸乘幢이요 次名法
海妙蓮華니라 佛子야 彼劫中에 有如是等六十億百千那由他佛이
出興于世어시든 我皆親近承事供養호라 其最後佛은 名廣大解니 於

다음은 장엄개묘음성이니라.

　다음 이름은 사자용맹지광명이요,

다음은 법계월이요,

다음은 현허공영상개오중생심이요, 다음은 항후적멸향이요,

다음은 보진적정음이요, 다음은 감로산이요, 다음은 법해음이요,

다음은 견고망이요, 다음은 불영계요, 다음은 월광호요,

다음은 변재구요, 다음은 각화지요, 다음은 보염산이요,

다음은 공덕성이요, 다음은 보월당이요, 다음은 삼매신이요,

다음은 보광왕이요, 다음은 보지행이요, 다음은 염해등이요,

다음은 이구법음왕이요, 다음은 무비덕명칭당이요,

다음은 수비요, 다음은 본원청정월이요, 다음은 조의등이요,

다음은 심원음이요, 다음은 비로자나승장왕이요,

다음은 제승당이요, 다음은 법해묘련화니라.

　불자여, 저 겁 동안에 이러한 육십억 백천 나유타 부처님이 세상에
나시는 이를 내가 다 가까이하여 섬기고 공양하였느니라.

　그 마지막 부처님은 이름이 광대해니,

彼佛所에 得淨智眼호니 爾時彼佛이 入城敎化어시늘 我爲王妃하야
與王禮覲하고 以衆妙物로 而爲供養하며 於其佛所에 聞說出生一
切如來燈法門하고 卽時獲得觀察一切菩薩三昧海境界解脫호라
佛子야 我得此解脫已에 與菩薩로 於佛刹微塵數劫에 勤加修習하
야 於佛刹微塵數劫中에 承事供養無量諸佛호니 或於一劫에 承事
一佛하며 或二或三하며 或不可說하며 或値佛刹微塵數佛하야 悉皆
親近承事供養호대 而未能知菩薩之身의 形量色貌와 及其身業
心行智慧三昧境界호라 佛子야 若有衆生이 得見菩薩의 修菩提行
하고 若疑若信하면 菩薩이 皆以世出世間種種方便으로 而攝取之하야
以爲眷屬하야 令於阿耨多羅三藐三菩提에 得不退轉이니라 佛子야

그 부처님께서 깨끗한 지혜의 눈을 얻었으니, 그때 부처님께서는 서
울에 들어와서 교화하시는데 나는 왕비가 되어 왕과 더불어 절하여
뵈옵고, 여러 가지 묘한 물건으로 공양하였으며, 그 부처님께서 모든
여래의 등불을 내는 법문 설하심을 듣고 즉시에 모든 보살의 삼매 바
다 경계를 관찰하는 해탈을 얻었느니라.

불자여, 나는 이 해탈을 얻고, 보살과 더불어 세계의 티끌 수 겁 동
안에 부지런히 수행하며, 세계의 티끌 수 겁에 한량없는 부처님을 섬
기고 공양하는데, 한 겁에 한 부처님을 섬기기도 하고, 혹은 두 부처
님 · 세 부처님 · 가히 말할 수 없는 부처님 · 세계의 티끌 수 부처님을
만나서 가까이하여 섬기고 공양하였으나, 보살의 몸과 형상의 크기와
모양과 그의 몸으로 짓는 업과 마음으로 행함과 지혜와 삼매의 경계
를 알지 못하였느니라.

불자여,

만일 중생이 보살을 뵈옵고 보리의 행을 닦되 의심하거나 믿거나
간에 보살이 세간과 출세간의 가지가지 방편으로 거두어 주고 권속을
삼아 아뇩다라삼먁삼보리심에서 물러나지 않게 하느니라.

我見彼佛하고 得此解脫已에 與菩薩로 於百佛刹微塵數劫에 而共修習할새 於其劫中에 所有諸佛이 出興於世어시늘 我皆親近承事供養하사 聽所說法하고 讀誦受持하며 於彼一切諸如來所에 得此解脫種種法門하야 知種種三世하며 入種種刹海하며 見種種佛成正覺하며 入種種佛衆會하며 發菩薩種種大願하며 脩修菩薩種種妙行하며 得菩薩種種解脫이나 然未能知菩薩所得普賢解脫門호라 何以故오 菩薩普賢解脫門이 如太虛空하며 如衆生名하며 如三世海하며 如十方海하며 如法界海하야 無量無邊하니 佛子야 菩薩普賢解脫門이 與如來境界等이니라 佛子야 我於佛刹微塵數劫에 觀菩薩身호대 無有厭足이 如多欲人이 男女集會에 遞相愛染하야 起於無量妄想思

불자여, 내가 저 부처님을 뵈어 이 해탈을 얻고는 보살과 더불어 백 세계의 티끌 수 겁에 함께 닦아 익히면서 그 겁 동안에 세상에 나시는 부처님을 다 가까이하여 섬기며 공양하고, 말씀하시는 법을 듣고 읽고 외고 받아 지니며, 그 모든 여래에게서 이 해탈과 가지가지 법문을 얻고, 가지가지 삼세를 알고, 가지가지 세계해에 들어가서 가지가지로 정각 이룸을 보고, 가지가지 부처님의 대중이 모인 데 들어가서 보살의 여러 가지 서원을 내고, 보살의 여러 가지 묘한 행을 닦아서 보살의 여러 가지 해탈을 얻었으나 보살이 얻는 보현의 해탈문을 알지 못하였느니라.

왜냐하면, 보살의 보현 해탈문은 큰 허공과 같고, 중생의 이름과 같고, 삼세 바다와 같고, 시방 바다와 같고, 법계 바다와 같아서 한량없고 그지없나니 불자여, 보살의 보현 해탈문은 여래의 경계와 같느니라.

불자여, 나는 세계의 티끌 수 겁 동안에 보살의 몸을 보아도 만족함이 없었으니 마치 탐욕이 많은 남녀가 한 데 모이면 서로 사랑하느라고 한량없는 허망한 생각과 감각을 일으키나니,

覺인달하야 我亦如是하야 觀菩薩身의 一一毛孔에 念念見無量無邊
廣大世界의 種種安住와 種種莊嚴과 種種形狀과 有種種山과 種
種地와 種種雲과 種種名과 種種佛興과 種種道場과 種種衆會와
演種種脩多羅와 說種種灌頂과 種種諸乘과 種種方便과 種種清
淨하며 又於菩薩一一毛孔에 念念常見無邊佛海가 坐種種道場하
며 現種種神變하며 轉種種法輪하며 說種種脩多羅하야 恒不斷絕하며
又於菩薩一一毛孔에 見無邊衆生海의 種種住處와 種種形貌와
種種作業과 種種諸根하며 又於菩薩一一毛孔에 見三世諸菩薩의
無邊行門하노니 所謂無邊廣大願과 無邊差別地와 無邊波羅蜜과
無邊往昔事와 無邊大慈門과 無邊大悲雲과 無邊大喜心과 無邊

나도 그와 같아서 보살의 몸을 살펴보니 낱낱 털구멍에서 잠깐잠깐마
다 한량없고 그지없는 광대한 세계가 가지가지로 머물고 가지가지로
장엄한 가지가지 현상을 보며, 가지가지 산과 가지가지 땅과 가지가
지 구름과 가지가지 이름과 가지가지 부처님 나심과 가지가지 도량과
가지가지 대중의 모임과 가지가지 경을 연설함과 가지가지 정수리에
물 붓는 일을 말함과 가지가지 스님과 가지가지 방편과 가지가지로
청정함을 보았느니라. 또 보살의 낱낱 털구멍에서 잠깐잠깐마다 그지
없는 부처님들이 여러 도량에 앉아서 여러 가지 신통변화를 나투고
여러 가지 법륜을 굴리고 여러 가지 경을 말하여 항상 끊이지 않음을
보았느니라. 또 보살의 낱낱 털구멍에서 그지없는 중생들의 여러 머
무는 곳과 여러 가지 형상과 여러 가지 짓는 업과 여러 가지 근성을
항상 보았느니라.
　또 보살의 낱낱 털구멍에서 삼세 보살들의 그지없이 수행하는 문을
보았으니 이른바 그지없이 광대한 서원과 그지없이 분별한 지위와 그
지없는 바라밀과 그지없는 옛날 일과 그지없이 인자한 문과 그지없이
가엾이 여기는 구름과 그지없이 기뻐하는 마음과 그지없이 중생을 거

攝取衆生方便이니라 佛子야 我於佛刹微塵數劫에 念念如是觀於
菩薩一一毛孔하야 已所至處에 而不重至하며 已所見處를 而不重
見하고 求其邊際하야도 竟不可得이며 乃至見彼悉達太子가 住於宮
中에 婇女圍遶로니 我以解脫力으로 觀於菩薩一一毛孔하야 悉見三
世法界中事호라 佛子야 我唯得此觀察菩薩三昧海解脫이어니와 如
諸菩薩摩訶薩은 究竟無量諸方便海하야 爲一切衆生하야 現隨類
身하며 爲一切衆生하야 說隨樂行하며 於一一毛孔에 現無邊色相海
하며 知諸法性이 無性爲性하며 知衆生性이 同虛空相하야 無有分別
하며 知佛神力이 同於如如하야 徧一切處하며 示現無邊解脫境界하며
於一念中에 能自在入廣大法界하며 遊戲一切諸地法門하나니 而

두어 주는 방편이니라.

불자여,

나는 세계의 티끌 수 겁에서 잠깐잠깐마다 이렇게 보살의 낱낱 털
구멍을 보는데, 한 번 간 데는 다시 가지 않고 한 번 본 데는 다시 보
지 않지만 그 끝닿은 데를 얻을 수 없으며, 내지 싯다르타 태자가 궁
중에 계실 적에 시녀들이 둘러 호위함을 보나니, 나는 해탈의 힘으로
보살의 낱낱 털구멍을 관찰하여 삼세 법계의 일을 모두 보노라.

불자여,

나는 다만 이 보살의 삼매 바다를 관찰하는 해탈만을 얻었거니와,
보살마하살들이 필경에 한량 없는 방편 바다로 모든 중생을 위하여
종류를 따라 몸을 나타내며, 모든 중생을 위하여 좋아함을 따르는 행
을 말하며, 낱낱 털구멍에 그지없는 형상 바다를 나타내며, 모든 법의
성품이 없는 성품으로 성품을 삼을 줄 알며, 중생의 성품이 허공과
같아서 분별이 없음을 알며, 부처님의 신통한 힘이 진여와 같음을 알
며, 모든 곳에 두루하여 그지없는 해탈의 경계를 나타내며, 잠깐 동안
에 자재하게 광대한 법계에 들어가서 여러 지위의 법문에 유희하는

我云何能知能說彼功德行이리오 善男子야 此世界中에 有佛母摩
耶하시니 汝詣彼問호대 菩薩이 云何脩菩薩行하야 於諸世間에 無所
染着이며 供養諸佛하야 恒無休息이며 作菩薩業하야 永不退轉이며 離
一切障礙하야 入菩薩解脫이며 不由於他하고 住一切菩薩道며 詣一
切如來所며 攝一切衆生界며 盡未來劫토록 脩菩薩行이며 發大乘
願이며 增長一切衆生善根하야 常無休息이리잇고하라 爾時에 釋迦瞿
波女가 欲重明此解脫義하사 承佛神力하야 即說頌言하사대

若有見菩薩의　　　　　　脩行種種行하고
起善不善心이면　　　　　菩薩皆攝取니라
乃往久遠世에　　　　　　過百刹塵劫하야

일이야 내가 어떻게 알며 그 공덕의 행을 말하겠는가.

착한 남자여, 이 세계 안에 부처님의 어머니이신 마야부인이 계시
니, 그대는 그에게 가서 '보살이 어떻게 보살의 행을 닦으며, 모든 세
간에 물들지 아니하며, 부처님들께 공양하기를 쉬지 아니하며, 보살
의 업을 짓고 영원히 물러나지 않으며, 온갖 장애를 떠나서 보살의
해탈에 들어가되 다른 이를 말미암지 않으며, 모든 보살의 도에 머무
르고 모든 여래의 계신 데 나아가서 모든 중생들을 거두어 주며, 미
래 세상이 다하도록 보살행을 닦으며, 대승의 원을 내어 모든 중생의
착한 뿌리를 증장케 하기를 쉬지 아니하는가?' 하고 물으라."

그때 석녀 구파가 이 해탈의 뜻을 거듭 밝히려고 부처님의 신통한
힘을 받들어 게송으로 말하였다.

어떤 사람이나 보살이　　　　여러 가지 행 닦음을 보고
착한 마음·착하지 못한 마음을 내면　보살이 다 거두어 주느니라
멀고 먼 옛적　　　　　　　　백 세계 티끌 수 겁 전에

有劫名淸淨이요　　世界名光明이어든
此劫佛興世하사대　　六十千萬億이니
最後天人主가　　　號曰法幢燈이니라
彼佛涅槃後에　　　有王名智山이니
統領閻浮提하야　　一切無怨敵이니라
王有五百子하니　　端正能勇健하며
其身悉淸淨하야　　見者皆歡喜로다
彼王及王子가　　　信心供養佛하야
護持其法藏하며　　亦樂勤修法이로다
太子名善光이니　　離垢多方便하며

겁이 있으니 이름이 청정　　세계 이름은 광명이었네

그 겁에 나신 부처님　　　　육십 천만억인데

마지막에 나신 부처님　　　　법당등이었고

그 부처님 열반하신 뒤　　　지혜산이란 임금이 있어

남염부제를 통솔했는데　　　원수나 대적할 이가 없었고

왕의 아들 오백 명은 모두　　단정하고 날쌔고 건장하며

그 몸매가 매우 청정해　　　보는 이마다 기뻐하였네

그 왕과 왕의 아들들　　　　신심 있어 부처님께 공양하고

그 법장을 보호해 가지며　　불법 닦기에 부지런했으며

태자의 이름은 착한 광명　　때가 없고 방편 많으며

諸相皆圓滿하야　　　見者無厭足이로다
五百億人俱하야　　　出家行學道할새
勇猛堅精進하야　　　護持其佛法하니
王都名智樹라　　　　千億城圍遶요
有林名靜德이라　　　衆寶所莊嚴이어든
善光住彼林하야　　　廣宣佛正法하야
辯才智慧力으로　　　令衆悉淸淨이로다
有時因乞食하야　　　入彼王都城에
行止極安詳하며　　　正知心不亂이러니
城中有居士하니　　　號曰善名稱이요

거룩한 모습 원만하여　　　보는 이 마다 싫어함이 없도다

오백억 사람 한꺼번에　　　출가하여 도를 배우며

용맹하고 억세게 정진하여　부처님 법 보호해 가지고

서울 이름은 지혜의 나무　　천억 도시가 둘러 있었고

고요한 덕이란 수풀은　　　모든 보배로 장엄했는데

착한 광명 태자 숲 속에 있어　부처님 바른 법 널리 펴시며

말 잘하고 지혜의 힘 내어　　대중을 기쁘게 하였네

어느 때 밥을 빌려고　　　　그 서울로 들어가는데

행하고 머무름이 가장 점잖고　바른 지혜로 산란치 않아

그 성중에 거사 있으니　　　착한 명예는 그의 이름이요

我時爲彼女하니　　　　名爲淨日光이라
時我於城中에　　　　　遇見善光明의
諸相極端嚴하고　　　　其心生染着하며
次乞至我門에　　　　　我心增愛染하야
卽解身瓔絡과　　　　　幷珠置鉢中호니
雖以愛染心으로　　　　供養彼佛子나
二百五十劫을　　　　　不墮三惡趣하고
或生天王家하며　　　　或作人王女하야
恒見善光明의　　　　　妙相莊嚴身호라
此後所經劫이　　　　　二百有五十에

나는 그때 거사의 딸로서　　　이름을 일러 맑은 햇빛이라

그때 나는 성중에 있어서　　　착한 광명 만나니

그 모습 매우 아름다워　　　애착하는 마음 내었고

다음 내 집에 걸식할 적엔　　　내 마음 애정을 참을 수 없어

영락을 내어 진주와 함께　　　바릿대 속에 넣어 드렸네

사랑하는 물든 마음으로　　　그 불자에게 공양했지만

이백오십 겁 동안　　　삼악도에 떨어지지 않고

천왕의 집이나　　　인간 왕의 집에 태어나

착한 광명 태자의 몸　　　거룩하게 장엄함 보았네

그 뒤부터 지내 오면서　　　이백오십 겁 동안

生於善現家하니 名爲具妙德이라
時我見太子하고 而生尊重心하야
願得備瞻侍리니 幸蒙哀納受호라
我時與太子로 詣佛勝日身하야
恭敬供養畢하고 卽發菩提意호라
於彼一劫中에 六十億如來니
最後佛世尊이 名爲廣大解라
於彼得淨眼하야 了知諸法相하고
普見受生處하야 永除顚倒心호라
我得觀菩薩의 三昧境解脫하고

잘 나타나는 어머니 집에 묘한 덕 갖춘 딸로 태어났는데

그때부터 태자를 보고 존중하는 마음을 내어

그를 우러러 모시려 하는데 다행히 나를 받아주었네

나는 그때 태자와 함께 승일신 부처님 뵈옵고

공양하고 공경하며 즉시 보리심 내었네

그 한 겁 동안에 육십억 여래 나시었는데

마지막 나신 불세존 이름이 광대해

그 부처님께 깨끗한 눈 얻어 법의 모양을 분명히 알고

태어날 곳을 모두 알면서 뒤바뀐 마음 아주 없어져

나는 보살의 삼매와 해탈한 경계 관찰하고

一念入十方 不思議刹海호라
我見諸世界의 淨穢種種別호대
於淨不貪樂하고 於穢不憎惡호라
普見諸世界에 如來坐道場하사
皆於一念中에 悉放無量光호라
一念能普入 不可說衆會하며
亦知彼一切 所得三昧門호라
一念能悉知 彼諸廣大行과
無量地方便과 及以諸願海호라
我觀菩薩身의 無邊劫脩行하야

잠깐 동안에 시방에 있는 부사의한 세계해에 들어가

깨끗한 세계와 더러운 세계 가지가지 다른 것 모두 봤으나

깨끗한 것도 탐내지 않고 더러운 것도 싫어하지 않았느니라

나는 세계의 모든 도량에 앉으신 여래를 뵈오니

모두 잠깐 동안에 한량없는 광명 놓으며

말할 수 없는 대중의 모인 곳 한 생각 동안에 들어가시고

그들이 얻은 삼매문도 한순간에 아시며

그들의 광대한 행과 한량없는 지위와 방편

모든 서원의 바다를 잠깐 동안에 모두 아시네

내가 보니 보살의 몸은 그지없는 겁 동안 수행하사

一一毛孔量도　　　求之不可得호라
一一毛孔刹이　　　無數不可說이라
地水火風輪이　　　靡不在其中이니
種種諸建立과　　　種種諸形狀과
種種體名號와　　　無邊種莊嚴이로다
我見諸刹海의　　　不可說世界하며
及見其中佛의　　　說法化衆生호대
不了菩薩身과　　　及彼身諸業하며
亦不知心智와　　　諸劫所行道호라
爾時에 善財童子가 頂禮其足하며 遶無數帀하고 辭退而去하니라

낱낱 털구멍의 수효를　　찾아보아도 얻지 못하며

털구멍마다 있는 세계들　수없고 말할 수 없어

땅·물·불·바람의 바퀴　　그 가운데는 없는 것 없어

가지가지 세워진 것과　　가지가지의 모든 형상과

가지가지 자체와 이름　　그지없는 가지가지 장엄

많은 세계해에 있는　　　말할 수 없는 세계와

그 안에 계신 부처님　　　법문 말하여 교화함을 보지만

보살의 몸과　　　　　　몸으로 지은 업 알지 못하며

그의 마음도 지혜도　　　여러 겁에 행함도 모두 알지 못하네

　그때 선재동자는 그의 발에 엎드려 절하고 수없이 돌고 하직하고
떠났다.

爾時에 善財童子가 一心欲詣摩耶夫人所러니 即時獲得觀佛境界智하야 作如是念호대 是善知識이 遠離世間하야 住無所住하며 超過六處하야 離一切着하며 知無礙道하야 具淨法身하며 以如幻業으로 而現化身하며 以如幻智로 而觀世間하며 以如幻願으로 而持佛身하나니 隨意生身과 無生滅身과 無來去身과 非虛實身과 不變壞身과 無起盡身과 所有諸相皆一相身과 離二邊身과 無依處身과 無窮盡身과 離諸分別如影現身과 知如夢身과 了如像身과 如淨日身과 普於十方而化現身과 住於三世無變異身과 非身心身이 猶如虛空하야 所行無礙하사 超諸世眼하시니 唯是普賢淨目所見이니라 如是之人을 我今云何而得親近承事供養하야 與其同住하며 觀其狀貌

그때 선재동자는 한결같은 마음으로 '마야부인' 계신 데 나아가서 부처님의 경계를 관찰하는 지혜를 얻으려 하면서 이렇게 생각하였다.

'이 선지식은 세간을 멀리 여의고 머물 데 없는 데 머물며, 여섯 군데를 초월하여 모든 애착을 떠났으며, 걸림 없는 도를 알고 깨끗한 법의 몸을 갖추어 환술 같은 업으로 나툰 몸을 나타내며, 환술 같은 지혜로 세간을 관찰하며, 환술 같은 소원으로 부처님 몸을 지니나니, 뜻대로 나는 몸·나고 없어짐이 없는 몸·오고 감이 없는 몸·헛되고 진실함이 없는 몸·변하여 무너지지 않는 몸·일어나고 다함이 없는 몸·모든 모습이 다 한 가지 모습인 몸·두 곳으로 치우침을 떠난 몸·의지할 데 없는 몸·끝나지 않는 몸·분별을 떠나서 그림자처럼 나타나는 몸·꿈 같은 줄 아는 몸·영상 같음을 아는 몸·맑은 해와 같은 몸·시방에 널리 나타내는 몸·삼세에 머물되 변함이 없는 몸·몸도 마음도 아닌 몸이니, 마치 허공과 같아서 간 데마다 걸림이 없고 세간의 눈을 뛰어났으며, 오직 보현의 깨끗한 눈으로야 보리라.

이런 이를 내가 어떻게 가까이하여 섬기고 공양하며, 그와 함께 있으면서

하며 聽其音聲하며 思其語言하며 受其敎誨리오 作是念已에 有主城
神하니 名曰寶眼이니 眷屬圍遶하야 於虛空中에 而現其身하야 種種
妙物로 以爲嚴飾하며 手持無量衆色寶華하야 以散善財하고 作如是
言호대 善男子야 應守護心城이니 謂不貪一切生死境界며 應莊嚴
心城이니 謂專意趣求如來十力이며 應淨治心城이니 謂畢竟斷除
慳嫉諂誑이며 應清涼心城이니 謂思惟一切諸法實性이며 應增長
心城이니 謂成辦一切助道之法이며 應嚴飾心城이니 謂造立諸禪
解脫宮殿이며 應照曜心城이니 謂普入一切諸佛道場하야 聽受般
若波羅蜜法이며 應增益心城이니 謂普攝一切佛方便道며 應堅固
心城이니 謂恒勤脩習普賢行願이며 應防護心城이니 謂常專禦扞

그 형상을 보고, 그 음성을 듣고, 그 말을 생각하고, 그 가르침을 받
으리오.' 이렇게 생각할 때에 한 성 맡은 신이 있으니 이름이 보배 눈
이라. 권속에게 둘러싸여 허공에 몸을 나타내고 가지가지 묘한 물건
으로 단장하였으며, 한량없는 여러 가지 빛깔 꽃을 들어 선재에게 흩
고 말하였다.

"착한 남자여, 마땅히 마음 성을 수호할지니, 모든 나고 죽는 경계
를 탐하지 않음이니라. 마음 성을 장엄할지니, 일심으로 여래의 열 가
지 힘을 구할지니라. 마음 성을 깨끗이 다스릴지니, 간탐하고 질투하
고 아첨하고 속이는 일을 끝까지 끊음이니라. 마음 성을 서늘하게 할
지니, 모든 법의 참된 성품을 생각함이니라. 마음 성을 증장케 할지
니, 도를 돕는 모든 법을 마련함이니라. 마음 성을 잘 단정할지니, 선
정과 해탈의 궁전을 지음이니라. 마음 성을 밝게 비출지니, 모든 부처
님의 도량에 두루 들어가서 반야바라밀법을 들음이니라.

마음 성을 더 쌓을지니, 모든 부처님의 방편인 도를 널리 거두어
가짐이니라. 마음 성을 견고하게 할지니, 보현의 행과 원을 부지런히
닦음이니라. 마음 성을 방비하여 보호할지니, 나쁜 동무와 마군을 항

惡友魔軍이며 應廓徹心城이니 謂開引一切佛智光明이며 應善補
心城이니 謂聽受一切佛所說法이며 應扶助心城이니 謂深信一切
佛功德海며 應廣大心城이니 謂大慈普及一切世間이며 應善覆心
城이니 謂集衆善法하야 以覆其上이며 應寬廣心城이니 謂大悲哀愍
一切衆生이며 應開心城門이니 謂悉捨所有하야 隨應給施며 應密護
心城이니 謂防諸惡欲하야 不令得入이며 應嚴肅心城이니 謂逐諸惡
法하야 不令其住며 應決定心城이니 謂集一切智助道之法하야 恒無
退轉이며 應安立心城이니 謂正念三世一切如來所有境界며 應瑩
徹心城이니 謂明達一切佛正法輪과 脩多羅中所有法門의 種種
緣起며 應部分心城이니 謂普曉示一切衆生하야 皆令得見薩婆若

상 방어함이니라. 마음 성을 훤칠하게 통달할지니, 모든 부처님의 지혜 광명을 열어 들임이니라. 마음 성을 잘 보충할지니, 모든 부처님의 말씀하신 법을 들음이니라. 마음 성을 붙들어 도울지니, 모든 부처님의 공덕 바다를 깊이 믿음이니라. 마음 성을 넓고 크게 할지니, 크게 인자함이 모든 세간에 널리 미침이니라. 마음 성을 잘 덮어 보호할지니 여러 가지 착한 법을 모아 그 위에 덮음이니라. 마음 성을 넓힐지니, 크게 가엾이 여김으로 모든 중생을 불쌍히 여김이니라. 마음 성의 문을 열어 놓을지니 가진 것을 모두 버려서 알맞게 보시함이니라. 마음 성을 세밀하게 보호할지니, 모든 나쁜 욕망을 막아서 들어오지 못하게 함이니라. 마음 성을 엄숙하게 할지니, 나쁜 법을 쫓아 버리어 머무르지 못하게 함이니라. 마음 성을 결정케 할지니, 온갖 지혜와 도를 돕는 여러 가지 법을 모으고 항상 물러나지 아니함이니라. 마음 성을 편안하게 세울지니, 삼세 여러 부처님의 가지신 경계를 바르게 생각함이니라. 마음 성을 사무치어 맑게 할지니, 모든 부처님의 바른 법륜인 경에 있는 법문과 가지가지 인연을 밝게 통달함이니라. 마음 성을 여러 부분으로 분별할지니, 모든 중생에게 널리 알리어서 모든

道며 應住持心城이니 謂發一切三世如來諸大願海며 應富實心
城이니 謂集一切周徧法界大福德聚며 應令心城明了니 謂普知
衆生根欲等法이며 應令心城自在니 謂普攝一切十方法界며 應
令心城淸淨이니 謂正念一切諸佛如來며 應知心城自性이니 謂知
一切法이 皆無有性이며 應知心城如幻이니 謂以一切智로 了諸法
性이니라 佛子야 菩薩摩訶薩이 若能如是淨脩心城하면 則能積集一
切善法이니 何以故오 蠲除一切諸障難故니 所謂見佛障과 聞法障
과 供養如來障과 攝諸衆生障과 淨佛國土障이니라 善男子야 菩薩
摩訶薩이 以離如是諸障難故로 若發希求善知識心이면 不用功
力코 則便得見하며 乃至究竟에 必當成佛이니라

살바야의 길을 얻어 보게 함이니라. 마음 성에 머물러 유지할지니, 모
든 삼세 여래의 큰 서원 바다를 냄이니라. 마음 성을 풍부하게 할지
니, 법계에 가득한 큰 복덕 더미를 모음이니라. 마음 성을 밝게 할지
니, 중생의 근성과 욕망 등을 널리 앎이니라. 마음 성이 자유자재하게
할지니, 모든 시방의 법계를 두루 거둠이니라. 마음 성이 청정하게 할
지니, 모든 부처님 여래를 바르게 생각함이니라. 마음 성의 성품을 알
지니, 모든 법이 다 제 성품이 없는 줄을 앎이니라. 마음 성이 환술
같음을 알지니, 온갖 지혜로 법의 성품을 앎이니라.

  불자여, 보살마하살이 이렇게 마음 성을 깨끗이 닦으면 모든 착한
법을 능히 모을 것이니라. 왜냐하면, 여러 가지 장애되는 일을 없애는
까닭이니 이른바 부처님 보는 데 장애되고, 법을 듣는 데 장애되고,
여래께 공양하는 데 장애되고, 중생들을 거두어 주는 데 장애되고, 국
토를 깨끗이 하는 데 장애되는 것이니라.

  착한 남자여, 보살마하살이 이런 장애를 여읜 연고로, 만일 선지식
을 구하려는 마음을 내면 공력을 쓰지 않더라도 만나게 되며, 마침내
부처를 이루게 되느니라.”

爾時에 有身衆神하니 名蓮華法德과 及妙華光明이라 無量諸神이
前後圍遶하야 從道場出하야 住虛空中하야 於善財前에 以妙音聲으로
種種稱歎摩耶夫人한대 從其耳璫으로 放無量色相光明網하사 普
照無邊諸佛世界하야 令善財로 見十方國土의 一切諸佛하고 其光
明網이 右遶世間하야 經一市已한 然後還來하야 入善財頂하며 乃至
徧入身諸毛孔이어늘 善財가 卽得淨光明眼하니 永離一切愚癡暗
故며 得離翳眼하니 能了一切衆生性故며 得離垢眼하니 能觀一切
法性門故며 得淨慧眼하니 能觀一切佛國性故며 得毘盧遮那眼하
니 見佛法身故며 得普光明眼하니 見佛平等不思議身故며 得無礙
光明眼하니 觀察一切刹海成壞故며 得普照眼하니 見十方佛이 起

그때에 몸 많은 신이 있으니, 이름이 연꽃 법의 공덕과 묘한 꽃 광
명인데, 한량없는 신들이 앞뒤로 둘러 모시고 도량에서 나와 공중에
머물러 있으면서 선재동자 앞에서 묘한 음성으로 마야부인을 가지가
지로 칭찬하였으며, 귀고리에서 한량없는 가지각색 광명 그물을 놓으
니, 그지없는 부처님의 세계에 널리 비추어 선재동자로 하여금 시방
의 국토와 모든 부처님을 보게 하였다. 광명 그물이 한 겹이 지나도
록 세간을 오른쪽으로 돌고는 돌아와서 선재의 정수리에 들어갔으며,
내지 몸에 있는 모든 털구멍에 두루 들어갔다.

선재동자는 곧 깨끗하고 광명한 눈을 얻었으니, 모든 어리석은 어
둠을 영원히 여윈 연고라. 가리지 않는 눈을 얻었으니, 모든 중생의
성품을 능히 아는 연고라. 때를 여윈 눈을 얻었으니, 모든 법의 성품
문을 관찰하는 연고라. 깨끗한 지혜의 눈을 얻었으니, 모든 부처님 국
토의 성품을 관찰하는 연고라. 비로자나 눈을 얻었으니, 부처님의 법
몸을 보는 연고라. 넓고 광명한 눈을 얻었으니, 부처님의 평등하고 부
사의한 몸을 보는 연고라. 걸림 없고 빛난 눈을 얻었으니, 모든 세계
해의 이뤄지고 무너짐을 관찰하는 연고라. 널리 비추는 눈을 얻었으

大方便하사 轉正法輪故며 得普境界眼하니 見無量佛이 以自在力으로 調伏衆生故며 得普見眼하니 睹一切刹諸佛出興故니라 時에 有守護菩薩法堂羅刹鬼王하니 名曰善眼이라 與其眷屬萬羅刹로 俱하야 於虛空中에 以衆妙華로 散善財上하고 作如是言호대 善男子야 菩薩이 成就十法하면 則得親近諸善知識하나니 何等이 爲十고 所謂 其心淸淨하야 離諸諂誑하며 大悲平等하야 普攝衆生하며 知諸衆生이 無有眞實하며 趣一切智하야 心不退轉하며 以信解力으로 普入一切諸佛道場하며 得淨慧眼하야 了諸法性하며 大慈平等하야 普覆衆生하며 以智光明으로 廓諸妄境하며 以甘露雨로 滌生死熱하며 以廣大眼으로 徹鑒諸法하야 心常隨順諸善知識이 是爲十이니라

니, 시방 부처님이 큰 방편을 일으키어 바른 법륜을 굴리는 연고라. 넓은 경계의 눈을 얻었으니, 한량없는 부처님이 자유자재한 힘으로 중생을 조복함을 보는 연고라. 두루 보는 눈을 얻었으니, 모든 세계에 부처님들이 나타나심을 보는 연고라.

이때 보살의 법당을 수호하는 나찰귀왕이 있으니, 이름은 좋은 눈인데 일만 나찰 권속들과 함께 허공에서 여러 가지 묘한 꽃을 선재의 위에 흩고 이렇게 말하였다.

"착한 남자여, 보살이 열 가지 법을 성취하면 선지식을 가까이하게 되나니, 무엇이 열인가? 이른바 마음이 청정하여 아첨하고 속임을 여의며, 가엾이 여김이 평등하여 중생을 널리 포섭하며, 모든 중생은 진실함이 없음을 알며, 온갖 지혜에 나아가는 마음이 물러나지 않으며, 믿고 이해하는 힘으로 모든 부처님의 도량에 들어가며, 깨끗한 지혜의 눈을 얻어 법의 성품을 알며, 크게 인자함이 평등하여 중생을 두루 덮어 주며, 지혜의 광명으로 허망한 경계를 훤칠하게 하며, 감로비로 생사의 뜨거움을 씻으며, 광대한 눈으로 모든 법을 철저하게 살피며 마음이 항상 선지식을 따르나니, 이것이 열이니라.

復次佛子야 菩薩이 成就十種三昧門하면 則常現見諸善知識하나니
何等이 爲十고 所謂法空淸淨輪三昧와 觀察十方海三昧와 於一
切境界에 不捨離不缺減三昧와 普見一切佛出興三昧와 集一切
功德藏三昧와 心恒不捨善知識三昧와 常見一切善知識하야 生
諸佛功德三昧와 常不離一切善知識三昧와 常供養一切善知識
三昧와 常於一切善知識所에 無過失三昧니라 佛子야 菩薩이 成就
此十三昧門하면 常得親近諸善知識하며 又得善知識의 轉一切佛
法輪三昧하나니 得此三昧已하야는 悉知諸佛體性平等하야 處處値
遇諸善知識이니라 說是語時에 善財童子가 仰視空中하고 而答之言
호대 善哉善哉라 汝爲哀愍攝受我故로 方便敎我見善知識하니 願

　또 불자여, 보살이 열 가지 삼매의 문을 성취하면, 항상 선지식을
보게 되나니, 무엇이 열인가? 이른바 법이 공한 청정한 바퀴 삼매·
시방 바다를 관찰하는 삼매·모든 경계에 버리지도 않고 모자라지도
않은 삼매·모든 부처님의 나심을 두루 보는 삼매·모든 공덕장을 모
으는 삼매·마음으로 항상 선지식을 버리지 않는 삼매·모든 선지식
이 부처님의 공덕을 내는 것을 항상 보는 삼매·모든 선지식을 항상
여의지 않는 삼매·모든 선지식을 항상 공양하는 삼매·모든 선지식
계신 데서 항상 과실이 없는 삼매니라.
　불자여, 보살이 이 열 가지 삼매의 문을 성취하면 모든 선지식을
항상 가까이하게 되고, 또 선지식이 여러 부처님의 법륜 굴리는 삼매
를 얻을 것이며, 이 삼매를 얻고는 모든 부처님의 성품이 평등함을
알고, 가는 곳마다 선지식을 만나게 되느니라.”
　나찰귀왕이 말을 마쳤을 때 선재동자는 공중을 우러러보면서 대답
하였다.
　“훌륭하고 훌륭합니다. 그대는 나를 딱하게 여기고 거두어 주기 위
하여 방편으로 나에게 선지식을 보도록 가르치나니 바라건대, 저에게

爲我說하라 云何往詣善知識所며 於何方處城邑聚落에 求善知識고 羅刹이 答言호대 善男子야 汝應普禮十方하야 求善知識하며 正念思惟一切境界하야 求善知識하며 勇猛自在徧遊十方하야 求善知識하며 觀身觀心이 如夢如影하야 求善知識이어다 爾時에 善財가 受行其教하야 即時睹見大寶蓮華가 從地涌出하니 金剛爲莖하고 妙寶爲藏하고 摩尼爲葉하고 光明寶王으로 以爲其臺하고 衆寶色香으로 以爲其鬚하고 無數寶網으로 彌覆其上이러라 於其臺上에 有一樓觀하니 名普納十方法界藏이니 奇妙嚴飾하야 金剛爲地하고 千柱行列하며 一切皆以摩尼寶成이요 閻浮檀金으로 以爲其壁하며 衆寶纓絡이 四面垂下하고 階陛欄楯이 周帀莊嚴이러라

말씀하여 주소서. 어떻게 선지식 계신 곳에 가며, 어느 방향의 성이나 마을에서 선지식을 구하리까?"

나찰이 말하였다.

"착한 남자여, 그대는 마땅히 시방에 두루 예배하여 선지식을 구하며, 모든 경계를 정당한 생각으로 생각하여 선지식을 구하며, 용맹하고 자재하게 시방에 두루 노닐면서 선지식을 구하며, 몸과 마음이 꿈 같고 그림자 같은 줄을 관찰하여 선지식을 구하라."

그때 선재동자는 그의 가르침을 받아 행하면서 큰 보배 연꽃이 땅에서 솟아나는 것을 보았는데, 금강으로 줄기가 되고 묘한 보배로 연밥 송이가 되고 마니로 잎이 되고 빛나는 보배왕으로 꽃판이 되고 여러 가지 보배빛 향으로 꽃술이 되었으며, 무수한 보배 그물이 위에 가득히 덮이었다. 그 꽃판 위에는 누각이 있으니 이름은 시방 법계를 널리 용납하는 창고라. 기묘하게 장식하였는데, 금강으로 땅이 되고 일천 기둥이 열을 지었으며, 모든 것이 마니 보배로 이루었고 염부단 금으로 벽이 되고 보배 영락이 사방에 드리웠으며, 층계와 섬돌과 난간들이 두루 장엄하였다.

其樓觀中에 有如意寶蓮華之座하니 種種衆寶로 以爲嚴飾하며 妙寶欄楯에 寶衣間列하며 寶帳寶網으로 以覆其上하며 衆寶繒幡을 周帀垂下하며 微風徐動에 光流響發하며 寶華幢中에 雨衆妙華하며 寶鈴鐸中에 出美音聲하며 寶戶牖間에 垂諸纓絡하며 摩尼身中에 流出香水하며 寶象口中에 出蓮華網하며 寶師子口에 吐妙香雲하며 梵形寶輪이 出隨樂音하며 金剛寶鈴이 出諸菩薩大願之音하며 寶月幢中에 出佛化形하며 淨藏寶王이 現三世佛受生次第하며 日藏摩尼가 放大光明하야 徧照十方一切佛刹하며 摩尼寶王이 放一切佛圓滿光明하며 毘盧遮那摩尼寶王이 興供養雲하야 供養一切諸佛如來하며 如意珠王이 念念示現普賢神變하야 充滿法界하며 須彌寶

그 누각 안에는 여의주로 된 연꽃 자리가 있으니, 가지가지 보배로 훌륭하게 꾸미고, 보배 난간과 보배 옷이 사이사이 벌여 있으며, 보배 휘장·보배 그물이 위에 덮이고, 보배 깃발이 두루 드리워서 실바람만 불어도 빛이 흐르고 소리가 나며, 보배꽃 당기에서는 여러 가지 기묘한 꽃을 비 내리고,

보배 풍경에서는 아름다운 음성을 내고, 보배 창호에는 영락을 드리우고, 마니 속에서는 향수가 흘러나오고, 보배 코끼리 입에서는 연꽃 그물이 나오고, 보배 사자 입에서는 향기 구름을 토하고, 범천 형상의 보배 바퀴에서는 여럿이 좋아하는 음성을 내고, 금강으로 된 방울에서는 여러 보살의 큰 서원 소리를 내며, 보배 달 당기에서는 부처님의 나툰 몸 형상을 내었다.

정장보왕은 삼세 부처님이 출현하시는 차례를 나타내고, 일장 마니는 큰 광명을 놓아 시방의 부처님 세계에 두루 비추며, 마니보배왕은 모든 부처님의 원만한 광명을 놓고, 비로자나마니보배는 공양 구름을 일으키어 모든 부처님 여래에게 공양하며, 여의주에서는 잠깐잠깐에 보현보살의 신통변화를 나타내어 법계에 가득하고, 수미보배왕은 하

王이 出天宮殿天諸婇女의 種種妙音하야 歌讚如來不可思議微妙功德이러라 爾時에 善財가 見如是座에 復有無量衆座가 圍遶어든 摩耶夫人이 在彼座上하사 於一切衆生前에 現淨色身하니 所謂超三界色身이니 已出一切諸有趣故며 隨心樂色身이니 於一切世間에 無所着故며 普周徧色身이니 等於一切衆生數故며 無等比色身이니 令一切衆生으로 滅倒見故며 無量種色身이니 隨衆生心하야 種種現故며 無邊相色身이니 普現種種諸形相故며 普對現色身이니 以大自在로 而示現故며 化一切色身이니 隨其所應하야 而現前故며 恒示現色身이니 盡衆生界호대 而無盡故며 無去色身이니 於一切趣에 無所滅故며 無來色身이니 於諸世間에 無所出故며 不生色身이니

늘 궁전을 나타내었으며, 하늘 아가씨들은 가지가지 묘한 음성으로 여래의 부사의하고 미묘한 공덕을 노래하였다. 이때 선재동자가 이 자리를 보니, 다시 한량없는 자리들이 둘러쌌으며, 마야부인은 그 자리에 앉아 여러 중생의 앞에서 청정한 육신을 나투었다.

이른바 삼계를 초월한 육신이니, 모든 존재의 길에서 뛰어난 연고라. 좋아함을 따르는 육신이니, 모든 세간에 집착이 없는 연고라. 널리 두루하는 육신이니, 모든 중생의 수효와 같은 연고라. 견줄 데 없는 육신이니, 모든 중생의 뒤바뀐 소견을 없애는 연고라. 종류가 한량없는 육신이니, 중생의 마음을 따라 가지가지로 나타내는 연고라.

그지없는 모습의 육신이니, 가지가지 형상을 두루 나타내는 연고라. 널리 상대하여 나타내는 육신이니, 크게 자재하게 나타내 보이는 연고라. 온갖 것을 교화하는 색신이니, 마땅함을 따라 앞에 나타나는 연고라.

항상 나타내 보이는 육신이니, 중생계를 다하면서도 다함이 없는 연고라. 감이 없는 육신이니, 모든 길에서 멸함이 없는 연고라. 옴이 없는 육신이니, 모든 세간에서 나는 일이 없는 연고라. 나지 않는 육신이

無生起故며 不滅色身이니 離語言故며 非實色身이니 得如實故며
非虛色身이니 隨世現故며 無動色身이니 生滅永離故며 不壞色身이
니 法性不壞故며 無相色身이니 言語道斷故며 一相色身이니 無相爲
相故며 如像色身이니 隨心應現故며 如幻色身이니 幻智所生故며
如焰色身이니 但想所持故며
如影色身이니 隨願現生故며 如夢色身이니 隨心而現故며 法界色
身이니 性淨如空故며 大悲色身이니 常護衆生故며 無礙色身이니 念
念周徧法界故며 無邊色身이니 普淨一切衆生故며 無量色身이니
超出一切語言故며 無住色身이니 願度一切世間故며 無處色身이
니 恒化衆生不斷故며 無生色身이니

니, 생기는 일이 없는 연고라. 멸하지 않는 육신이니, 말을 여읜 연고
라. 참되지 않은 육신이니, 실제와 같음을 얻은 연고라. 헛되지 않은
육신이니, 세상을 따라 나타나는 연고라. 흔들림이 없는 육신이니, 나
고 없어짐을 길이 여읜 연고라. 파괴하지 않는 육신이니, 법의 성품은
무너지지 않는 연고라. 형상이 없는 육신이니, 말할 길이 끊어진 연고
라. 한 모양인 육신이니, 모양 없음으로 모양을 삼는 연고라. 영상과
같은 육신이니, 마음을 따라 나타내는 연고라. 환술 같은 육신이니, 환
술인 지혜에서 나는 연고라. 아지랑이 같은 육신이니, 생각만으로 유
지되는 연고라. 그림자 같은 육신이니, 소원을 따라 생기는 연고라. 꿈
과 같은 육신이니, 마음을 따라서 나타나는 연고라. 법계인 육신이니,
성품이 깨끗하기 허공과 같은 연고라. 크게 가엾이 여기는 육신이니,
중생을 항상 구호하는 연고라. 걸림이 없는 육신이니, 잠깐잠깐에 법
계에 두루 하는 연고라. 그지없는 육신이니, 모든 중생을 두루 깨끗이
하는 연고라. 한량없는 육신이니 모든 말에서 초출한 연고라. 머무름
이 없는 육신이니, 모든 세간을 제도하려는 연고라. 처소가 없는 육신
이니, 중생을 항상 교화하여 끊이지 않는 연고라. 남이 없는 육신이니,

幻願所成故며 無勝色身이니 超諸世間故며 如實色身이니 定心所
現故며 不生色身이니 隨衆生業하야 而出現故며 如意珠色身이니 普
滿一切衆生願故며 無分別色身이니 但隨衆生分別起故며 離分
別色身이니 一切衆生이 不能知故며 無盡色身이니 盡諸衆生의 生
死際故며 淸淨色身이니 同於如來하야 無分別故라 如是身者는 非
色이니 所有色相이 如影像故며 非受니 世間苦受가 究竟滅故며 非
想이니 但隨衆生의 想所現故며 非行이니 依如幻業하야 而成就故며
離識이니 菩薩願智가 空無性故며 一切衆生의 語言斷故며 已得成
就寂滅身故니라 爾時에 善財童子가 又見摩耶夫人이 隨諸衆生心
之所樂하사 現超過一切世間色身하니 所謂或現超過他化自在天

환술 같은 원으로 이루는 연고라. 이길 이 없는 육신이니, 모든 세간을
초월한 연고라. 실제와 같은 육신이니, 선정의 마음으로 나타난 연고
라. 나지 않는 육신이니, 중생의 업을 따라 나타나는 연고라. 여의주
같은 육신이니, 모든 중생의 소원을 만족케 하는 연고라. 분별이 없는
육신이니, 중생들의 분별을 따라 일어나는 연고라. 분별을 여읜 육신
이니, 중생들의 알지 못하는 연고라. 다함이 없는 육신이니, 모든 중생
의 생사 경계를 다하는 연고라. 청정한 육신이니, 여래와 같아서 분별
이 없는 연고라.

　이러한 몸은 물질이 아니니 있는 빛깔이 영상과 같은 연고며, 느낌
이 아니니 세간의 괴로운 느낌이 마침내 없어지는 연고며, 생각함이
아니니 중생의 생각을 따라 나타난 연고며, 지어감이 아니니 환술 같
은 업으로 성취한 연고며, 의식을 여의었으니 보살의 원과 지혜가 공
하여 성품이 없는 연고며, 모든 중생의 말이 끊어진 연고며, 적멸한
몸을 이미 성취한 연고니라.

　그때 선재동자가 또 보니, 마야부인이 중생들의 마음에 즐김을 따라
모든 세간에서 뛰어나는 육신을 나타내었는데, 이른바 타화자재천보다

女身과 乃至超過四大天王天女身하며 或現超過龍女身과 乃至
超過人女身이라 現如是等無量色身하사 饒益衆生하야 集一切智
助道之法하며 行於平等檀波羅蜜하야 大悲普覆一切世間하며 出
生如來無量功德하며 脩習增長一切智心하며 觀察思惟諸法實性
하야 獲深忍海하며 具衆定門하야 住於平等三昧境界하며 得如來定
圓滿光明하야 消竭衆生煩惱巨海하며 心常正定하야 未嘗動亂하며
恒轉淸淨不退法輪하야 善能了知一切佛法하며 恒以智慧로 觀法
實相하며 見諸如來호대 心無厭足하며 知三世佛出興次第하며 見佛
三昧가 常現在前하며 了達如來出現於世하는 無量無數諸淸淨道
하며 行於諸佛虛空境界하며 普攝衆生하야 各隨其心하야 教化成就하

뛰어난 천녀의 몸을 나타내기도 하고, 내지 사천왕천보다 뛰어난 천녀
의 몸을 나타내기도 하며, 용녀보다 뛰어난 여자의 몸과 사람의 여자
보다 뛰어난 여자의 몸을 나타내기도 하였다.

이와 같이 한량없는 육신을 나타내어 중생들을 이익케 하고 온갖
지혜와 도를 돕는 법을 모았으며, 평등한 보시바라밀을 행하여 크게
가엾이 여기는 마음으로 모든 세간을 두루 덮어 주고, 여래의 한량없
는 공덕을 내며, 온갖 지혜의 마음을 닦아 증장케 하고, 모든 법의 참
된 성품을 살펴보고 생각하여 깊이 인욕하는 바다를 얻으며, 여러 선
정의 문을 갖추고 평등한 삼매의 경계에 머물러 여래의 선정을 얻고,
원만한 광명으로 중생들의 번뇌 바다를 녹여 말리고, 마음이 항상 바
르게 정하여서 어지럽게 흔들리지 않으며, 깨끗하고 물러나지 않는
법륜을 굴리어 모든 부처님의 법을 잘 알고 항상 지혜로 법의 진실한
모양을 관찰하였다. 여래를 뵈옵되 싫어하는 마음이 없고, 삼세 부처
님이 나시는 차례를 알며, 부처님의 삼매가 항상 앞에 나타남을 보고,
여래께서 세상에 나타나시는데 한량없고 수없는 청정한 길을 통달하
며, 부처님들의 허공 같은 경계를 행하여 중생들을 거두어 주되 그

야 入佛無量淸淨法身하며 成就大願하야 淨諸佛刹하야 究竟調伏一切衆生하며 心恒徧入諸佛境界호대 出生菩薩自在神力하며 已得法身淸淨無染호대 而恒示現無量色身하며 摧一切魔力하야 成大善根力하며 出生正法力하야 具足諸佛力하며 得諸菩薩自在之力하야 速疾增長一切智力하며 得佛智光하야 普照一切하야 悉知無量衆生心海와 根性欲解의 種種差別하며 其身이 普徧十方刹海하야 悉知諸刹成壞之相하며 以廣大眼으로 見十方海하며 以周徧智로 知三世海하며 身普承事一切佛海하며 心恒納受一切法海하며 脩習一切如來功德하며 出生一切菩薩智慧하며 常樂觀察一切菩薩의 從初發心으로 乃至成就所行之道하며 常勤守護一切衆生하며 常樂

마음을 따라서 교화하고 성취하여 부처님의 한량없이 청정한 법 몸에 들어가게 하며, 큰 서원을 성취하고 부처님의 세계를 깨끗이 하여 끝까지 모든 중생을 조복시킨다.

마음은 부처님의 경계에 항상 들어가 보살의 자유자재한 신통의 힘을 내며, 깨끗하고 물들지 않는 법의 몸을 얻었으면서도 한량없는 육신을 항상 나타내며, 모든 마를 굴복 시키는 힘과 크게 착한 뿌리를 이루는 힘과 바른 법을 내는 힘과 부처님의 힘을 갖추고 보살의 자재한 힘을 얻어서 온갖 지혜의 힘을 속히 증장케 하였다.

부처님의 지혜 광명을 얻어 모든 것을 널리 비추어 한량없는 중생의 마음 바다와 근성과 욕망과 지혜가 가지가지 차별함을 알며, 몸은 시방 세계에 두루 널리어 여러 세계의 이룩하고 파괴되는 모양을 알며, 광대한 눈으로 시방 바다를 보고 두루한 지혜로 삼세 바다를 알며, 몸은 모든 부처님 바다를 두루 섬기고 마음은 항상 모든 법 바다를 받아들인다. 모든 여래의 공덕을 닦아 익히고 모든 보살의 지혜를 내며, 모든 보살이 처음 마음을 냈을 때부터 내지 행하는 도를 이루는 것을 관찰하며, 모든 중생을 부지런히 수호하고 부처님의 공덕을

稱揚諸佛功德하며 願爲一切菩薩之母러라 爾時에 善財童子가 見
摩耶夫人의 現如是等閻浮提微塵數諸方便門하고 旣見是已에
如摩耶夫人의 所現身數하야 善財도 亦現作爾許身하야 於一切處
摩耶之前에 恭敬禮拜하고 卽時證得無量無數諸三昧門하야 分別
觀察하며 脩行證入하고 從三昧起하야 右遶摩耶와 幷其眷屬하고 合
掌而立하야 白言호대 大聖하 文殊師利菩薩이 敎我發阿耨多羅三
藐三菩提心하고 求善知識하야 親近供養이실새 我於一一善知識所
에 皆往承事하야 無空過者하고 漸來至此로소니 願爲我說하소서 菩薩이
云何學菩薩行하야 而得成就리잇고 答言하사대 佛子야 我已成就菩薩
大願智幻解脫門일새 是故常爲諸菩薩母로라 佛子야 如我於此閻

칭찬하기 좋아하며, 모든 보살의 어머니 되기를 원하였다.

이때 선재동자는 마야부인이 이렇게 염부제의 티끌과 같은 여러 가지 방편의 문을 나타내는 것을 보았다. 그런 것을 보고는 마야부인이 나타내는 몸의 수효와 같이 선재동자도 역시 그러한 몸을 나타내어 모든 곳 마야부인의 앞에서 공경하며 예배하고, 즉시에 한량없고 수없는 삼매의 문을 증득하여 분별하며 관찰하고 행을 닦아 증득하여 들어갔고, 삼매에서 일어나 마야부인과 그 권속을 오른쪽으로 돌고 합장하고 서서 말하였다.

"큰 성인이시여, 문수사리보살께서 저로 하여금 아뇩다라삼먁삼보리심을 내게 하고, 선지식을 찾아가서 가까이하고 공양하라 하였나이다. 그래서 저는 낱낱 선지식 계신 곳에 가서 받들어 섬기고 그냥 지나지 아니하며 점점 이곳까지 왔사오니, 바라옵건대 저를 위하여 보살이 어떻게 보살행을 배워서 성취하는가를 말씀하여 주소서."

마야부인이 대답하였다.

"불자여, 나는 이미 보살의 큰 원과 지혜가 환술 같은 해탈문을 성취하였으므로, 항상 여러 보살의 어머니가 되노라. 불자여, 내가 이

浮提中迦毘羅城淨飯王家에 右脇而生悉達太子할새 現不思議
自在神變하야 如是乃至盡此世界海所有一切毘盧遮那如來가
皆入我身하야 示現誕生自在神變이니라 又善男子야 我於淨飯王
宮에 菩薩이 將欲下生之時에 見菩薩身의 一一毛孔에 咸放光明하
니 名一切如來受生功德輪이라 一一毛孔에 皆現不可說不可說
佛刹微塵數菩薩受生莊嚴하야 彼諸光明이 皆悉普照一切世界하
고 照世界已에 來入我頂과 乃至一切諸毛孔中하며 又彼光中에 普
現一切菩薩名號受生神變과 宮殿眷屬五欲自娛하며 又見出家와
往詣道場과 成等正覺과 坐師子座와 菩薩圍遶와 諸王供養과 爲
諸大衆하야 轉正法輪하며 又見如來往昔脩行菩薩道時에 於諸佛

염부제 카필라성의 정반왕궁에서 오른쪽 옆구리로 싯다르타 태자를
낳아 부사의하고 자재한 신통변화를 나타내듯이, 내지 이 세계해에
있는 모든 비로자나 여래가 모두 나의 몸에 들어왔다가 탄생하면서
자재한 신통변화를 나타내느니라.

또 착한 남자여, 내가 정반왕궁에서 보살이 탄생하려 할 때 보살의
몸을 보니, 낱낱 털구멍에서 모두 광명을 놓았는데, 이름이 모든 여래
의 태어나는 공덕 바퀴라. 낱낱 털구멍에서 말할 수 없이 말할 수 없
는 세계의 티끌 수 보살이 태어나는 장엄을 나타내었고, 저 광명들이
모두 세계에 두루 비추었으며, 세계에 비추고는 돌아와서 나의 정수
리와 모든 털구멍까지 들어갔느니라.

또 저 광명 속에서 모든 보살의 이름과 태어나는 신통변화와 궁전
과 권속과 다섯 가지 욕락으로 즐기는 일을 나타냈으며, 또 집을 떠
나서 도량에 나아가 정등각을 이루고 사자좌에 앉았는데 보살들이 둘
러 모시고 임금들이 공양하며, 대중을 위하여 바른 법륜을 굴리는 것
을 보았느니라.

또 여래께서 지난 옛적 보살이 도를 수행할 때에 여러 부처님 계신

所에 恭敬供養과 發菩提心과 淨佛國土와 念念示現無量化身하야 充徧十方一切世界와 乃至最後入般涅槃하야 如是等事를 靡不皆見호라 又善男子야 彼妙光明이 入我身時에 我身形量이 雖不踰本이나 然이나 其實은 已超諸世間이니 所以者가 何오 我身이 爾時에 量同虛空하야 悉能容受十方菩薩의 受生莊嚴諸宮殿故니라 爾時菩薩이 從兜率天將降神時에 有十佛刹微塵數諸菩薩이 皆與菩薩로 同願이며 同行이며 同善根이며 同莊嚴이며 同解脫이며 同智慧며 諸地諸力과 法身色身과 乃至普賢神通行願이 悉皆同等하니 如是菩薩이 前後圍遶하며 又有八萬諸龍王等一切世主가 乘其宮殿하고 俱來供養하니라 菩薩이 爾時에 以神通力으로 與諸菩薩로 普現一

데서 공경하고 공양하며, 보리심을 내어 부처님 국토를 깨끗이 하고, 잠깐잠깐마다 한량없는 나툰 몸을 보이어 시방의 모든 세계에 가득함을 보았으며, 내지 최후에 반열반에 드시는 일들을 모두 보았느니라.

또 착한 남자여,

저 묘한 광명이 내 몸에 들어올 적에 내 몸의 형상과 크기는 본래보다 다르지 않았지만 실제로는 모든 세간을 초월하였으니, 왜냐하면 내 몸이 그때 허공과 같아서 시방 보살의 태어나는 장엄과 모든 궁전을 용납할 수 있었던 연고니라.

그때 보살이 도솔천에서 내려오려 할 때에 열 세계 티끌 수 보살이 있었으니, 모두 이 보살과 더불어 원이 같고 행이 같고 착한 뿌리가 같고 장엄이 같고 해탈이 같고 지혜가 같으며, 모든 지위와 모든 힘과 법의 몸과 육신과 내지 보현의 신통과 행과 원이 모두 같았는데, 이런 보살들이 앞뒤에 둘러 모셨으며, 또 팔만의 용왕 등 모든 세간 맡은 이들이 그 궁전을 타고 와서 공양하였느니라.

보살이 그때 신통한 힘으로 여러 보살과 함께 모든 도솔천궁에 나

切兜率天宮하고　一一宮中에　悉現十方一切世界閻浮提內受生影像하야　方便教化無量衆生하야　令諸菩薩로　離諸懈怠하고　無所執着하며　又以神力으로　放大光明하야　普照世間하야　破諸黑暗하고　滅諸苦惱하야　令諸衆生으로　皆識宿世所有業行하야　永出惡道하며　又爲救護一切衆生하야　普現其前하야　作諸神變하나니　現如是等諸奇特事하야　與眷屬俱하야　來入我身하며　彼諸菩薩이　於我腹中에　遊行自在하야　或以三千大千世界로　而爲一步하고　或以不可說不可說佛刹微塵數世界로　而爲一步하며　又念念中에　十方不可說不可說一切世界諸如來所菩薩衆會와　及四天王天三十三天과　乃至色界諸梵天王이　欲見菩薩의　處胎神變하고　恭敬供養하며　聽受正法하

타났으며, 낱낱 천궁마다 시방 모든 세계의 염부제 안에서 태어나는 영상을 나타내며 한량없는 중생을 방편으로 교화하며, 여러 보살들로 하여금 게으름을 여의고 집착함이 없게 하였느니라.

또 신통한 힘으로 큰 광명을 놓아 세간을 두루 비추어서 캄캄함을 깨뜨리고 모든 고통과 번뇌를 없애었으며, 중생들로 하여금 과거 세상에서 행한 업을 알고 나쁜 길에서 영원히 나오게 하였고, 또 모든 중생을 구호하기 위하여 그의 앞에 나타나서 신통변화를 부렸다. 이러한 여러 가지 기특한 일을 나타내며, 권속들과 함께 와서 내 몸에 들었느니라.

그 보살들은 나의 뱃속에서 자재하게 돌아다니는데 삼천대천세계로 한 걸음을 삼기도 하고, 말할 수 없이 말할 수 없는 세계의 티끌수 세계로 한 걸음을 삼기도 하였느니라.

또 잠깐잠깐 동안에 시방으로 말할 수 없이 말할 수없는 모든 세계에 계시는 여래의 도량에 모인 보살대중과 사천왕천과 삼십삼천과 내지 형상 세계의 범천왕들로서 보살의 태에 드신 신통 변화를 보고 공경하고 공양하며, 바른 법을 듣고자 하는 이들이 모두 내 몸에 들어

야 皆入我身하니 雖我腹中에 悉能容受如是衆會나 而身不廣大하며 亦不迫窄하야 其諸菩薩이 各見自處衆會道場하야 清淨嚴飾하니라 善男子야 如此四天下閻浮提中菩薩受生에 我爲其母하야 三千 大千世界百億四天下閻浮提中에도 悉亦如是나 然我此身은 本 來無二하야 非一處住며 非多處住니 何以故오 以脩菩薩大願智幻 莊嚴解脫門故니라 善男子야 如今世尊에 我爲其母하야 往昔所有 無量諸佛에도 悉亦如是하야 而爲其母호라 善男子야 我昔曾作蓮華 池神이러니 時有菩薩이 於蓮華藏에 忽然化生이어늘 我卽捧持하야 瞻 侍養育하니 一切世間이 皆共號我하야 爲菩薩母러라 又我昔爲菩提 場神이러니 時有菩薩이 於我懷中에 忽然化生하니 世亦號我하야 爲

왔으며, 나의 뱃속에 이렇게 많은 대중들을 용납하지만 몸이 더 커지지도 않고 비좁지도 않았으며, 그 보살들은 제각기 자기가 대중이 모인 도량에서 청정하게 장엄함을 보았느니라.

착한 남자여, 이 사천하의 염부제에서 보살이 태어나실 적에 내가 어머니가 되듯이 삼천대천세계 백억 사천하의 염부제에서도 모두 그러하지만 나의 이 몸은 본래부터 둘이 아니며, 한곳에 있는 것도 아니요, 여러 곳에 있는 것도 아니니 왜냐하면 보살의 큰 원과 지혜가 환술 같이 장엄한 해탈문을 닦은 연고니라.

착한 남자여, 내가 지금 세존에게 어머니가 되듯이 지난 옛적에 계시던 한량없는 부처님들에게도 그와 같이 어머니가 되었느니라.

착한 남자여, 나는 옛적에 연꽃 못 맡은 신이 되었을 때에 보살이 연꽃 송이에서 화하여 나는 것을 내가 받들고 나와서 보호하여 양육하였는데

모든 세간 사람들이 나를 보살의 어머니라 하였고, 또 옛적에 내가 보리도량 신이 되었을 때에 보살이 나의 품에서 홀연히 화하여 나셨는데, 세상에서는 나를 보살의 어머니라고 하였느니라.

菩薩母러라 善男子야 有無量最後身菩薩이 於此世界에 種種方便
으로 示現受生에 我皆爲母호라 善男子야 如此世界賢劫之中過去
世時에 拘留孫佛과 拘那含牟尼佛과 迦葉佛과 及今世尊釋迦牟
尼佛이 現受生時에 我爲其母하며 未來世中에 彌勒菩薩이 從兜率
天將降神時에 放大光明하야 普照法界하야 示現一切諸菩薩衆受
生神變하고 乃於人間에 生大族家하야 調伏衆生이어든 我於彼時에
亦爲其母하며 如是次第로 有師子佛과 法幢佛과 善眼佛과 淨華佛
과 華德佛과 提舍佛과 弗沙佛과 善意佛과 金剛佛과 離垢佛과 月光
佛과 持炬佛과 名稱佛과 金剛楯佛과 淸淨義佛과 紺身佛과 到彼
岸佛과 寶焰山佛과 持炬佛과 蓮華德佛과 名稱佛과 無量功德佛과

　착한 남자여, 마지막 몸을 받은 한량없는 보살들이 이 세계에서
가지가지 방편으로 태어남을 보일 적에 나는 그들의 어머니가 되었
노라.

　착한 남자여, 이 세계의 현겁에서와 같이, 지나간 세상의 구류손불
·구나함모니불·가섭불과 지금 세상의 석가모니 부처님이 탄강하실
적에도 내가 그들의 어머니가 되었고, 미래 세상에 미륵보살이 도솔
천에서 내려오실 적에 큰 광명을 놓아 법계에 두루 비추며, 모든 보
살이 태어나는 신통변화를 나타내어 인간에서 훌륭한 가문에 탄생하
여 중생을 조복하는 때에도 나는 그의 어머니가 되느니라.

　이와 같이 차례차례로

사자불·법당불·선안불·정화불·

화덕불·제사불·불사불·선의불·

금강불·이구불·월광불·지거불·

명칭불·금강순불·청정의불·감신불·

도피안불·보염산불·지거불·

연화덕불·명칭불·무량공덕불·

最勝燈佛과 莊嚴身佛과 善威儀佛과 慈德佛과 無住佛과 大威光佛과 無邊音佛과 勝怨敵佛과 離疑惑佛과 清淨佛과 大光佛과 淨心佛과 雲德佛과 莊嚴頂髻佛과 樹王佛과 寶瑠佛과 海慧佛과 妙寶佛과 華冠佛과 滿願佛과 大自在佛과 妙德王佛과 最尊勝佛과 旃檀雲佛과 紺眼佛과 勝慧佛과 觀察慧佛과 熾盛王佛과 堅固慧佛과 自在名佛과 師子王佛과 自在佛과 最勝頂佛과 金剛智山佛과 妙德藏佛과 寶網嚴身佛과 善慧佛과 自在天佛과 大天王佛과 無依德佛과 善施佛과 焰慧佛과 水天佛과 得上味佛과 出生無上功德佛과 仙人侍衛佛과 隨世語言佛과 功德自在幢佛과 光幢佛과 觀身佛과 妙身佛과 香焰佛과 金剛寶嚴佛과 喜眼佛과 離欲佛과

최승등불 · 장엄신불 · 선위의불 · 자덕불 ·
무주불 · 대위광불 · 무변음불 · 승원적불 ·
이의혹불 · 청정불 · 대광불 · 정심불 ·
운덕불 · 장엄정계불이며,
수왕불 · 보당불 · 해혜불 · 묘보불 ·
화관불 · 만원불 · 대자재불 · 묘덕왕불 ·
최존승불 · 전단운불 · 감안불 · 승혜불 ·
관찰혜불 · 치성왕불 · 견고혜불 · 자재명불 ·
사자왕불 · 자재불 · 최승정불 · 금강지산불 ·
묘덕장불 · 보망엄신불 · 선혜불 · 자재천불 ·
대천왕불 · 무의덕불 · 선시불 · 염혜불 ·
수천불 · 득상미불이며,
출생무상공덕불 · 선인시위불 · 수세어언불 ·
공덕자재당불 · 광당불 · 관신불 ·
묘신불 · 향염불 · 금강보엄불 ·
희안불 · 이욕불 ·

高大身佛과 財天佛과 無上天佛과 順寂滅佛과 智覺佛과 滅貪佛과
大焰王佛과 寂諸有佛과 毘舍佉天佛과 金剛山佛과 智焰德佛과
安隱佛과 師子出現佛과 圓滿淸淨佛과 淸淨賢佛과 第一義佛과
百光明佛과 最增上佛과 深自在佛과 大地王佛과 莊嚴王佛과 解
脫佛과 妙音佛과 殊勝佛과 自在佛과 無上醫王佛과 功德月佛과
無礙光佛과 功德聚佛과 月現佛과 日天佛과 出諸有佛과 勇猛名
稱佛과 光明門佛과 娑羅王佛과 最勝佛과 藥王佛과 寶勝佛과 金
剛慧佛과 無能勝佛과 無能映蔽佛과 衆會王佛과 大名稱佛과 敏
持佛과 無量光佛과 大願光佛과 法自在不虛佛과 不退地佛과 淨
天佛과 善天佛과 堅固苦行佛과 一切善友佛과 解脫音佛과 遊戲

고대신불 · 재천불 · 무상천불 ·
순적멸불 · 지각불 · 멸탐불 · 대염왕불 ·
적제유불 · 비사거천불 · 금강산불 · 지염덕불 ·
안은불 · 사자출현불 · 원만청정불 ·
청정현불 · 제일의불이며,
백광명불 · 최증상불 · 심자재불 ·
대지왕불 · 장엄왕불 · 해탈불 · 묘음불 ·
수승불 · 자재불 · 무상의왕불 · 공덕월불 ·
무애광불 · 공덕취불 · 월현불 · 일천불 ·
출제유불 · 용맹명칭불 · 광명문불 · 사라왕불 ·
최승불 · 약왕불 · 보승불 · 금강혜불 ·
무능승불 · 무능영폐불 · 중회왕불 ·
대명칭불 · 민지불 · 무량광불이며,
대원광불 · 법자재불허불 · 불퇴지불 ·
정천불 · 선천불 · 견고고행불 · 일체선우불 ·
해탈음불 · 유희왕불 ·

王佛과 滅邪曲佛과 詹蔔淨光佛과 具衆德佛과 最勝月佛과 執明
炬佛과 殊妙身佛과 不可說佛과 最淸淨佛과 友安衆生佛과 無量
光佛과 無畏音佛과 水天德佛과 不動慧光佛과 華勝佛과 月焰佛과
不退慧佛과 離愛佛과 無着慧佛과 集功德蘊佛과 滅惡趣佛과 普
散華佛과 師子吼佛과 第一義佛과 無礙見佛과 破他軍佛과 不着
相佛과 離分別海佛과 端嚴海佛과 須彌山佛과 無着智佛과 無邊
座佛과 淸淨住佛과 隨師行佛과 最上施佛과 常月佛과 饒益王佛과
不動聚佛과 普攝受佛과 饒益慧佛과 持壽佛과 無滅佛과 具足名
稱佛과 大威力佛과 種種色相佛과 無相慧佛과 不動天佛과 妙德
難思佛과 滿月佛과 解脫月佛과 無上王佛과 希有身佛과 梵供養

멸사곡불 · 담복정광불 · 구중덕불 ·
최승월불 · 집명거불 · 수묘신불 · 불가설불 ·
최청정불 · 우안중생불 · 무량광불 ·
무외음불 · 수천덕불 · 부동혜광불 ·
화승불 · 월염불 · 불퇴혜불 · 이애불이며,
무착혜불 · 집공덕온불 · 멸악취불 ·
보산화불 · 사자후불 · 제일의불 ·
무애견불 · 파타군불 · 불착상불 ·
이분별해불 · 단엄해불 · 수미산불 ·
무착지불 · 무변좌불 · 청정주불 ·
수사행불 · 최상시불 · 상월불 · 요익왕불 ·
부동취불 · 보섭수불 · 요익혜불 · 지수불 ·
무멸불 · 구족명칭불이며,
대위력불 · 종종색상불 · 무상혜불 · 부동천불 ·
묘덕난사불 · 만월불 · 해탈월불 · 무상왕불 ·
희유신불 · 범공양불 ·

佛과 不瞬佛과 順先古佛과 最上業佛과 順法智佛과 無勝天佛과
不思議功德光佛과 隨法行佛과 無量賢佛과 普隨順自在佛과 最
尊天佛과 如是乃至樓至如來가 在賢劫中하야 於此三千大千世
界當成佛者에 悉爲其母하니 如於此三千大千世界하야 如是於此
世界海十方無量諸世界一切劫中에 諸有修行普賢行願하야 爲
化一切諸衆生者에 我自見身하야 悉爲其母호라 爾時에 善財童子가
白摩耶夫人言호대 大聖하 得此解脫이 經今幾時니잇고 答言하사대 善
男子야 乃往古世에 過不可思議非最後身菩薩神通道眼所知劫數
하야 爾時有劫하니 名淨光이요 世界는 名須彌德이니 雖有諸山과 五
趣雜居나 然其國土가 衆寶所成이라 淸淨莊嚴하야 無諸穢惡이요 有

불순불·순선고불·최상업불·순법지불·무승천불·부사의공덕광
불·수법행불·무량현불·보수순자재불·최존천불 등 이렇게 누지
여래에 이르기까지 현겁 동안에 이 삼천대천세계에서 부처님 되실 이
의 어머니가 되느니라.

　이 삼천대천세계에서와 같이, 이 세계해에 있는 시방의 한량없는
세계와 모든 겁에서 보현의 행과 원을 닦아서 모든 중생들을 교화하
려는 이에게도 나의 몸이 그들의 어머니가 되는 것을 내가 보노라.”

　그때 선재동자는 마야부인에게 여쭈었다.

　“크게 거룩하신 이께서 이 해탈을 얻은 지는 얼마나 오래되었나이
까?”

　마야부인이 대답하였다.

　“착한 남자여, 지나간 옛적 맨 나중 몸을 받은 보살의 신통한 도의
눈으로 알 것이 아닌 헤아릴 수 없는 겁 전 그때에 겁이 있었으니 이
름이 깨끗한 빛이요, 세계의 이름은 수미덕이라. 비록 여러 산이 있어
다섯 길 중생들이 섞여 살지만 그 국토가 여러 가지 보배로 되어 있
고 청정하게 장엄하여 더럽고 나쁜 것이 없었느니라. 천억 사천하가

千億四天下어든 有一四天下하니 名師子幢이라 於中에 有八十億王
城이어든 有一王城하니 名自在幢이요 有轉輪王하니 名大威德이요 彼
王城北에 有一道場하니 名滿月光明이요 其道場神은 名曰慈德이요
時有菩薩하니 名離垢幢이라 坐於道場하야 將成正覺이러니 有一惡魔
하니 名金色光이라 與其眷屬無量衆俱하야 至菩薩所어늘 彼大威德
轉輪聖王이 已得菩薩神通自在라 化作兵衆에 其數倍多하야 圍遶
道場한대 諸魔惶怖하야 悉自奔散이라 故彼菩薩이 得成阿耨多羅三
藐三菩提하니라 時에 道場神이 見是事已코 歡喜無量하야 便於彼王
에 而生子想하야 頂禮佛足하고 作是願言호대 此轉輪王의 在在生處
와 乃至成佛에 願我常得與其爲母하야지이다 作是願已코 於此道場에

있는 가운데 한 사천하의 이름이 사자당기요, 그 가운데 팔십억 서울
이 있었는데, 한 서울의 이름은 자재한 당기라 하고, 그 서울에 전륜
왕이 있으니, 이름이 대위덕이었느니라.

그 서울 북쪽에 한 도량이 있으니, 이름이 보름달 광명이요, 그 도
량을 맡은 신의 이름은 인자한 덕이었다. 그때 때 여읜 당기 보살이
도량에 앉아서 장차 정각을 이루려 하는데 한 악마가 있으니 이름이
금빛 광명이라. 한량없는 권속들을 데리고 보살이 있는 곳으로 왔으
나 그 대위덕 전륜왕은 이미 보살의 신통과 자재함을 얻었으므로 갑
절이나 더 많은 군사를 변화하여 만들어 도량을 에워쌌음에 악마들이
황공하여 물러가고, 그 보살은 아뇩다라삼먁삼보리를 이루었느니라.

이때 도량 맡은 신이 이런 일을 보고 한량없이 기뻐하면서 전륜왕
에게 아들이란 생각을 내고, 부처님 발에 엎드려 절하고 이와 같이
발원하였느니라.

'이 전륜왕이 여러 곳에 태어날 때마다, 또는 마침내 부처를 이룰
때 내가 항상 그의 어머니가 되어지이다.'

이렇게 원을 세우고, 이 도량에서 다시

復曾供養十那由他佛하니라 善男子야 於汝意云何오 彼道場神이 豈異人乎아 我身이 是也요 轉輪王者는 今世尊毘盧遮那가 是니 我從於彼發願已來로 此佛世尊이 於十方刹一切諸趣에 處處受生하야 種諸善根하고 修菩薩行하야 敎化成就一切衆生하며 乃至示現住最後身하야 念念普於一切世界에 示現菩薩受生神變에 常爲我子하고 我常爲母호라 善男子야 過去現在十方世界無量諸佛이 將成佛時에 皆於臍中에 放大光明하야 來照我身과 及我所住宮殿屋宅하나니 彼最後生에 我悉爲母호라 善男子야 我唯知此菩薩大願智幻解脫門이어니와 如諸菩薩摩訶薩은 具大悲藏하야 敎化衆生호대 常無厭足하며 以自在力으로 一一毛孔에 示現無量諸佛神變하나

십 나유타 부처님께 공양하였느니라.

착한 남자여, 어떻게 생각하는가? 그때의 도량 맡은 신은 다른 사람이 아니라 곧 이 내 몸이며 전륜왕은 지금의 세존이신 비로자나 부처님이시니라. 나는 그때 원을 세운 이후로 이 불세존께서 시방 세계의 여러 가지 길에서 곳곳마다 태어나시며 착한 뿌리를 심고 보살의 행을 닦아 모든 중생을 교화하여 성취케 하며, 내지 일부러 맨 나중 몸에 있으면서 잠깐잠깐 동안에 모든 세계에서 보살로 태어나는 신통변화를 나타낼 적마다 항상 나의 아들이 되었고, 나는 항상 어머니가 되었느니라.

착한 남자여, 과거 세상이나 지금 세상에서 시방 세계의 한량없는 부처님이 부처를 이루려 할 때에, 배꼽으로 큰 광명을 놓아 내 몸과 내가 있는 궁전을 비추었으며, 그가 마지막으로 태어날 때까지 나는 그의 어머니가 되었느니라. 착한 남자여, 나는 다만 이 보살의 큰 원과 지혜가 환술 같은 해탈문을 알거니와 저 보살마하살들이 크게 가엾이 여기는 창고를 갖추고 중생을 교화하기에 만족한 줄을 모르는 일과 자재한 힘으로 털구멍마다 한량없는 부처님의 신통변화를 나타

니 我今云何能知能說彼功德行이리오 善男子야 於此世界三十三
天에 有王하니 名正念이요 其王이 有女하니 名天主光이니 汝詣彼問호
대 菩薩이 云何學菩薩行이며 脩菩薩道리잇고 時에 善財童子가 敬受
其教하야 頭面作禮하며 遶無數市하며 戀慕瞻仰하고 劫行而退하니라
爾時에 善財가 遂往天宮하야 見彼天女하고 禮足圍遶하며 合掌前住
하야 白言호대 聖者하 我已先發阿耨多羅三藐三菩提心호니 而未知
菩薩이 云何學菩薩行이며 云何脩菩薩道리잇고 我聞聖者는 善能誘
誨라하니 願爲我說하소서
天女가 答言하사대 善男子야 我得菩薩解脫호니 名無礙念淸淨莊嚴
이니라 善男子야 我以此解脫力으로 憶念過去에 有最勝劫하니 名靑

내는 일이야 내가 어떻게 알며, 그의 공덕행을 말하겠는가.

착한 남자여, 이 세계의 삼십삼천에 정념이란 왕이 있고, 그 왕에게
딸이 있으니 이름이 천주광이니라. 그대는 그에게 가서 '보살이 어떻
게 보살행을 배우며, 보살도를 닦느냐?' 하고 물으라."

그때 선재동자는 가르침을 공경하여 받들고 엎드려 절하고 수없이
돌면서 우러러 사모하고 물러갔다.

선재동자가 천궁에 가서 그 천녀를 보고는 발에 절하며 돌고 합장
하고 서서 말하였다.

"거룩하신이여, 저는 이미 아뇩다라삼먁삼보리심을 내었사오나, 보
살이 어떻게 보살행을 배우며 어떻게 보살도를 닦는지 알지 못하나이
다. 들자온즉 거룩하신 이께서 잘 가르치신다 하오니 바라옵건대 저
에게 말씀하여 주소서."

천녀가 대답하였다.

"착한 남자여, 나는 보살의 해탈을 얻었으니, 이름이 걸림 없는 생
각의 깨끗한 장엄이니라. 착한 남자여, 나는 이 해탈의 힘으로 지나간
세상을 기억하노라. 과거에 가장 훌륭한 겁이 있었으니, 이름이 푸른

蓮華라 我於彼劫中에 供養恒河沙數諸佛如來호대 彼諸如來의 從
初出家로 我皆瞻奉守護供養하야 造僧伽藍하고 營辨什物하며 又彼
諸佛의 從爲菩薩로 住母胎時와 誕生之時와 行七步時와 大師子
吼時와 住童子位하야 在宮中時와 向菩提樹하야 成正覺時와 轉正
法輪하고 現佛神變하야 敎化調伏衆生之時에 如是一切諸所作事
를 從初發心으로 乃至法盡히 我皆明憶하야 無有遺餘하야 常現在前
하야 念持不忘호라 又憶過去에 劫名善地니 我於彼에 供養十恒河
沙數諸佛如來하며 又過去劫이 名爲妙德이니 我於彼에 供養一佛
世界微塵數諸佛如來하며 又劫名無所得이니 我於彼에 供養八十
四億百千那由他諸佛如來하며 又劫名善光이니 我於彼에 供養閻

연화라. 나는 그 겁에서 항하의 모래처럼 많은 부처님 여래께 공양하
였노라. 그 여래들이 처음 출가할 때부터 내가 받들어 수호하고 공양
하는 데 절을 짓고 모든 도구를 마련하였노라.

또 저 부처님들이 보살로서 어머니의 태에 계실 때와, 탄생하실 때
와, 일곱 걸음을 걸으실 때와, 크게 사자후 하실 때와, 동자의 지위에
있으면서 궁중에 계실 때와, 보리수를 향하여 정각을 이루실 때와, 바
른 법륜을 굴리며 부처님의 신통변화를 나투어 중생들을 교화하고 조
복할 때에 여러 가지 하시던 일을 처음 발심한 적부터 법이 다할 때
까지 내가 다 밝게 기억하여 잊은 것이 없으며, 항상 앞에 나타나서
생각하고 잊지 않노라.

또 기억하는 것은 과거에 선지라는 겁이 있었는데, 나는 그 겁에서
열 항하의 모래 수 부처님 여래께 공양하였노라. 또 과거에 묘덕이란
겁이 있었는데, 나는 그때에 한 세계의 티끌 수 부처님 여래께 공양
하였노라. 또 무소득 겁이 있었는데, 나는 그때에 팔십사억 백천 나유
타 부처님 여래께 공양하였노라. 또 좋은 빛 겁이 있었는데, 나는 그
때에 염부제 티끌 수 부처님 여래께 공양하였노라.

浮提微塵數諸佛如來하며 又劫名無量光이니 我於彼에 供養二十
恒河沙數諸佛如來하며 又劫名最勝德이니 我於彼에 供養一恒河
沙數諸佛如來하며 又劫名善悲니 我於彼에 供養八十恒河沙數
諸佛如來하며 又劫名勝遊니 我於彼에 供養六十恒河沙數諸佛
如來하며 又劫名妙月이니 我於彼에 供養七十恒河沙數諸佛如來
호라 善男子야 如是憶念恒河沙劫에 我常不捨諸佛如來應正等
覺하야 從彼一切諸如來所로 聞此無礙念淸淨莊嚴菩薩解脫하고
受持脩行하야 恒不忘失하며 如是先劫所有如來의 從初菩薩로 乃
至法盡히 一切所作을 我以淨嚴解脫之力으로 皆隨憶念하야 明了
現前하야 持而順行하야 曾無懈廢호라

또 한량없는 광명 겁이 있었는데, 나는 그때에 이십 항하의 모래
수 부처님 여래께 공양하였노라. 또 가장 훌륭한 덕 겁이 있었는데,
나는 그때에 한 항하의 모래 수 부처님 여래께 공양하였노라. 또 좋
게 가엾이 여기는 겁이 있었는데, 나는 그때에 팔십 항하의 모래 수
부처님 여래께 공양하였노라. 또 잘 노는 겁이 있었는데, 나는 그때에
육십 항하의 모래 수 부처님 여래께 공양하였노라. 또 묘한 달 겁이
있었는데, 나는 그때에 칠십 항하의 모래 수 부처님 여래께 공양하였
노라.

착한 남자여, 이렇게 항하의 모래 수 겁에 내가 부처님 여래·응공
·정등각을 항상 버리지 않았음을 기억하며, 저 모든 여래에게서 이
걸림 없는 생각의 깨끗한 장엄인 보살의 해탈을 듣고, 받아 지니고
닦아 행하여 항상 잊지 아니하였노라.

이렇게 지나간 겁에 나시었던 여러 여래께서 처음 보살로부터 법이
다할 때까지 하시던 모든 일을 내가 깨끗한 장엄 해탈의 힘으로 모두
기억하여 분명히 앞에 나타나며, 지니고 따라 행하여 잠깐도 게으르
거나 폐하지 아니하였노라.

善男子야 我唯知此無礙念淸淨解脫이어니와 如諸菩薩摩訶薩은 出生死夜하야 朗然明徹하며 永離癡冥하야 未嘗惛寐하며 心無諸蓋하야 身行輕安하며 於諸法性에 淸淨覺了하며 成就十力하야 開悟群生하나니 而我云何能知能說彼功德行이리오 善男子야 迦毘羅城에 有童子師하니 名曰徧友니 汝詣彼問호대 菩薩이 云何學菩薩行이며 脩菩薩道리잇고하라 時에 善財童子가 以聞法故로 歡喜踊躍하야 不思議善根이 自然增廣하야 頂禮其足하며 遶無數帀하고 辭退而去하니라

從天宮下하야 漸向彼城하야 至徧友所하야 禮足圍遶하며 合掌恭敬하고 於一面立하야 白言호대 聖者하 我已先發阿耨多羅三藐三菩提心호니 而未知菩薩이 云何學菩薩行이며 云何脩菩薩道리잇고 我聞

착한 남자여, 나는 다만 걸림 없는 생각의 깨끗한 해탈을 알 뿐이니, 저 보살마하살들이 생사의 밤중에 나서도 분명하게 통달하며, 어리석음을 아주 여의고 잠깐도 혼미하지 않으며, 마음에는 여러 가지 덮임이 없고 몸은 개운해져서 법의 성품을 깨끗하게 깨닫고, 열 가지 힘을 성취하여 중생들을 깨우치는 일이야 내가 어떻게 알며, 그 공덕의 행을 어떻게 말하겠는가. 착한 남자여, 가비라성에 한 동자 스승이 있으니, 이름이 모든 이의 벗(徧友)이니라. 그대는 그에게 가서 '보살이 어떻게 보살행을 배우며, 보살도를 닦는가?' 하고 물으라."

이때 선재동자는 법을 들었으므로 기뻐 뛰놀면서 부사의한 착한 뿌리가 저절로 증장하여 그의 발에 엎드려 절하고 수없이 돌고 하직하고 물러갔다.

천궁에서 내려와 가비라성을 찾아갔다. '모든 이의 벗'에게 나아가 발에 절하고 두루 돌고 합장하고 공경하며 한 곁에 서서 말하였다.

"거룩하신이여, 저는 이미 아뇩다라삼먁삼보리심을 내었사오나, 보살이 어떻게 보살행을 배우며, 어떻게 보살도를 닦는지 알지 못하나이다. 듣자온즉 거룩하신 이께서 잘 가르치신다 하오니, 바라옵건대

聖者는 善能誘誨라하니 願爲我說하소서 徧友가 答言하사대 善男子야
此有童子하니 名善知衆藝라 學菩薩字智하나니 汝可問之하라 當爲
汝說하리라

爾時에 善財가 卽至其所하야 頭頂禮敬하고 於一面立하야 白言호대
聖者하 我已先發阿耨多羅三藐三菩提心호니 而未知菩薩이 云
何學菩薩行이며 云何脩菩薩道리잇고 我聞聖者는 善能誘誨라하니 願
爲我說하소서 時彼童子가 告善財言하사대

善男子야 我得菩薩解脫호니 名善知衆藝라 我恒唱持此之字母로
니 唱阿字時에 入般若波羅蜜門하니 名以菩薩威力으로 入無差別
境界요 唱多字時에 入般若波羅蜜門하니 名無邊差別門이요 唱波

말씀하여 주소서."

모든 이의 벗이 대답하였다.

"착한 남자여, 여기 한 동자가 있으니, 이름이 '모든 예술 잘 아는
(善知衆藝) 이'라. 보살의 글자 지혜를 배웠으니 그대는 가서 물으라.
그대에게 말하여 주리라."

이때 선재동자는 곧 그에게 가서 엎드려 절하고 한 곁에 서서 말하
였다.

"거룩하신이여, 저는 이미 아뇩다라삼먁삼보리심을 내었사오나, 보
살이 어떻게 보살행을 배우며, 어떻게 보살도를 닦는지 알지 못하나
이다. 듣자온즉 거룩한 이께서 잘 가르치신다 하오니 바라옵건대 저
에게 말씀하여 주소서."

그 동자는 선재에게 말하였다.

"착한 남자여, 나는 보살의 해탈을 얻었으니, 이름이 모든 예술 잘
앎이라. 나는 항상 이 자모를 부르노라. 아(阿) 자를 부를 때는 반야
바라밀 문에 들어가나니, 이름이 보살의 위력으로 차별이 없는 경계
에 들어감이니라. 타(多) 자를 부를 때는 반야바라밀 문에 들어가나

字時에 入般若波羅蜜門하니 名普照法界요 唱者字時에 入般若波羅蜜門하니 名普輪斷差別이요 唱那字時에 入般若波羅蜜門하니 名得無依無上이요 唱邏字時에 入般若波羅蜜門하니 名離依止無垢요 唱挖(輕呼)字時에 入般若波羅蜜門하니 名不退轉方便이요 唱婆(蒲我反)字時에 入般若波羅蜜門하니 名金剛場이요

唱茶(徒解反)字時에 入般若波羅蜜門하니 名曰普輪이요 唱沙(史我反)字時에 入般若波羅蜜門하니 名爲海藏이요 唱縛(房可反)字時에 入般若波羅蜜門하니 名爲普生安住요 唱哆(都我反)字時에 入般若波羅蜜門하니 名圓滿光이요 唱也(以可反)字時에 入般若波羅蜜門하니 名差別積聚요 唱瑟吒字時에 入般若波羅蜜門하니 名普光

니, 이름이 그지없는 차별한 문이니라. 파(波) 자를 부를 때는 반야바라밀 문에 들어가나니, 이름이 법계에 두루 비침이니라. 차(者) 자를 부를 때는 반야바라밀 문에 들어가나니, 이름이 넓은 바퀴로 차별을 끊음이니라. 나(那) 자를 부를 때는 반야바라밀 문에 들어가나니, 이름이 의지한 데 없고 위가 없음을 얻음이니라. 라(邏) 자를 부를 때는 반야바라밀 문에 들어가나니, 이름이 의지함을 여의고 때가 없음이니라. 다(挖輕呼) 자를 부를 때는 반야바라밀 문에 들어가나니, 이름이 물러가지 않는 방편이니라. 바(婆蒲我反) 자를 부를 때는 반야바라밀 문에 들어가나니, 이름이 금강 마당이니라. 다(茶徒解反) 자를 부를 때는 반야바라밀 문에 들어가나니, 이름이 넓은 바퀴니라. 샤(沙史我反) 자를 부를 때는 반야바라밀 문에 들어가나니, 이름이 바다 창고이니라. 바(縛房可反) 자를 부를 때는 반야바라밀 문에 들어가나니, 이름이 두루 내어 편안히 머무름이니라. 타(哆都我反) 자를 부를 때는 반야바라밀 문에 들어가나니, 이름이 원만한 빛이니라. 야(也以可反) 자를 부를 때는 반야바라밀 문에 들어가나니, 이름이 차별을 모아 쌓음이니라. 슈타(瑟吒) 자를 부를 때는 반야바라밀 문에 들어가나니, 이름이 넓

明息煩惱요 唱迦字時에 入般若波羅蜜門하니 名無差別雲이요 唱娑(蘇我反)字時에 入般若波羅蜜門하니 名降霆大雨요 唱麼字時에 入般若波羅蜜門하니 名大流湍激하고 衆峰齊峙요 唱伽(上聲輕呼)字時에 入般若波羅蜜門하니 名普安立이요

唱他(他可反)字時에 入般若波羅蜜門하니 名眞如平等藏이요 唱社字時에 入般若波羅蜜門하니 名入世間海淸淨이요 唱鎖字時에 入般若波羅蜜門하니 名念一切佛莊嚴이요 唱柁字時에 入般若波羅蜜門하니 名觀察簡擇一切法聚요 唱奢(尸奇反)字時에 入般若波羅蜜門하니 名隨順一切佛敎輪光明이요 唱佉字時에 入般若波羅蜜門하니 名脩因地智慧藏이요

은 광명으로 번뇌를 쉬게 함이니라. 카(迦) 자를 부를 때는 반야바라밀 문에 들어가나니, 이름이 차별 없는 구름이니라. 사(娑蘇我反) 자를 부를 때는 반야바라밀 문에 들어가나니, 이름이 큰 비를 퍼부음이니라. 마(麼) 자를 부를 때는 반야바라밀문에 들어가나니, 이름이 큰 물이 부딪쳐 흐르고 여러 봉우리가 가지런히 솟음이니라.

가(伽上聲輕呼) 자를 부를 때는 반야바라밀 문에 들어가나니, 이름이 두루 나란히 정돈함이니라. 타(他他可反) 자를 부를 때에는 반야바라밀 문에 들어가나니, 이름이 진여의 평등한 창고니라. 자(社) 자를 부를 때에는 반야바라밀 문에 들어가나니, 이름이 세상 바다에 들어가 깨끗함이니라. 스바(鎖) 자를 부를 때는 반야바라밀 문에 들어가나니, 이름이 모든 부처님의 장엄을 생각함이니라.

다(柁) 자를 부를 때는 반야바라밀 문에 들어가나니, 이름이 모든 법 더미를 관찰하여 가려냄이니라. 샤(奢尸奇反) 자를 부를 때는 반야바라밀 문에 들어가나니, 이름이 모든 부처님의 교법 바퀴의 광명을 따름이니라. 카(佉) 자를 부를 때는 반야바라밀 문에 들어가나니, 이름이 인행을 닦는 지혜 창고니라.

唱叉(楚我反)字時에 入般若波羅蜜門하니 名息諸業海藏이요 唱娑(蘇紇反)多(上聲呼)字時에 入般若波羅蜜門하니 名蠲諸惑障하고 開淨光明이요 唱壤字時에 入般若波羅蜜門하니 名作世間智慧門이요 唱曷攞多(上聲)字時에 入般若波羅蜜門하니 名生死境界智慧輪이요 唱婆(蒲子反)字時에 入般若波羅蜜門하니 名一切智宮殿圓滿莊嚴이요 唱車(上聲)字時에 入般若波羅蜜門하니 名脩行方便藏各別圓滿이요 唱娑(蘇紇反)麼字時에 入般若波羅蜜門하니 名隨十方現見諸佛이요 唱訶婆(訶娑並上聲呼)字時에 入般若波羅蜜門하니 名觀察一切無緣衆生하야 方便攝受하야 令出生無礙力이요 唱縒(七可反)字時에 入般若波羅蜜門하니 名脩行趣入一切功德海요

크샤(叉楚我反) 자를 부를 때는 반야바라밀 문에 들어가나니, 이름이 모든 업 바다를 쉬는 창고니라. 스타(娑蘇紇反 多上聲呼) 자를 부를 때는 반야바라밀 문에 들어가나니, 이름이 번뇌의 막힘을 덜고 깨끗한 광명을 엶이니라. 즈냐(壤) 자를 부를 때는 반야바라밀다 문에 들어가나니, 이름이 세간의 지혜 문을 지음이니라. 흐르다(曷攞多上聲) 자를 부를 때는 반야바라밀다 문에 들어가나니, 이름이 생사 경계의 지혜 바퀴니라. 바(婆蒲子反) 자를 부를 때는 반야바라밀 문에 들어가나니, 이름이 온갖 지혜 궁전의 원만한 장엄이니라. 차(車上聲) 자를 부를 때는 반야바라밀 문에 들어가나니, 이름이 수행하는 방편 창고가 제각기 원만함이니라. 스마(娑蘇紇反麼) 자를 부를 때는 반야바라밀 문에 들어가나니, 이름이 시방을 따라 부처님들을 현재에 봄이니라. 흐바(訶娑訶娑並上聲呼) 자를 부를 때는 반야바라밀 문에 들어가나니, 이름이 모든 인연 없는 중생을 관찰하고 방편으로 거두어 주어 걸림 없는 힘을 내게 함이니라. 트사(縒七可反) 자를 부를 때는 반야바라밀 문에 들어가나니, 이름이 행을 닦아 모든 공덕 바다에 나아가 들어감이니라.

唱伽(上聲)字時에 入般若波羅蜜門하니 名持一切法雲堅固海藏
이요 唱吒字時에 入般若波羅蜜門하니 名隨願普見十方諸佛이요 唱
拏(妳可反)字時에 入般若波羅蜜門하니 名觀察字輪이 有無盡諸
億字요 唱娑(蘇紇反)頗字時에 入般若波羅蜜門하니 名化衆生究
竟處요 唱娑(同前)迦字時에 入般若波羅蜜門하니 名廣大藏無礙
辯光明輪徧遍照요 唱也(夷舸反)娑(蘇可反)字時에 入般若波羅
蜜門하니 名宣說一切佛法境界요 唱室者字時에 入般若波羅蜜
門하니 名於一切衆生界에 法雷徧吼요 唱侘(恥可反)字時에 入般
若波羅蜜門하니 名以無我法으로 開曉衆生이요 唱陀字時에 入般若
波羅蜜門하니 名一切法輪差別藏이니라

가(伽上聲) 자를 부를 때는 반야바라밀 문에 들어가나니, 이름이
모든 법 구름을 가진 견고한 바다 창고니라. 타(吒) 자를 부를 때
는 반야바라밀 문에 들어가나니, 이름이 원하는 대로 시방의 부처
님들을 두루 봄이니라. 나(拏妳可反) 자를 부를 때는 반야바라밀 문
에 들어가나니, 이름이 글자 바퀴에 다함이 없는 여러 억 글자가
있음을 관찰함이니라. 스파(娑蘇紇反頗) 자를 부를 때는 반야바라
밀 문에 들어가나니, 이름이 중생을 교화하여 구경의 곳이니라.

스카(娑同前迦) 자를 부를 때는 반야바라밀 문에 들어가나니, 이
름이 광대한 창고 걸림 없는 변재의 광명 바퀴가 두루 비침이니라.
이사(也夷舸反娑蘇可反) 자를 부를 때는 반야바라밀 문에 들어가나
니, 이름이 모든 부처님 법의 경계를 선전하여 말함이니라.

스차(室者) 자를 부를 때는 반야바라밀 문에 들어가나니, 이름이
모든 중생 세계에 법 우레가 진동함이니라. 타(侘恥可反) 자를 부를
때는 반야바라밀 문에 들어가나니, 이름이 나가 없는 법으로 중생
을 깨우침이니라. 다(陀) 자를 부를 때는 반야바라밀 문에 들어가
나니, 이름이 모든 법륜의 분별한 창고니라.

善男子야 我唱如是字母時에 此四十二般若波羅蜜門으로 爲首하야 入無量無數般若波羅蜜門이로라 善男子야 我唯知此善知衆藝菩薩解脫이어니와 如諸菩薩摩訶薩은 能於一切世出世間善巧之法에 以智通達하야 到於彼岸하야 殊方異藝를 咸綜無遺하며 文字算數에 蘊其深解하며 醫方呪術로 善療衆病호대 有諸衆生이 鬼魅所持와 怨憎呪詛와 惡星變怪와 死屍奔逐과 癲癇羸瘦의 種種諸疾을 咸能救之하야 使得痊愈하며 又善別知金玉珠貝와 珊瑚瑠璃와 摩尼硨磲와 雞薩羅等의 一切寶藏出生之處와 品類不同과 價直多少하며 村營鄉邑과 大小都城과 宮殿苑園과 巖泉藪澤의 凡是一切人衆所居를 菩薩이 咸能隨方攝護하며 又善觀察天文地理와 人相

착한 남자여, 내가 이런 자모를 부를 때에 이 사십이 반야바라밀 문을 머리로 삼아 한량없고 수없는 반야바라밀 문에 들어가느니라.

착한 남자여, 나는 다만 모든 예술을 잘 아는 보살의 해탈을 알 뿐이니, 저 보살마하살들이 모든 세간과 출세간의 교묘한 법을 지혜로 통달하여 피안에 이르며, 다른 지방의 이상한 예술을 모두 종합하여 알아 남음이 없으며, 글과 산수를 속속들이 이해하고 의학과 술법으로 여러 가지 병을 잘 치료하며,

어떤 중생들이 귀신에게 들렸거나 원수에게 저주를 받았거나 나쁜 별의 변괴를 입었거나 송장에게 쫓기거나 간질·조갈 따위의 병에 걸린 것을 모두 구원하여 쾌차하게 하는 일과

또 금·옥·진주·보패·산호·유리·마니·자거·계살라 등의 보배가 나는 처소와 종류가 같지 않음과 값이 얼마나 가는지 잘 분별하여 알며, 마을이나 영문이나 시골이나 성시나 크고 작은 도시들과 궁전·공원·바위·샘물·숲·진펄 등의 사람들이 살 수 있는 데를 보살이 모두 다 방향을 따라 거두어 보호하는 일과 또 천문·지리와 사람 상의

吉凶과 鳥獸音聲과 雲霞氣候와 年穀豊儉과 國土安危하야 如是世間所有技藝를 莫不該練하야 盡其源本하며 又能分別出世之法하야 正名辯義하며 觀察體相하야 隨順修行하며 智入其中하야 無疑無礙하며 無愚暗無頑鈍하며 無憂惱無沈沒하며 無不現證하나니 而我云何能知能說彼功德行이리오 善男子야 此摩竭提國에 有一聚落하고 彼中有城하니 名婆呾那며 有優婆夷하니 號曰賢勝이니 汝詣彼問호대 菩薩이 云何學菩薩行이며 脩菩薩道리잇고하라 時에 善財童子가 頭面敬禮知藝之足하며 遶無數帀하고 戀仰辭去하니라

向聚落城하야 至賢勝所하야 禮足圍遶하며 合掌恭敬하고 於一面立하야 白言호대 聖者하 我已先發阿耨多羅三藐三菩提心호니 而未知

길흉과 새·짐승의 음성을 잘 관찰하며, 구름·안개의 기후로 시절의 흉년·풍년과 국토의 태평하고 나쁜 것을 짐작하는 일과, 이러한 세간의 기술을 모두 잘 알아 근원까지 통달하는 일과,

또 세간에서 뛰어난 법을 분별하며, 이름을 바로 알고 이치를 해석하며, 본체와 모양을 관찰하고 따라 수행하며, 지혜로 속속들이 들어가 의심도 없고 걸림도 없고 어리석지도 않고 완악하지도 않고 근심과 침울함도 없이 현재에 증득하지 못함이 없는 일들이야, 내가 어떻게 알며 그 공덕의 행을 어떻게 말하겠는가. 착한 남자여, 이 마갈제국에 한 부락이 있고 거기 성이 있으니, 이름은 취락이요, 그 성에 우바이가 있으니 이름이 현승이니라. 그대는 그에게 가서 '보살이 어떻게 보살행을 배우며, 보살도를 닦는가?' 하고 물으라."

이때 선재동자는 모든 예술 잘 아는 동자의 발에 엎드려 절하고 수없이 돌고 우러러 사모하면서 하직하고 물러갔다.

선재동자는 취락성으로 향하여 가서 '현승 우바이'에게 이르러 발에 절하고 두루 돌고 합장하고 공경하며 한 곁에 서서 여쭈었다.

"거룩하신이여, 저는 이미 아뇩다라삼먁삼보리심을 내었사오나, 보

菩薩이 云何學菩薩行이며 云何脩菩薩道리잇고 我聞聖者는 善能誘誨라하니 願爲我說하소서

賢勝이 答言하사대

善男子야 我得菩薩解脫호니 名無依處道場이라 旣自開解하고 復爲人說하며 又得無盡三昧호니 非彼三昧法이 有盡無盡이니 以能出生一切智性眼無盡故며 又能出生一切智性耳無盡故며 又能出生一切智性鼻無盡故며 又能出生一切智性舌無盡故며 又能出生一切智性身無盡故며 又能出生一切智性意無盡故며 又能出生一切智性功德波濤無盡故며 又能出生一切智性智慧光明無盡故며 又能出生一切智性速疾神通無盡故니라

살이 어떻게 보살행을 배우며, 어떻게 보살도를 닦는지를 알지 못하나이다. 들자온즉 거룩하신이께서 잘 가르친다 하오니, 바라옵건대 말씀하여 주소서."

현승 우바이가 대답하였다.

"착한 남자여, 나는 보살의 해탈을 얻었으니, 이름은 의지할 곳 없는 도량이라. 이미 스스로 깨우쳐 알고 또 다른 이에게 말하느니라.

또 다함 없는 삼매를 얻었으니, 저 삼매의 법이 다함이 있고 다함이 없는 것이 아니라, 능히 온갖 지혜의 성품인 눈을 냄이 다함 없는 연고며, 또 능히 온갖 지혜의 성품인 귀를 냄이 다함 없는 연고며, 또 능히 온갖 지혜의 성품인 코를 냄이 다함 없는 연고며, 또 능히 온갖 지혜의 성품인 혀를 냄이 다함 없는 연고며, 또 능히 온갖 지혜의 성품인 몸을 냄이 다함 없는 연고며, 또 능히 온갖 지혜의 성품인 뜻을 냄이 다함 없는 연고며, 또 능히 온갖 지혜의 성품인 공덕 파도를 냄이 다함 없는 연고며, 또 능히 온갖 지혜의 성품인 지혜 광명을 냄이 다함 없는 연고며, 또 능히 온갖 지혜의 성품인 빠른 신통을 냄이 다함 없는 연고니라.

善男子야　我唯知此無依處道場解脫이어니와　如諸菩薩摩訶薩의 一切無着功德行은 而我云何盡能知說이리오 善男子야 南方에 有城하니 名爲沃田이요 彼有長者하니 名堅固解脫이니 汝可往問호대 菩薩이 云何學菩薩行이며 修菩薩道리잇고하라 爾時에 善財가 禮賢勝足하며 遶無數帀하며 戀慕瞻仰하고 辭退南行하니라

到於彼城하야 詣長者所하야 禮足圍遶하며 合掌恭敬하고 於一面立하야 白言호대 聖者하 我已先發阿耨多羅三藐三菩提心호니 而未知菩薩이 云何學菩薩行이며 云何修菩薩道리잇고 我聞聖者는 善能誘誨라하니 願爲我說하소서

長者가 答言하사대 善男子야 我得菩薩解脫호니 名無着念淸淨莊嚴

착한 남자여, 나는 다만 이 의지할 곳 없는 도량 해탈을 알 뿐이니, 저 보살마하살들의 모든 것에 집착이 없는 공덕행이야, 내가 어떻게 다 알고 말하겠는가.

착한 남자여, 남쪽에 한 성이 있으니, 이름이 비옥한 밭이요, 거기 장자가 있으니, 이름이 '견고한 해탈'이니라. 그대는 그에게 가서 '보살이 어떻게 보살행을 배우며, 보살도를 닦는가?' 하고 물으라."

이때 선재동자는 현승의 발에 절하고 수없이 돌고 우러러 사모하면서 하직하고 남쪽으로 떠났다.

그 성에 이르러서는 장자에게 나아가 발에 절하고 두루 돌고 합장하고 공경하여 한 곁에 서서 여쭈었다.

"거룩하신이여, 저는 이미 아뇩다라삼먁삼보리심을 내었사오나, 보살이 어떻게 보살행을 배우며, 어떻게 보살도를 닦는지 알지 못하나이다. 듣자온즉 거룩하신 이께서 잘 가르친다 하오니, 바라옵건대 말씀하여 주소서."

장자가 대답하였다.

"착한 남자여, 나는 보살의 해탈을 얻었으니, 이름이 집착한 생각

이니 我自得是解脫已來로 於十方佛所에 勤求正法하야 無有休息호라 善男子야 我唯知此無着念淸淨莊嚴解脫이어니와 如諸菩薩摩訶薩은 獲無所畏大師子吼하야 安住廣大福智之聚하나니 而我云何能知能說彼功德行이리오 善男子야 卽此城中에 有一長者하니 名爲妙月이요 其長者宅에 常有光明하니 汝詣彼問호대 菩薩이 云何學菩薩行이며 脩菩薩道리잇고하라 時에 善財童子가 禮堅固足하며 遶無數市하고 辭退而去하니라

向妙月所하야 禮足圍遶하며 合掌恭敬하고 於一面立하야 白言호대 聖者하 我已先發阿耨多羅三藐三菩提心호니 而未知菩薩이 云何學菩薩行이며 云何脩菩薩道리잇고 我聞聖者는 善能誘誨라하니 願爲

없이 청정한 장엄이니라. 나는 이 해탈을 얻고 부터는 시방의 부처님 계신 데 와서 바른 법을 부지런히 구하여 쉬지 아니하였노라.

착한 남자여, 나는 다만 이 집착한 생각 없이 청정한 장엄 해탈을 알 뿐이니, 저 보살마하살들이 두려울 것 없음을 얻어 크게 사자후하며, 넓고 큰 복과 지혜의 무더기에 편안히 머무는 일이야 내가 어떻게 알며, 그 공덕행을 말하겠는가.

착한 남자여, 이 성 중에 한 장자가 있으니, 이름은 묘한 달이라. 그 장자의 집에는 항상 광명이 있으니, 그대는 그에게 가서 '보살이 어떻게 보살행을 배우며, 보살도를 닦는가?' 하고 물으라."

이때 선재동자는 견고한 장자의 발에 절하고 수 없이 돌고 하직하고 물러갔다.

'묘한 달 장자'의 있는 데 가서 발에 절하고 두루 돌고 합장하고 공경하면서 한 곁에 서서 여쭈었다.

"거룩하신이여, 저는 이미 아뇩다라삼먁삼보리심을 내었사오나, 보살이 어떻게 보살행을 배우며, 어떻게 보살도를 닦는지 알지 못하나이다. 듣자온즉 거룩하신 이께서 잘 가르치신다 하오니, 바라옵건대

我說하소서 妙月이 答言하사대 善男子야 我得菩薩解脫호니 名淨智光
明이니라 善男子야 我唯知此智光解脫이어니와 如諸菩薩摩訶薩은 證
得無量解脫法門하나니 而我云何能知能說彼功德行이리오 善男子
야 於此南方에 有城하니 名出生이요 彼有長者하니 名無勝軍이니 汝
詣彼問호대 菩薩이 云何學菩薩行이며 修菩薩道리잇고하라 是時에 善
財가 禮妙月足하며 遶無數帀하고 戀仰辭去하니라
漸向彼城하야 至長者所하야 禮足圍遶하며 合掌恭敬하고 於一面立하
야 白言호대 聖者하 我已先發阿耨多羅三藐三菩提心호니 而未知
菩薩이 云何學菩薩行이며 云何修菩薩道리잇고 我聞聖者는 善能誘
誨라하니 願爲我說하소서

말씀하여 주소서.”

묘한 달 장자가 대답하였다.

“착한 남자여, 나는 보살의 해탈을 얻었으니, 이름은 깨끗한 지혜
광명이니라. 착한 남자여, 나는 다만 이 지혜 광명 해탈을 알 뿐이니,
저 보살마하살들이 한량없는 해탈의 법문을 증득한 것이야 내가 어떻
게 알며, 그 공덕행을 말하겠는가. 착한 남자여, 이 남쪽에 성이 있으
니, 이름이 출생이요, 거기 장자가 있으니 이름은 ‘이길 이 없는 군대’
니라. 그대는 그에게 가서 ‘보살이 어떻게 보살행을 배우며, 보살도를
닦는가?’ 하고 물으라.”

이때 선재동자는 묘한 달 장자의 발에 절하고 수없이 돌고 우러러
사모하면서 하직하고 떠났다.

점점 그 성에 나아가 장자가 있는 데 이르러서는 발에 절하고 두루
돌고 합장하고 공경하면서 한 곁에 서서 여쭈었다.

“거룩하신이여, 저는 이미 아뇩다라삼먁삼보리심을 내었사오나, 보
살이 어떻게 보살행을 배우며, 어떻게 보살도를 닦는지 알지 못하나
이다. 들자온즉 거룩하신 이께서 잘 가르치신다 하오니, 바라옵건대

長者가 答言하사대 善男子야 我得菩薩解脫호니 名無盡相이니 我以
證此菩薩解脫하야 見無量佛하고 得無盡藏호라 善男子야 我唯知此
無盡相解脫이어니와 如諸菩薩摩訶薩은 得無限智와 無礙辯才하나니
而我云何能知能說彼功德行이리오 善男子야 於此城南에 有一聚
落하니 名之爲法이요 彼聚落中에 有婆羅門하야 名最寂靜이니 汝詣
彼問호대 菩薩이 云何學菩薩行이며 脩菩薩道리잇고하라 時에 善財童
子가 禮無勝軍足하며 遶無數帀하고 戀仰辭去하니라
漸次南行하야 詣彼聚落하야 見最寂靜하고 禮足圍遶하며 合掌恭敬하
고 於一面立하야 白言호대 聖者하 我已先發阿耨多羅三藐三菩提
心호니 而未知菩薩이 云何學菩薩行이며 云何脩菩薩道리잇고 我聞

말씀하여 주소서."

장자가 대답하였다.

"착한 남자여, 나는 보살의 해탈을 얻었으니, 이름이 다함 없는 형상이니라. 나는 이 보살의 해탈을 증득하였으므로 한량없는 부처님을 뵈옵고 무진장을 얻었노라. 착한 남자여, 나는 다만 이 다함 없는 형상 해탈을 알 뿐이니, 저 보살마하살들이 한량없는 지혜와 걸림 없는 변재를 얻은 것이야 내가 어떻게 알며, 그 공덕행을 말하겠는가. 착한 남자여, 이 성 남쪽에 한 촌락이 있으니, 이름은 법이요, 그 촌락에 바라문이 있으니, 이름이 가장 고요함이니라. 그대는 그에게 가서 '보살이 어떻게 보살의 행을 배우며, 보살의 도를 닦느냐?' 하고 물으라."

이때 선재동자는 이길 이 없는 군대 장자의 발에 절하고 수없이 돌고 우러러 사모하면서 하직하고 떠났다.

점점 남쪽으로 가다가 그 촌락에 이르러 '가장 고요한 바라문'을 보고 발에 절하고 두루 돌고 합장하고 공경하여 한곁에 서서 여쭈었다.

"거룩하신이여, 저는 이미 아뇩다라삼먁삼보리심을 내었사오나, 보살이 어떻게 보살행을 배우며 어떻게 보살도를 닦는지 알지 못하나이

聖者는 善能誘誨라하니 願爲我說하소서 婆羅門이 答言하사대 善男子야
我得菩薩解脫호니 名誠願語니 過去現在未來菩薩이 以是語故로
乃至於阿耨多羅三藐三菩提에 無有退轉하야 無已退하며 無現退
하며 無當退니라 善男子야 我以住於誠願語故로 隨意所作하야 莫不
成滿호라 善男子야 我唯知此誠願語解脫이어니와 如諸菩薩摩訶薩
은 與誠願語로 行止無違하야 言必以誠하야 未曾虛妄하야 無量功德
이 因之出生하나니 而我云何能知能說이리오 善男子야 於此南方에
有城하니 名妙意華門이요 彼有童子하니 名曰德生이며 復有童女하니
名爲有德이니 汝詣彼問호대 菩薩이 云何學菩薩行이며 脩菩薩道리잇
고하라

다. 들자온즉 거룩한 이께서 잘 가르치신다 하오니, 바라건대 말씀하
여 주소서.”

바라문이 대답하였다.

“착한 남자여, 나는 보살의 해탈을 얻었으니, 이름이 진실하게 원
하는 말이라. 과거·현재·미래 보살들이 이 말을 인하여 내지 아뇩
다라삼먁삼보리에 물러가지 않나니 이미 물러간 이도 없고 지금 물러
가는 이도 없고, 장차 물러갈 이도 없느니라. 착한 남자여, 나는 진실
하게 원하는 말에 머물렀으므로 뜻대로 짓는 일이 만족하지 않는 일
이 없느니라. 착한 남자여, 나는 다만 이 진실하게 원하는 말의 해탈
을 알 뿐이니, 저 보살마하살들이 진실하게 원하는 말과 더불어 행함
이 어긋나지 않으며, 말은 반드시 진실하여 허망하지 않아서 한량없
는 공덕이 이로부터 나는 일이야, 내가 어떻게 알며 말하겠는가.

착한 남자여, 이 남쪽에 성이 있으니, 이름이 묘한 뜻 꽃문이요, 거
기 동자가 있으니, 이름이 덕 나는 이요, 또 동녀가 있으니, 이름이
덕 있는 이니라. 그대는 그들에게 가서 ‘보살이 어떻게 보살행을 배우
며, 보살도를 닦는가?’ 하고 물으라.”

時에 善財童子가 於法尊重하야 禮婆羅門足하며 遶無數帀하고 戀仰而去하니라

爾時에 善財童子가 漸次南行하야 至妙意華門城하야 見德生童子와 有德童女하고 頂禮其足하며 右遶畢已하고 於前合掌하야 而作是言호대 聖者하 我已先發阿耨多羅三藐三菩提心호니 而未知菩薩이 云何學菩薩行이며 云何脩菩薩道리잇고 唯願慈哀로 爲我宣說하소서 時에 童子童女가 告善財言하사대 善男子야 我等이 證得菩薩解脫호니 名爲幻住라 得此解脫故로 見一切世界가 皆幻住니 因緣所生故며 一切衆生이 皆幻住니 業煩惱所起故며 一切世間이 皆幻住니 無明有愛等의 展轉緣生故며 一切法이 皆幻住니 我見等種種幻緣

이때 선재동자는 법을 존중히 여기므로 바라문의 발에 절하고 수없이 돌고, 우러러 사모하면서 떠났다.

그때 선재동자는 점점 남쪽으로 가다가, 묘한 뜻 꽃문성에 이르러 '덕 나는 동자'와 '덕 있는 동녀'를 보고는, 그의 발에 엎드려 절하고 오른쪽으로 돌고 앞에 서서 합장하고 말하였다.

"거룩하신이여, 저는 이미 아뇩다라삼먁삼보리심을 내었사오나, 보살이 어떻게 보살행을 배우며, 어떻게 보살도를 닦는지 알지 못하나이다. 바라옵건대 저를 가엾이 여기어 말씀하여 주소서."

이때 동자와 동녀는 선재에게 말하였다.

"착한 남자여, 우리는 보살의 해탈을 증득하였으니 이름이 환술처럼 머무름이니라. 이 해탈을 얻었으므로, 모든 세계가 다 환술처럼 머무는 줄로 보나니, 인연으로 생긴 탓이니라. 모든 중생이 다 환술처럼 머무나니 업과 번뇌로 일어난 탓이니라. 모든 세간이 다 환술처럼 머무는 것이니, 무명과 존재와 욕망 따위가 서로 인연이 되어 생기는 탓이니라. 모든 법이 다 환술처럼 머무는 것이니, '나'란 소견 따위의 가지가지 환술과 같은 인연으로 생기는 탓이니라.

所生故ᅵᆷ 一切三世가 皆幻住니 我見等顚倒智所生故ᅵᆷ 一切衆
生生滅生老病死憂悲苦惱가 皆幻住니 虛妄分別所生故ᅵᆷ 一切
國土가 皆幻住니 想倒心倒見倒無明所現故ᅵᆷ 一切聲聞辟支佛
ᅵ 皆幻住니 智斷分別所成故ᅵᆷ 一切菩薩ᅵ 皆幻住니 能自調伏하
ᅣ 敎化衆生하ᄂᆫ 諸行願法之所成故ᅵᆷ 一切菩薩衆會ᅴ 變化調伏
과 諸所施爲가 皆幻住니 願智幻所成故라 善男子ᅣ 幻境自性ᅵ
不可思議니라 善男子ᅣ 我等二人ᄋᆫ 但能知此幻住解脫ᅵ어니와 如
諸菩薩摩訶薩ᄋᆫ 善入無邊諸事幻網하니 彼功德行ᄋᆯ 我等ᅵ 云
何能知能說ᅵ리오
時ᅦ 童子童女가 說自解脫已ᅦ 以不思議諸善根力ᄋᆮ로 令善財身

    모든 삼세가 다 환술처럼 머무는 것이니, 나란 소견 따위의 뒤바뀐 지혜로 생기는 탓이니라. 모든 중생의 생기고 없어지고 나고 늙고 병들고 죽고 근심하고 슬퍼하고 괴로운 것이 다 환술처럼 머무는 것이니, 허망한 분별로 생기는 탓이니라.

    모든 국토가 다 환술처럼 머무는 것이니, 생각이 뒤바뀌고 마음이 뒤바뀌고 소견이 뒤바뀌어 무명으로 나타나는 탓이니라. 모든 성문과 벽지불이 다 환술처럼 머무는 것이니 지혜로 끊는 분별로 이루어지는 탓이니라. 모든 보살이 다 환술처럼 머무는 것이니, 스스로 조복하고 중생을 교화하려는 여러 가지 행과 원으로 이루어지는 탓이니라. 모든 보살대중의 변화하고 조복하는 여러 가지 일이 다 환술처럼 머무는 것이니, 서원과 지혜의 환술로 이루어지는 탓이니라. 착한 남자여, 환술 같은 경계의 성품을 헤아릴 수 없느니라.

    착한 남자여, 우리 두 사람은 다만 이 환술처럼 머무는 해탈을 알 뿐이니, 저 보살마하살의 그지없는 일의 환술 그물에 잘 들어가는 그 공덕행이야, 우리가 어떻게 알며 어떻게 말하겠는가.”

    동자와 동녀는 자기의 해탈을 말하고는 부사의한 착한 뿌리의 힘으

으로 柔軟光澤하고 而告之言하사대

善男子야 於此南方에 有國하니 名海岸이요 有園하니 名大莊嚴이며 其中에 有一廣大樓閣하니 名毘盧遮那莊嚴藏이니 從菩薩善根果報生이며 從菩薩念力願力自在力神通力生이며 從菩薩善巧方便生이며 從菩薩福德智慧生이라 善男子야 住不思議解脫菩薩이 以大悲心으로 爲諸衆生하야 現如是境界하며 集如是莊嚴하나니 彌勒菩薩摩訶薩이 安處其中하사 爲欲攝受本所生處父母眷屬과 及諸人民하야 令成熟故며 又欲令彼同受生同修行衆生으로 於大乘中에 得堅固故며 又欲令彼一切衆生으로 隨住地隨善根하야 皆成就故며 又欲爲汝하야 顯示菩薩의 解脫門故며 顯示菩薩의 徧一切處

로써 선재동자의 몸을 부드럽고 빛나고 윤택케 하고 말하였다.

"착한 남자여, 이 남쪽에 해안이란 나라가 있고 그곳에 대장엄 동산이 있으며, 그 안에 광대한 누각이 있으니, 이름은 비로자나장엄장이라. 보살의 착한 뿌리의 과보로 좇아 생겼으며, 보살의 생각하는 힘·서원하는 힘·자재한 힘·신통한 힘으로 생겼으며, 보살의 교묘한 방편으로 생겼으며, 보살의 복덕과 지혜로 생겼느니라.

착한 남자여, 부사의한 해탈에 머무른 보살은 크게 가엾이 여기는 마음으로 중생을 위하여 이러한 경계를 나타내며, 이러한 장엄을 모으는 것이니라.

미륵보살마하살이 그 가운데 있으니, 본래 태어났던 부모와 권속과 백성들을 거두어 주어 성숙케 하는 연고며, 또 함께 태어나고 함께 수행하던 중생들을 대승 가운데서 견고하게 하려는 연고며, 또 저 모든 중생들로 하여금 있는 곳을 따르고 착한 뿌리를 따라서 성취케 하려는 연고니라.

또 그대에게 보살의 해탈문을 보이려는 연고며, 보살이 모든 곳에서 자재하게 태어남을 보이려는 연고며,

受生自在故며 顯示菩薩의 以種種身으로 普現一切衆生之前하야
常教化故며 顯示菩薩의 以大悲力으로 普攝一切世間資財하야 而
不厭故며 顯示菩薩의 具脩諸行호대 知一切行이 離諸相故며 顯示
菩薩의 處處受生호대 了一切生이 皆無相故니 汝詣彼問호대 菩薩이
云何行菩薩行이며 云何脩菩薩道며 云何學菩薩戒며 云何淨菩
薩心이며 云何發菩薩願이며 云何習菩薩助道具며 云何入菩薩所
住地며 云何滿菩薩波羅蜜이며 云何獲菩薩無生忍이며 云何具菩
薩功德法이며 云何事菩薩善知識이리잇고하라 何以故오 善男子야 彼
菩薩摩訶薩이 通達一切菩薩行하며 了知一切衆生心하야 常現其
前하야 教化調伏하며 彼菩薩이 已滿一切波羅蜜하며 已住一切菩薩

보살이 가지가지 몸으로 여러 중생들 앞에 나타나서 항상 교화함을
보이려는 연고며, 보살이 크게 가엾이 여기는 힘으로 모든 세간의 재
물을 거두어 주며 싫어하지 않음을 보이려는 연고며,
보살이 모든 행을 갖춰 닦으면서도 모든 행이 모양 여읜 것을 보이려
는 연고며, 보살이 여러 곳에서 태어나되 모양이 없는 줄 아는 것을
보이려는 연고니라.

　그대는 그에게 가서, '보살이 어떻게 보살행을 행하며, 어떻게 보살
도를 닦으며, 어떻게 보살의 계율을 배우며, 어떻게 보살의 마음을 깨
끗이 하며, 어떻게 보살의 서원을 내며, 어떻게 보살의 도를 돕는 거
리를 모으며, 어떻게 보살의 머무는 지위에 들어가며, 어떻게 보살의
바라밀을 만족하며, 어떻게 보살의 생사 없는 법의 지혜를 얻으며, 어
떻게 보살의 공덕법을 갖추며, 어떻게 보살 선지식을 섬기는가?' 하
고 물으라.

　왜냐하면 착한 남자여, 저 보살마하살은 모든 보살행을 통달하였으
며, 모든 중생의 마음을 알고 그 앞에 나타나서 교화하고 조복하며,
저 보살은 모든 바라밀을 이미 만족하였고, 모든 보살의 지위에 이미

地하며 已證一切菩薩忍하며 已入一切菩薩位하며 已蒙授與具足記하며 已遊一切菩薩境하며 已得一切佛神力하며 已蒙一切如來가 以一切智甘露法水로 而灌其頂일새 善男子야 彼善知識이 能潤澤汝諸善根하며 能增長汝菩提心하며 能堅汝志하며 能益汝善하며 能長汝菩薩根하며 能示汝無礙法하며 能令汝入普賢地하며 能爲汝說菩薩願하며 能爲汝說普賢行하며 能爲汝說一切菩薩行願所成功德일새니라 善男子야 汝不應修一善하며 照一法하며 行一行하며 發一願하며 得一記하며 住一忍하야 生究竟想하며 不應以限量心으로 行於六度하며 住於十地하며 淨佛國土하며 事善知識이니 何以故오 善男子야 菩薩摩訶薩이 應種無量諸善根하며 應集無量菩提具하며

머물렀고, 모든 보살의 지혜를 이미 증득하였고, 모든 보살의 지위에 이미 들어갔고, 구족한 수기 주심을 이미 받았고, 모든 보살의 경계에 이미 이르렀고, 모든 부처님의 신통한 힘을 이미 얻었고, 모든 여래가 온갖 지혜인 감로의 법물로 정수리에 부음을 받았느니라.

착한 남자여, 저 선지식은 그대의 착한 뿌리들을 윤택케 하고, 그대의 보리심을 증장케 하고, 그대의 뜻을 견고케 하고, 그대의 착한 일을 더하게 하고, 그대의 보살의 뿌리를 자라게 하고, 그대에게 걸림 없는 법을 보이고, 그대를 보현의 지위에 들어가게 하고, 그대에게 보살의 원을 말하고, 그대에게 보현의 행을 말하고, 그대에게 모든 보살의 행과 원으로 이룩한 공덕을 말하리라.

착한 남자여, 그대는 한 가지 착한 일을 닦고, 한 가지 법을 비추어 알고, 한 가지 행을 행하고, 한 가지 원을 세우고, 한 가지 수기를 얻고, 한 가지 지혜에 머무름으로써 끝까지 이르렀다는 생각을 내지 말 것이며, 한정된 마음으로 육바라밀을 행하여 십지에 머물러서 부처님의 국토를 깨끗이 하거나 선지식을 섬기지 말아야 하느니라. 무슨 까닭인가? 착한 남자여, 보살마하살은 한량없는 착한 뿌리를 심어야 하며, 한량없

應脩無量菩提因하며　應學無量巧廻向하며　應化無量衆生界하며
應知無量衆生心하며　應知無量衆生根하며　應識無量衆生解하며
應觀無量衆生行하며　應調伏無量衆生하며　應斷無量煩惱하며　應
淨無量業習하며　應滅無量邪見하며　應除無量雜染心하며　應發無
量淸淨心하며　應拔無量苦毒箭하며　應涸無量愛欲海하며　應破無
量無明暗하며　應摧無量我慢山하며

應斷無量生死縛하며　應度無量諸有流하며　應竭無量受生海하며
應令無量衆生으로　出五欲淤泥하며　應使無量衆生으로　離三界牢
獄하며　應置無量衆生於聖道中하며　應銷滅無量貪欲行하며　應淨
治無量瞋恚行하며　應摧破無量愚癡行하며　應超無量魔網하며　應

는 보리의 기구를 모아야 하며, 한량없는 보리의 인을 닦아야 하며, 한량없는 교묘한 회향을 배워야 하느니라. 한량없는 중생 세계를 교화해야 하며, 한량없는 중생의 마음을 알아야 하며, 한량없는 중생의 근성을 알아야 하며, 한량없는 중생의 지혜를 알아야 하며, 한량없는 중생의 행을 보아야 하며, 한량없는 중생을 조복해야 하느니라.

　한량없는 번뇌를 끊어야 하며, 한량없는 업의 버릇을 깨끗이 해야 하며, 한량없는 나쁜 소견을 없애야 하며, 한량없는 물든 마음을 없애야 하며, 한량없는 깨끗한 마음을 내야 하며, 한량없는 괴로움의 독한 화살을 뽑아야 하며, 한량없는 애욕 바다를 말려야 하며, 한량없는 무명의 어둠을 깨뜨려야 하며, 한량없는 교만한 산을 부숴야 하며, 한량없는 생사의 결박을 끊어야 하며, 한량없는 존재의 강을 건너야 하며, 한량없이 태어나는 바다를 말려야 하느니라. 한량없는 중생들을 다섯 가지 욕망의 진창에서 벗어나게 하며, 한량없는 중생들을 삼계의 옥에서 벗어나게 하며, 한량없는 중생들을 성인의 길에 있게 해야 하느니라. 한량없는 탐욕의 행을 소멸시켜야 하며, 한량없는 성내는 행을 깨끗이 다스려야 하며, 한량없는 어리석은 행을 깨뜨려야 하며, 한량없

離無量魔業하며 應淨治菩薩無量欲樂하며 應增長菩薩無量方便하며 應出生菩薩無量增上根하며 應明潔菩薩無量決定解하며 應趣入菩薩無量平等하며 應淸淨菩薩無量功德하며 應脩治菩薩無量諸行하며 應示現菩薩無量隨順世間行하며

應生無量淨信力하며 應住無量精進力하며 應淨無量正念力하며 應滿無量三昧力하며 應起無量淨慧力하며 應堅無量勝解力하며 應集無量福德力하며 應長無量智慧力하며 應發起無量菩薩力하며 應圓滿無量如來力하며 應分別無量法門하며 應了知無量法門하며 應淸淨無量法門하며 應生無量法光明하며 應作無量法照耀하며 應照無量品類根하며 應知無量煩惱病하며 應集無量妙法藥하며

는 마의 그물을 초월해야 하며, 한량없는 마의 업을 여의어야 하며, 보살의 한량없는 욕망을 다스려야 하며, 보살의 한량없는 방편을 증장해야 하며, 보살의 한량없이 더 올라가는 뿌리를 내야 하며, 보살의 한량없는 결정한 지혜를 밝혀야 하며, 보살의 한량없는 평등에 들어가야 하며, 보살의 한량없는 공덕을 깨끗케 해야 하며, 보살의 한량없는 행들을 닦아야 하며, 보살의 한량없는 세간을 따르는 행을 나타내야 하느니라. 한량없이 믿는 힘을 내야 하며, 한량없이 정진하는 힘에 머물러야 하며, 한량없이 바르게 생각하는 힘을 깨끗이 해야 하며, 한량없는 삼매의 힘을 채워야 하며, 한량없는 깨끗한 지혜의 힘을 일으켜야 하며, 한량없이 수승하게 이해하는 힘을 굳게 해야 하며, 한량없는 복덕의 힘을 모아야 하며, 한량없는 슬기의 힘을 길러야 하며, 한량없는 보살의 힘을 일으켜야 하며, 한량없는 여래의 힘을 원만히 해야 하느니라. 한량없는 법문을 분별해야 하며, 한량없는 법문을 분명히 알아야 하며, 한량없는 법문을 청정하게 해야 하며, 한량없는 법의 광명을 내야 하며, 한량없는 법의 비춤을 지어야 하며, 한량없는 종류의 뿌리를 비추어야 하며, 한량없는 번뇌의 병을 알아야 하며, 한량없는 묘한

應療無量衆生疾하며 應嚴辨無量甘露供하며 應往詣無量佛國土하며 應供養無量諸如來하며 應入無量菩薩會하며 應受無量諸佛敎하며 應忍無量衆生罪하며 應滅無量惡道難하며 應令無量衆生으로 生善道하며 應以四攝으로 攝無量衆生하며

應脩無量總持門하며 應生無量大願門하며 應脩無量大悲大願力하며 應勤求無量法하야 常無休息하며 應起無量思惟力하며 應起無量神通事하며 應淨無量智光明하며 應往無量衆生趣하며 應受無量諸有生하며 應現無量差別身하며 應知無量言辭法하며 應入無量差別心하며 應知菩薩大境界하며 應住菩薩大宮殿하며 應觀菩薩甚深妙法하며 應知菩薩難知境界하며 應行菩薩難行諸行하며

법약을 모아야 하며, 한량없는 중생의 병을 고쳐야 하느니라. 한량없는 감로 공양을 잘 장만해야 하며, 한량없는 부처님 국토에 가야하며, 한량없는 여래께 공양해야 하며, 한량없는 보살의 모임에 들어가야 하며, 한량없는 부처님의 교화를 받아야 하며, 한량없는 중생의 죄를 참아야 하며, 한량없는 나쁜 길의 고난을 없애야 하며, 한량없는 중생을 선한 길에 나게 해야 하며, 네 가지 거두어 주는 법으로 한량없는 중생을 거두어 주어야 하느니라.

마땅히 한량없는 다라니 문을 닦으며, 한량없는 큰 서원의 문을 내며, 한량없이 크게 인자하고 크게 서원하는 힘을 닦으며, 한량없는 법을 부지런히 구하여 항상 쉬지 않으며, 한량없이 생각하는 힘을 일으키며, 한량없이 신통한 일을 일으키며, 한량없는 지혜의 광명을 깨끗이 하며, 한량없는 중생의 길에 나아가며, 한량없는 모든 존재에 태어나며, 한량없이 차별한 몸을 나타내며, 한량없는 말을 알아야 하며, 한량없이 차별한 마음에 들어가야 하며, 보살의 큰 경계를 알아야 하며, 보살의 큰 궁전에 머물러야 하며, 보살의 깊고 미묘한 법을 보아야 하며, 보살의 알기 어려운 경계를 알아야 하며, 보살의 행하기 어려운 행을 모두

應具菩薩尊重威德하며 應踐菩薩難入正位하며 應知菩薩種種諸行하며 應現菩薩普徧神力하며 應受菩薩平等法雲하며 應廣菩薩無邊行網하며 應滿菩薩無邊諸度하며 應受菩薩無量記莂하며 應入菩薩無量忍門하며 應治菩薩無量諸地하며 應淨菩薩無量法門하며 應同諸菩薩의 安住無邊劫하야 供養無量佛하며 嚴淨不可說佛國土하며 出生不可說菩薩願이니라

善男子야 擧要言之컨댄 應普脩一切菩薩行하며 應普化一切衆生界하며 應普入一切劫하며 應普生一切處하며 應普知一切世하며 應普行一切法하며 應普淨一切刹하며 應普滿一切願하며 應普供一切佛하며 應普同一切菩薩願하며 應普事一切善知識이니라

행해야 하며, 보살의 존중한 위의와 덕을 갖추어야 하며, 보살의 들어가기 어려운 바른 지위에 나아가야 하며, 보살의 가지가지 행을 알아야 하며, 보살의 두루한 신통의 힘을 나투어야 하며, 보살의 평등한 법 구름을 받아야 하며, 보살의 그지없는 행의 그물을 넓혀야 하며, 보살의 그지없는 바라밀을 만족해야 하며, 보살의 한량없는 수기를 받아야 하며, 보살의 한량없는 지혜의 문에 들어가야 하며, 보살의 한량없는 지위를 다스려야 하며, 보살의 한량없는 법문을 깨끗이 해야 하며, 보살들이 그지없는 겁에 있으면서 한량없는 부처님께 공양하며, 말할 수 없는 부처님 국토를 깨끗이 장엄하며, 말할 수 없는 보살의 원을 내는 것을 같이해야 하느니라.

착한 남자여, 요령을 들어 말하면 모든 보살행을 두루 닦아야 하고, 모든 중생 세계를 두루 교화해야 하고, 모든 겁에 두루 들어가야 하고, 모든 곳에 두루 태어나야 하고, 모든 세상을 두루 알아야 하고, 모든 법을 두루 행해야 하고, 모든 세계를 두루 깨끗케 해야 하고, 모든 소원을 두루 채워야 하고, 모든 부처님께 두루 공양해야 하고, 모든 보살의 원과 두루 같아야 하고, 모든 선지식을 두루 섬겨야 하느

善男子야 汝求善知識에 不應疲倦하며 見善知識에 勿生厭足하며
請問善知識에 勿憚勞苦하며 親近善知識에 勿懷退轉하며 供養善
知識에 不應休息하며 受善知識教에 不應倒錯하며 學善知識行에
不應疑惑하며 聞善知識演說出離門에 不應猶豫하며 見善知識隨
順煩惱行에 勿生嫌怪하고 於善知識所에 生深信尊敬心하야 不應
變改니 何以故오 善男子야 菩薩이 因善知識하야 聽聞一切菩薩諸
行하며 成就一切菩薩功德하며 出生一切菩薩大願하며 引發一切
菩薩善根하며 積集一切菩薩助道하며 開發一切菩薩法光明하며
顯示一切菩薩出離門하며 脩學一切菩薩淸淨戒하며 安住一切菩
薩功德法하며 淸淨一切菩薩廣大志하며 增長一切菩薩堅固心하며

니라.

착한 남자여,

그대는 선지식 구하기를 게을리하지 말아야 하나니, 선지식을 보고
만족함을 내지 말며, 선지식에게 묻기를 수고로워 하지 말며, 선지식
을 가까이하되 물러갈 생각을 내지 말며, 선지식에 공양하기를 쉬지
말아야 하며, 선지식의 가르침을 받고 잘못 알지 말아야 하며, 선지식
의 행을 배우되 의심하지 말며, 선지식의 뛰어난 문을 말함을 듣고
망설이지 말며, 선지식의 번뇌를 따르는 행을 보고 싫어하고 의심하
지 말며, 선지식을 믿고 존경하는 마음이 변하지 말아야 하느니라.

무슨 까닭인가? 착한 남자여, 보살이 선지식으로 인하여 모든 보살
행을 들으며, 모든 보살의 공덕을 성취하며, 모든 보살의 큰 원을 내
며, 모든 보살의 착한 뿌리를 이끌어 내며, 모든 보살의 도를 돕는 일
을 모으며, 모든 보살의 법의 광명을 열어 밝히며, 모든 보살의 뛰어
난 문을 드러내 보이며, 모든 보살의 청정한 계율을 닦으며, 모든 보
살의 공덕법에 머물며, 모든 보살의 광대한 뜻을 깨끗하게 하며, 모든
보살의 견고한 마음을 증장하며,

具足一切菩薩陀羅尼辯才門하며 得一切菩薩淸淨藏하며 生一切
菩薩定光明하며 得一切菩薩殊勝願하며 與一切菩薩同一願하며
聞一切菩薩殊勝法하며 得一切菩薩秘密處하며 至一切菩薩法寶
洲하며 增一切菩薩善根芽하며 長一切菩薩智慧身하며 護一切菩
薩深密藏하며 持一切菩薩福德聚하며 淨一切菩薩受生道하며 受
一切菩薩正法雲하며 入一切菩薩大願路하며 趣一切如來菩提果
하며 攝取一切菩薩妙行하며 開示一切菩薩功德하며 往一切方하야
聽受妙法하며 讚一切菩薩廣大威德하며 生一切菩薩大慈悲力하며
攝一切菩薩勝自在力하며 生一切菩薩菩提分하며 作一切菩薩利
益事니라 善男子야 菩薩이 由善知識任持하야 不墮惡趣하며 由善知

모든 보살의 다라니와 변재의 문을 구족하며, 모든 보살의 청정한 창
고를 얻으며, 모든 보살의 선정의 광명을 내며, 모든 보살의 수승한
서원을 얻으며, 모든 보살의 동일한 원을 받으며, 모든 보살의 수승한
법을 들으며, 모든 보살의 비밀한 곳을 얻으며, 모든 보살의 법보의
섬에 이르며, 모든 보살의 착한 뿌리의 싹을 늘게 하며, 모든 보살의
지혜의 문을 자라게 하며, 모든 보살의 깊고 비밀한 창고를 보호하며,
모든 보살의 복덕 더미를 가지느니라.

  모든 보살의 태어나는 길을 깨끗이 하며, 모든 보살의 바른 법의
구름을 받으며, 모든 보살의 큰 서원의 길에 들어가며, 모든 보살의
보리의 결과에 나아가며, 모든 보살의 묘한 행을 거두어 가지며, 모든
보살의 공덕을 열어 보이며, 여러 방향에 가서 묘한 법을 들으며, 모
든 보살의 광대한 위엄과 공덕을 찬탄하며, 모든 보살의 크게 자비한
힘을 내며, 모든 보살의 훌륭하고 자재한 힘을 거두어 가지며, 모든
보살의 보리의 부분을 내며, 모든 보살의 이익케 하는 일을 짓느니라.
  착한 남자여,
  보살이 선지식의 유지함을 인하여 나쁜 길에 떨어지지 않으며, 선

識攝受하야 不退大乘하며 由善知識護念하야 不毁犯菩薩戒하며 由
善知識守護하야 不隨逐惡知識하며 由善知識養育하야 不缺減菩
薩法하며 由善知識攝取하야 超越凡夫地하며 由善知識敎誨하야 超
越二乘地하며 由善知識示導하야 得出離世間하며 由善知識長養하
야 能不染世法하며 由承事善知識하야 脩一切菩薩行하며 由供養善
知識하야 具一切助道法하며 由親近善知識하야 不爲業惑之所摧
伏하며 由恃怙善知識하야 勢力堅固하야 不怖諸魔하며 由依止善知
識하야 增長一切菩提分法하나니 何以故오 善男子야 善知識者는 能
淨諸障하며 能滅諸罪하며 能除諸難하며 能止諸惡하며 能破無明長
夜黑暗하며 能壞諸見堅固牢獄하며 能出生死城하며 能捨世俗家하

지식의 거두어 줌을 인하여 대승에서 물러가지 않으며, 선지식의 염
려함을 인하여 보살의 계율을 범하지 않으며, 선지식의 수호함을 인
하여 나쁜 벗을 따르지 않으며, 선지식의 길러줌을 인하여 보살의 법
에 어그러짐이 없으며, 선지식의 붙들어 줌을 인하여 범부의 자리를
초월하며, 선지식의 가르침을 인하여 이승의 지위를 초월하며, 선지
식의 지도를 인하여 세간에 뛰어나며, 선지식의 길러줌을 인하여 세
상 법에 물들지 않으며, 선지식을 섬김으로 인하여 모든 보살행을 닦
으며, 선지식께 공양함을 인하여 모든 도를 돕는 법을 갖추며, 선지식
을 가까이하므로 업과 번뇌에 좌절되지 않으며, 선지식을 믿으므로
세력이 견고하여 모든 마를 무서워하지 않으며, 선지식을 의지하므로
모든 보리의 부분법을 증장하느니라.

  무슨 까닭인가?

  착한 남자여, 선지식은 모든 장애를 깨끗이 하며, 모든 죄를 소멸하
며, 모든 어려움을 없애며, 모든 악한 짓을 그치게 하며, 무명의 캄캄
한 밤을 깨뜨리며, 모든 소견의 견고한 옥을 부수며, 생사의 성에서
나오게 하며, 세속의 집을 버리게 하며,

며 能截諸魔網하며 能拔衆苦箭하며 能離無智險難處하며 能出邪見
大曠野하며 能度諸有流하며 能離諸邪道하며 能示菩提路하며 能敎
菩薩法하며 能令安住菩薩行하며 能令趣向一切智하며 能淨智慧
眼하며 能長菩提心하며 能生大悲하며 能演妙行하며 能說波羅蜜하며
能擯惡知識하며 能令住諸地하며 能令獲諸忍하며 能令脩習一切
善根하며 能令成辦一切道具하며 能施與一切大功德하며 能令到
一切種智位하며 能令歡喜集功德하며 能令踊躍脩諸行하며 能令
趣入甚深義하며 能令開示出離門하며 能令杜絶諸惡道하며 能令
以法光照耀하며 能令以法雨潤澤하며 能令銷滅一切惑하며 能令
捨離一切見하며 能令增長一切佛智慧하며 能令安住一切佛法門

마의 그물을 찢으며, 괴로운 화살을 뽑으며, 무지하고 험난한 곳을 여의게 하며, 삿된 소견의 벌판에서 헤어나게 하며, 모든 존재의 강을 건너게 하며, 모든 삿된 길을 여의게 하느니라.

또 보리의 길을 보여주며, 보살의 법을 가르치며, 보살행에 편안히 머물게 하며, 온갖 지혜로 나아가게 하며, 지혜의 눈을 깨끗하게 하며, 보리심을 자라게 하며, 크게 가엾이 여김을 내며, 묘한 행을 연설하며, 바라밀을 말하며, 나쁜 동무를 배척하며, 모든 지위에 머물게 하며, 모든 인욕을 얻게 하며, 모든 착한 뿌리를 닦아 익히게 하며, 모든 도 닦는 기구를 장만케 하며, 모든 큰 공덕을 베풀어 주느니라.

또 가지가지 지혜의 자리에 이르게 하며, 기뻐서 공덕을 모으게 하며, 뛰놀면서 모든 행을 닦게 하며, 깊고 깊은 이치에 들어가게 하며, 뛰어난 문을 열어 보이게 하며, 나쁜 길을 막아 버리게 하며, 법의 광명으로 비추게 하며, 법비로 윤택케 하며, 모든 의혹을 소멸케 하며, 모든 소견을 버리게 하며, 모든 부처님의 지혜를 자라게 하며, 모든 부처님의 법문에 편안히 머물게 하느니라.

이니라 善男子야 善知識者는 如慈母니 出生佛種故며 如慈父니 廣大利益故며 如乳母니 守護不令作惡故며 如教師니 示其菩薩所學故며 如善導니 能示波羅蜜道故며 如良醫니 能治煩惱諸病故며 如雪山이니 增長一切智藥故며 如勇將이니 殄除一切怖畏故며 如濟客이니 令出生死瀑流故며 如船師니 令到智慧寶洲故라 善男子야 常當如是正念思惟諸善知識이니라

復次善男子야 汝承事一切善知識에 應發如大地心이니 荷負重任호대 無疲倦故며 應發如金剛心이니 志願堅固하야 不可壞故며 應發如鐵圍山心이니 一切諸苦 無能動故며 應發如給侍心이니 所有敎令을 皆隨順故며 應發如弟子心이니 所有訓誨를 無違逆故며 應

착한 남자여, 선지식은 어머니와 같으니, 부처의 종자를 내는 연고라. 아버지와 같으니, 광대하게 이익케 하는 연고라. 유모와 같으니 보호하여 나쁜 짓을 짓지 못하게 하는 연고라. 스승과 같으니, 보살의 배울 것을 보여 주는 연고라. 좋은 길잡이와 같으니, 바라밀의 길을 보여 주는 연고라. 좋은 의사와 같으니, 번뇌의 병을 치료하는 연고라. 설산과 같으니, 온갖 지혜의 약을 자라게 하는 연고라. 용맹한 장수와 같으니, 모든 두려움을 없애는 연고라. 강을 건네주는 사람과 같으니, 생사의 빠른 물에서 나오게 하는 연고라. 뱃사공과 같으니, 지혜의 보배 섬에 이르게 하는 연고라.

착한 남자여, 항상 이렇게 바른 생각으로 선지식을 생각해야 하느니라. 또한 착한 남자여, 그대가 모든 선지식을 받들어 섬기는 데는 땅과 같은 마음을 내야 하나니, 무거운 짐을 지고도 고달프지 않은 연고라. 금강과 같은 마음을 내야 하나니, 뜻과 소원이 견고하여 깨뜨릴 수 없는 연고라. 철위산과 같은 마음을 내야 하나니, 모든 괴로움으로 요동할 수 없는 연고라. 시중하는 사람과 같은 마음을 내야 하나니, 시키는 일을 모두 순종하는 연고라. 제자와 같은 마음을 내야 하나니, 가르치

發如僮僕心이니 不厭一切諸作務故며 應發如養母心이니 受諸勤
苦호대 不告勞故며 應發如傭作心이니 隨所受敎하야 無違逆故며 應
發如除糞人心이니 離憍慢故며 應發如已熟稼心이니 能低下故며
應發如良馬心이니 離惡性故며

應發如大車心이니 能運重故며 應發如調順象心이니 恒伏從故며
應發如須彌山心이니 不傾動故며 應發如良犬心이니 不害主故며
應發如㫋茶羅心이니 離憍慢故며 應發如犗牛心이니 無威怒故며
應發如舟船心이니 往來不倦故며 應發如橋梁心이니 濟渡忘疲故
며 應發如孝子心이니 承順顔色故며

應發如王子心이니 遵行敎命故니라 復次善男子야 汝應於自身에

는 일을 어기지 않는 연고라. 하인들과 같은 마음을 내야 하나니, 여러
가지 일하는 것을 싫어하지 않는 연고라. 어머니 봉양함과 같은 마음
을 내야 하나니, 여러 가지 괴로움을 받아도 고달프다 하지 않는 연고
라. 머슴살이 같은 마음을 내야 하나니, 시키는 일을 어기지 않는 연고
라. 거름 치는 사람과 같은 마음을 내야 하나니, 교만을 버리는 연고
라. 익은 곡식과 같은 마음을 내야 하나니, 고개를 숙이는 연고라. 양
순한 말과 같은 마음을 내야 하나니, 나쁜 성질을 여의는 연고라.

 큰 수레와 같은 마음을 내야 하나니, 무거운 짐을 운반하는 연고라.
길든 코끼리 같은 마음을 내야 하나니, 항상 복종하는 연고라. 수미산
같은 마음을 내야 하나니, 흔들리지 않는 연고라. 좋은 개와 같은 마
음을 내야 하나니, 주인을 해하지 않는 연고라. 전다라 같은 마음을
내야 하나니, 교만함을 떠난 연고라. 거세한 소와 같은 마음을 내야
하나니, 성내는 일이 없는 연고라. 배와 같은 마음을 내야 하나니, 가
고 오는 데 게으르지 않는 연고라. 교량과 같은 마음을 내야 하나니,
건네주면서도 고달픈 줄 모르는 연고라. 효자와 같은 마음을 내야 하
나니, 안색을 받들어 순종하는 연고라. 왕자와 같은 마음을 내야 하나

生病苦想하고 於善知識에 生醫王想하며 於所說法에 生良藥想하고
於所修行에 生除病想하며 又應於自身에 生遠行想하고 於善知識에
生導師想하며 於所說法에 生正道想하고 於所修行에 生遠達想하며
又應於自身에 生求度想하고 於善知識에 生船師想하며 於所說法에
生舟楫想하고 於所修行에 生到岸想하며 又應於自身에 生苗稼想하
고 於善知識에 生龍王想하며 於所說法에 生時雨想하고 於所修行에
生成熟想하며 又應於自身에 生貧窮想하고 於善知識에 生毘沙門
王想하며 於所說法에 生財寶想하고 於所修行에 生富饒想하며 又應
於自身에 生弟子想하고 於善知識에 生良工想하며 於所說法에 生
技藝想하고 於所修行에 生了知想하며 又應於自身에 生恐怖想하고

니, 내리는 조치를 따라 행하는 연고라. 또 착한 남자여, 그대는 자기의 몸은 병난 것 같이 생각하고, 선지식은 의사와 같이 생각하고, 말씀하는 법은 약과 같이 생각하고, 닦는 행은 병이 나은 것 같이 생각하라. 또 자기의 몸은 먼 길 떠난 것 같이 생각하고, 선지식은 길잡이 같이 생각하고, 말씀하는 법은 곧은 길 같이 생각하고, 닦는 행은 갈 곳에 간 것 같이 생각하라. 또 자기의 몸은 강을 건너려는 것 같이 생각하고, 선지식은 뱃사공 같이 생각하고, 말씀하는 법은 노와 같이 생각하고, 닦는 행은 언덕에 닿은 것 같이 생각하라.

또 자기의 몸은 곡식의 모와 같이 생각하고, 선지식은 용왕과 같이 생각하고, 말씀하는 법은 비와 같이 생각하고, 닦는 행은 곡식이 익는 것과 같이 생각하라. 또 자기의 몸은 빈궁한 이 같이 생각하고, 선지식은 비사문천왕 같이 생각하고, 말씀하는 법은 재물 같이 생각하고, 닦는 행은 부자된 것 같이 생각하라. 또 자기의 몸은 제자 같이 생각하고, 선지식은 훌륭한 장인 같이 생각하고, 말씀하는 법은 기술 같이 생각하고, 닦는 행은 다 안 것 같이 생각하라.

또 자기의 몸은 무서운 것 같이 생각하고, 선지식은 용맹한 사람

於善知識에 生勇健想하며 於所說法에 生器仗想하고 於所脩行에 生破怨想하며 又應於自身에 生商人想하고 於善知識에 生導師想하며 於所說法에 生珍寶想하고 於所脩行에 生拐拾想하며 又應於自身에 生兒子想하고 於善知識에 生父母想하며 於所說法에 生家業想하고 於所脩行에 生紹繼想하며 又應於自身에 生王子想하고 於善知識에 生大臣想하며 於所說法에 生王敎想하고 於所脩行에 生冠王冠想과 服王服想과 繫王繒想과 坐王殿想이니라 善男子야 汝應發如是心하며 作如是意하야 近善知識이니 何以故오 以如是心으로 近善知識하면 令其志願으로 永得淸淨이니라 復次善男子야 善知識者는 長諸善根이니 譬如雪山이 長諸藥草하며 善知識者는 是佛法

같이 생각하고, 말씀하는 법은 무기 같이 생각하고, 닦는 행은 원수를 깨뜨리는 것 같이 생각하라. 또 자기의 몸은 장사꾼 같이 생각하고, 선지식은 길잡이 같이 생각하고, 말씀하는 법은 보배와 같이 생각하고, 닦는 행은 주워 모으는 것 같이 생각하라.

또 자기의 몸은 아들 같이 생각하고, 선지식은 부모 같이 생각하고, 말씀하는 법은 살림살이 같이 생각하고, 닦는 행은 살림을 맡는 것 같이 생각하라.

또 자기의 몸은 왕자와 같이 생각하고, 선지식은 대신과 같이 생각하고, 말씀하는 법은 왕의 명령 같이 생각하고, 닦는 행은 왕관을 쓰는 것 같이 생각하고, 왕의 옷을 입는 것 같이 생각하고, 왕의 비단을 매는 것 같이 생각하고, 왕의 궁전에 앉은 것 같이 생각하라.

착한 남자여, 그대는 마땅히 이러한 마음과 이러한 뜻으로 선지식을 가까이해야 하느니라. 왜냐하면, 이러한 마음으로 선지식을 가까이하면 뜻과 원이 영원히 청정하리라.

또 착한 남자여, 선지식은 착한 뿌리를 자라게 하나니, 마치 설산에서 약풀이 자라는 것 같느니라. 선지식은 부처님 법의 그릇이니, 마치

器니 譬如大海가 吞納衆流하며 善知識者는 是功德處니 譬如大海가 出生衆寶하며 善知識者는 淨菩提心이니 譬如猛火가 能鍊眞金하며 善知識者는 出過世法이니 如須彌山이 出於大海하며 善知識者는 不染世法이니 譬如蓮華가 不着於水하며 善知識者는 不受諸惡이니 譬如大海가 不宿死屍하며 善知識者는 增長白法이니 譬如白月이 光色圓滿하며 善知識者는 照明法界니 譬如盛日이 照四天下하며 善知識者는 長菩薩身이니 譬如父母가 養育兒子니라 善男子야 以要言之컨댄 菩薩摩訶薩이 若能隨順善知識教하면 得十不可說百千億那由他功德하며 淨十不可說百千億那由他深心하며 長十不可說百千億那由他菩薩根하며 淨十不可說百千億那由他菩薩

바다가 여러 강물을 받아들이는 것 같느니라. 선지식은 공덕이 나는 곳이니, 마치 바다에서 여러 가지 보배가 나는 것 같느니라.

선지식은 보리심을 깨끗케 하나니, 마치 맹렬한 불이 진금을 단련하는 것 같느니라. 선지식은 세간법에서 뛰어나나니, 마치 수미산이 큰 바다에서 솟아나는 것 같느니라.

선지식은 세상법에 물들지 않나니, 마치 연꽃이 물에 묻지 않는 것 같느니라. 선지식은 모든 나쁜 것을 받지 않나니, 마치 큰 바다가 송장을 머물러 두지 않는 것 같느니라. 선지식은 흰 법을 증장케 하나니, 마치 보름달의 광명이 원만한 것 같느니라. 선지식은 법계를 밝게 비추나니, 마치 밝은 해가 사천하에 비추는 것 같느니라. 선지식은 보살의 몸을 자라게 하나니, 마치 부모가 아이들을 기르는 것 같느니라.

착한 남자여, 중요한 것을 말하면 보살마하살이 만일 선지식의 가르침을 따르면 열 곱 말할 수 없는 백천억 나유타 공덕을 얻으며, 열 곱 말할 수 없는 백천억 나유타 깊은 마음을 깨끗이 하며, 열 곱 말할 수 없는 백천억 나유타 보살 근기를 기르며, 열 곱 말할 수 없는 백천억 나유타 보살의 힘을 깨끗이 하며,

力하며 斷十不可說百千億阿僧祇障하며 超十不可說百千億阿僧
祇魔境하며 入十不可說百千億阿僧祇法門하며 滿十不可說百千
億阿僧祇助道하며 脩十不可說百千億阿僧祇妙行하며 發十不可
說百千億阿僧祇大願이니라 善男子야 我復略說一切菩薩行과 一
切菩薩波羅蜜과 一切菩薩地와 一切菩薩忍과 一切菩薩總持門
과 一切菩薩三昧門과 一切菩薩神通智와 一切菩薩廻向과 一切
菩薩願과 一切菩薩成就佛法이 皆由善知識力하야 以善知識으로
而爲根本하야 依善知識生이며 依善知識出이며 依善知識長이며 依
善知識住니 善知識이 爲因緣이며 善知識이 能發起니라 時에 善財
童子가 聞善知識의 如是功德이 能開示無量菩薩妙行하며 能成就

열 곱 말할 수 없는 백천억 아승지 장애를 끊으며, 열 곱 말할 수 없
는 백천억 아승지 마의 경계를 초월하며, 열 곱 말할 수 없는 백천억
아승지 법문에 들어가며, 열 곱 말할 수 없는 백천억 아승지 도를 돕
는 일을 만족하며, 열 곱 말할 수 없는 백천억 아승지 묘한 행을 닦으
며, 열 곱 말할 수 없는 백천억 아승지 큰 원을 내게 되느니라.

착한 남자여,

내가 다시 간략히 말하거니와, 모든 보살의 행과 모든 보살의 바라
밀과 모든 보살의 지위와 모든 보살의 법 지혜와 모든 보살의 다라니
문과 모든 보살의 삼매 문과 모든 보살의 신통한 지혜와 모든 보살의
회향과 모든 보살의 서원과 모든 보살의 불법을 성취하는 것이 다 선
지식의 힘을 말미암나니, 선지식을 근본으로 삼으며, 선지식을 의지
하여 생기며, 선지식을 의지하여 뛰어나며, 선지식을 의지하여 자라
며, 선지식을 의지하여 머물며, 선지식이 인연이 되고, 선지식이 능히
발기하느니라."

이때 선재동자는 선지식의 이러한 공덕이 한량없는 보살의 묘한 행
을 열어 보이고 한량없이 광대한 부처님 법을 성취함을 듣고, 기뻐

無量廣大佛法하고 踊躍歡喜하야 頂禮德生과 及有德足하며 遶無量
帀하며 殷勤瞻仰하고 辭退而去하니라

爾時에 善財童子가 聞善知識教하고 潤澤其心하야 正念思惟諸菩
薩行하야 向海岸國할새 自憶往世에 不脩禮敬하고 卽時發意하야 勤
力而行하며 復憶往世에 身心不淨하고 卽時發意하야 專自治潔하며
復憶往世에 作諸惡業하고 卽時發意하야 專自防斷하며 復憶往世에
起諸妄想하고 卽時發意하야 恒正思惟하며 復憶往世에 所脩諸行이
但爲自身하고 卽時發意하야 令心廣大하야 普及含識하며 復憶往世에
追求欲境하야 常自損耗하야 無有滋味하고 卽時發意하야 脩行佛法하
야 長養諸根하야 以自安隱하며 復憶往世에 起邪思念하야 顚倒相應

뛰놀면서 덕 나는 이와 덕 있는 이의 발에 엎드려 절하고 수없이 돌
고 은근하게 앙모하며 하직하고 물러갔다.

이때 선재동자는 선지식의 가르침으로 마음이 윤택하고 바른 생각
으로 보살행을 생각하면서 해안국으로 향하였다.

지난 세상에 예경을 닦지 않은 것을 생각하고, 즉시 뜻을 내어 부
지런히 행하였다. 지난 세상에 몸과 마음이 깨끗하지 못한 것을 생각
하고, 즉시 뜻을 내어 스스로 조촐하게 하였다.

지난 세상에 나쁜 업을 지은 것을 생각하고, 즉시 뜻을 내어 스스
로 끊었다. 지난 세상에 허망한 생각 일으킨 것을 생각하고, 즉시 뜻
을 내어 항상 바르게 생각하였다.

지난 세상에 닦은 행이 자기의 몸만 위한 것을 생각하고, 즉시 뜻
을 내어 마음을 넓게 가지고 중생들에게까지 미치게 하였다. 지난 세
상에 욕심의 대상을 따라다니면서 스스로 소모하던 것이 좋은 맛이
없음을 생각하고, 즉시 뜻을 내어 불법을 닦아 모든 근기를 길러 스
스로 편안하였다.

지난 세상에 삿된 생각으로 뒤바뀌게 응하던 일을 생각하고, 즉시

하고 即時發意하야 生正見心하야 起菩薩願하며 復憶往世에 日夜劬
勞하야 作諸惡事하고 即時發意하야 起大精進하야 成就佛法하며 復憶
往世에 受五趣生하야 於自他身에 皆無利益하고 即時發意하야 願以
其身으로 饒益衆生하야 成就佛法하며 承事一切諸善知識하야 如是
思惟하고 生大歡喜하니라 復觀此身이 是生老病死衆苦之宅하고 願
盡未來劫토록 脩菩薩道하야 敎化衆生하며 見諸如來하야 成就佛法하
며 遊行一切佛刹하며 承事一切法師하며 住持一切佛敎하며 尋求一
切法侶하며 見一切善知識하며 習一切諸佛法하며 與一切菩薩願
智身으로 而作因緣하니라 作是念時에 長不思議無量善根하야 即於
一切菩薩에 深信尊重하야 生希有想하며 生大師想하야 諸根淸淨하며

뜻을 내어 바른 소견으로 보살의 원을 일으켰다. 지난 세상에 밤낮으
로 애쓰며 나쁜 일을 짓던 것을 생각하고, 즉시 뜻을 내어 큰 정진하
여 불법을 성취하려 하였다.

지난 세상에 다섯 길에 태어난 것이 저나 남의 몸에 이익이 없음을
생각하고, 즉시 뜻을 내어 이 몸으로 중생을 이익케 하고 불법을 성
취하며 모든 선지식을 섬기려고 원하였다. 이렇게 생각하고 매우 환
희한 마음을 내었다.

또 이 몸이 나고 늙고 병들고 죽는 여러 가지 괴로움의 굴택임을
보고 원하기를 모든 세월이 다하도록 보살의 도를 닦고 중생을 교화
하며, 여러 여래를 뵈옵고 불법을 성취하며, 모든 부처님의 세계로 다
니면서 여러 법사를 섬기고, 모든 부처님의 교법에 머물러 있으면서
여러 불법 동무를 구하고, 모든 선지식을 보고 모든 부처님의 법을
모아서 모든 보살의 원과 지혜의 몸을 위하여 인연을 지으려 하였다.

이렇게 생각할 적에 부사의한 한량없는 착한 뿌리가 자라서 모든
보살을 믿고 존중하며 희유한 생각을 내고 스승이란 생각을 내었다.

모든 기관이 청정하여지고,

善法增益하야 起一切菩薩恭敬供養하며 作一切菩薩曲躬合掌하며 生一切菩薩普見世間眼하며 起一切菩薩普念衆生想하며 現一切菩薩無量願化身하며 出一切菩薩淸淨讚說音想하며 見過現一切諸佛과 及諸菩薩이 於一切處에 示現成道神通變化하야 乃至無有一毛端處도 而不周徧하며 又得淸淨智光明眼하야 見一切菩薩所行境界하며 其心이 普入十方刹網하며 其願이 普徧虛空法界하야 三世平等하야 無有休息하니 如是一切가 皆以信受善知識敎之所致耳니라 善財童子가 以如是尊重과 如是供養과 如是稱讚과 如是觀察과 如是願力과 如是想念과 如是無量智慧境界로 於毘盧遮那莊嚴藏大樓閣前에 五體投地하고 暫時斂念하야 思惟觀察하야 以深

착한 법이 늘었으며, 모든 보살의 공경하고 공양하던 일을 일으키고, 모든 보살의 허리 굽히며 합장함을 짓고, 모든 보살의 세간을 두루 보는 눈을 내고, 모든 보살의 중생을 염려하던 생각을 일으키고, 모든 보살의 한량없는 서원으로 나투는 몸을 나타내고, 모든 보살의 청정하게 찬탄하던 음성을 내었다.

과거와 현재의 여러 부처님과 보살들이 여러 곳에서 성도하심과 신통과 변화를 나타내시며, 내지 한 터럭 끝만 한 곳에도 두루 하지 않은 곳이 없음을 상상하여 보았으며,

또 청정한 지혜와 광명한 눈을 얻어 모든 보살의 행하던 경계를 보고, 마음은 시방의 세계 그물에 들어가고, 소원은 허공과 법계에 가득하여 삼세가 평등하여 쉬지 아니하였다. 이러한 모든 것이 다 선지식의 가르침을 믿은 까닭이었다.

선재동자는 이렇게 존중함과 이렇게 공양함과 이렇게 칭찬함과 이렇게 관찰함과 이러한 서원의 힘과 이러한 생각과 이렇게 한량없는 지혜의 경계로써 비로자나장엄장의 큰 누각 앞에서 엎드려 절하고, 잠깐 동안 마음을 거두고 생각하고 관찰하였으며,

信解大願力故로 入偏一切處智慧身平等門하야 普現其身하야 在
於一切如來前과 一切菩薩前과 一切善知識前과 一切如來塔廟
前과 一切如來形像前과 一切諸佛諸菩薩住處前과 一切法寶前
과 一切聲聞辟支佛及其塔廟前과 一切聖衆福田前과 一切父母
尊者前과 一切十方衆生前하야 皆如上說尊重禮讚하야 盡未來際
토록 無有休息하니 等虛空하야 無邊量故며 等法界하야 無障礙故며 等
實際하야 偏一切故며 等如來하야 無分別故며 猶如影하야 隨智現故
며 猶如夢하야 從思起故며 猶如像하야 示一切故며 猶如響하야 緣所
發故며 無有生하야 遞興謝故며 無有性하야 隨緣轉故니라 又決定知
一切諸報가 皆從業起하며 一切諸果가 皆從因起하며 一切諸業이

깊이 믿고 이해함과 큰 서원의 힘으로 온갖 곳에 두루한 지혜의 몸
이 평등한 문에 들어갔다. 그 몸을 두루 나타내어 모든 여래의 앞·
모든 보살의 앞·모든 선지식의 앞·모든 여래의 탑 앞·모든 여래
의 형상 앞·모든 부처님과 보살의 계시는 처소 앞·모든 법보 앞·
모든 성문과 벽지불과 그들의 탑 앞·모든 거룩한 대중인 복밭 앞·
모든 부모와 존자 앞·모든 시방의 중생 앞에 있으면서 위에 말한
것처럼 존중하고 예경하며 찬탄하기를, 미래 세상이 다하도록 쉬지
아니하였다.

　허공과 같으니 끝과 분량이 없는 연고라. 법계와 같으니 막힘과 걸
림이 없는 연고라. 실제와 같으니 온갖 것에 두루한 연고라. 여래와
같으니 분별이 없는 연고라. 그림자와 같으니 지혜를 따라 나타나는
연고라. 꿈과 같으니 생각으로 좇아 일어나는 연고라. 영상과 같으니
모든 것에 보이는 연고라. 메아리와 같으니 인연으로 생기는 연고라.
　나는 일이 없으니 번갈아 일어나고 없어지는 연고라. 성품이 없으
니 인연을 따라 변하는 연고라.
　또 모든 과보는 업에서 일어나고, 모든 결과는 인에서 일어나고, 모

皆從習起하며 一切佛興이 皆從信起하며 一切化現諸供養事가 皆
悉從於決定解起하며 一切化佛이 從敬心起하며 一切佛法이 從善
根起하며 一切化身이 從方便起하며 一切佛事가 從大願起하며 一切
菩薩所脩諸行이 從廻向起하며 一切法界廣大莊嚴이 從一切智
境界而起하야

離於斷見하니 知廻向故요 離於常見하니 知無生故요 離無因見하니
知正因故요 離顚倒見하니 知如實理故요 離自在見하니 知不由他
故요 離自他見하니 知從緣起故요 離邊執見하니 知法界無邊故요
離往來見하니 知如影像故요 離有無見하니 知不生滅故요 離一切
法見하니 知空無生故며 知不自在故며 知願力出生故요 離一切相

든 업은 습기에서 일어나고, 모든 부처님 나심은 믿음에서 일어나고,
모든 공양거리를 변화하여 나타냄은 결정한 알음알이에서 일어나고,
모든 나툰 몸 부처님은 공경하는 마음에서 일어나고, 모든 부처님 법
은 착한 뿌리에서 일어나고, 모든 나툰 몸은 방편에서 일어나고, 모든
불사는 큰 원에서 일어나고, 모든 보살의 닦는 행은 회향에서 일어나
고, 모든 법계의 광대한 장엄은 온갖 지혜의 경계에서 일어나는 줄을
결정코 알아야 하느니라. 아주 없다는 소견을 여의나니 회향을 아는
연고며, 항상 하다는 소견을 여의나니 나는 일이 없음을 아는 연고며,
원인이 없다는 소견을 여의나니 바른 인을 아는 연고며, 뒤바뀐 소견
을 여의나니 실제와 같은 이치를 아는 연고며, 자재천이란 소견을 여
의나니 남을 말미암지 않음을 아는 연고며, ‘나’라 ‘남’이라 하는 소견을
여의나니 인연으로 생기는 줄을 아는 연고며, 가이있다고 고집하는 소
견을 여의나니 법계가 가이없음을 아는 연고며, 가고 온다는 소견을
여의나니 영상과 같음을 아는 연고며, 있다 없다는 소견을 여의나니
나지도 멸하지도 않음을 아는 연고며, 모든 법이란 소견을 여의나니
공하여 남[生]이 없음을 아는 연고며, 자재하지 못함을 아는 연고며,

見하니 入無相際故요 知一切法이 如種生芽故와 如印生文故며 知質如像故며 知聲如響故며 知境如夢故며 知業如幻故며 了世心現故며 了果因起故며 了報業習故며 了知一切諸功德法이 皆從菩薩善巧方便所流出故니라

善財童子가 入如是智하야 端心潔念하야 於樓觀前에 擧體投地하고 殷勤頂禮한대 不思議善根이 流注身心하야 淸涼悅澤하니라 從地而起하야 一心瞻仰하야 目不暫捨하며 合掌圍遶하야 經無量市하고 作是念言호대

此大樓閣이 是解空無相無願者之所住處며 是於一切法에 無分別者之所住處며 是了法界無差別者之所住處며 是知一切衆生

소원의 힘으로 나는 줄을 아는 연고며, 모든 모양이란 소견을 여의나니 모양이 없는 경계에 들어가는 연고니라. 모든 법이 종자에서 싹이 나는 것 같음을 아는 연고며, 밀로 만든 인에서 글자가 나는 것 같음을 아는 연고며, 바탕이 영상과 같음을 아는 연고며, 소리가 메아리와 같음을 아는 연고며, 경계가 꿈과 같음을 아는 연고며, 업이 환술 같음을 아는 연고며, 세상이 마음으로 나타남을 아는 연고며, 결과가 원인에서 일어남을 아는 연고며, 과보가 업의 모임인 줄을 아는 연고며, 모든 공덕의 법이 다 보살의 교묘한 방편으로 흘러나온 것임을 아는 연고니라. 선재동자가 이러한 지혜에 들어가서 단정한 마음과 깨끗한 생각으로 누각 앞에서 엎드려서 은근하게 절하니, 부사의한 착한 뿌리가 몸과 마음에 흘러들어 상쾌하고 기뻤다. 땅에서 일어나 한결같은 마음으로 우러러보면서, 잠깐도 한눈팔지 아니하고 합장하고 한량없이 돌면서 이렇게 생각하였다.

'이 큰 누각은 공하고 모양 없고 원 없음을 아는 이가 머무는 곳이리라. 이는 모든 법에 분별이 없는 이가 머무는 곳이리라. 이는 법계가 차별 없음을 아는 이가 머무는 곳이리라. 이는 모든 중생을 얻을

不可得者之所住處며 是知一切法無生者之所住處며 是不着一
切世間者之所住處며 是不着一切窟宅者之所住處며 是不樂一
切聚落者之所住處며 是不依一切境界者之所住處며 是離一切
想者之所住處며 是知一切法無自性者之所住處며 是斷一切分
別業者之所住處며 是離一切想心意識者之所住處며 是不入不
出一切道者之所住處며 是入一切甚深般若波羅蜜者之所住處
며 是能以方便으로 住普門法界者之所住處며 是息滅一切煩惱
火者之所住處며 是以增上慧로 除斷一切見愛慢者之所住處며
是出生一切諸禪解脫三昧通明하야 而遊戱者之所住處며 是觀
察一切菩薩三昧境界者之所住處며 是安住一切如來所者之所

수 없음을 아는 이가 머무는 곳이리라. 이는 모든 법이 남이 없음을
아는 이가 머무는 곳이리라. 이는 모든 세간에 집착하지 않는 이가
머무는 곳이리라. 이는 모든 굴택에 집착하지 않는 이가 머무는 곳이
리라. 이는 모든 마을을 즐거워하지 않는 이가 머무는 곳이리라. 이는
모든 경계를 의지하지 않는 이가 머무는 곳이리라. 이는 모든 생각을
여읜 이가 머무는 곳이리라. 이는 모든 법이 제 성품이 없음을 아는
이가 머무는 곳이리라. 이는 모든 분별한 업을 끊은 이가 머무는 곳
이리라. 이는 모든 생각과 마음과 의식을 여읜 이가 머무는 곳이리라.
이는 모든 도에 들지도 않고 나지도 않는 이가 머무는 곳이리라. 이
는 모든 깊고 깊은 반야바라밀에 들어간 이가 머무는 곳이리라. 이는
방편으로 넓은 문 법계에 머무른 이가 머무는 곳이리라.

　이는 모든 번뇌의 불을 멸한 이가 머무는 곳이리라. 이는 더 올라
가는 지혜로 모든 소견ㆍ사랑ㆍ교만을 끊은 이가 머무는 곳이리라.
이는 모든 선정ㆍ해탈ㆍ삼매ㆍ신통과 밝음을 내어 유희하는 이가 머
무는 곳이리라. 이는 모든 보살의 삼매의 경계를 관찰한 이가 머무는
곳이리라. 이는 모든 여래의 처소에 편안히 머무는 이가 머무는 곳이

住處며 是以一劫ᄋ로 入一切劫하고 以一切劫ᄋ로 入一劫호대 而不
壞其相者之所住處며 是以一剎ᄅ로 入一切剎하고 以一切剎ᄅ로 入一
剎호대 而不壞其相者之所住處며 是以一法ᄋ로 入一切法하고 以一
切法ᄋ로 入一法호대 而不壞其相者之所住處며 是以一衆生ᄋ로 入
一切衆生하고 以一切衆生ᄋ로 入一衆生호대 而不壞其相者之所
住處며 是以一佛ᄅ로 入一切佛하고 以一切佛ᄅ로 入一佛호대 而不壞
其相者之所住處며 是於一念中ᄋ에 而知一切三世者之所住處며
是於一念中ᄋ에 往詣一切國土者之所住處며 是於一切衆生前ᄋ에
悉現其身者之所住處며 是心常利益一切世間者之所住處며 是
能徧至一切處者之所住處며 是雖已出一切世間ᄋ나 爲化衆生

리라.

이 큰 누각은 한 겁을 모든 겁에 넣고, 모든 겁을 한 겁에 넣어도
그 형상을 깨뜨리지 않는 이가 머무는 곳이리라. 이는 한 세계를 모
든 세계에 넣고, 모든 세계를 한 세계에 넣어도 그 형상을 깨뜨리지
않는 이가 머무는 곳이리라. 이는 한 법을 모든 법에 넣고, 모든 법을
한 법에 넣어도 그 형상을 깨뜨리지 않는 이가 머무는 곳이리라.

이 큰 누각은 한 중생을 모든 중생에 넣고, 모든 중생을 한 중생에
넣어도 그 형상을 깨뜨리지 않는 이가 머무는 곳이리라. 이는 한 부
처님을 모든 부처님에 넣고, 모든 부처님을 한 부처님에 넣어도 그
형상을 깨뜨리지 않는 이가 머무는 곳이리라. 이는 잠깐 동안에 모든
삼세를 아는 이가 머무는 곳이리라.

이는 잠깐 동안에 모든 국토에 이르는 이가 머무는 곳이리라. 이는
모든 중생의 앞에다 그 몸을 나타내는 이가 머무는 곳이리라.

이는 마음으로 모든 세간을 항상 이익케 하는 이가 머무는 곳이리
라. 이는 온갖 곳에 두루 이르는 이가 머무는 곳이리라. 이는 모든 세
간에서 이미 벗어났으나, 중생을 교화하려고 그 가운데 항상 몸을 나

故로 而恒於中現身者之所住處며 是不着一切刹호대 爲供養諸
佛故로 而遊一切刹者之所住處며 是不動本處코 能普詣一切佛
刹하야 而莊嚴者之所住處며 是親近一切佛호대 而不起佛想者之
所住處며 是依止一切善知識호대 而不起善知識想者之所住處며
是住一切魔宮호대 而不耽着欲境界者之所住處며 是永離一切
心想者之所住處며 是雖於一切衆生中에 而現其身이나 然於自
他에 不生二想者之所住處며 是能普入一切世界호대 而於法界에
無差別想者之所住處며 是願住未來一切劫호대 而於諸劫에 無
長短想者之所住處며 是不離一毛端處코 而普現身一切世界者
之所住處며 是能演說難遭遇法者之所住處며 是能住難知法과

타내는 이가 머무는 곳이리라. 이는 모든 세계에 애착하지 않으나, 부
처님들께 공양하려고 모든 세계에 다니는 이가 머무는 곳이리라.

이 큰 누각은 본 고장에서 움직이지 않고 모든 세계에 두루 나아가
장엄하는 이가 머무는 곳이리라. 이는 모든 부처님을 가까이하면서도
부처님이란 생각을 일으키지 않는 이가 머무는 곳이리라. 이는 모든
선지식을 의지하면서도 선지식이란 생각을 내지 않는 이가 머무는 곳
이리라. 이는 모든 마의 궁전에 있으면서도 욕심 경계에 탐착하지 않
는 이가 머무는 곳이리라. 이는 모든 마음과 생각을 아주 여읜 이가
머무는 곳이리라.

이는 모든 중생 속에 몸을 나타내면서도 자기와 다른 이에게 둘이
란 생각을 내지 않는 이가 머무는 곳이리라. 이는 모든 세계에 두루
들어가면서도 법계에 대하여 차별한 생각이 없는 이가 머무는 곳이리
라. 이는 미래 세상의 모든 겁에 머물기를 원하면서도 여러 겁에 길
다 짧다는 생각이 없는 이가 머무는 곳이리라. 이는 한 티끌 만한 곳
을 여의지 않으면서도 모든 세계에 몸을 나타내는 이가 머무는 곳이
리라. 이는 만나기 어려운 법을 능히 연설하는 이가 머무는 곳이리라.

甚深法과 無二法과 無相法과 無對治法과 無所得法과 無戲論法者之所住處며 是住大慈大悲者之所住處며 是已度一切二乘智하고 已超一切魔境界하고 已於世法에 無所染하고 已到菩薩所到岸하고 已住如來所住處者之所住處며 是雖離一切諸相이나 而亦不入聲聞正位하고 雖了一切法無生이나 而亦不住無生法性者之所住處며 是雖觀不淨이나 而不證離貪法하고 亦不與貪欲俱하며 雖脩於慈나 而不證離瞋法하고 亦不與瞋垢俱하며 雖觀緣起나 而不證離癡法하고 亦不與癡惑俱者之所住處며 是雖住四禪이나 而不隨禪生하고 雖行四無量이나 爲化衆生故로 而不生色界하고 雖脩四無色定이나 以大悲故로

이는 알기 어려운 법·매우 깊은 법·둘이 없는 법·모양이 없는 법·상대하여 다스릴 수 없는 법·얻을 바 없는 법·부질없는 의논이 없는 법에 능히 머무른 이가 머무는 곳이리라. 이는 대자대비에 머무는 이가 머무는 곳이리라. 이는 모든 이승의 지혜를 지났고, 모든 마의 경계를 초월하였고, 세상 법에 물들지 아니하고 보살들이 이르는 언덕에 이르렀고, 여래의 머무시는 곳에 머무른 이가 머무는 곳이리라. 이는 모든 형상을 여의었으면서도 성문의 바른 지위에 들어가지 않고, 모든 법이 나지 않는 줄을 알면서도 나지 않는 법의 성품에 머물지 않는 이가 머무는 곳이리라. 이는 부정함을 관찰하면서도 탐욕여의는 법을 증득하지도 않고, 탐욕과 함께 있지도 않으며, 인자함을 닦으면서도 성냄을 여의는 법을 증득하지도 않고, 성내는 일과 함께 하지도 않으며, 인연으로 생기는 것을 관찰하면서도 어리석음을 여의는 법을 증득하지도 않고, 어리석음과 함께하지도 않는 이가 머무는 곳이리라. 이는 4선정에 머무르면서도 선정을 따라 태어나지도 않고, 네 가지 한량없는 마음을 행하면서도 중생을 교화하기 위하여 형상세계에 태어나지도 않고, 네 가지 무형 세계의 선정을 닦으면서도 크

而不住無色界者之所住處며 是雖勤脩止觀이나 爲化衆生故로
而不證明脫하고 雖行於捨나 而不捨化衆生事者之所住處며 是
雖觀於空이나 而不起空見하고 雖行無相이나 而常化着相衆生하고
雖行無願이나 而不捨菩提行願者之所住處며 是雖於一切業煩
惱中에 而得自在나 爲化衆生故로 而現隨順諸業煩惱하고 雖無生
死나 爲化衆生故로 示受生死하고 雖已離一切趣나 爲化衆生故로
示入諸趣者之所住處며 是雖行於慈나 而於諸衆生에 無所愛戀
하고 雖行於悲나 而於諸衆生에 無所取着하고 雖行於喜나 而觀苦
衆生하야 心常哀愍하고 雖行於捨나 而不廢捨利益他事者之所住
處며 是雖行九次第定이나 而不厭離欲界受生하고 雖知一切法이

게 가엾이 여기므로 무형 세계에 머무르지 않는 이가 머무는 곳이리
라. 이는 선정과 지혜를 닦으면서도 중생을 교화하기 위하여 밝음과
해탈을 증득하지 않고, 버리는 일을 행하면서도 중생 교화하는 일을
버리지 않는 이가 머무는 곳이리라. 이는 공함을 관하면서도 공한 소
견을 내지 않고, 모양 없음을 행하면서도 모양에 집착하는 중생을 항
상 교화하고, 소원 없음을 행하면서도 보리행의 원을 버리지 않는 이
가 머무는 곳이리라.

이는 모든 업과 번뇌에서 자유자재하면서도 중생을 교화하기 위하
여 업과 번뇌를 따르며, 생사가 없으면서도 중생을 교화하기 위하여
생사를 받으며, 모든 길을 여의었으면서도 중생을 교화하기 위하여
여러 길에 일부러 들어가는 이가 머무는 곳이리라. 이는 인자함을 행
하면서도 여러 중생에게 미련이 없으며, 가엾이 여김을 행하면서도
여러 중생에게 집착이 없으며, 기뻐함을 행하면서도 괴로운 중생을
보고 항상 불쌍히 여기며, 버림을 행하면서도 다른 이를 이익케 하는
일을 폐하지 않는 이가 머무는 곳이리라. 이는 아홉 가지 차례로 닦
는 선정을 행하면서도 욕계에 태어남을 싫어하지 않고, 모든 법이 나

無生無滅이나 而不於實際에 作證하고 雖入三解脫門이나 而不取聲
聞解脫하고 雖觀四聖諦나 而不住小乘聖果하고 雖觀甚深緣起나
而不住究竟寂滅하고 雖脩八聖道나 而不求永出世間하고 雖超凡
夫地나 而不墮聲聞辟支佛地하고 雖觀五取蘊이나 而不永滅諸蘊
하고 雖超出四魔나 而不分別諸魔하고 雖不着六處나 而不永滅六
處하고 雖安住眞如나 而不墮實際하고 雖說一切乘이나 而不捨大乘
이니 此大樓閣이 是住如是等一切諸功德者之所住處로다 爾時에
善財童子가 而說頌曰

　　此是大悲淸淨智로　　　　利益世間慈氏尊의
　　灌頂地中佛長子가　　　　入如來境之住處로다

지도 않고 멸하지도 않음을 알면서도 실제를 증득하지 않으며, 삼매
와 해탈문에 들었어도 성문의 해탈을 취하지 않으며, 네 가지 진리를
관찰하면서도 소승의 과위에 머물지 않고, 깊은 인연으로 생김을 관
찰하면서도 마침내 고요한 데 머물지 않고, 여덟 가지 성인의 길을
닦으면서도 세간에서 아주 뛰어나기를 구하지 않고, 범부의 지위를
초월하고도 성문이나 벽지불의 지위에 떨어지지 않고, 다섯 가지 쌓
임을 관찰하면서도 여러 가지 쌓임을 아주 멸하지 않고, 네 가지 마
를 초월하고도 마를 분별하지 않고, 여섯 곳에 집착하지 않으면서도
여섯 곳을 아주 멸하지 않고, 진여에 편안히 머무르면서도 실제에 떨
어지지 않고, 모든 승을 말하면서도 대승을 버리지 않나니 이 큰 누
각은 이러한 모든 공덕에 머무르는 이가 머무는 곳이리라.'
　이때 선재동자가 게송으로 말하였다.

　　이렇게 자비하고 청정한 지혜　　세간을 이익케 하는 미륵보살님
　　정수리에 물을 부은 부처님 장자　여래의 경계 드신 이 머무시는 곳

一切名聞諸佛子가
遊行法界心無着한
施戒忍進禪智慧와
如是大乘諸度法을
智慧廣大如虛空하야
無礙無依無所取하야
善能解了一切法이
如鳥飛空得自在한
了知三毒眞實性이
亦不厭彼而求出하는

已入大乘解脫門하야
此無等者之住處로다
方便願力及神通의
悉具足者之住處로다
普知三世一切法이
了諸有者之住處로다
無性無生無所依하야
此大智者之住處로다
分別因緣虛妄起호대
此寂靜人之住處로다

온 세계에 소문나신 부처님 아들
법계에 다니어도 집착이 없어
보시·지계·인욕·정진·선정과 지혜
대승의 여러 가지 바라밀을
지혜가 광대하기 허공과 같고
걸림 없고 의지 없고 집착 없으니
모든 법이 성품없고 나지도 않고
허공에 새가 날 듯 자유자재해
세 가지 독 참성품 분명히 알고
싫다고 벗어남을 구하지 않는

대승의 해탈문에 들어가셨고
견줄 데 없는 이 머무시는 곳
방편과 원과 힘과 신통까지
모두 다 갖춘 이 머무시는 곳
삼세 모든 법을 두루 다 알아
있는 줄 아는 이 머무시는 곳
의지할 데 없음을 분명히 알며
큰 지혜 있는 이 머무시는 곳
인연법이 허망함을 분별하여도
이렇게 고요한 이 머무시는 곳

三解脫門八聖道와　　　　　諸蘊處界及緣起를
悉能觀察不趣寂하는　　　　此善巧人之住處로다
十方國土及衆生을　　　　　以無礙智咸觀察하야
了性皆空不分別하는　　　　此寂滅人之住處로다
普行法界悉無礙호대　　　　而求行性不可得이
如風行空無所行하는　　　　此無依者之住處로다
普見惡道群生類가　　　　　受諸楚毒無所歸하고
放大慈光悉除滅하는　　　　此哀愍者之住處로다
見諸衆生失正道가　　　　　譬如生盲踐畏道하고
引其令入解脫城하는　　　　此大導師之住處로다

세 가지 해탈문과 여덟 가지 바른 길　　모든 온처계 내지 연기를

살피고도 고요한 데 나가지 않는　　흘륭하게 교묘한 이 머무시는 곳

시방의 극토들과 모든 중생을　　걸림 없는 지혜로 모두 살피어

공한 줄을 알아서 분별치 않는　　고요한 데 드신 이 머무시는 곳

온 법계에 다니면서 걸림 없으나　　가는 성품 구하여도 얻을 수 없어

공중에 바람 불 듯 종적 없나니　　의지한 데 없는 이 머무시는 곳

나쁜 길 모든 중생 고통받으며　　돌아갈 데 없음을 두루 살피고

인자한 광명 놓아 모두 없애나니　　불쌍하게 여기는 이 머무시는 곳

중생들이 바른 길을 잃어버린 것　　소경이 위험한 길 걷는 듯한데

그를 인도하여 해탈성에 들게 하나니　　이와 같은 길잡이의 머무시는 곳

見諸衆生入魔網하야　　　生老病死常逼迫하고
令其解脫得慰安하는　　　此勇健人之住處로다
見諸衆生嬰惑病하고　　　而興廣大悲愍心하야
以智慧藥悉除滅하는　　　此大醫王之住處로다
見諸群生沒有海하야　　　沈淪憂迫受衆苦하고
悉以法船而救之하는　　　此善度者之住處로다
見諸衆生在惑海하고　　　能發菩提妙寶心하야
悉入其中而濟拔하는　　　此善漁人之住處로다
恒以大願慈悲眼으로　　　普觀一切諸衆生하고
從諸有海而拔出하는　　　此金翅王之住處로다

중생들이 악마의 그물에 들어　　　나고 늙고 병들고 죽음에 시달리거늘

그들을 해탈케 하여 위안하나니　　　이렇게 용맹한 이 머무시는 곳

중생들이 번뇌 병에 얽힘을 보고　　　가엾게 생각하는 마음을 내어

지혜의 약으로써 치료하나니　　　이렇게 큰 의사의 머무시는 곳

중생들이 나고 죽는 바다에 빠져　　　헤매고 근심하며 괴로움을 보고

그들을 법배로써 건지시나니　　　잘 건지는 어른의 머무시는 곳

중생이 번뇌 바다 헤맴을 보고　　　보리의 묘한 보배 마음을 내어

그 가운데 들어가 건지시나니　　　사람을 잘 낚는 이 머무시는 곳

언제나 큰 서원과 자비하신 눈　　　모든 중생 받는 괴로움 두루 살피고

생사의 바다에서 건져내나니　　　이러한 금시조왕 머무시는 곳

譬如日月在虛空에 一切世間靡不燭하야
智慧光明亦如是한 此照世者之住處로다
菩薩爲化一衆生하야 普盡未來無量劫하나니
如爲一人一切爾한 此救世者之住處로다
於一國土化衆生호대 盡未來劫無休息하며
一一國土咸如是하는 此堅固意之住處로다
十方諸佛所說法을 一座普受咸令盡호대
盡未來劫恒悉然하는 此智海人之住處로다
徧遊一切世界海하며 普入一切道場海하며
供養一切如來海하는 此脩行者之住處로다

해와 달이 허공에 떠 있으면서 모든 세간 비추지 않는 데 없듯

지혜의 광명함도 그와 같나니 세상을 비추는 이 머무시는 곳

보살이 한 중생을 교화하려고 미래의 한량없는 겁을 지나듯

이와 같이 모든 중생 다 그러하니 세상을 건지는 이 머무시는 곳

한 국토의 중생을 교화하는데 미래 세상 다하도록 쉬지 않는 듯

하나하나 국토에도 다 그러하니 이런 뜻 굳은 이 머무시는 곳

시방의 부처님들 말씀하시는 법 한 자리에 모두 받아 모두 다하며

미래 겁이 다하도록 항상 그러하니 지혜 바다 가진 이 머무시는 곳

모든 세계 바다에 두루 노닐며 모든 도량 바다에 두루 들어가

모든 여래 바다에 공양하나니 이런 행을 닦는 이 머무시는 곳

脩行一切妙行海하며　　發起無邊大願海하야
如是經於衆劫海하는　　此功德者之住處로다
一毛端處無量刹과　　　佛衆生劫不可說을
如是明見靡不周하는　　此無礙眼之住處로다
一念普攝無邊劫과　　　國土諸佛及衆生하야
智慧無礙悉正知하는　　此具德人之住處로다
十方國土碎爲塵하고　　一切大海以毛滴하야
菩薩發願數如是한　　　此無礙者之住處로다
成就總持三昧門과　　　大願諸禪及解脫하야
一一皆住無邊劫하는　　此眞佛子之住處로다

모든 수행 바다를 닦아 행하고　　그지없는 서원 바다 일으켜서

이와 같이 겁 바다를 지내시나니　이런 공덕 있는 이 머무시는 곳

한 털끝에 한량없는 세계가 있고　부처님과 겁과 중생 말할 수 없어

이런 것을 분명하게 두루 보나니　걸림 없는 눈 가진 이 머무시는 곳

한 생각에 그지없는 겁을 거두어　극토와 부처님과 모든 중생을

걸림 없는 지혜로 바로 아나니　　이런 공덕 갖춘 이 머무시는 곳

시방 세계 부수어 티끌 만들고　　큰 바닷물 털끝으로 찍어낸 수효

보살의 세운 원이 이와 같나니　　걸림 없는 이들의 머무시는 곳

다라니와 삼매와 큰 서원들과　　선정과 모든 해탈 성취하여서

낱낱이 그지없는 겁을 지내니　　이러한 참 불자의 머무시는 곳

無量無邊諸佛子가　種種說法度衆生하며
亦說世間衆技術하는　此脩行者之住處로다
成就神通方便智하고　脩行如幻妙法門하야
十方五趣悉現生하는　此無礙者之住處로다
菩薩始從初發心으로　具足脩行一切行하야
化身無量徧法界하는　此神力者之住處로다
一念成就菩提道하야　普作無邊智慧業이여
世情思慮悉發狂하는　此難量者之住處로다
成就神通無障礙하야　遊行法界靡不周호대
其心未嘗有所得한　此淨慧者之住處로다

한량없고 그지없는 여러 불자　　가지가지 법을 말해 중생 건지며

세간의 모든 기술 말씀하시니　　이런 행을 닦는 이 머무시는 곳

신통과 방편 지혜 성취하였고　　환술 같은 묘한 법문 닦아 행하며

시방의 다섯 길에 나타나나니　　걸림 없는 이들의 머무시는 곳

보살이 처음으로 마음을 내고　　모든 행을 구족하게 닦아 행하며

나툰 몸 한량없이 법계에 가득　　이런 신통 있는 이 머무시는 곳

한 생각에 보리도를 성취하였고　　그지없는 지혜의 업 두루 짓고도

세상 인정 모든 생각 발광하나니　　헤아릴 수 없는 이 머무시는 곳

신통을 성취하여 걸림이 없고　　법계에 모두 돌아다니지마는

마음에는 조금도 얻은 것 없어　　이런 지혜 가진 이 머무시는 곳

菩薩脩行無礙慧하야 　　入諸國土無所着하며
以無二智普照明하는 　　此無我者之住處로다
了知諸法無依止하야 　　本性寂滅同虛空하고
常行如是境界中하는 　　此離垢人之住處로다
普見群生受諸苦하고 　　發大仁慈智慧心하야
願常利益諸世間하는 　　此悲愍者之住處로다
佛子住於此하사 　　普現衆生前이
猶如日月輪하야 　　徧除生死暗이샷다
佛子住於此하사 　　普順衆生心하야
變現無量身하사 　　充滿十方刹이샷다

보살이 걸림 없는 지혜를 닦고　　여러 국토 들어가도 집착이 없어
둘이 없는 지혜로 널리 비추니　　'나'가 없는 이들의 머무시는 곳
모든 법이 의지 없고 본래 성품도　　허공같이 고요함을 분명히 알아
이러한 경계에서 항상 행하니　　이러한 때 여읜 이 머무시는 곳
중생들이 모든 고통 받음을 보고　　인자하고 슬기로운 마음을 내어
모든 세간 이익 하기 항상 원하니　　가엾이 여기는 이 머무시는 곳
불자가 여기 있으면서　　중생 앞에 두루 나타나
마치 해와 달처럼　　생사의 어둠을 소멸시켜 버리고
불자가 여기 있으면서　　중생의 마음 널리 순종해
한량없는 몸을 나투어　　시방 세계에 가득하시네

佛子住於此하사 偏遊諸世界의
一切如來所를 無量無數劫이샷다
佛子住於此하사 思量諸佛法을
無量無數劫호대 其心無厭倦이샷다
佛子住於此하사 念念入三昧하야
一一三昧門에 闡明諸佛境이샷다
佛子住於此하사 悉知一切刹에
無量無數劫의 衆生佛名號샷다
佛子住於此하사 一念攝諸劫하야
但隨衆生心하고 而無分別想이샷다

불자가 여기 있으면서 모든 세계의 여래 계신데

두루 다니는 오랜 세월 한량이 없고 수가 없네

불자가 여기 있으면서 부처님 법 생각하는데

한량없고 수없는 겁에 그 마음 싫은 줄 몰라

불자가 여기 있으면서 잠깐잠깐마다 삼매에 들고

낱낱 삼매 문에서 부처님 경계 열어 밝히고

불자가 여기 있으면서 모든 세계의 한량없는 겁

중생과 부처님의 이름을 모두 다 알고

불자가 여기 있으면서 한 생각에 모든 겁 걷어들이되

다만 중생의 마음 따를 뿐 분별하는 생각 조금도 없고

佛子住於此하사　　　　脩習諸三昧하야
一一心念中에　　　　　了知三世法이샷다
佛子住於此하사　　　　結跏身不動코
普現一切刹　　　　　　一切諸趣中이샷다
佛子住於此하사　　　　飮諸佛法海하며
深入智慧海하며　　　　具足功德海샷다
佛子住於此하사　　　　悉知諸刹數와
世數衆生數하며　　　　佛名數亦然이샷다
佛子住於此하사　　　　一念悉能了
一切三世中에　　　　　國土之成壞샷다

불자가 여기 있으면서　　　모든 삼매를 닦아 익히고

하나하나 마음속마다　　　삼세 법 분명히 알고

불자가 여기 있으면서　　　가부좌하여 동하지 않고

모든 세계와 모든 길에　　　두루 몸 나타내고

불자가 여기 있으면서　　　부처님 법 바다 모두 마시고

지혜 바다에 깊이 들어가　　공덕 바다를 구족하였고

불자가 여기 있으면서　　　모든 세계 수효를 모두 알고

세상의 수효와 중생의 수효　부처님 명호와 수효도 그러해

불자가 여기 있으면서　　　삼세 가운데 있는

국토가 이룩하고 망그러짐을　한 생각에 모두 알고

佛子住於此하사　普知佛行願과
菩薩所脩行과　衆生根性欲이샷다
佛子住於此하사　見一微塵中에
無量刹道場과　衆生及諸劫하며
如一微塵內하야　一切塵亦然하사
種種咸具足하며　處處皆無礙샷다
佛子住於此하사　普觀一切法과
衆生刹及世가　無起無所有하며
觀察衆生等과　法等如來等과
刹等諸願等과　三世悉平等이샷다

불자가 여기 있으면서　부처님의 행과 서원과
보살들의 닦는 행과　중생의 근성과 욕망 다 알고
불자가 여기 있으면서　한 티끌 속에 있는
한량없는 세계와 도량　중생과 겁을 모두 보고
한 티끌 속과 같이　모든 티끌 또한 그러해
가지가지 다 구족하여　간 데마다 걸림이 없고
불자가 여기 있으면서　모든 법과 중생과
세계와 시간이 일어나지도 않고　있는 것도 아님을 모두 보네
중생을 보는 것처럼　법도 그렇고 여래도 그렇고
세계도 그렇고 소원도 그러해　삼세가 다 평등하며

佛子住於此하사 　　教化諸群生하며

供養諸如來하며 　　思惟諸法性하시니

無量千萬劫의 　　所脩願智行이

廣大不可量이라 　　稱揚莫能盡이로다

彼諸大勇猛이 　　所行無障礙하야

安住於此中이실새 　　我合掌敬禮하노이다

諸佛之長子인 　　聖德慈氏尊이여

我今恭敬禮하노니 　　願垂顧念我하소서

爾時에 善財童子가 以如是等一切菩薩無量稱揚讚歎法으로 而
讚毘盧遮那莊嚴藏大樓閣中諸菩薩已코 曲躬合掌하며 恭敬頂

불자가 여기 있으면서 　　모든 중생을 교화하고

여래께 공양하고 　　법의 성품을 생각하며

한량없는 천만 겁에 　　닦은 바 원과 지혜와 행

광대하기 한량이 없어 　　끝끝내 칭찬할 수 없고

저 여러 매우 용맹하신 이 　　수행이 걸림 없는 이

이 가운데 계심에 　　제가 이제 합장하고 경례합니다

부처님의 장자이시며 　　거룩하신 미륵보살님

제가 이제 공경하여 경례하오니 　　저를 돌보아 주소서

　이때 선재동자는 이렇게 보살들의 한량없이 칭찬하고 찬탄하는 법
으로, 비로자나장엄장 큰 누각 안에 계시는 보살들을 찬탄하고는 허
리 굽혀 합장하고 공경하여 예배하고,

禮하야 一心願見彌勒菩薩하야 親近供養이러니 乃見彌勒菩薩摩訶
薩이 從別處來하사대 無量天龍夜叉乾闥婆阿脩羅迦樓羅緊那羅
摩睺羅伽王과 釋梵護世와 及本生處無量眷屬과 婆羅門衆과 及
餘無數百千衆生이 前後圍遶하야 而共來向莊嚴藏大樓觀所하고
善財가 見已에 歡喜踊躍하야 五體投地한대 時에 彌勒菩薩이 觀察
善財하고 指示大衆하사 歎其功德하야 而說頌曰

汝等觀善財하라　　　　智慧心淸淨하니
爲求菩提行하야　　　　而來至我所로다
善來圓滿慈며　　　　　善來淸淨悲며
善來寂滅眼이여　　　　脩行無懈倦이로다

일심으로 '미륵보살'을 뵈옵고 가까이하고 공양하려 하였다.

문득 보니, 미륵보살마하살이 다른 곳으로부터 오시는데, 한량없는
하늘·용·야차·건달바·아수라·가루라·긴나라·마후라가왕과
제석천왕·범천왕·사천왕과 본래 태어난 데 있는 한량없는 권속과
바라문들과 수없는 백천 중생들이 앞뒤로 호위하고 와서 장엄장 누각
으로 향하시었다.

선재동자가 보고는 기뻐 뛰놀면서 땅에 엎드려 절하였다. 미륵보살
은 선재동자를 살펴보고 대중에게 그의 공덕을 찬탄하여 게송으로 말
하였다.

그대들은 선재동자를 보라　　　지혜 있고 마음이 청정하여

보리행을 구하려고　　　　　　나에게 이른 것이다

잘 왔도다 원만하고 인자한 이　잘 왔도다 청정하고 자비한 이

잘 왔도다 고요한 눈　　　　　수행하기 게으름 없네

善來淸淨意며　　　　善來廣大心이며
善來不退根이여　　　修行無懈倦이로다
善來不動行이여　　　常求善知識하야
了達一切法하며　　　調伏諸群生이로다
善來行妙道하며　　　善來住功德이며
善來趣佛果여　　　　未曾有疲倦이로다
善來德爲體며　　　　善來法所滋며
善來無邊行이여　　　世間難可見이로다
善來離迷惑이여　　　世法不能染이며
利衰毀譽等에　　　　一切無分別이로다

잘 왔도다 청정한 뜻　　　　잘 왔도다 광대한 마음

잘 왔도다 물러가지 않은 근성　　수행하기 게으름 없네

잘 왔도다 동요하지 않는 행　　항상 선지식을 찾아

모든 법 통달하고　　　　　증생들을 조복하며

잘 왔도다 묘한 도 행하고　　잘 왔도다 공덕에 머물고

잘 왔도다 부처 지위 나아가　　조금도 게으름 없네

잘 왔도다 덕으로 몸이 되고　　잘 왔도다 법에 흔습되고

잘 왔도다 그지없는 행　　　세간에서 만나보기 어려워

잘 왔도다 미혹 여의고　　　세상 법에 물들지 않고

이롭고 쇠하고 헐뜯고 칭찬함에　　모든 것 분별이 없네

善來施安樂이여 　　調柔堪受化니
詔諂瞋慢心을 　　一切悉除滅이로다
善來眞佛子여 　　普詣於十方하야
增長諸功德하야 　　調柔無懈倦이로다
善來三世智여 　　徧知一切法하며
普生功德藏하야 　　脩行無疲厭이로다
文殊德雲等 　　一切諸佛子가
令汝至我所하며 　　示汝無碍處어늘
具脩菩薩行하야 　　普攝諸群生하니
如是廣大人이 　　今來至我所로다

잘 왔도다 안락을 주고 　　부드럽고 교화를 받아

아첨·속임·성냄·교만 　　모든 것 소멸해 버렸네

잘 왔도다 진실한 불자 　　시방에 두루 다니며

모든 공덕 늘었고 　　부드러워 게으름 없네

잘 왔도다 삼세 지혜 　　모든 법 두루 다 알며

공덕 창고 두루 내어 　　수행의 고달픔 모르네

문수보살과 덕운비구 　　여러 불자들이

너를 내게 보내며 　　너에게 걸림 없는 곳을 보이어

보살행 갖추어 닦고 　　모든 중생을 거두어 주어

이렇게 훌륭한 사람이 　　지금 나에게 왔네

爲求諸如來의　　　　　　　清淨之境界하며
問諸廣大願하야　　　　　　而來至我所로다
去來現在佛의　　　　　　　所成諸行業을
汝欲皆脩學하야　　　　　　而來至我所로다
汝於善知識에　　　　　　　欲求微妙法하며
欲受菩薩行하야　　　　　　而來至我所로다
汝念善知識이　　　　　　　諸佛所稱歎이며
令汝成菩提하야　　　　　　而來至我所로다
汝念善知識이　　　　　　　生我如父母하며
養我如乳母하야　　　　　　增我菩提分하며

모든 여래들의　　　　　　　청정한 경계 구하려고

광대한 서원 물으면서　　　　나를 찾아왔네

과거·미래·현재의　　　　　부처님들이 이루신 행과 업

그대 닦아 배우려고　　　　　나를 찾아왔네

그대는 선지식에게　　　　　미묘한 법 구하고

보살행 배우려고　　　　　　나를 찾아왔네

그대는 선지식을　　　　　　모든 부처님께서 칭찬하시고

그대의 보리행을 이루게 함을　생각하고 나를 찾아왔네

그대는 선지식을 생각하되　　부모처럼 나를 낳으시고

유모처럼 나를 기르고　　　　보리의 부분 법 늘게 하고

如醫療衆疾하며　　如天灑甘露하며
如日示正道하며　　如月轉淨輪하며
如山不動搖하며　　如海無增減하며
如船師濟渡하야　　而來至我所로다
汝觀善知識이　　　猶如大猛將하며
亦如大商主하며　　又如大導師하야
能建正法幢하며　　能示佛功德하며
能滅諸惡道하며　　能開善趣門하며
能顯諸佛身하며　　能守諸佛藏하며
能持諸佛法일새　　是故願瞻奉이로다

의사처럼 병을 고쳐 주고　　하늘처럼 감로를 뿌리고

해처럼 바른 길 보여 주고　　달처럼 깨끗한 바퀴 굴리고

산처럼 동요하지 않고　　　바다처럼 늘고 줄지 않고

뱃사공처럼 건네줌을 생각하고　　나를 찾아왔네

선지식을 그대는 보라　　　용맹한 대장과 같고

큰 장사 물주와 같고　　　큰 길잡이 같아서

바른 법 당기를 세우고　　부처님 공덕 보여 주고

나쁜 길 없애 버리고　　　착한 길 가는 문 열어 주고

부처님의 몸 드러내고　　부처님의 광 잘 지키고

부처님 법을 잘 가지므로　　그들을 우러러 받들면서

欲滿淸淨智하며　　　　　欲具端正身하며
欲生尊貴家하야　　　　　而來至我所로다
汝等觀此人의　　　　　　親近善知識하야
隨其所脩學하야　　　　　一切應順行이어다
以昔福因緣으로　　　　　文殊令發心한대
隨順無違逆하야　　　　　修行不懈倦이로다
父母與親屬과　　　　　　宮殿及財産을
一切皆捨離하고　　　　　謙下求知識이로다
淨治如是意하고　　　　　永離世間身하니
當生佛國土하야　　　　　受諸勝果報로다

청정한 지혜 만족하려고　　　단정한 몸 갖추려고

귀하신 댁에 태어나려고　　　나를 찾아 왔도다

그대들은 이 사람을 보라　　　선지식 가까이하면서

그들을 따라 배운 대로　　　　모든 것을 순종하였고

옛적에 복의 인연으로　　　　문수보살이 발심케 하여

따라 행하고 어기지 않으며　수행하되 게으르지 않았고

부모와 친속들과　　　　　　궁전과 재산을

모두 다 버리고　　　　　　겸손하게 선지식 구하며

이런 뜻을 깨끗이 하니　　　세간 몸을 아주 여의고

부처님 국토에 태어나　　　훌륭한 과보 받으리라

善財見衆生의
爲發大悲意하야
善財見衆生의
爲求金剛智하야
善財見衆生의
爲除三毒刺하야
衆生處癡暗하야
善財爲導師하야
忍鎧解脫乘과
能於三有內에

生老病死苦하고
勤修無上道로다
五趣常流轉하고
破彼諸苦輪이로다
心田甚荒穢하고
專求利智犁로다
盲冥失正道일새
示其安隱處로다
智慧爲利劍하야
破諸煩惱賊이로다

선재동자는 중생들의

고통을 보고 대비심 내어

선재동자는 중생들의

금강 같은 지혜 구하여

선재동자는 중생들의

세 가지 독한 가시 없애려고

중생들 어둠 속에서

선재동자 길잡이 되어

인욕 갑옷과 해탈의 수레

세 가지 존재의 세계에서

나고 늙고 병들고 죽는

위 없는 도 부지런히 닦고

다섯 길 헤맴을 보고

그 괴로운 바퀴 깨뜨리고

마음 밭 황폐함을 보고

날카로운 지혜의 모습 구하려고

소경처럼 바른 길 잃거늘

편안한 곳 보여 주고

지혜의 잘 드는 검으로

번뇌의 도적 깨뜨리고

善財法船師가
普濟諸含識하야
令過爾焰海하야
疾至淨寶洲로다
善財正覺日이
智光大願輪으로
周行法界空하야
普照群迷宅이로다
善財正覺月이
白法悉圓滿하야
慈定淸涼光으로
等照衆生心이로다
善財勝智海가
依於直心住하야
菩提行漸深하야
出生衆法寶로다
善財大心龍이
昇於法界空하야
興雲霍甘澤하야
生成一切果로다

선재는 법의 뱃사공
모든 중생 널리 건지어

알아야 할 바다 지나서
보배 섬 속히 이르고

선재는 바로 깨달은 해
지혜의 광명과 서원 바퀴로

법계의 허공에 두루 다니며
중생의 굴택 두루 비추고

선재는 바로 깨달은 달
흰 법이 다 원만하여

인자한 선정 청량한 빛으로
중생의 마음 평등하게 하네

선재는 훌륭한 지혜의 바다
정직한 마음 의지해 있으며

보리행 점점 깊어서
모든 법 보배 내는 것이며

선재라는 큰 마음 용이
법계의 허공에 올라가서

구름으로 덮고 비를 내려
모든 열매를 성숙케 하고

善財然法燈이　　　信炷慈悲油와
念器功德光으로　　滅除三毒暗이로다
覺心迦羅邏와　　　悲胞慈爲肉과
菩提分肢節이　　　長於如來藏이로다
增長福德藏하며　　清淨智慧藏하며
開顯方便藏하며　　出生大願藏하야
如是大莊嚴으로　　救護諸群生하니
一切天人中에　　　難聞難可見이로다
如是智慧樹여　　　根深不可動이라
衆行漸增長하야　　普蔭諸群生이로다

선재가 법 등불 켜니　　믿음은 심지, 자비는 기름

생각은 그릇, 공덕 빛으로　세 가지 독한 어둠 없애네

깨닫는 마음은 가라라　가엾음은 태요, 인자함은 살

보리의 부분인 팔다리　여래장에서 자라고

복덕 창고 증장하고　　지혜 창고 청정하며

방편 창고 열어 헤치고　큰 서원 창고 내어

이러한 큰 장엄　　　　중생들을 구호하나니

모든 천상과 인간에서　듣기 어렵고 보기 어려워

이러한 지혜의 나무　　뿌리 깊어 동하지 않고

모든 행이 점점 증장해　여러 중생 가려 주네

欲生一切德하며　　　　　欲問一切法하며
欲斷一切疑하야　　　　　專求善知識이로다
欲破諸惑魔하며　　　　　欲除諸見垢하며
欲解衆生縛하야　　　　　專求善知識이로다
當滅諸惡道하고　　　　　當示人天路하야
令脩功德行하야　　　　　疾入涅槃城이로다
當度諸見難하며　　　　　當截諸見網하며
當枯愛欲水하며　　　　　當示三有道하며
當爲世依怙하며　　　　　當作世光明하며
當成三界師하야　　　　　示其解脫處로다

모든 공덕 내려고　　　　　모든 법 물으려고

모든 의심 끊으려고　　　　선지식을 전력해 찾으며

의혹의 마군 깨뜨리려고　　여러 소견의 때 없애려고

중생의 속박 풀어 주려고　　선지식을 전력해 구하려

나쁜 길 소멸하려면　　　　인간과 천상의 길 보이려면

공덕의 행을 닦아　　　　　열반성에 속히 들어가고

여러 소견의 어려움 건너려면　여러 소견의 그물 찢으려면

애욕의 강을 말리려면　　　세 가지 존재의 길 보이려면

세간의 의지가 되려면　　　세간의 광명이 되려면

삼계의 스승이 되어　　　　해탈할 곳을 보이라

亦當令世間으로
普覺煩惱睡하고
當了種種法하고
一切咸究竟하야
汝行極調柔하며
所欲脩功德이
不久見諸佛하야
嚴淨衆剎海하며
當滿諸行海하며
當度衆生海하야

普離諸想着하고
普出愛欲泥하며
當淨種種剎하야
其心大歡喜로다
汝心甚淸淨하니
一切當圓滿이라
了達一切法하며
成就大菩提로다
當知諸法海하며
如是脩諸行이로다

세간의 중생들로 하여금
번뇌의 졸음 깨닫게 하고
가지가지 법을 알고
모든 것 끝까지 이르면
그대의 수행 매우 조화롭고
닦으려는 공덕이
오래잖아 부처님 뵙고
모든 세계 바다 깨끗이 하여
모든 수행 바다 채우려고
중생 바다를 제도하려고

여러 시방의 집착 여의고
애욕의 수렁에서 뛰어나게 하려면
가지가지 세계를 깨끗게 하여
그 마음 매우 즐거우리라
그대의 마음 매우 청정하니
모든 것 원만하리라
모든 법 통달해 알고
큰 보리를 이루리라
모든 법 바다 알려고
이렇게 행을 닦으며

當到功德岸하며　　　當生諸善品하며
當與佛子等하야　　　如是心決定이로다
當斷一切惑하며　　　當淨一切業하며
當伏一切魔하야　　　滿足如是願이로다
當生妙智道하며　　　當開正法道하며
不久當捨離　　　　　惑業諸苦道로다
一切衆生輪이　　　　沈迷諸有輪하니
汝當轉法輪하야　　　令其斷苦輪이로다
汝當持佛種하며　　　汝當淨法種하며
汝能集僧種하야　　　三世悉周徧이로다

공덕 언덕에 이르려고　　　모든 착한 일 내려고

여러 불자들과 함께　　　　이런 마음을 결정하며

모든 번뇌 끊어야 하고　　　모든 업 깨끗해야 하고

모든 마 굴복시켜야 하나니　이런 소원 만족해야 하고

묘한 지혜의 길 내고　　　　바른 법의 길 열고

오래잖아 번뇌와 업과　　　괴로운 길 버려야 하네

모든 중생의 바퀴　　　　　모든 존재의 바퀴에서 헤매니

그대가 법의 바퀴 굴려서　　그들의 고통 끊게 하며

그대 부처님 종자 가지고　　그대 법의 종자 깨끗이 하고

그대 승가의 종자 모아서　　삼세에 두루하며

當斷衆愛網하며　　當裂衆見網하며
當救衆苦網하야　　當成此願網이로다
當度衆生界하며　　當淨國土界하며
當習智慧界하야　　當成此心界로다
當令衆生喜하며　　當令菩薩喜하며
當令諸佛喜하야　　當成此歡喜로다
當見一切趣하며　　當見一切刹하며
當見一切法하야　　當成此佛見이로다
當放破暗光하며　　當放息熱光하며
當放滅惡光하야　　滌除三有苦로다

모든 애욕의 그물 끊고　　모든 소견의 그물 찢고

모든 고통의 그물 구호하여　　이 서원의 그물 이루며

중생 세계를 제도하고　　국토 세계를 깨끗이 하고

지혜 세계를 모아서　　이 마음 세계 이루며

중생들을 기쁘게 하고　　보살들을 기쁘게 하고

부처님들 기쁘게 하여　　이 기쁨을 이루며

모든 길을 보고　　모든 세계를 보고

모든 법을 보아서　　이 부처님 견해 이루며

어둠을 깨는 광명 놓고　　뜨거움 쉬는 광명 놓고

나쁜 일 없애는 광명 놓아　　삼계의 괴로움 씻으며

當開天趣門하며　　　當開佛道門하며
當示解脫門하야　　　普使衆生入이로다
當示於正道하며　　　當絕於邪道하야
如是勤脩行하야　　　成就菩提道로다
當脩功德海하며　　　當渡三有海하야
普使群生海로　　　　出於衆苦海로다
當於衆生海에　　　　消竭煩惱海하고
令脩修諸行海하야　　疾入大智海로다
汝當增智海하며　　　汝當脩行海하야
諸佛大願海를　　　　汝當咸滿足이로다

하늘 길의 문 열고　　　부처님 도의 문 열고

해탈의 문을 보여서　　중생들 모두 들어가게 하며

바른 길 보여 주고　　삿된 길 끊게 하여

이렇게 부지런히 닦으면　보리의 길 성취하리

공덕 바다를 닦고　　세 존재의 바다 건너서

중생 바다로 하여금　고통 바다에서 뛰어나게 하며

중생 바다에서　　번뇌 바다 소멸하고

수행 바다 닦아서　큰 지혜 바다에 들게 하며

그대의 지혜 바다 늘리고　그대의 수행 바다 닦아서

부처님의 큰 서원 바다를　그대가 다 만족하여

汝當入刹海하며　　　　汝當觀衆海하며
汝當以智力으로　　　　普飮諸法海로다
當觀諸佛雲하며　　　　當起供養雲하며
當聽妙法雲하야　　　　當興此願雲이로다
普遊三有室하며　　　　普壞衆惑室하며
普入如來室하야　　　　當行如是道로다
普入三昧門하며　　　　普遊解脫門하며
普住神通門하야　　　　周行於法界로다
普現衆生前하며　　　　普對諸佛前이
譬如日月光하야　　　　當成如是力이로다

그대가 세계 바다에 들어가　　　그대가 중생 바다 관찰하고

그대의 지혜 힘으로　　　　　　모든 법 바다를 마시며

모든 부처님 구름 뵈옵고　　　　공양 구름 일으키고

묘한 법 구름 듣고　　　　　　이 서원 구름 일으키며

세 존재의 집에 놀고　　　　　　모든 번뇌의 집 부수고

여래의 집에 들어가　　　　　　이러한 도를 행하며

삼매문에 두루 들어가고　　　　해탈문에 두루 노닐고

신통문에 두루 머물러　　　　　법계에 두루 다니며

중생들 앞에 널리 나타나고　　　부처님 앞에 널리 대하되

마치 해와 달의 광명처럼　　　　이런 힘을 이루며

所行無動亂하며　　　　　所行無染着이
如鳥行虛空하야　　　　　當成此妙用이로다
譬如因陀網하야　　　　　刹網如是住하니
汝當悉往詣호대　　　　　如風無所礙로다
汝當入法界하야　　　　　徧往諸世界하야
普見三世佛하고　　　　　心生大歡喜로다
汝於諸法門에　　　　　　已得及當得이니
應生大喜躍하야　　　　　無貪亦無厭이로다
汝是功德器라　　　　　　能隨諸佛敎하며
能脩菩薩行하야　　　　　得見此奇特이로다

행하는 일 흔들리지 않고　　　　행하는 일 물들지 않아

새가 허공에 날듯이　　　　　　　이 묘한 작용 이루며

인드라의 그물처럼　　　　　　　세계 그물 그와 같나니

그대는 다 나아가 보라　　　　　바람처럼 걸리지 않으리

그대는 법계에 들어가　　　　　　모든 세계에 두루 이르러

삼세 부처님 뵈옵고　　　　　　　매우 즐거운 마음 내라

그대는 여러 가지 법문　　　　　얻었거나 얻을 것이니

마땅히 기뻐 뛰놀되　　　　　　　탐하지 말고 싫어 말아라

그대는 공덕의 그릇　　　　　　　능히 부처님 교법 따르고

보살행을 닦으면　　　　　　　　이렇게 기특한 일 볼 수 있으리

如是諸佛子를　　　　億劫難可遇어든
況見其功德과　　　　所修諸妙道아
汝生於人中하야　　　大獲諸善利라
得見文殊等의　　　　無量諸功德이로다
已離諸惡道하며　　　已出諸難處하며
已超衆苦患하니　　　善哉勿懈怠어다
已離凡夫地하며　　　已住菩薩地하니
當滿智慧地하야　　　速入如來地로다
菩薩行如海하며　　　佛智同虛空이어늘
汝願亦復然하니　　　應生大欣慶이어다

이러한 불자를　　　　　　　억 겁에도 만나기 어렵거늘

하물며 그러한 공덕과　　　닦은 도를 볼 수 있으랴

그대는 사람으로 태어나　　좋은 이익 얻었음에

문수보살 같은 이의　　　　한량없는 공덕 보는 것이며

모든 나쁜 길 여의었고　　　여러 가지 어려운 곳 벗어났으며

근심 걱정 뛰어났으니　　　착하도다 게으르지 말아야 하네

범부의 지위를 여의었고　　보살 지위에 머물렀으니

지혜의 지위를 만족하여　　여래의 지위에 들어가라

보살행 바다와 같고　　　　부처님의 지혜 허공 같은데

그대의 소원도 그러하니　　마땅히 경행하게 생각하라

諸根不懈倦하며　　　　志願恒決定하야
親近善知識하니　　　　不久悉成滿이로다
菩薩種種行이　　　　　皆爲調衆生이니
普行諸法門하야　　　　愼勿生疑惑이어다
汝具難思福과　　　　　及以眞實信일새
是故於今日에　　　　　得見諸佛子로다
汝見諸佛子하고　　　　悉獲廣大利하야
一一諸大願을　　　　　一切咸信受로다
汝於三有中에　　　　　能脩菩薩行일새
是故諸佛子가　　　　　示汝解脫門이로다

여러 감관 게으르지 말고　　　바라는 뜻과 원 결정하여서

선지식을 가까이하면　　　　오래잖아 원만히 이루리

보살의 가지가지 행은　　　　모두 중생을 조복하는 것이니

여러 가지 법문 널리 행하여　　행여나 의심 내지 말라

그대는 부사의한 복과　　　　진실한 믿음 갖추었으니

그리하여 오늘날　　　　　　여러 불자를 만났느니라

여러 불자를 그대가 보라　　　광대한 이익 얻었나니

하나하나의 큰 서원　　　　　모두 믿고 받자오라

그대 세 가지 존재에서　　　　보살행 닦았으므로

여러 불자들이　　　　　　　그대에게 해탈문 보였느니라

非是法器人이면　　　　與佛子同住하야
設經無量劫이라도　　　莫知其境界로다
汝見諸菩薩하고　　　　得聞如是法이
世間甚難有니　　　　　應生大喜慶이어다
諸佛護念汝하고　　　　菩薩攝受汝하사
能順其敎行하니　　　　善哉住壽命이로다
已生菩薩家하며　　　　已具菩薩德하며
已長如來種하니　　　　當昇灌頂位로다
不久汝當得　　　　　　與諸佛子等하야
見苦惱衆生하고　　　　悉置安隱處로다

법 그릇 이룰 사람 아니면　　불자들과 함께 있어서

한량없는 겁 지내도　　　　　그 경계 알지 못하나니

그대가 여러 보살 보고　　　이런 법 듣는 것은

세간에서 어려운 일이니　　그게 다행하다는 생각 내어라

부처님이 그대를 보호하여 생각하고　보살이 그대를 거두어 주어

그대가 그 가르침 순종하니　참 좋은 일이다, 오래 살리라

보살의 집에 태어났고　　　보살의 덕을 갖추었으며

여래 종자 자랐으니　　　　정수리에 물 붓는 지위에 오르리

오래잖아 그대는　　　　　여러 불자와 같이 되어서

고통받는 중생들 보고　　　편안한 곳에 있게 하오리

如下如是種에　　　　　必獲如是果과
我今慶慰汝하노니　　　汝應大欣悅이어다
無量諸菩薩이　　　　　無量劫行道호대
未能成此行이어늘　　　今汝皆獲得이로다
信樂堅進力이여　　　　善財成此行하니
若有敬慕心인댄　　　　亦當如是學이어다
一切功德行이　　　　　皆從願欲生이어늘
善財已了知하야　　　　常樂勤脩習이로다
如龍布密雲에　　　　　必當霔大雨하야
菩薩起願智에　　　　　決定脩諸行이로다

이러한 씨를 심으면　　　이러한 열매 거두리라

내 이제 그대를 위로하노니　그대는 마땅히 기뻐하라

한량없는 보살들　　　한량없는 겁에 도를 행했으나

이런 행을 이루지 못하지만　그대는 이제 모두 얻었네

믿고 좋아하고 굳은 정진으로　선재는 이런 행 이루었으니

공경하고 사모하는 마음 있으면　마땅히 이렇게 배우라

모든 공덕행　　　다 소원에서 생기는 것

선재동자 분명히 알고　항상 부지런히 닦네

용왕이 구름 일으키면　반드시 비를 내리나니

보살이 소원과 지혜 일으키면　결정코 여러 가지 행을 닦아

若有善知識이
示汝普賢行이면
汝當好承事요
愼勿生疑惑이어다
汝於無量劫에
爲欲妄捨身이러니
今爲求菩提하니
此捨方爲善이로다
汝於無量劫에
具受生死苦하고
不曾事諸佛일새
未聞如是行이러니
汝今得人身하야
値佛善知識하야
聽受菩提行하니
云何不歡喜리오
雖遇佛興世하며
亦値善知識이나
其心不淸淨이면
不聞如是法이로다

어떤 선지식이나

그대에게 보현행 가르치거든

기쁘게 받들어 섬기고

의혹을 내지 말 것이며

그대가 한량없는 겁에

욕심을 위하여 몸을 버렸거니와

이제 보리를 구하는 데는

이 버리는 것이 좋은 일

그대가 한량없는 겁에

나고 죽는 고통 받느라고

부처님 섬기지도 못하고

이런 행을 듣지도 못했거늘

이제 사람의 몸 되어

부처님과 선지식 만나

보리의 행 들었으니

어찌 기쁘지 않으리

비록 부처님을 만나고

선지식을 만났더라도

마음이 청정하지 못하면

이런 법 듣지 못하지만

若於善知識애　　　信樂心尊重하야
離疑不疲厭이면　　乃聞如是法이로다
若有聞此法하고　　而興誓願心이면
當知如是人은　　　已獲廣大利로다
如是心淸淨하면　　常得近諸佛하며
亦近諸菩薩하야　　決定成菩提로다
若入此法門이면　　則具諸功德하야
永離衆惡趣하고　　不受一切苦하며
不久捨此身코　　　往生佛國土하야
常見十方佛과　　　及以諸菩薩이로다

만일 선지식에게　　　　　믿고 존중하고

의심 없고 고달프지 않으면　이런 법 듣게 되나니

이러한 법을 듣고　　　　　서원하는 마음 내면

이런 사람은　　　　　　　큰 이익 얻으리라

이렇게 마음이 청정하고　　항상 부처님 가까이 모시고

모든 보살 가까이하면　　　결정코 보리 이루며

만일 이 법문에 들어가면　　모든 공덕 갖추고

나쁜 길 영원히 여의어　　　모든 고통 받지 않으며

오래잖아 이 몸 버리고　　　부처님의 국토에 나서

시방의 부처님들과　　　　여러 보살 항상 보리니

往因今淨解와
增長諸功德이
樂事善知識하며
專心聽聞法하야
汝是眞法器니
當修一切道하며
汝以信解心으로
不久當普入
善哉眞佛子여
不久具諸行하야

及事善友力으로
如水生蓮華니
勤供一切佛하고
常行勿懈倦이어다
當具一切法하며
當滿一切願이로다
而來禮敬我하니
一切諸佛會로다
恭敬一切佛하니
到佛功德岸이로다

지나간 원인 분명히 알고

모든 공덕 증장하는 일

선지식 섬기기 좋아하고

전일한 마음으로 법을 들어

그대는 진실한 법 그릇

온갖 도 닦으며

그대 믿는 마음으로

모든 부처님 회중에

착하다, 참 불자여

오래잖아 모든 행 갖추고

선지식을 섬긴 힘으로

물에서 연꽃 나듯이

부처님을 부지런히 공양하며

항상 행하고 게으르지 말라

모든 법 갖추고

모든 소원 만족하였네

내게 와서 예경하니

오래잖아 들어가리라

모든 부처님 공경하나니

부처님 공덕 언덕에 이르리

汝當往大智　　　　文殊師利所_{하라}
彼當令汝得　　　　普賢深妙行_{이리라}
爾時_에 彌勒菩薩摩訶薩_이 在衆會前_{하사} 稱讚善財大功德藏_{하신대}
善財_가 聞已_코 歡喜踊躍_에 身毛皆竪_라 悲泣哽噎_{하야} 起立合掌_{하고}
恭敬瞻仰_{하며} 遶無量帀_{하니} 以文殊師利心念力故_로 衆華纓絡_과
種種妙寶_가 不覺忽然自盈其手_{어늘} 善財_가 歡喜_{하야} 卽以奉散彌
勒菩薩摩訶薩上_{한대} 時_에 彌勒菩薩_이 摩善財頂_{하고} 爲說頌言_{하사대}
善哉善哉眞佛子_여　　　普策諸根無懈倦_{하니}
不久當具諸功德_{하야}　　　猶如文殊及與我_{로다}
時_에 善財童子_가 以頌答曰

그대는 큰 지혜 있는　　　　문수사리에게 가라

그이는 그대로 하여금　　　보현의 묘한 행 얻게 하리라

　그때 미륵보살마하살이 여러 대중 앞에서 선재동자의 큰 공덕장을
칭찬하였다. 선재동자는 이 게송을 듣고 기뻐 뛰놀면서 털이 곤두서
고 슬피 울어 흐느끼며 일어서서 합장하고 공경하고 우러러보며, 한
량없이 돌았다. 문수사리의 염려한 힘으로 여러 가지 꽃과 영락과 가
지가지 보배가 뜻하지 않게 홀연히 손에 가득하였다. 선재동자는 기
뻐서 이것을 미륵보살마하살께 받들어 흩었다. 미륵보살마하살은 선
재동자의 정수리를 만지면서 게송으로 말하였다.

착하도다 착하도다 참된 불자여　　감관을 책려하여 게으르지 않으니

미구에 모든 공덕 구족하여서　　　내 몸이나 문수보살 같이 되리라

　선재동자는 게송으로 대답하였다.

我念善知識이 億劫難値遇어늘
今得咸親近하야 而來詣尊所니이다
我以文殊故로 見諸難見者호니
彼大功德尊을 願速還瞻觀하노이다

爾時에 善財童子가 合掌恭敬하야 重白彌勒菩薩摩訶薩言호대 大
聖하 我已先發阿耨多羅三藐三菩提心호니 而我未知菩薩이 云
何學菩薩行이며 云何脩菩薩道리잇고 大聖하 一切如來가 授尊者記
하사대 一生에 當得阿耨多羅三藐三菩提라하시니 若一生에 當得無上
菩提인댄 則已超越一切菩薩所住處며 則已出過一切菩薩離生
位며 則已圓滿一切波羅蜜이며 則已深入一切諸忍門이며 則已具

제 생각엔 억 겁 지내도록 선지식을 만나기 어려웠는데
제가 이제 가까이하여서 높으신 분께 왔나이다
저는 문수보살의 인연으로 뵙기 어려운 이 뵈었사오니
큰 공덕 가지신이여 또 속히 뵈어지이다

그때 선재동자는 합장하고 공경하며 미륵보살마하살께 다시 여쭈었다.

"큰 성인이시여, 저는 이미 아뇩다라삼먁삼보리심을 내었사오나 보살이 어떻게 보살행을 배우며 어떻게 보살도를 닦는지 알지 못하나이다. 큰 성인이시여, 모든 여래께서 거룩하신이에게 수기하시기를 '한 생에 아뇩다라삼먁삼보리를 얻으리라' 하셨다 하나이다. 만일 한 생에 위 없는 보리를 얻는다 하오면 이미 모든 보살의 머무는 곳을 초월한 것이며, 모든 보살의 생사를 여읜 지위를 이미 지났으며, 모든 바라밀을 이미 원만하였으며, 모든 인욕문에 이미 깊이 들어갔으며,

足一切菩薩地며 則已遊戲一切解脫門이며 則已成就一切三昧法이며 則已通達一切菩薩行이며 則已證得一切陀羅尼辯才며 則已於一切菩薩自在中에 而得自在며 則已積集一切菩薩助道法이며 則已遊戲智慧方便이며 則已出生大神通智며 則已成就一切學處며 則已圓滿一切妙行이며 則已滿足一切大願이며 則已領受一切佛所記며 則已了知一切諸乘門이며 則已堪受一切如來所護念이며 則已能攝一切佛菩提며 則已能持一切佛法藏이며 則已能持一切諸佛菩薩秘密藏이며 則已能於一切菩薩衆中에 爲上首며 則已能爲破煩惱魔軍大勇將이며 則已能作出生死曠野大導師며 則已能作治諸惑重病大醫王이며 則已能於一切衆生中에

모든 보살의 지위를 이미 구족하였으며, 모든 해탈문에 이미 유희하는 것이며, 모든 삼매의 법을 성취하였으며, 모든 보살의 행을 이미 통달하였나이다.

모든 다라니와 변재를 이미 증득하였으며, 모든 보살의 자재한 가운데서 이미 자재함을 얻었으며, 모든 보살의 도를 돕는 법을 이미 쌓아 모았으며, 지혜와 방편에서 이미 유희하였으며, 큰 신통한 지혜를 이미 내었으며, 모든 배울 곳을 이미 성취하였으며, 모든 묘한 행을 이미 원만하였으며, 모든 큰 원을 이미 만족하였으며, 모든 부처님의 수기를 이미 받았으며, 모든 승의 문을 이미 알았으며, 모든 여래의 보호하여 생각하심을 이미 받을 만하나이다.

모든 부처님의 보리를 이미 거두었으며, 모든 부처님의 법장을 이미 가졌으며, 모든 부처님과 보살의 비밀한 창고를 이미 파악하였으며, 모든 보살 대중 가운데서 이미 우두머리가 되었으며, 번뇌의 마를 부수는 용맹한 장수가 되었으며, 생사하는 벌판의 길잡이가 되었으며, 번뇌의 중병을 다스리는 큰 의사가 되었으며, 모든 중생 중에서 가장 훌륭하였으며,

爲最勝이며 則已能於一切世主中에 得自在며 則已能於一切聖
人中에 最第一이며 則已能於一切聲聞獨覺中에 最增上이며 則已
能於生死海中에 爲船師며 則已能布調伏一切衆生網이며 則已
能觀一切衆生根이며 則已能攝一切衆生界며 則已能守護一切
菩薩衆이며 則已能談議一切菩薩事며 則已能往詣一切如來所며
則已能住止一切如來會며 則已能現身一切衆生前이며 則已能
於一切世法에 無所染이며 則已能超越一切魔境界며 則已能安
住一切佛境界며 則已能到一切菩薩無礙境이며 則已能精勤供
養一切佛이며 則已與一切諸佛法으로 同體性이며 已繫妙法繒이며
已受佛灌頂이며 已住一切智며 已能普生一切佛法이며 已能速踐

모든 세간의 임금 가운데서 자재함을 얻었나이다.

　모든 성인 가운데 가장 제일이 되었으며, 모든 성문과 독각 중에
가장 높아졌으며, 생사 바다에서 뱃사공이 되었으며, 모든 중생을 조
복하는 그물을 쳤으며, 모든 중생의 근성을 이미 관찰하였으며, 모든
중생 세계를 이미 거두어 주었으며,

모든 보살 대중을 이미 수호하였으며, 모든 보살의 일을 이미 의논하
였으며, 모든 여래가 계신 데 이미 나아갔으며, 모든 여래의 모임에
이미 머물렀나이다.

　모든 중생 앞에 이미 몸을 나타냈으며, 모든 세상 법에 물들 것이
없었으며, 모든 마의 경계를 이미 초월하였으며, 모든 부처님의 경
계에 이미 머물렀으며, 모든 보살의 걸림 없는 경지에 이미 이르렀
으며, 모든 부처님께 이미 부지런히 공양하였으며,

모든 부처님의 법과 성품이 이미 같았으며, 묘한 법 비단을 이미 매
었으며, 부처님께서 정수리에 물 부어 주심을 이미 받았으며, 온갖
지혜에 이미 머물렀으며, 모든 부처님 법을 이미 널리 내었으며, 온
갖 지혜의 지위에 빨리 나아갔나이다.

一切智位니 大聖하 菩薩이 云何學菩薩行하며 云何脩菩薩道하야사
隨所脩學하야 疾得具足一切佛法하며 悉能度脫所念衆生하며 普
能成滿所發大願하며 普能究竟所起諸行하며 普能安慰一切天人
하며 不負自身하며 不斷三寶하며 不虛一切佛菩薩種하며 能持一切
諸佛法眼이리잇고 如是等事를 願皆爲說하소서 爾時에 彌勒菩薩摩訶
薩이 觀察一切道場衆會하사 指示善財하고 而作是言하사대 諸仁者야
汝等이 見此長者子가 今於我所에 問菩薩行諸功德不아 諸仁者야
此長者子가 勇猛精進하야 志願無雜하며 深心堅固하야 恒不退轉하야
具勝希望하야 如救頭然하야 無有厭足하며 樂善知識하야 親近供養하
며 處處尋求하야 承事請法하나니 諸仁者야 此長者子가 曩於福城에

큰 성인이시여, 보살이 어떻게 보살행을 배우며 어떻게 보살도를 닦으며, 닦고 배움을 따라서 모든 부처님 법을 속히 구족하며, 염려하는 중생들을 능히 제도하며, 세운 원을 두루 성취하며, 일으킨 행을 두루 끝내며, 모든 하늘과 사람을 널리 위로하며, 제 몸을 저버리지 않고, 삼보를 끊어지지 않게 하며, 모든 부처님과 보살의 종자를 헛되지 않게 하며, 모든 부처님의 법안을 가질 수 있나이까? 이런 일들을 말씀하여 주소서."

이때 미륵보살마하살이 도량에 모인 대중을 살펴보시고 선재동자를 가리키면서 말하였다.

"여러 어진이들이여, 그대들은 이 장자의 아들이 나에게 보살의 행과 공덕을 묻는 것을 보는가?

어진이들이여, 이 장자의 아들은 용맹하게 정진하고 뜻과 원이 혼잡하지 않으며, 깊은 마음이 견고하여 항상 물러나지 않으며, 훌륭한 희망을 갖추어 머리에 불타는 것을 끄듯이 만족한 줄 모르며, 선지식을 좋아하여 가까이하고 공양하며, 간 데마다 찾아다니면서 받들어 섬기고 법을 구하느니라. 어진이들이여, 이 장자의 아들은 지난날에

受文殊教하고　展轉南行하야　求善知識할새　經由一百一十善知識
已한　然後而來至於我所호대　未曾暫起一念疲懈니라　諸仁者야　此
長者子가　甚爲難有라　趣向大乘하야　乘於大慧하며　發大勇猛하야　擐
大悲甲하며　以大慈心으로　救護衆生하며　起大精進波羅蜜行하며　作
大商主하야　護諸衆生하며　爲大法船하야　渡諸有海하며　住於大道하야
集大法寶하며　脩諸廣大助道之法하나니　如是之人은　難可得聞이며
難可得見이며　難得親近하야　同居共行이니　何以故오　此長者子가　發
心救護一切衆生하야　令一切衆生으로　解脫諸苦하며　超諸惡趣하며
離諸險難하며　破無明暗하며　出生死野하며　息諸趣輪하며　度魔境界하
며　不着世法하며　出欲淤泥하며　斷貪鞅하며　解見縛하며　壞想宅하며　絶

복성에서 문수보살의 가르침을 받고 점점 남쪽으로 오면서 선지식을
찾았고, 백열 명의 선지식을 만난 뒤에 나에게 왔는데 잠깐도 게으른
생각을 내지 않았느니라.

　어진이들이여, 이 장자의 아들은 매우 희유하니 대승을 향하여 큰
지혜를 의지하고, 큰 용맹을 내고, 크게 가엾이 여기는 갑옷을 입고,
크게 인자한 마음으로 중생을 구호하며, 큰 정진으로 바라밀을 행하
며, 큰 장사 주인이 되어 중생들을 보호하며, 큰 법 배가 되어 존재의
바다를 건너며, 큰 도에 있으면서 큰 법의 보배를 모으며, 넓고 크게
도를 돕는 법을 닦느니라. 이런 사람은 듣기도 어렵고, 보기도 어렵
고, 가까이하여 함께 있고, 함께 행하기 어려우니라.

　왜냐하면, 이 장자의 아들은 모든 중생을 구호하려는 마음을 내어
중생들로 하여금 괴로움을 벗어나고 나쁜 길을 뛰어넘게 하며, 험난
을 여의고 무명의 어둠을 깨뜨리며 생사의 벌판에서 벗어나 여러 길
에서 헤맴을 쉬고 마의 경계를 건너가며, 세상 법에 집착하지 않고
욕심의 수렁에서 헤어나게 하며, 탐욕의 굴레를 끊고, 소견의 속박을
풀고, 생각의 굴택을 헐고,

迷道하며 摧慢幢하며 拔惑箭하며 撤睡蓋하며 裂愛網하며 滅無明하며 渡有流하며 離諂幻하며 淨心垢하며 斷癡惑하며 出生死일새니라

諸仁者야 此長者子가 爲被四流漂泊者하야 造大法船하며 爲被見泥沒溺者하야 立大法橋하며 爲被癡暗昏迷者하야 然大智燈하며 爲行生死曠野者하야 開示聖道하며 爲嬰煩惱重病者하야 調和法藥하며 爲遭生老死苦者하야 飮以甘露하야 令其安隱하며 爲入貪恚癡火者하야 沃以定水하야 使得淸凉하며 多憂惱者는 慰喩使安하며 繫有獄者는 曉誨令出하며 入見網者는 開以智劍하며 住界城者는 示諸脫門하며 在險難者는 導安隱處하며 懼結賊者는 與無畏法하며 墮惡趣者는 授慈悲手하며 拘害蘊者는 示涅槃城하며 界蛇所纏엔 解以

아득한 길을 끊고, 교만의 당기를 꺾고, 의혹의 살을 뽑고, 졸음의 뚜껑을 벗기고, 애욕의 그물을 찢고, 무명을 없애고, 생사의 강을 건너고, 아첨하는 환술을 여의고, 마음의 때를 깨끗이 하고, 어리석은 의욕을 끊고, 생사에서 벗어나게 하느니라. 어진이들이여, 이 장자의 아들은 네 강에 표류하는 이를 위하여 큰 법배를 만들고, 소견의 수렁에 빠진 이를 위하여 법다리를 놓고, 어리석음의 밤에 헤매는 이를 위하여 지혜의 등불을 켜고, 생사의 벌판에 다니는 이를 위하여 바른 길을 가리켜 보이고, 번뇌의 병에 앓는 이를 위하여 법약을 만들고, 나고 늙고 죽음으로 고통받는 이에게는 감로수를 먹여 편안케 하고, 탐욕과 성냄과 어리석은 불에 들어 있는 이에게는 선정의 물을 부어 서늘케 하고, 근심 걱정이 많은 이는 위로하여 편안케 하고, 존재의 옥에 갇힌 이에게는 깨우쳐서 나오게 하고, 소견의 그물에 걸린 이는 지혜의 검으로 벗겨 주고, 십팔계의 성에 있는 이에게는 해탈할 문을 보여 주고, 험난한 데 있는 이에게는 편안한 곳으로 인도하여 주고, 결박의 도둑을 무서워하는 이에게는 두려움 없는 법을 주고, 나쁜 길에 떨어진 이에게는 자비의 손을 주고, 쌓임에 구속된 이에게는 열반의 성을 보여주고, 네 가지 요소의 뱀에 감긴 이에게는 성인의 길

聖道하며 着於六處空聚落者는 以智慧光으로 引之令出하며 住邪濟
者는 令入正濟하며 近惡友者는 示其善友하며 樂凡法者는 誨以聖
法하며 着生死者는 令其趣入一切智城하나니 諸仁者야 此長者子가
恒以此行으로 救護衆生하며 發菩提心에 未嘗休息하며 求大乘道에
曾無懈倦하며 飮諸法水에 不生厭足하며 恒勤積集助道之行하며 常
樂淸淨一切法門하며 脩菩薩行하야 不捨精進하며 成滿諸願善行
方便하며 見善知識에 情無厭足하며 事善知識에 身不疲懈하며 聞善
知識의 所有敎誨에 常樂順行하야 未曾違逆이니라 諸仁者야 若有衆
生이 能發阿耨多羅三藐三菩提心이면 是爲希有며 若發心已코 又
能如是 精進方便으로 習諸佛法이면 倍爲希有요 又能如是求菩薩

로 풀어 주고, 여섯 군데 빈 마을에 집착한 이에게는 지혜의 빛으로 이
끌어 내고, 삿된 제도에 머무는 이에게는 바른 제도에 들게 하고, 나쁜
동무를 가까이하는 이에게는 선한 동무를 소개하고, 범부의 법을 좋아
하는 이에게는 성인의 법을 가르치고, 생사에 애착하는 이에게는 온갖
지혜의 섬에 나아가게 하느니라.

　어진이들이여, 이 장자의 아들은 항상 이런 행으로 중생을 구호하
며, 보리심을 내고 쉬지 아니하며, 대승의 길을 구하여 게으르지 않으
며, 법의 물 마시기를 싫어하지 않으며, 도를 돕는 행을 부지런히 쌓
으며, 모든 법문을 깨끗케 하기를 좋아하며, 보살행 닦기에 정진을 버
리지 않으며, 여러 가지 원을 만족하고, 방편을 잘 행하며 선지식을
뵈옵는데 만족한 줄 모르며, 선지식 섬기기에 고달픈 줄을 모르며, 선
지식의 가르침을 듣고 순종하여 행하되 잠시 잠깐도 어기지 아니하느
니라. 어진이들이여, 만일 중생이 아뇩다라삼먁삼보리심을 낸다면 그
것은 희유한 일이니라.

　만일 마음을 내고 또 능히 정진하는 방편으로 부처님의 법문을 모
은다면 갑절이나 희유한 일이니라. 또 능히 이렇게 보살도를 구하고,

道하며 又能如是淨菩薩行하며 又能如是事善知識하며 又能如是
如救頭然하며 又能如是順知識教하며 又能如是堅固脩行하며 又
能如是集菩提分하며 又能如是不求一切名聞利養하며 又能如是
不捨菩薩純一之心하며 又能如是不樂家宅하며 不着欲樂하며 不
戀父母親戚知識하고 但樂追求菩薩伴侶하며 又能如是不顧身命
하고 唯願勤脩一切智道하면 應知展轉倍更難得이니라 諸仁者야 餘
諸菩薩은 經於無量百千萬億那由他劫하야사 乃能滿足菩薩願行
하며 乃能親近諸佛菩提어늘 此長者子는 於一生內에 則能淨佛刹하
며 則能化衆生하며 則能以智慧로 深入法界하며 則能成就諸波羅
蜜하며 則能增廣一切諸行하며 則能圓滿一切大願하며 則能超出

또 이렇게 보살행을 깨끗이 하고, 또 이렇게 선지식을 섬기고, 또 이
렇게 머리에 불타는 것을 끄듯이 하고, 또 이렇게 선지식의 가르침을
순종하고, 또 이렇게 견고하게 행을 닦고, 또 이렇게 보리의 부분법을
모으고, 또 이렇게 모든 명예와 이익을 구하지 않고, 또 이렇게 보살
의 순일한 마음을 버리지 않고, 또 이렇게 집을 좋아하지 않고, 욕락
에 집착하지 않고, 부모와 친척과 동무를 생각하지 않고, 다만 보살
동무만을 구하며, 또 이렇게 몸과 목숨을 돌아보지 않고, 다만 온갖
지혜의 길을 부지런히 닦기만 원한다면 이것은 점점 갑절이나 더 하
기 어려운 일인 줄 알아야 하느니라.

어진이들이여,

다른 보살들은 한량없는 백천만억 나유타 겁을 지내고야 비로소 보
살의 원과 행을 만족케 하며 능히 부처님의 보리에 가까이하는 것이
어늘, 이 장자의 아들은 한평생 동안 부처님 세계를 깨끗이 하고, 중
생을 교화하고, 지혜로써 법계에 깊이 들어가고, 모든 바라밀을 성취
하고, 모든 행을 능히 넓히고, 모든 큰 서원을 원만케 하고, 모든 마
의 업에서 나오고,

一切魔業하며 則能承事一切善友하며 則能清淨諸菩薩道하며 則
能具足普賢諸行이로다 爾時에 彌勒菩薩摩訶薩이 如是稱歎善財
童子의 種種功德하사 令無量百千衆生으로 發菩提心已하시고 告善
財言하사대 善哉善哉라 善男子여 汝爲饒益一切世間하며 汝爲救護
一切衆生하며 汝爲勤求一切佛法故로 發阿耨多羅三藐三菩提
心하니 善男子야 汝獲善利며 汝善得人身이며 汝善住壽命이며 汝善
値如來出現이며 汝善見文殊師利大善知識이니 汝身이 是善器라
爲諸善根之所潤澤이며 汝爲白法之所資持라 所有解欲이 悉已
清淨하야 已爲諸佛의 共所護念이며 已爲善友의 共所攝受로다 何以
故오 善男子야 菩提心者는 猶如種子하니 能生一切諸佛法故며 菩

모든 선지식을 섬기고, 모든 보살도를 청정히 하고 보현의 모든 행을
구족하였느니라."

이때 미륵보살마하살은 이렇게 선재동자의 여러 가지 공덕을 칭찬
하여 한량없는 백천 중생에게 보리심을 내게 하고 선재동자에게 말하
였다.

"착하고, 착하다. 착한 남자여, 그대는 모든 세간을 이익케 하려고
모든 중생을 구호하려고 모든 부처님 법을 부지런히 구하려고 아뇩다
라삼먁삼보리심을 내었도다.

착한 남자여, 그대는 좋은 이익을 얻었고, 그대는 사람의 몸을 얻었
고, 그대는 목숨이 길고, 그대는 여래가 나심을 만났고, 그대는 문수
사리 큰 선지식을 보았고, 그대의 몸은 좋은 그릇이 되어 착한 뿌리
로 윤택하였고, 그대는 흰 법으로 유지되었으므로 이해와 욕망이 다
청정하였으며, 여러 부처님의 함께 염려하심이 되었으며 선지식들이
함께 거두어 줌이 되었느니라.

무슨 까닭이냐? 착한 남자여, 보리심은 종자와 같으니 모든 불법을
내는 연고라.

提心者는 猶如良田하니 能長衆生의 白淨法故며 菩提心者는 猶如大地하니 能持一切諸世間故며 菩提心者는 猶如淨水하니 能洗一切煩惱垢故며 菩提心者는 猶如大風하니 普於世間에 無所礙故며 菩提心者는 猶如盛火하니 能燒一切諸見薪故며 菩提心者는 猶如淨日하니 普照一切諸世間故며 菩提心者는 猶如盛月하니 諸白淨法이 悉圓滿故며 菩提心者는 猶如明燈하니 能放種種法光明故며 菩提心者는 猶如淨目하니 普見一切安危處故며 菩提心者는 猶如大道하니 普令得入大智城故며 菩提心者는 猶如正濟하니 令其得離諸邪法故며 菩提心者는 猶如大車하니 普能運載諸菩薩故며 菩提心者는 猶如門戶하니 開示一切菩薩行故며 菩提心者는 猶如宮

보리심은 좋은 밭과 같으니, 중생들의 깨끗한 법을 자라게 하는 연고라.

보리심은 땅과 같으니, 모든 세간을 유지하는 연고라.

보리심은 깨끗한 물과 같으니, 모든 번뇌의 때를 씻는 연고라.

보리심은 큰 바람과 같으니, 세간에 두루 걸림이 없는 연고라.

보리심은 치성한 불과 같으니, 모든 소견인 땔나무를 태우는 연고라. 보리심은 밝은 해와 같으니, 모든 세간을 두루 비추는 연고라.

보리심은 보름달과 같으니, 여러 가지 깨끗한 법이 다 원만한 연고라. 보리심은 밝은 등불과 같으니, 가지가지 법의 광명을 내는 연고라.

보리심은 깨끗한 눈과 같으니, 여러 가지 편안하고 위태한 곳을 널리 보는 연고라.

보리심은 큰 길과 같으니, 여러 사람을 큰 지혜의 성에 들게 하는 연고라. 보리심은 바르게 건네는 것과 같으니, 삿된 법을 여의게 하는 연고라.

보리심은 큰 수레와 같으니, 모든 보살을 두루 실어 옮기는 연고라.

보리심은 문과 같으니, 모든 보살행을 열어 보이는 연고라.

殿하니 安住脩習三昧法故며 菩提心者는 猶如園苑하니 於中遊戱하
야 受法樂故며 菩提心者는 猶如舍宅하니 安隱一切諸衆生故며 菩
提心者는 則爲所歸하니 利益一切諸世間故며 菩提心者는 則爲所
依하니 諸菩薩行의 所依處故며 菩提心者는 猶如慈父하니 訓導一
切諸菩薩故며 菩提心者는 猶如慈母하니 生長一切諸菩薩故며 菩
提心者는 猶如乳母하니 養育一切諸菩薩故며 菩提心者는 猶如善
友하니 成益一切諸菩薩故며 菩提心者는 猶如君主하니 勝出一切
二乘人故며 菩提心者는 猶如帝王하니 一切願中에 得自在故며 菩
提心者는 猶如大海하니 一切功德이 悉入中故며 菩提心者는 如須
彌山하니 於諸衆生에 心平等故며 菩提心者는 如鐵圍山하니 攝持

보리심은 궁전과 같으니, 삼매법에 편안히 있어 닦게 하는 연고라.
보리심은 공원과 같으니, 그 안에서 유희하면서 법의 즐거움을 받
는 연고라.
보리심은 집과 같으니, 모든 중생을 편안케 하는 연고라.
보리심은 돌아가는 데니, 모든 세간을 이익케 하는 연고라.
보리심은 의지할 데니, 모든 보살행이 의지한 곳인 연고라.
보리심은 아버지와 같으니, 모든 보살을 훈계하여 지도하는 연고
라. 보리심은 어머니와 같으니, 모든 보살을 낳아 기르는 연고라.
보리심은 유모와 같으니, 모든 보살을 낳아 양육하는 연고라.
보리심은 착한 벗과 같으니, 모든 보살을 성취하여 이익케 하는 연
고라.
보리심은 국왕과 같으니, 이승 사람들 보다 뛰어난 연고라.
보리심은 황제와 같으니, 모든 원에서 자유자재한 연고라.
보리심은 큰 바다와 같으니, 모든 공덕이 그 가운데 들어가는 연고
라. 보리심은 수미산과 같으니, 중생들에게 마음이 평등한 연고라.
보리심은 철위산과 같으니,

一切諸世間故며 菩提心者는 猶如雪山하니 長養一切智慧藥故며
菩提心者는 猶如香山하니 出生一切功德香故며 菩提心者는 猶如
虛空하니 諸妙功德이 廣無邊故며 菩提心者는 猶如蓮華하니 不染
一切世間法故며 菩提心者는 如調慧象하니 其心善順하야 不獷戾
故며 菩提心者는 如良善馬하니 遠離一切諸惡性故며 菩提心者는
如調御師하니 守護大乘一切法故며 菩提心者는 猶如良藥하니 能
治一切煩惱病故며 菩提心者는 猶如坑穽하니 陷沒一切諸惡法
故며 菩提心者는 猶如金剛하니 悉能穿徹一切法故며 菩提心者는
猶如香篋하니 能貯一切功德香故며 菩提心者는 猶如妙華하니 一
切世間의 所樂見故며 菩提心者는 如白栴檀하니 除衆欲熱하야 使

모든 세간을 거두어 가진 연고라.

보리심은 설산과 같으니, 모든 지혜와 약풀을 자라게 하는 연고라.

보리심은 향산과 같으니, 모든 공덕의 향을 내는 연고라.

보리심은 허공과 같으니, 모든 묘한 공덕이 넓어서 그지없는 연고라. 보리심은 연꽃과 같으니, 모든 세간법에 물들지 않는 연고라.

보리심은 잘 길든 코끼리 같으니, 마음이 유순하여 영악하지 않은 연고라.

보리심은 양순한 말과 같으니, 모든 악한 성질을 여읜 연고라.

보리심은 말 모는 이와 같으니, 대승의 모든 법을 수호하는 연고라.

보리심은 좋은 약과 같으니, 모든 번뇌의 병을 치료하는 연고라.

보리심은 함정과 같으니, 모든 나쁜 법을 빠뜨리는 연고라.

보리심은 금강과 같으니, 모든 법을 잘 뚫는 연고라.

보리심은 향합과 같으니, 모든 공덕의 향을 담는 연고라.

보리심은 고운 꽃과 같으니, 모든 세간에서 보기를 좋아하는 연고라.

보리심은 백전단과 같으니, 욕심의 열을 헤쳐 청량케 하는 연고라.

清凉故며 菩提心者는 如黑沈香하니 能熏法界하야 悉周徧故며 菩提心者는 如善見藥王하니 能破一切煩惱病故며 菩提心者는 如毘笈摩藥하니 能拔一切諸惑箭故며 菩提心者는 猶如帝釋하니 一切主中에 最爲尊故며 菩提心者는 如毘沙門하니 能斷一切貧窮苦故며 菩提心者는 如功德天하니 一切功德의 所莊嚴故며 菩提心者는 如莊嚴具하니 莊嚴一切諸菩薩故며 菩提心者는 如劫燒火하니 能燒一切諸有爲故며 菩提心者는 如無生根藥하니 長養一切諸佛法故며 菩提心者는 猶如龍珠하니 能銷一切煩惱毒故며 菩提心者는 如水清珠하니 能清一切煩惱濁故며 菩提心者는 如如意珠하니 周給一切諸貧乏故며 菩提心者는 如功德瓶하니 滿足一切衆生

보리심은 검은 침(참나무)향과 같으니, 법계에 두루 풍기는 연고라. 보리심은 선견약과 같으니, 모든 번뇌병을 없애는 연고라.

보리심은 비급마약과 같으니, 모든 의혹의 화살을 뽑는 연고라.

보리심은 제석과 같으니, 여러 임금 중에 가장 높은 연고라.

보리심은 비사문과 같으니, 모든 가난한 고통을 끊는 연고라.

보리심은 공덕천과 같으니, 온갖 공덕으로 장엄한 연고라.

보리심은 장엄거리와 같으니, 모든 보살을 장엄하는 연고라.

보리심은 겁에 타는 불과 같으니, 모든 함이 있는 것을 태우는 연고라. 보리심은 남이 없는 뿌리약과 같으니, 모든 불법을 자라게 하는 연고라.

보리심은 용의 턱에 있는 구슬과 같으니, 모든 번뇌의 독을 소멸하는 연고라.

보리심은 물 맑히는 구슬과 같으니, 모든 번뇌의 흐림을 맑히는 연고라. 보리심은 여의주와 같으니, 여러 가난한 이를 구해 주는 연고라.

보리심은 공덕병과 같으니, 모든 중생의 마음을 만족케 하는 연고라.

心故며 菩提心者는 如如意樹하니 能雨一切莊嚴具故며 菩提心者
는 如鵝羽衣하니 不受一切生死垢故며 菩提心者는 如白氈線하니
從本已來로 性淸淨故며 菩提心者는 如快利犁하니 能治一切衆生
田故며 菩提心者는 如那羅延하니 能摧一切我見敵故며 菩提心者
는 猶如快箭하니 能破一切諸苦的故며 菩提心者는 猶如利矛하니
能穿一切煩惱甲故며 菩提心者는 猶如堅甲하니 能護一切如理
心故며 菩提心者는 猶如利刀하니 能斬一切煩惱首故며 菩提心者
는 猶如利劍하니 能斷一切驕慢鎧故며 菩提心者는 如勇將幢하니
能伏一切諸魔軍故며 菩提心者는 猶如利鋸하니 能截一切無明
樹故며 菩提心者는 猶如利斧하니 能伐一切諸苦樹故며 菩提心者

보리심은 여의수와 같으니, 모든 장엄거리를 비 내리는 연고라.

보리심은 거위 깃옷과 같으니, 모든 생사의 때가 묻지 않는 연고라.

보리심은 흰 털실과 같으니, 본래부터 성품이 깨끗한 연고라.

보리심은 잘 갈리는 쟁기와 같으니, 모든 중생의 밭을 가는 연고라.

보리심은 나라연과 같으니, 나라는 소견 가진 대적을 부수는 연
고라.

보리심은 뾰족한 화살과 같으니, 모든 괴로움의 과녁을 뚫는 연
고라.

보리심은 잘 드는 창과 같으니, 모든 번뇌 갑옷을 뚫는 연고라.

보리심은 굳은 갑옷과 같으니, 모든 진리 대로의 마음을 보호하
는 연고라.

보리심은 잘 드는 칼과 같으니, 모든 번뇌 머리를 베는 연고라.

보리심은 날카로운 검과 같으니, 모든 교만의 투구를 깨는 연고라.

보리심은 장수의 당기와 같으니, 모든 마를 굴복시키는 연고라.

보리심은 잘 드는 톱과 같으니, 모든 무명의 나무를 끊는 연고라.

보리심은 날선 도끼와 같으니, 모든 고통의 나무를 찍는 연고라.

는 猶如兵仗하니 能防一切諸苦難故며 菩提心者는 猶如善手하니
防護一切諸度身故며 菩提心者는 猶如好足하니 安立一切諸功
德故며 菩提心者는 猶如眼藥하니 滅除一切無明瞖膜故며 菩提心
者는 猶如鉗鑷하니 能拔一切身見刺故며 菩提心者는 猶如臥具하니
息除生死諸勞苦故며 菩提心者는 如善知識하니 能解一切生死
縛故며 菩提心者는 如好珍財하니 能除一切貧窮事故며 菩提心者
는 如大導師하니 善知菩薩出要道故며 菩提心者는 猶如伏藏하니
出功德財하야 無匱乏故며 菩提心者는 猶如涌泉하니 生智慧水하야
無窮盡故며 菩提心者는 猶如明鏡하니 普現一切法門像故며 菩提
心者는 猶如蓮華하니 不染一切諸罪垢故며 菩提心者는 猶如大河

보리심은 병장기와 같으니, 모든 고난을 막는 연고라.

보리심은 좋은 손과 같으니, 모든 바라밀의 몸을 방비하는 연고라.

보리심은 튼튼한 발과 같으니, 모든 공덕을 세우는 연고라.

보리심은 안약과 같으니, 모든 무명의 가리움을 없애는 연고라.

보리심은 족집게와 같으니, 모든 몸이란 소견의 가시를 뽑는 연고라.

보리심은 방석과 같으니, 생사의 피로함을 더는 연고라.

보리심은 선지식과 같으니, 모든 생사의 속박을 푸는 연고라.

보리심은 보물과 같으니, 모든 빈궁을 없애는 연고라.

보리심은 좋은 길잡이와 같으니, 보살의 벗어날 길을 잘 아는 연고라.

보리심은 묻힌 창고와 같으니, 공덕 재물을 다하지 않게 내는 연고라.

보리심은 솟는 샘과 같으니, 지혜의 물을 끊이지 않게 내는 연고라.

보리심은 거울과 같으니, 모든 법문의 영상을 나타내는 연고라.

보리심은 연꽃과 같으니, 모든 죄의 때에 물들지 않는 연고라.

보리심은 큰 강과 같으니,

하니 流引一切度攝法故며 菩提心者는 如大龍王하니 能雨一切妙
法雨故며 菩提心者는 猶如命根하니 任持菩薩大悲身故며 菩提心
者는 猶如甘露하니 能令安住不死界故며 菩提心者는 猶如大網하니
普攝一切諸衆生故며 菩提心者는 猶如罥索하니 攝取一切所應
化故며 菩提心者는 猶如鉤餌하니 出有淵中所居者故며 菩提心者
는 如阿伽陀藥하니 能令無病하야 永安隱故며 菩提心者는 如除毒
藥하니 悉能消歇貪愛毒故며 菩提心者는 如善持呪하니 能除一切
顚倒毒故며 菩提心者는 猶如疾風하니 能卷一切諸障霧故며 菩提
心者는 如大寶洲하니 出生一切覺分寶故며 菩提心者는 如好種性
하니 出生一切白淨法故며 菩提心者는 猶如住宅하니 諸功德法의

모든 건네주는 법을 이끌어 흐르는 연고라. 보리심은 큰 용왕과 같으
니, 모든 묘한 법비를 내리는 연고라.

보리심은 목숨과 같으니, 보살의 매우 가엾이 여긴 몸을 유지하는
연고라. 보리심은 감로와 같으니, 죽지 않는 세계에 편안히 머물게 하
는 연고라. 보리심은 큰 그물과 같으니, 모든 중생을 두루 거두는 연
고라.

보리심은 오랏줄과 같으니, 모든 교화 받을 중생을 끌어당기는 연
고라. 보리심은 낚시 미끼와 같으니, 존재의 못 속에 사는 이를 끌어
내는 연고라. 보리심은 아가다약과 같으니, 병은 없게 하고 길이 편안
케 하는 연고라.

보리심은 소독약과 같으니, 탐액의 독을 소멸하는 연고라. 보리심
은 주문을 잘 외는 것 같으니, 모든 뒤바뀐 독을 없애는 연고라. 보리
심은 빠른 바람과 같으니, 모든 장애의 안개를 걷어버리는 연고라. 보
리심은 보배 섬과 같으니, 모든 깨달을 부분의 보배를 내는 연고라.

보리심은 좋은 종자 같으니, 모든 희고 깨끗한 법을 나게 하는 연
고라. 보리심은 주택과 같으니,

所依處故며 菩提心者는 猶如市肆하니 菩薩商人의 貿易處故며 菩
提心者는 如鍊金藥하니 能治一切煩惱垢故며 菩提心者는 猶如好
蜜하니 圓滿一切功德味故며 菩提心者는 猶如正道하니 令諸菩薩로
入智城故며 菩提心者는 猶如好器하니 能持一切白淨法故며 菩提
心者는 猶如時雨하니 能滅一切煩惱塵故며 菩提心者는 則爲住處
하니 一切菩薩의 所住處故며 菩提心者는 則爲壽行하니 不取聲聞의
解脫果故며 菩提心者는 如淨瑠璃하니 自性明潔하야 無諸垢故며
菩提心者는 如帝靑寶하니 出過世間二乘智故며 菩提心者는 如更
漏鼓하니 覺諸衆生의 煩惱睡故며 菩提心者는 如淸淨水하니 性本
澄潔하야 無垢濁故며 菩提心者는 如閻浮金하니 映奪一切有爲善

모든 공덕이 의지한 곳인 연고라.

보리심은 시장과 같으니, 보살 장사꾼이 무역하는 곳인 연고라. 보리심은 금 단련하는 약과 같으니, 모든 번뇌의 때를 없애는 연고라. 보리심은 꿀과 같으니, 모든 공덕의 맛을 원만하게 하는 연고라.

보리심은 바른 길과 같으니, 보살들을 지혜의 성에 들어가게 하는 연고라. 보리심은 좋은 그릇과 같으니, 모든 희고 깨끗한 법을 담는 연고라.

보리심은 가물 때의 비와 같으니, 모든 번뇌의 티끌을 없애는 연고라. 보리심은 있을 곳이 되나니, 모든 보살의 머무는 곳인 연고라. 보리심은 자석이 되나니, 성문의 해탈과를 취하지 않는 연고라.

보리심은 깨끗한 유리와 같으니, 성질이 맑고 깨끗하여 때가 없는 연고라. 보리심은 제석천왕의 푸른 보배와 같으니, 세간과 이승의 지혜보다 뛰어난 연고라.

보리심은 시간 알리는 북과 같으니, 중생의 번뇌 졸음을 깨우는 연고라. 보리심은 맑은 물과 같으니, 성질이 깨끗하여 흐린 때가 없는 연고라. 보리심은 염부단금과 같으니, 모든 함이 있는 선한 것을 무색

故며 菩提心者는 如大山王하니 超出一切諸世間故며 菩提心者는
則爲所歸하니 不拒一切諸來者故며 菩提心者는 則爲義利하니 能
除一切衰惱事故며 菩提心者는 則爲妙寶하니 能令一切로 心歡喜
故며 菩提心者는 如大施會하니 充滿一切衆生心故며 菩提心者는
則爲尊勝하니 諸衆生心이 無與等故며 菩提心者는 猶如伏藏하니
能攝一切諸佛法故며 菩提心者는 如因陀羅網하니 能伏煩惱阿
脩羅故며 菩提心者는 如婆樓那風하니 能動一切所應化故며 菩提
心者는 如因陀羅火하니 能燒一切諸惑習故며 菩提心者는 如佛支
提하니 一切世間이 應供養故니라
善男子야 菩提心者는 成就如是無量功德이어니와 擧要言之컨댄 應

케 하는 연고라.

보리심은 큰 산과 같으니, 모든 세간에서 우뚝 솟아난 연고라. 보리
심은 돌아갈 데니, 노는 이들을 거절하지 않는 연고라. 보리심은 옳은
이익이니, 모든 쇠퇴하는 일을 없애는 연고라.

보리심은 기묘한 보배니 여럿의 마음을 기쁘게 하는 연고라. 보리
심은 크게 보시하는 모임과 같으니, 중생들의 마음을 만족케 하는 연
고라. 보리심은 높고 훌륭한 것이니, 중생의 마음으로는 같을 수 없는
연고라. 보리심은 묻힌 창고 같으니, 모든 부처님 법을 거두어 모은
연고라.

보리심은 인드라 그물과 같으니, 번뇌의 아수라를 굴복시키는 연고
라. 보리심은 바루나 바람과 같으니, 모든 교화 받을 이를 흔드는 연
고라.

보리심은 인드라 불과 같으니, 모든 번뇌의 버릇을 태우는 연고라.
보리심은 부처님의 탑과 같으니 모든 세간에서 공양할 바인 연고라.

착한 남자여, 보리심은 이렇게 한량없는 공덕을 성취하나니, 요점
을 들어 말하면,

知悉與一切佛法諸功德等이니 何以故오 因菩提心하야 出生一切
諸菩薩行이며 三世如來가 從菩提心하야 而出生故라 是故로 善男
子야 若有發阿耨多羅三藐三菩提心者면 則已出生無量功德하야
普能攝取一切智道니라

善男子야 譬如有人이 得無畏藥에 離五恐怖하나니 何等이 爲五오
所謂火不能燒며 毒不能中이며 刀不能傷이며 水不能漂며 煙不能
燻인달하야 菩薩摩訶薩도 亦復如是하야 得一切智菩提心藥에 貪火가
不燒하며 瞋毒이 不中하며 惑刀가 不傷하며 有流가 不漂하며 諸覺觀
煙이 不能燻害니라 善男子야 譬如有人이 得解脫藥에 終無橫難인달
하야 菩薩摩訶薩도 亦復如是하야 得菩提心解脫智藥에 永離一切

모든 불법의 공덕과 평등하니라.

왜냐하면, 보리심은 보살행을 내나니, 삼세 여래가 보리심으로부터 나시는 연고니라.

착한 남자여, 그러므로 만일 아뇩다라삼먁삼보리심을 내는 이는 이미 한량없는 공덕을 내었으며, 온갖 지혜의 길을 널리 거두어 가짐이니라.

착한 남자여, 마치 사람이 두려움 없는 약을 가지면 다섯 가지 공포를 여의나니, 무엇이 다섯인가?

이른바 불에 타지 않고, 독에 걸리지 않고, 칼에 상하지 않고, 물에 빠지지 않고, 연기에 취하지 않음이니라.

보살도 그와 같아서 온갖 지혜의 보리심 약을 얻으면 탐욕의 불에 타지 않고, 성내는 독에 걸리지 않고, 의혹의 칼에 상하지 않고, 존재의 흐름에 빠지지 않고, 깨닫고 살피는 연기에 취하지 않느니라.

착한 남자여,

마치 사람이 해탈의 약을 얻으면 마침내 횡액이 없나니, 보살마하살도 그와 같아서 보리심의 해탈하는 지혜의 약을 얻으면 모든 생사

生死橫難이니라 善男子야 譬如有人이 持摩訶應伽藥에 毒蛇가 聞
氣하면 卽皆遠去인달하야 菩薩摩訶薩도 亦復如是하야 持菩提心大應
伽藥에 一切煩惱諸惡毒蛇가 聞其氣者는 悉皆散滅이니라 善男子야
譬如有人이 持無勝藥에 一切怨敵이 無能勝者인달하야 菩薩摩訶薩
도 亦復如是하야 持菩提心無能勝藥에 悉能降伏一切魔軍이니라 善
男子야 譬如有人이 持毘笈摩藥에 能令毒箭으로 自然墮落인달하야
菩薩摩訶薩도 亦復如是하야 持菩提心毘笈摩藥에 令貪恚癡諸
邪見箭으로 自然墮落이니라 善男子야 譬如有人이 持善見藥에 能除
一切所有諸病인달하야 菩薩摩訶薩도 亦復如是하야 持菩提心善見
藥王에 悉除一切諸煩惱病이니라 善男子야 如有藥樹하니 名珊陀那

의 횡액을 여의느니라.

착한 남자여, 마치 사람이 마하응가약을 가지면 독사가 냄새를 맡
고 멀리 도망치나니, 보살마하살도 그와 같아서 보리심의 큰 응가약
을 가지면 모든 번뇌의 악한 독사가 그 냄새를 맡고는 다 흩어져 소
멸되느니라.

착한 남자여,

마치 사람이 이길 이 없는 약을 가지면 모든 원수가 그를 이기지
못하나니, 보살마하살도 그와 같아서 보리심의 이길 이 없는 약을 가
지면 모든 마군을 항복 받느니라.

착한 남자여, 마치 사람이 비급마약을 가지면 독한 화살이 저절로
떨어지나니, 보살마하살도 그와 같아서 보리심의 비급마약을 가지면
탐욕·성냄·어리석음·삿된 소견의 화살이 저절로 떨어지느니라.

착한 남자여, 마치 사람이 선견약을 가지면 모든 병을 없애나니, 보
살마하살도 그와 같아서 보리심의 선견약을 가지면 모든 번뇌의 병을
제멸하느니라.

착한 남자여, 약나무가 있으니 이름이 산다나니라.

라 有取其皮하야 以塗瘡者면 瘡卽除愈나 然其樹皮는 隨取隨生하야
終不可盡인달하야 菩薩摩訶薩의 從菩提心生一切智樹도 亦復如
是하야 若有得見코 而生信者면 煩惱業瘡이 悉得消滅이나 一切智
樹는 初無所損이니라 善男子야 如有藥樹하니 名無生根이라 以其力
故로 增長一切閻浮提樹인달하야 菩薩摩訶薩의 菩提心樹도 亦復如
是하야 以其力故로 增長一切學與無學과 及諸菩薩의 所有善法이니
라 善男子야 譬如有藥하니 名阿藍婆라 若用塗身이면 身之與心이
咸有堪能인달하야 菩薩摩訶薩의 得菩提心阿藍婆藥도 亦復如是하
야 令其身心으로 增長善法이니라 善男子야 譬如有人이 得念力藥에
凡所聞事를 憶持不忘인달하야 菩薩摩訶薩의 得菩提心念力妙藥도

그 껍질을 벗겨서 부스럼에 붙이면 부스럼이 곧 나으며, 그 나무껍
질은 벗기는 대로 곧 아물어서 상하지 않나니, 보살마하살의 보리심
에서 생기는 온갖 지혜의 나무도 그와 같아서 누구나 보고 신심을 내
면 번뇌와 업의 부스럼이 곧 소멸되거니와 온갖 지혜의 나무는 조금
도 상하지 않느니라.
　착한 남자여, 약나무가 있는데 이름은 남이 없는 뿌리니라.
　그 세력으로 모든 염부제의 나무를 자라게 하나니, 보살마하살의
보리심 나무도 그와 같아서 그 세력으로 모든 배우는 이·배울 것 없
는 이와 보살들의 착한 법을 증장케 하느니라.
　착한 남자여, 약이 있는데 이름은 아람바니라.
　그것을 몸에 바르면 몸과 마음에 힘이 나나니, 보살마하살의 보리
심 아람바약도 그와 같아서 몸과 마음에 착한 법을 증장케 하느니라.
　착한 남자여,
　어떤 사람이 기억하는 힘 있는 약을 먹으면 한 번 들은 일을 기억
하고 잊지 않나니,
보살마하살이 보리심 기억하는 힘 있는 약을 얻으면 모든 불법을 다

悉能聞持一切佛法하야 皆無忘失이니라 善男子야 譬如有藥하니 名
大蓮華라 其有服者면 住壽一劫인달하야 菩薩摩訶薩의 服菩提心大
蓮華藥도 亦復如是하야 於無數劫에 壽命自在니라 善男子야 譬如
有人이 執翳形藥에 人與非人이 悉不能見인달하야 菩薩摩訶薩의 執
菩提心翳形妙藥도 一切諸魔가 不能得見이니라 善男子야 如海有
珠하니 名普集衆寶라 此珠가 若在하면 假使劫火가 焚燒世間이라도
能令此海로 減於一滴이 無有是處인달하야 菩薩摩訶薩의 菩提心珠
도 亦復如是하야 住於菩薩大願海中하야 若常憶持하야 不令退失이면
能壞菩薩의 一善根者가 終無是處어니와 若退其心이면 一切善法이
卽皆散滅이니라 善男子야 如有摩尼하니 名大光明이라 有以此珠로

듣고 잊어버리지 않느니라.

착한 남자여, 마치 대련화란 약이 있는데, 그 약을 먹으면 한 겁을 사나니, 보살마하살의 보리심 대련화약을 먹는 것도 그와 같아서 수 없는 겁에 목숨이 자유자재하느니라.

착한 남자여,

마치 사람이 몸 가리는 약을 쥐면 사람과 사람 아닌 이가 능히 보지 못하나니, 보살마하살도 그와 같아서 보리심의 몸 가리는 묘한 약을 잡으면 모든 마들이 능히 보지 못하느니라.

착한 남자여, 바다에 진주가 있으니 이름은 뭇 보배 두루 모음이라.

이 진주가 있기만 하면 설사 겁의 불이 세간을 태우더라도 이 바닷물을 한 방울도 감하게 할 수 없느니라.

보살마하살의 보리심 진주도 그와 같아서, 보살의 서원 바다에 머물러 항상 기억하고 물러가지 않으면 보살의 착한 뿌리 하나를 무너뜨리는 일도 할 수 없거니와 만일 그 마음이 물러가면 모든 착한 법이 다 소멸되느니라.

착한 남자여, 대광명이란 마니 구슬이 있는데 이 구슬로 몸을 단장

纓絡身者면 映蔽一切寶莊嚴具하야 所有光明이 悉皆不現인달하야
菩薩摩訶薩의 菩提心寶도 亦復如是하야 纓絡其身에 映蔽一切二
乘心寶하야 諸莊嚴具가 悉無光彩니라 善男子야 如水淸珠가 能淸
濁水인달하야 菩薩摩訶薩의 菩提心珠도 亦復如是하야 能淸一切煩
惱垢濁이니라 善男子야 譬如有人이 得住水寶하야 繫其身上에 入大
海中호대 不爲水害인달하야 菩薩摩訶薩도 亦復如是하야 得菩提心住
水妙寶에 入於一切生死海中호대 終不沈沒이니라 善男子야 譬如有
人이 得龍寶珠에 持入龍宮호대 一切龍蛇가 不能爲害인달하야 菩薩
摩訶薩도 亦復如是하야 得菩提心大龍寶珠에 入欲界中호대 煩惱
龍蛇가 不能爲害니라 善男子야 譬如帝釋이 着摩尼冠에 暎蔽一切

하면 모든 보배 장엄거리를 가리어 버려서 거기 있는 광명이 나타나
지 못하나니, 보살마하살의 보리심 보배도 그와 같아서 몸에 단장하
면 모든 이승의 마음 보배를 가리어 버려서 모든 장엄거리의 광채가
없어지느니라.

착한 남자여, 마치 물 맑히는 구슬이 능히 흐린 물을 맑히듯이 보
살마하살의 보리심 구슬도 그와 같아서 모든 번뇌의 흐린 때를 맑히
느니라.

착한 남자여, 마치 사람이 물에 머무는 보배를 얻어 몸에 매면 큰
바다에 들어가도 물이 해하지 못하나니, 보살마하살도 그와 같아서
보리심의 물에 머무는 묘한 보배를 얻으면 모든 생사하는 바다에 들
어가도 빠지지 않느니라.

착한 남자여, 어떤 사람이 용의 보배 구슬을 얻어 용궁에 들어가면
모든 용이나 뱀이 해하지 못하나니, 보살마하살도 그와 같아서 보리
심 큰 용의 보배 구슬을 얻어 욕계에 들어가더라도 번뇌의 용과 뱀이
해하지 못하느니라.

착한 남자여, 마치 제석천왕이 마니관을 쓰면 다른 하늘 무리들을

諸餘天衆인달하야 菩薩摩訶薩도 亦復如是하야 着菩提心大願寶冠
에 超過一切三界衆生이니라 善男子야 譬如有人이 得如意珠에 除
滅一切貧窮之苦인달하야 菩薩摩訶薩도 亦復如是하야 得菩提心如
意寶珠에 遠離一切邪命怖畏니라 善男子야 譬如有人이 得日精珠
에 持向日光하야 而生於火인달하야 菩薩摩訶薩도 亦復如是하야 得菩
提心智日寶珠에 持向智光하야 而生智火니라 善男子야 譬如有人이
得月精珠에 持向月光하야 而生於水인달하야 菩薩摩訶薩도 亦復如
是하야 得菩提心月精寶珠에 持此心珠코 鑒廻向光하야 而生一切
善根願水니라 善男子야 譬如龍王이 首戴如意摩尼寶冠에 遠離一
切怨敵怖畏인달하야 菩薩摩訶薩도 亦復如是하야 着菩提心大悲寶

가리어 버리나니, 보살마하살도 그와 같아서 보리심의 큰 서원인 보배관을 쓰면, 모든 삼계 중생들을 초과하느니라.

착한 남자여, 마치 사람이 여의주를 얻으면 모든 빈궁한 괴로움을 멸하나니, 보살마하살도 그와 같아서 보리심의 여의주 보배를 얻으면 모든 잘못 생활하는 두려움을 멀리 여의느니라.

착한 남자여,

마치 사람이 일정주를 얻어 햇빛에 향하면 불이 나나니, 보살마하살도 그와 같아서 보리심 지혜의 일정주를 얻어 지혜의 빛에 향하면 지혜의 불이 나느니라.

착한 남자여,

마치 사람이 월정주를 얻어 달빛에 향하면 물이 나나니, 보살마하살도 그와 같아서 보리심의 월정주를 얻어서 그 구슬로 회향하는 빛에 비추면 모든 착한 뿌리의 서원 물을 내느니라.

착한 남자여, 마치 용왕이 머리에 여의주 보배관을 쓰면 모든 원수의 두려움을 여의나니, 보살마하살도 그와 같아서 보리심의 크게 가엾이 여기는

冠에 遠離一切惡道諸難이니라 善男子야 如有寶珠하니 名一切世間
莊嚴藏이라 若有得者면 令其所欲으로 悉得充滿호대 而此寶珠는 無
所損減인달하야 菩提心寶珠도 亦復如是하야 若有得者면 令其所願으
로 悉得滿足호대 而菩提心은 無有損減이니라 善男子야 如轉輪王이
有摩尼寶하니 置於宮中에 放大光明하야 破一切暗인달하야 菩薩摩訶
薩도 亦復如是하야 以菩提心大摩尼寶로 住於欲界에 放大智光하야
悉破諸趣無明黑暗이니라 善男子야 譬如帝靑大摩尼寶가 若有爲
此光明所觸이면 卽同其色인달하야 菩薩摩訶薩의 菩提心寶도 亦復
如是하야 觀察諸法하야 廻向善根에 靡不卽同菩提心色이니라 善男
子야 如瑠璃寶가 於百千歲를 處不淨中호대 不爲臭穢之所染着이니

보배관을 쓰면 모든 나쁜 길의 어려움을 멀리 여의느니라.

착한 남자여,

마치 보배 구슬이 있는데, 이름은 모든 세간을 장엄하는 창고라. 얻
기만 하면 모든 욕망이 만족하나, 이 보배 구슬은 줄어듦이 없나니,
보리심의 보배도 그와 같아서 얻는 이가 있으면 소원이 만족하여지나
보리심은 줄어들지 않느니라.

착한 남자여, 전륜왕이 마니 보배를 궁중에 놓으면 큰 광명을 내어
모든 어둠을 깨뜨리나니, 보살마하살도 그와 같아서 보리심의 큰 마
니 보배를 욕계에 두면 큰 지혜의 빛을 놓아 여러 길의 무명의 어둠
을 깨뜨리느니라.

착한 남자여, 마치 제석천왕의 푸른 마니 보배의 광명을 쐬는 이가
있으면 그 빛과 같아지나니, 보살마하살의 보리심 보배도 그와 같아
서 모든 법을 관찰하여 착한 뿌리에 회향하면 보리심 빛과 같아지지
않는 이가 없느니라.

착한 남자여, 유리 보배는 백천 년 동안을 더러움 속에 있어도 더
러운 데 물들지 않나니,

性本淨故인달하야 菩薩摩訶薩의 菩提心寶도 亦復如是하야 於百千劫을 住欲界中호대 不爲欲界過患所染이니 猶如法界하야 性淸淨故니라 善男子야 譬如有寶하니 名淨光明이라 悉能映蔽一切寶色인달하야 菩薩摩訶薩의 菩提心寶도 亦復如是하야 悉能映蔽一切凡夫二乘功德이니라 善男子야 譬如有寶하니 名爲火焰이라 悉能除滅一切暗冥인달하야 菩薩摩訶薩의 菩提心寶도 亦復如是하야 能滅一切無知暗冥이니라 善男子야 譬如海中에 有無價寶어든 商人이 採得하야 船載入城하면 諸餘摩尼百千萬種의 光色價直가 無與等者인달하야 菩提心寶도 亦復如是하야 住於生死大海之中이어든 菩薩摩訶薩이 乘大願船하고 深心相續하야 載之來入解脫城中하면 二乘功德이 無

성품이 원래 깨끗한 연고니라. 보살마하살의 보리심 보배도 그와 같아서 백천 겁 동안을 욕계에 있어도 욕계에 물들지 않는 법계와 같나니, 성품이 청정한 연고니라.

착한 남자여, 마치 깨끗한 광명이란 보배가 모든 보배의 빛을 모두 가리어 버리나니, 보살마하살의 보리심 보배도 그와 같아서 모든 범부와 이승의 공덕을 모두 가리어 버리느니라.

착한 남자여, 불꽃이란 보배가 모든 어둠을 다 없애나니, 보살마하살의 보리심 보배도 그와 같아서 모든 무지의 어둠을 소멸시키느니라.

착한 남자여,

마치 바다에 값없는 보배가 있는데 장사치들이 들어가 따서 배에 싣고 성시에 들어가면 다른 마니주는 백천만 종류라도 광택과 값이 비길 수 없나니, 보리심 보배도 그와 같아서 나고 죽는 바닷속에 있거든 보살마하살이 큰 서원의 배를 타고 깊은 마음이 서로 계속하며 싣고 와서 해탈성으로 들어가면 이승의 공덕으로는 미칠 이가 없느니라.

能及者니라 善男子야 如有寶珠하니 名自在王이라 處閻浮洲하야 去
日月輪이 四萬由旬이로대 日月宮中所有莊嚴이 其珠影現하야 悉皆
具足인달하야 菩薩摩訶薩의 發菩提心淨功德寶도 亦復如是하야 住
生死中하야 照法界空에 佛智日月의 一切功德이 悉於中現이니라 善
男子야 如有寶珠하니 名自在王이라 日月光明所照之處에 一切財
寶衣服等物의 所有價直가 悉不能及인달하야 菩薩摩訶薩의 發菩提
心自在王寶도 亦復如是하야 一切智光所照之處에 三世所有天
人二乘漏無漏善의 一切功德이 皆不能及이니라 善男子야 海中에
有寶하니 名曰海藏이라 普現海中諸莊嚴事인달하야 菩薩摩訶薩의 菩
提心寶도 亦復如是하야 普能顯現一切智海諸莊嚴事니라 善男子

착한 남자여,

보배 구슬이 있는데 이름은 자재왕이라. 염부제에서 해·달과는 멀
기가 사만 유순이지나 일궁과 월궁에 있는 장엄이 그 구슬에 모두 구
족하게 나타나니, 보살마하살의 보리심을 낸 깨끗한 공덕 보배도 그
와 같아서 나고 죽는 가운데 있거든 법계인 허공을 비추는 부처님 지
혜에 해·달의 모든 공덕이 그 가운데 나타나느니라.

착한 남자여,

마치 보배 구슬이 있는데 이름은 자재왕이라. 해와 달의 광명이 비
추는 곳에 있는 모든 재물·보배·의복 등의 값으로는 미칠 수 없나
니, 보살마하살의 보리심을 낸 자재왕 보배도 그와 같아서 온갖 지혜
의 광명이 비추는 곳에 있는 삼세의 천상·인간·이승이 가진 새는
선과 새지 않는 선의 모든 공덕으로는 미칠 수 없느니라.

착한 남자여, 바닷속에 보배가 있는데 이름은 해장이라. 바닷속에
있는 여러 가지 장엄한 일을 두루 나타내나니, 보살마하살의 보리심
보배도 그와 같아서, 온갖 지혜 바다의 여러 가지 장엄한 일을 두루
나타내느니라.

야 譬如天上閻浮檀金이 唯除心王大摩尼寶코 餘無及者인달하야 菩薩摩訶薩의 發菩提心閻浮檀金도 亦復如是하야 除一切智心王大寶코 餘無及者니라 善男子야 譬如有人이 善調龍法하면 於諸龍中에 而得自在인달하야 菩薩摩訶薩도 亦復如是하야 得菩提心善調龍法하면 於諸一切煩惱龍中에 而得自在니라 善男子야 譬如勇士가 被執鎧仗에 一切怨敵이 無能降伏인달하야 菩薩摩訶薩도 亦復如是하야 被執菩提大心鎧仗에 一切業惑의 諸惡怨敵이 無能屈伏이니라 善男子야 譬如天上黑栴檀香이 若燒一銖하면 其香이 普熏小千世界하나니 三千世界滿中珍寶의 所有價直가 皆不能及인달하야 菩薩摩訶薩의 菩提心香도 亦復如是하야 一念功德이 普熏法界하나니 聲聞

착한 남자여, 마치 천상에 있는 염부단금은 심왕 대마니 보배를 빼놓고 다른 보배로는 미칠 수가 없나니, 보살마하살의 보리심을 낸 염부단금도 그와 같아서 온갖 지혜의 심왕대보를 빼놓고 다른 것으로는 미칠 수가 없느니라.

착한 남자여,

마치 사람이 용을 길들이는 법을 잘 알면 여러 용 가운데서 자재하게 되나니, 보살마하살도 그와 같아서 보리심의 용을 길들이는 법을 잘 알면 모든 번뇌 용 가운데서 자재하게 되느니라.

착한 남자여, 마치 용사가 갑주를 입고 장기를 들면 모든 대적이 대항하지 못하나니, 보살마하살도 그와 같아서 보리심의 갑주를 입고 장기를 들면 모든 업과 번뇌의 나쁜 대적이 대항하지 못하느니라.

착한 남자여,

마치 천상에 있는 흑전단향은 한 수만 태워도 그 향기가 천 세계에 풍기어서 삼천대천세계에 가득한 보배의 값으로는 미치지 못하나니, 보살마하살의 보리심 향도 그와 같아서 잠깐 동안 공덕이 법계에 널리 풍기어서 성문과 연각의

緣覺의 一切功德이 皆所不及이니라 善男子야 如白栴檀이 若以塗
身하면 悉能除滅一切熱惱하야 令其身心으로 普得清涼인달하야 菩薩
摩訶薩의 菩提心香도 亦復如是하야 能除一切虛妄分別貪恚癡
等諸惑熱惱하야 令其具足智慧清涼이니라 善男子야 如須彌山이 若
有近者면 卽同其色인달하야 菩薩摩訶薩의 菩提心山도 亦復如是하야
若有近者면 悉得同其一切智色이니라 善男子야 譬如波利質多羅
樹의 其皮香氣를 閻浮提中에 若婆師迦와 若薝蔔迦와 若蘇摩那
如是等華의 所有香氣가 皆不能及인달하야 菩薩摩訶薩이 菩提心樹
도 亦復如是하야 所發大願功德之香을 一切二乘의 無漏戒定智慧
解脫解脫知見諸功德香이 悉不能及이니라 善男子야 譬如波利質

모든 공덕으로는 모두 미치지 못하느니라.

착한 남자여,

백전단향을 몸에 바르면 모든 시끄러움을 없애고 몸과 마음을 청량
케 하나니, 보살마하살의 보리심 향도 그와 같아서 허망하게 분별하
는 모든 탐욕·성냄·어리석은 번뇌의 시끄러움을 없애고 지혜의 청
량함을 구족케 하느니라.

착한 남자여, 만일 수미산을 가까이하면 그 빛깔과 같아지나니 보
살마하살의 보리심 산도 그와 같아서 가까이하면 그 온갖 지혜의 빛
깔과 같아지느니라.

착한 남자여,

마치 파리질다라나무 껍질의 향기는 염부제에 있는 바사가꽃·담
복가꽃·소마나꽃들의 향기로는 미칠 수 없나니, 보살마하살의 보리
심 나무도 그와 같아서 큰 서원을 세운 공덕의 향기는 모든 이승의
샘이 없는 계율·선정·지혜·해탈·해탈지견의 공덕의 향으로는 미
치지 못하느니라.

착한 남자여, 마치 파리질다라나무는

多羅樹가 雖未開華나 應知卽是無量諸華의 出生之處인달하야 菩薩
摩訶薩의 菩提心樹도 亦復如是하야 雖未開發一切智華나 應知卽
是無數天人衆菩提華의 所生之處니라 善男子야 譬如波利質多
羅華가 一日熏衣에 簷蔔迦華와 婆利師華와 蘇摩那華가 雖千歲
熏이라도 亦不能及인달하야 菩薩摩訶薩의 菩提心華도 亦復如是하야
一生所熏諸功德香이 普徹十方一切佛所하나니 一切二乘의 無漏
功德이 百千劫熏이라도 所不能及이니라 善男子야 如海島中에 生椰
子樹하니 根莖枝葉과 及以華果를 一切衆生이 恒取受用하야 無時
暫歇인달하야 菩薩摩訶薩의 菩提心樹도 亦復如是하야 始從發起悲
願之心으로 乃至成佛正法住世히 常時利益一切世間하야 無有間

비록 꽃이 피지 않았더라도 이것이 한량없는 꽃들이 날 곳인 줄 알아
야 하나니, 보살마하살의 보리심 나무도 그와 같아서 비록 온갖 지혜
의 꽃이 피지 않았더라도 이것이 수없는 하늘 사람들의 보리 꽃이 생
길 꽃인 줄을 알아야 하느니라.

착한 남자여,

마치 파리질다꽃으로 하루 동안 옷에 풍긴 향기는 담복가꽃·바사
가꽃·소마나꽃으로는 천 년 동안 풍기더라도 미칠 수 없나니, 보살
마하살의 보리심 꽃도 그와 같아서 한평생 동안 풍긴 공덕의 향은 시
방의 모든 부처님 계신 데 사무쳐서 모든 이승의 샘이 없는 공덕으로
는 백천 겁을 풍기어도 미칠 수 없느니라.

착한 남자여,

바다 섬 가운데 야자나무가 있는데, 뿌리·줄기·가지·잎·꽃·
과실을 중생들이 항상 가져다 쓰기를 쉴 새가 없나니, 보살마하살의
보리심 나무도 그와 같아서 자비와 서원하는 마음을 낸 적부터 내지
부처님이 되어 바른 법이 세상에 머물러 있을 때까지 모든 세간을 항
상 이익케 하여 쉬지 않느니라.

歇이니라 善男子야 如有藥汁하니 名訶宅迦라 人或得之면 以其一兩
으로 變千兩銅하야 悉成眞金이나 非千兩銅이 能變此藥인달하야 菩薩
摩訶薩도 亦復如是하야 以菩提心廻向智藥으로 普變一切業惑等
法하야 悉使成於一切智相이나 非業惑等이 能變其心이니라 善男子야
譬如小火가 隨所焚燒하야 其焰轉熾인달하야 菩薩摩訶薩의 菩提心
火도 亦復如是하야 隨所攀緣하야 智焰增長이니라 善男子야 譬如一
燈이 然百千燈호대 其本一燈은 無減無盡인달하야 菩薩摩訶薩의 菩
提心燈도 亦復如是하야 普然三世諸佛智燈호대 而其心燈은 無減
無盡이니라 善男子야 譬如一燈이 入於暗室에 百千年暗이 悉能破
盡인달하야 菩薩摩訶薩의 菩提心燈도 亦復如是하야 入於衆生心室

착한 남자여,

마치 하택가라는 약물을 사람이 얻으면 한 냥으로 천 냥의 구리를
변하여 진금을 만들어도 천 냥의 구리로 이 약을 변하게 할 수는 없
느니라. 보살마하살도 그와 같아서 보리심을 회향하는 지혜의 약으로
모든 업과 번뇌의 법을 변하여서 온갖 지혜를 만들 수는 있어도 업과
번뇌로 그 마음을 변할 수는 없느니라.

착한 남자여, 마치 작은 불이라도 타는 대로 불꽃이 점점 치성하나
니, 보살마하살의 보리심의 불도 그와 같아서 반연하는 대로 지혜의
불꽃이 증장하느니라.

착한 남자여,

마치 한 등불이 백천 등을 켜도 근본 등불이 줄지도 않고 다하지도
않나니, 보살마하살의 보리심 등불도 그와 같아서 삼세 부처님들의
지혜 등을 두루 켜도 줄지도 않고 다하지도 않느니라.

착한 남자여, 마치 한 등불이 어두운 방에 들어가면 백천 년 묵은
어둠이 모두 없어지나니, 보살마하살의 보리심 등불도 그와 같아서
중생의 마음 방에 들어가면

之內에 百千萬億不可說劫의 諸業煩惱種種暗障이 悉能除盡이니라 善男子야 譬如燈炷가 隨其大小하야 而發光明하나니 若益膏油면明終不絶인달하야 菩薩摩訶薩의 菩提心燈도 亦復如是하야 大願爲炷하야 光照法界하나니 益大悲油하면 敎化衆生하며 莊嚴國土하며 施作佛事하야 無有休息이니라 善男子야 譬如他化自在天王이 冠閻浮檀眞金天冠에 欲界天子의 諸莊嚴具가 皆不能及인달하야 菩薩摩訶薩도 亦復如是하야 冠菩提心大願天冠에 一切凡夫二乘功德이 皆不能及이니라 善男子야 如師子王이 哮吼之時에 師子兒가 聞하면 皆增勇健이어니와 餘獸가 聞之에 即皆竄伏인달하야 佛師子王菩提心吼도 應知亦爾하야 諸菩薩이 聞하면 增長功德이어니와 有所得者는 聞皆

백천만억 말할 수 없는 겁 동안 묵은 업과 번뇌의 가지가지 어둠이 모두 없어지느니라.

착한 남자여, 마치 등잔 심지가 크고 작음을 따라 광명을 낼 적에 기름을 더 부으면 밝은 광명이 끝까지 끊어지지 않나니, 보살마하살의 보리심 등불도 그와 같아서 큰 서원으로 심지가 되어 법계를 비추는데 가엾이 여기는 기름을 더하면 중생을 교화하고 국토를 장엄하는 불사를 지어 쉬지 않느니라.

착한 남자여, 마치 타화자재천왕이 염부단 진금으로 만든 천관을 쓰면 욕계 천자들의 장엄으로는 미치지 못하나니, 보살마하살도 그와 같아서 보리심 큰 서원의 천관을 쓰면, 모든 범부와 이승의 공덕으로는 미치지 못하느니라.

착한 남자여,

사자왕의 부르짖는 소리를 사자 새끼가 들으면 용맹이 증장하지만 다른 짐승이 들으면 숨어 버리나니, 부처님 사자왕의 보리심 부르짖음도 그와 같아서 보살들이 들으면 공덕이 증장하지만 얻은 바 있는 이가 듣고는 흩어져 물러가느니라.

退散이니라 善男子야 譬如有人이 以師子筋으로 而爲樂絃하면 其音
既奏에 餘絃悉絶인달하야 菩薩摩訶薩도 亦復如是하야 以如來師子
波羅蜜身菩提心筋으로 爲法樂絃하면 其音既奏에 一切五欲과 及
以二乘의 諸功德絃이 悉皆斷滅이니라 善男子야 譬如有人이 以牛
羊等種種諸乳로 假使積集하야 盈於大海라도 以師子乳로 一滴投
中하면 悉令變壞하야 直過無礙인달하야 菩薩摩訶薩도 亦復如是하야
以如來師子菩提心乳로 着無量劫業煩惱乳大海之中하면 悉令
壞滅하야 直過無礙하야 終不住於二乘解脫이니라 善男子야 譬如迦
陵頻伽鳥가 在卵殼中호대 有大勢力하야 一切諸鳥의 所不能及인달하
야 菩薩摩訶薩도 亦復如是하야 於生死殼에 發菩提心한 所有大悲

착한 남자여,

마치 어떤 사람이 사자의 힘줄로 거문고 줄을 만들어 타면 다른 악
기의 줄들이 모두 끊어지나니,

보살마하살도 그와 같아서 여래 사자인 바라밀 몸의 보리심 힘줄로
법 풍류의 줄을 만들어 타면 모든 다섯 욕심과 이승의 공덕 줄이 모
두 끊어지느니라.

착한 남자여,

어떤 사람이 소나 양 등의 젖을 모아서 바다를 만들었더라도 사자
의 젖 한 방울을 그 가운데 넣으면 모두 변하여서 걸림 없이 통과하
게 되나니, 보살마하살도 그와 같아서 여래인 사자의 보리심 젖을 한
량없는 겁부터 내려오는 업과 번뇌의 젖 바다에 두면 모두 변하여서
걸림 없이 통과하고 마침내 이승의 해탈에 머물지 않느니라.

착한 남자여,

마치 가릉빈가는 알껍데기 속에 있을 적에도 큰 세력이 있어서 다
른 새들로는 미치지 못하나니, 보살마하살도 그와 같아서 생사의 알
껍데기 속에서 보리심을 내면 그 가없이 여기는

功德勢力을 聲聞緣覺이 無能及者니라 善男子야 如金翅鳥王子가
初始生時에 目則明利하고 飛則勁捷이라 一切諸鳥가 雖久成長이나
無能及者인달하야 菩薩摩訶薩도 亦復如是하야 發菩提心하야 爲佛王
子하면 智慧淸淨하고 大悲勇猛하야 一切二乘이 雖百千劫을 久修道
行이라도 所不能及이니라 善男子야 如有壯夫가 手執利矛하고 刺堅密
甲에 直過無礙인달하야 菩薩摩訶薩도 亦復如是하야 執菩提心銛利
快矛하고 刺諸邪見隨眠密甲에 悉能穿徹하야 無有障礙니라 善男子
야 譬如摩訶那伽大力勇士가 若奮威怒하면 於其額上에 必生瘡疱
하나니 瘡若未合에 閻浮提中一切人民이 無能制伏인달하야 菩薩摩訶
薩도 亦復如是하야 若起大悲하면 必定發於菩提之心하나니 心未捨

공덕의 세력을 성문이나 연각으로는 미치지 못하느니라.

착한 남자여,

금시조왕의 새끼는 처음 날 때부터 눈이 밝고 나는 것도 억세어서
다른 새들은 아무리 오랫동안 자랐더라도 미치지 못하나니, 보살마하
살도 그와 같아서 보리심을 내어 부처님의 왕자가 되면 지혜가 청정
하고 가엾이 여김이 용맹하여 모든 이승은 백천 겁 동안 도를 닦았더
라도 미칠 수 없느니라.

착한 남자여, 어떤 장사가 손에 날카로운 창을 잡고 굳은 갑옷을
찌르면 걸림 없이 관통되나니, 보살마하살도 그와 같아서 보리심의
날카로운 창을 잡고 삿된 소견으로 따라서 자는 갑옷을 찌르면 모두
뚫고 지나가서 걸림이 없느니라.

착한 남자여,

마치 마하나가의 크고 용맹한 장사가 성을 내면 이마에 부스럼이
생기며, 부스럼이 아물기 전에는 염부제의 모든 사람으로는 제어하지
못하나니, 보살마하살도 그와 같아서 크게 가엾이 여기는 마음을 내
면 반드시 보리심을 내고 보리심을 버리기 전에는

來에 一切世間의 魔及魔民이 不能爲害니라 善男子야 譬如射師가 有諸弟子에 雖未慣習其師技藝나 然其智慧方便善巧는 餘一切人의 所不能及인달하야 菩薩摩訶薩의 初始發心도 亦復如是하야 雖未慣習一切智行이나 然其所有願智解欲은 一切世間凡夫二乘이 悉不能及이니라 善男子야 如人이 學射에 先安其足하고 後習其法인달하야 菩薩摩訶薩도 亦復如是하야 欲學如來一切智道인댄 先當安住菩提之心한 然後脩行一切佛法이니라 善男子야 譬如幻師가 將作幻事에 先當起意하야 憶持幻法한 然後所作이 悉得成就인달하야 菩薩摩訶薩도 亦復如是하야 將起一切諸佛菩薩의 神通幻事에 先當起意하야 發菩提心한 然後一切가 悉得成就니라 善男子야 譬如幻

모든 세간의 마와 마의 백성들이 해하지 못하느니라.

착한 남자여, 마치 활 잘 쏘는 스승의 제자는 비록 그 스승처럼 기술을 익히지 못했더라도, 그 지혜와 방편과 교묘함을 다른 사람들로는 미치지 못하나니, 보살마하살의 마음을 처음 냄도 그와 같아서 모든 지혜와 행이 능숙하지는 못하였어도 그의 서원과 지혜와 욕망을 모든 세간의 범부나 이승으로는 미치지 못하느니라.

착한 남자여, 마치 사람이 활을 배울 적에 먼저 발을 잘 디디고 뒤에 쏘는 법을 익히나니, 보살마하살도 그와 같아서 여래의 온갖 지혜의 도를 배우려면 먼저 보리심에 편안히 머무른 뒤에 모든 부처님 법을 닦아 행해야 하느니라.

착한 남자여,

마치 요술쟁이가 환술을 만들려면 먼저 마음을 내어 환술하는 법을 기억한 뒤에 환술을 만들어서 성취하나니, 보살마하살도 그와 같아서 모든 부처님과 보살의 신통인 환술을 일으키려면 먼저 뜻을 내어 보리심을 낸 뒤에야 모든 일이 성취되느니라.

착한 남자여, 마치 환술이

術이 無色現色인달하야 菩薩摩訶薩의 菩提心相도 亦復如是하야 雖無有色하야 不可睹見이나 然能普於十方法界에 示現種種功德莊嚴이니라 善男子야 譬如猫狸가 纔見於鼠에 鼠卽入穴하야 不敢復出인달하야 菩薩摩訶薩의 發菩提心도 亦復如是하야 暫以慧眼으로 觀諸惑業에 皆卽竄匿하야 不復出生이니라 善男子야 譬如有人이 着閻浮金莊嚴之具에 暎蔽一切하야 皆如聚墨인달하야 菩薩摩訶薩도 亦復如是하야 着菩提心莊嚴之具에 暎蔽一切凡夫二乘의 功德莊嚴하야 悉無光色이니라 善男子야 如好磁石少分之力이 卽能吸壞諸鐵鉤鎖인달하야 菩薩摩訶薩의 發菩提心도 亦復如是하야 若起一念이면 悉能壞滅一切見欲無明鉤鎖니라

물질이 없는 데서 물질을 나타내나니, 보살마하살의 보리심 모양도 그와 같아서 비록 형상이 없어서 보지는 못하나, 능히 시방 법계에서 가지가지 공덕 장엄을 널리 보이느니라.

착한 남자여, 마치 고양이가 잠깐만 쥐를 보아도 쥐가 구멍에 들어가 나오지 못하나니, 보살마하살의 보리심을 내는 것도 그와 같아서 지혜의 눈으로 번뇌와 업을 잠깐만 보아도 모두 숨어 버리고 다시 나오지 못하느니라.

착한 남자여,
마치 사람이 염부단금으로 만든 장엄거리로 단장하면 모든 것을 가리어버려 먹덩이 같이 되나니, 보살마하살도 그와 같아서 보리심 장엄거리로 단장하면 모든 범부와 이승의 공덕 장엄을 가리어 버려 빛이 없어지느니라.

착한 남자여,
마치 좋은 자석은 조그만 힘으로도 모든 철로 된 사슬과 고리를 빨아들이나니, 보살마하살의 보리심을 내는 것도 그와 같아서 한 생각을 일으키면 모든 소견·욕망·무명의 사슬과 고리를 없애 버리느니라.

善男子야 如有磁石하니 鐵若見之면 卽皆散去하야 無留住者인달하야
菩薩摩訶薩의 發菩提心도 亦復如是하야 諸業煩惱와 二乘解脫이
若暫見之면 卽皆散滅하야 亦無住者니라 善男子야 譬如有人이 善
入大海에 一切水族이 無能爲害하며 假使入於摩竭魚口라도 亦不
爲彼之所呑噬인달하야 菩薩摩訶薩도 亦復如是하야 發菩提心하고 入
生死海에 諸業煩惱가 不能爲害하며 假使入於聲聞緣覺의 實際法
中이라도 亦不爲其之所留難이니라 善男子야 譬如有人이 飮甘露漿에
一切諸物이 不能爲害인달하야 菩薩摩訶薩도 亦復如是하야 飮菩提
心甘露法漿에 不墮聲聞辟支佛地하나니 以具廣大悲願力故니라
善男子야 譬如有人이 得安繕那藥하야 以塗其目에 雖行人間이나

착한 남자여,

마치 자석을 철이 마주치면 곧 흩어지고 남는 것이 없나니, 보살마
하살의 보리심을 내는 것도 그와 같아서 업과 번뇌와 이승의 해탈이
마주치면 모두 흩어져 없어지고 남는 것이 없느니라.

착한 남자여,

마치 사람이 바다에 잘 들어가는 이는 모든 물에 사는 족속이 해하
지 못하며 고래의 입에 들어가도 씹히거나 삼켜지지 않나니, 보살마
하살도 그와 같아서 보리심을 내고 생사 바다에 들어가면 업과 번뇌
가 해하지 못하며 성문이나 연각의 실제법에 들어가도 거기 방해되지
않느니라.

착한 남자여,

마치 사람이 감로수를 먹으면 모든 물건이 해하지 못하나니, 보살
마하살도 그와 같아서 보리심의 감로수를 먹으면 성문이나 벽지불의
지위에 떨어지지 않나니, 광대한 자비와 서원이 있는 연고니라.

착한 남자여,

마치 사람이 안선나약을 얻어 눈에 바르면 사람 사이를 다녀도

人所不見인달하야 菩薩摩訶薩도 亦復如是하야 得菩提心安繕那藥에 能以方便으로 入魔境界호대 一切衆魔의 所不能見이니라 善男子야 譬如有人이 依附於王에 不畏餘人인달하야 菩薩摩訶薩도 亦復如是하야 依菩提心大勢力王에 不畏障蓋惡道之難이니라 善男子야 譬如有人이 住於水中에 不畏火焚인달하야 菩薩摩訶薩도 亦復如是하야 住菩提心善根水中에 不畏二乘의 解脫智火니라 善男子야 譬如有人이 依倚猛將에 卽不怖畏一切怨敵인달하야 菩薩摩訶薩도 亦復如是하야 依菩提心勇猛大將에 不畏一切惡行怨敵이니라 善男子야 如釋天王이 執金剛杵하야 摧伏一切阿脩羅衆인달하야 菩薩摩訶薩도 亦復如是하야 持菩提心金剛之杵하고 摧伏一切諸魔外道니라 善

사람이 보지 못하나니, 보살마하살도 그와 같아서 보리심의 안선나약을 얻으면 방편으로써 마의 경계에 들어가도 모든 마들이 보지 못하느니라.

착한 남자여, 마치 사람이 왕에게 의지하면 다른 이를 두려워하지 않나니, 보살마하살도 그와 같아서 보리심의 세력 있는 왕에 의지하면 장애와 나쁜 길의 험난함을 두려워하지 않느니라.

착한 남자여, 마치 사람이 물속에 있으면 불에 타는 것을 두려워하지 않나니, 보살마하살도 그와 같아서 보리심의 착한 뿌리 물속에 머물면 이승 해탈의 지혜 불을 두려워하지 않느니라.

착한 남자여,

마치 사람이 용맹한 대장에게 의지하면 모든 대적을 두려워하지 않나니, 보살마하살도 그와 같아서 보리심의 용맹한 대장에 의지하면 모든 나쁜 행의 대적을 두려워하지 않느니라.

착한 남자여, 제석천왕이 금강저를 들면 모든 아수라 무리를 굴복시키나니, 보살마하살도 그와 같아서 보리심의 금강저를 들면 모든 마와 외도를 굴복시키느니라.

男子야 譬如有人이 服延齡藥에 長得充健하야 不老不瘦인달하야 菩薩摩訶薩도 亦復如是하야 服菩提心延齡之藥에 於無數劫에 脩菩薩行호대 心無疲厭하며 亦無染着이니라 善男子야 譬如有人이 調和藥汁에 必當先取好淸淨水인달하야 菩薩摩訶薩도 亦復如是하야 欲脩菩薩一切行願인댄 先當發起菩提之心이니라 善男子야 如人이 護身에 先護命根인달하야 菩薩摩訶薩도 亦復如是하야 護持佛法에 亦當先護菩提之心이니라 善男子야 譬如有人이 命根若斷이면 不能利益父母宗親인달하야 菩薩摩訶薩도 亦復如是하야 捨菩提心이면 不能利益一切衆生하며 不能成就諸佛功德이니라 善男子야 譬如大海를 無能壞者인달하야 菩提心海도 亦復如是하야 諸業煩惱와 二乘之心이

착한 남자여,

마치 사람이 장수하는 약을 먹으면 길이 건강하여 늙지도 않고 여위지도 않나니, 보살마하살도 그와 같아서 보리심의 장수하는 약을 먹으면 수없는 겁 동안 보살행을 닦아도 고달픈 마음도 없고 물들지도 않느니라.

착한 남자여, 마치 사람이 약을 개려면 먼저 깨끗한 물을 가져야 하나니, 보살마하살도 그와 같아서 보살의 행과 원을 닦으려면 먼저 보리심을 발기해야 하느니라.

착한 남자여, 사람이 몸을 보호하려면 먼저 생명을 보호하나니, 보살마하살도 그와 같아서 부처님 법을 보호하여 유지하려면 먼저 보리심을 보호해야 하느니라.

착한 남자여, 마치 사람이 목숨이 끊어지면 부모와 친척을 이익케 하지 못하나니, 보살마하살도 그와 같아서 보리심을 버리고는 모든 중생을 이익케 하지 못하며 부처님의 공덕을 성취하지 못하느니라.

착한 남자여, 마치 큰 바다는 망그러뜨릴 수 없나니 보리심 바다도 그와 같아서 업과 번뇌와 이승의 마음으로는

所不能壞니라 善男子야 譬如日光을 星宿光明이 不能暎蔽인달하야
菩提心日도 亦復如是하야 一切二乘의 無漏智光이 所不能蔽니라
善男子야 如王子初生에 卽爲大臣之所尊重이니 以種性自在故인
달하야 菩薩摩訶薩도 亦復如是하야 於佛法中發菩提心에 卽爲耆宿
久脩梵行한 聲聞緣覺의 所共尊重이니 以大悲自在故니라 善男子야
譬如王子가 年雖幼稚나 一切大臣이 皆悉敬禮인달하야 菩薩摩訶薩
도 亦復如是하야 雖初發心하야 脩菩薩行이나 二乘耆舊가 皆應敬禮
니라 善男子야 譬如王子가 雖於一切臣佐之中에 未得自在나 已具
王相하야 不與一切諸臣佐等이니 以生處尊勝故인달하야 菩薩摩訶
薩도 亦復如是하야 雖於一切業煩惱中에 未得自在나 然已具足菩

망그러뜨릴 수 없느니라.

착한 남자여, 마치 햇빛은 별의 빛으로는 가릴 수 없나니, 보리심
해도 그와 같아서 모든 이승의 샘이 없는 지혜의 빛으로는 가릴 수
없느니라.

착한 남자여,

왕자가 처음 나서도 대신들이 존중함은 종족의 내림이 자재한 연고
니, 보살마하살도 그와 같아서 부처님 법에 보리심을 내면 곧 고승과
범행을 오래 닦은 성문이나 연각들이 함께 존중함은 크게 가엾이 여
기는 데 자유자재한 연고니라.

착한 남자여, 마치 왕자는 나이가 어리더라도 모든 대신이 다 경례
하나니, 보살마하살도 그와 같아서 처음으로 마음을 내어 보살행을
닦아도 이승의 고승들이 모두 경례하느니라.

착한 남자여, 마치 왕자가 모든 신하 가운데서 자유자재하지 못하
나 이미 왕의 모양을 갖추었으므로 모든 신하들과 평등하지 않으니
태어난 바가 높은 연고니라. 보살마하살도 그와 같아서 모든 업과 번
뇌 가운데서 자재하지는 못하나 이미 보리의 모양을 구족하여

提之相하야 不與一切二乘으로 齊等이니 以種性第一故니라 善男子야
譬如淸淨摩尼妙寶를 眼有翳故로 見爲不淨인달하야 菩薩摩訶薩의
菩提心寶도 亦復如是하야 無智는 不信하야 謂爲不淨이니라 善男子야
譬如有藥이 爲呪所持에 若有衆生이 見聞同住하면 一切諸病이 皆
得消滅인달하야 菩薩摩訶薩의 菩提心藥도 亦復如是하야 一切善根과
智慧方便과 菩薩願智의 共所攝持니 若有衆生이 見聞同住하야 憶
念之者면 諸煩惱病이 悉得除滅이니라 善男子야 譬如有人이 常持
甘露에 其身이 畢竟不變不壞인달하야 菩薩摩訶薩도 亦復如是하야
若常憶持菩提心甘露하면 令願智身으로 畢竟不壞니라 善男子야 如
機關木人이 若無有楔이면 身卽離散하야 不能運動인달하야 菩薩摩訶

모든 이승과는 같지 아니하니 종족이 제일인 연고니라.

착한 남자여,

마치 청정한 마니 보배라도 눈에 병이 있으면 부정한 줄로 보나니,
보살마하살의 보리심 보배도 그와 같아서 지혜가 없어 믿지 않으면
깨끗하지 못하다고 하느니라.

착한 남자여,

마치 어떤 약에 주문의 힘이 들어 있는 것을 만일 중생이 보고 듣
고 함께 있으면 모든 병이 다 소멸되나니, 보살마하살의 보리심 약도
그와 같아서 모든 착한 뿌리와 지혜와 방편과 보살의 서원과 지혜가
함께 들어 있는 것을 어떤 중생이 보고 듣고 함께 있으며 생각하면
번뇌의 병들이 모두 소멸되느니라.

착한 남자여, 마치 사람이 항상 감로를 가지면 그 몸이 끝까지 망
그러지지 않나니, 보살마하살도 그와 같아서 보리심의 감로를 항상
생각해 가지면 서원과 지혜의 몸이 끝까지 변괴하지 않느니라.

착한 남자여, 마치 기계로 만든 사람이 만일 고동이 없으면 몸이
흩어지고 운동하지 못하나니, 보살마하살도

薩도 亦復如是하야 無菩提心이면 行即分散하야 不能成就一切佛法
이니라 善男子야 如轉輪王이 有沈香寶하니 名曰象藏이라 若燒此香에
王四種兵이 悉騰虛空인달하야 菩薩摩訶薩의 菩提心香도 亦復如是
하야 若發此意하면 即令菩薩의 一切善根으로 永出三界하야 行如來
智無爲空中이니라 善男子야 譬如金剛이 唯從金剛處와 及金處生이
요 非餘寶處生인달하야 菩薩摩訶薩의 菩提心金剛도 亦復如是하야
唯從大悲救護衆生金剛處와　一切智智殊勝境界金處而生이요
非餘衆生善根處生이니라 善男子야 譬如有樹하니 名曰無根이라 不
從根生이로대 而枝葉華果가 悉皆繁茂인달하야 菩薩摩訶薩의 菩提心
樹도 亦復如是하야 無根可得이로대 而能長養一切智智神通大願의

그와 같아서 보리심이 없으면 수행이 흩어져서 모든 부처님 법을 성
취하지 못하느니라.

착한 남자여, 마치 전륜왕에게 침향 보배가 있는데 이름은 코끼리
창고이니라. 이 향을 사르면 왕의 네 가지 군대가 허공으로 날아 올
라가나니, 보살마하살의 보리심 향도 그와 같아서 이 뜻을 내기만 하
면 보살의 모든 착한 뿌리가 세계에서 영원히 벗어나 여래 지혜의 함
이 없는 공중에 행하느니라.

착한 남자여, 마치 금강은 다만 금강 나는 곳과 금 나는 곳에서만
나고 다른 보배가 나는 곳에서는 나지 않나니, 보살마하살의 보리심
금강도 그와 같아서 다만 큰 자비로 중생을 구호하는 금강이 나는 곳
이나 온갖 지혜의 지혜인 훌륭한 경지의 금이 나는 곳에서만 나고 다
른 중생의 착한 뿌리에서는 나지 않느니라.

착한 남자여,

마치 무근이란 나무가 있는데, 뿌리에서 나지 않고도 가지 · 잎 · 꽃
· 열매가 다 무성하나니, 보살마하살의 보리심 나무도 그와 같아서
뿌리를 찾아볼 수 없으나 온갖 지혜의 지혜와 신통과 큰 원인 가지 ·

枝葉華果_{하야} 扶疎蔭暎_{하야} 普覆世間_{이니라} 善男子_야 譬如金剛_이
非劣惡器_와 及以破器_의 所能容持_요 唯除全具上妙之器_{인달하야} 菩
提心金剛_도 亦復如是_{하야} 非下劣衆生_의 慳嫉破戒懈怠妄念無
智器中_에 所能容持_며 亦非退失殊勝志願_한 散亂惡覺衆生器中
_에 所能容持_요 唯除菩薩深心寶器_{니라} 善男子_야 譬如金剛_이 能穿
衆寶_{인달하야} 菩提心金剛_도 亦復如是_{하야} 悉能穿徹一切法寶_{니라} 善
男子_야 譬如金剛_이 能壞衆山_{인달하야} 菩提心金剛_도 亦復如是_{하야}
悉能摧壞諸邪見山_{이니라} 善男子_야 譬如金剛_이 雖破不全_{이나} 一切
衆寶_가 猶不能及_{인달하야} 菩提心金剛_도 亦復如是_{하야} 雖復志劣_{하야}
少有虧損_{이나} 猶勝一切二乘功德_{이니라} 善男子_야 譬如金剛_이 雖有

잎·꽃·열매를 기르며 무성한 그늘이 세계를 두루 덮느니라.

착한 남자여,

마치 금강은 나쁜 그릇이나 깨진 그릇으로는 담을 수 없으나 오직
완전하고 묘한 그릇은 제외할 것이니, 보리심 금강도 그와 같아서 용
렬한 중생의 간탐하고 질투하고 파괴하고 게으르고 허망한 생각과 지
혜없는 그릇에는 담을 수 없고, 훌륭한 소원에서 물러나서 산란하고
나쁜 소견 가지 중생의 그릇에도 담을 수 없으나 다만 보살의 깊은
마음인 보배 그릇에는 담을 수 있느니라.

착한 남자여, 마치 금강이 모든 보배를 능히 뚫나니, 보리심의 금강
도 그와 같아서 모든 법의 보배를 능히 뚫느니라.

착한 남자여, 마치 금강이 모든 산을 무너뜨리나니, 보리심 금강도
그와 같아서 삿된 소견의 산들을 능히 무너뜨리느니라.

착한 남자여, 금강이 비록 깨져서 완전하지 못하더라도 모든 보배
가 미치지 못하나니, 보리심 금강도 그와 같아서 비록 뜻이 용렬하여
조금 모자라더라도 모든 이승의 공덕보다 나으니라.

착한 남자여, 마치 금강은

損缺이나 猶能除滅一切貧窮인달하야 菩提心金剛도 亦復如是하야 雖有損缺하야 不進諸行이나 猶能捨離一切生死니라 善男子야 如小金剛이 悉能破壞一切諸物인달하야 菩提心金剛도 亦復如是하야 入少境界에 即破一切無知諸惑이니라 善男子야 譬如金剛이 非凡人所得인달하야 菩提心金剛도 亦復如是하야 非劣意衆生之所能得이니라 善男子야 譬如金剛이 不識寶人은 不知其能하며 不得其用인달하야 菩提心金剛도 亦復如是하야 不知法人은 不了其能하며 不得其用이니라 善男子야 譬如金剛이 無能消滅인달하야 菩提心金剛도 亦復如是하야 一切諸法이 無能消滅이니라 善男子야 如金剛杵가 諸大力士는 皆不能持요 唯除有大那羅延力인달하야 菩提之心도 亦復如是하야

비록 손상되었어도 모든 빈궁을 제멸하나니, 보리심 금강도 그와 같아서 비록 손상하여 모든 행이 나아가지 못하더라도 모든 생사를 여의느니라.

착한 남자여, 조그만 금강이라도 모든 물건을 깨뜨릴 수 있나니, 보리심 금강도 그와 같아서 작은 경계에 들어가도 모든 무지한 의혹을 깨뜨리느니라.

착한 남자여, 마치 금강은 보통 사람으로는 얻을 수 없나니, 보리심 금강도 그와 같아서 뜻이 용렬한 중생으로는 얻을 수 없느니라.

착한 남자여, 마치 금강을 보배로 알지 못하는 사람은 그 공능도 모르고 작용도 얻지 못하나니, 보리심 금강도 그와 같아서 법을 알지 못하는 사람은 그 공능도 알지 못하고 작용도 얻지 못하느니라.

착한 남자여, 마치 금강은 소멸할 이가 없듯이, 보리심 금강도 그와 같아서 모든 법이 능히 소멸하지 못하느니라.

착한 남자여, 마치 금강저를 기운 센 사람들이 능히 들지 못하나 큰 나라연의 힘을 가진 이는 능히 들 수 있을 것이니, 보리심도 그와 같아서

一切二乘은 皆不能持요 唯除菩薩의 廣大因緣과 堅固善力이니라
善男子야 譬如金剛을 一切諸物은 無能壞者요 而能普壞一切諸
物이나 然其體性은 無所損減인달하야 菩提之心도 亦復如是하야 普於
三世無數劫中에 敎化衆生하며 脩行苦行하야 聲聞緣覺의 所不能
者를 咸能作之나 然其畢竟에 無有疲厭하며 亦無損壞니라 善男子야
譬如金剛이 餘不能持요 唯金剛地之所能持인달하야 菩提之心도 亦
復如是하야 聲聞緣覺은 皆不能持요 唯除趣向薩婆若者니라 善男
子야 如金剛器가 無有瑕缺하야 用盛於水에 永不滲漏而入於地인달
하야 菩提心金剛器도 亦復如是하야 盛善根水에 永不滲漏令入諸
趣니라 善男子야 如金剛際가 能持大地하야 不令墜沒인달하야 菩提之

모든 이승은 유지하지 못하나 보살의 광대한 인연과 견고하고 착한
힘은 유지할 것이니라.

착한 남자여, 마치 금강을 모든 물건으로도 깨뜨릴 수 없으나 금강
은 능히 모든 물건을 깨뜨리며 그래도 그 자체는 손상하지 않나니,
보리심도 그와 같아서 삼세의 수없는 겁에 중생을 교화하고 고행을
닦으며 성문과 연각으로는 할 수 없는 것을 능히 하지만 끝까지 고달
픈 생각도 없고 손상하지도 않느니라.

착한 남자여, 마치 금강은 다른 데서는 가지지 못하고 오직 금강
땅에서만 가지나니, 보리심도 그와 같아서 성문이나 연각은 가지지
못하며 오직 살바야로 나아가는 이는 가질 수 있을 것이니라.

착한 남자여,
금강 그릇은 흠이 없어서 물을 담으면 영원히 새어서 땅에 들어가
지 않나니, 보리심 금강 그릇도 그와 같아서 착한 뿌리의 물을 담으
면 영원히 새어서 여러 길에 들어가지 않느니라.

착한 남자여, 금강 둘레는 능히 땅을 유지하여 떨어지지 않게 하나
니, 보리심도

心도 亦復如是하야 能持菩薩의 一切行願하야 不令墜沒入於三界니라 善男子야 譬如金剛이 久處水中호대 不爛不濕인달하야 菩提之心도 亦復如是하야 於一切劫을 處在生死業惑水中호대 無壞無變이니라 善男子야 譬如金剛이 一切諸火가 不能燒然하며 不能令熱인달하야 菩提之心도 亦復如是하야 一切生死諸煩惱火가 不能燒然하며 不能令熱이니라 善男子야 譬如三千世界之中金剛座上에 能持諸佛이 坐於道場하사 降伏諸魔하야 成等正覺이요 非是餘座之所能持인달하야 菩提心座도 亦復如是하야 能持菩薩의 一切願行과 諸波羅蜜과 諸忍諸地와 廻向受記와 脩習菩提助道之法과 供養諸佛과 聞法受行이요 一切餘心의 所不能持니라 善男子야 菩提心者는 成就如

그와 같아서 보살의 모든 행과 원을 유지하여 떨어져서 삼계에 들어가지 않게 하느니라.

착한 남자여, 마치 금강은 물속에 오래 있어도 썩지 않고 젖지도 않나니, 보리심도 그와 같아서 모든 겁 동안 나고 죽는 업과 번뇌의 물속에 있어도 망그러지지도 않고 변하지도 않느니라.

착한 남자여, 마치 금강은 모든 불이 태우지도 못하고 뜨겁게도 못하나니, 보리심도 그와 같아서 생사의 번뇌 불들이 태우지도 못하고 뜨겁게도 못하느니라.

착한 남자여, 마치 삼천대천세계 중에서 금강 자리만이 능히 부처님께서 도량에 앉아서 마군을 항복받고 정등각 이루는 일을 유지하는 것이요, 다른 자리로는 유지할 수 없나니,
보리심 자리도 그와 같아서 모든 보살의 원과 행과 바라밀과 여러 지혜와 여러 지위와 회향하고 수기를 주고 보리의 도를 돕는 법을 닦아 익히며, 부처님께 공양하고 법을 듣고 받들어 행하는 일을 능히 유지하는 것이요, 다른 마음으로는 유지하지 못하느니라.

착한 남자여, 보리심은 이렇게

是無量無邊과 乃至不可說不可說殊勝功德이니 若有衆生이 發
阿耨多羅三藐三菩提心이면 則獲如是勝功德法하리라 是故로 善
男子야 汝獲善利니 汝發阿耨多羅三藐三菩提心하고 求菩薩行하
야 已得如是大功德故니라 善男子야 如汝所問하야 菩薩이 云何學
菩薩行이며 脩菩薩道오하니 善男子야 汝可入此毘盧遮那莊嚴藏
大樓閣中하야 周徧觀察하면 則能了知學菩薩行이며 學已에 成就無
量功德하리라
爾時에 善財童子가 恭敬右遶彌勒菩薩摩訶薩已코 而白之言호대
唯願大聖은 開樓閣門하사 令我得入케하소서 時에 彌勒菩薩이 前詣
樓閣하사 彈指出聲에 其門卽開어늘 命善財入하신대 善財가 心喜하야

한량없고 그지없고 말할 수 없이 말할 수 없는 공덕을 성취하느니라.
어떤 중생이 아뇩다라삼먁삼보리심을 내면 곧 이렇게 수승한 공덕의
법을 얻느니라. 그러므로 착한 남자여, 그대는 좋은 이익을 얻었으니
그대는 아뇩다라삼먁삼보리심을 내어 보살행을 구하여 이러한 큰 공
덕을 얻은 연고니라.

착한 남자여, 그대는 '보살이 어떻게 보살행을 배우며 보살도를 닦
는가?' 하고 물어보거니와, 착한 남자여, 그대는 이 비로자나장엄장
큰 누각에 들어가서 두루 관찰하라. 곧 보살행 배움을 알 것이요, 배
우면 한량없는 공덕을 성취하리라."

그때 선재동자는 공경하여 미륵보살마하살을 오른쪽으로 돌고 여
쭈었다.

"바라옵건대 거룩하신이께서 이 누각 문을 열어 제가 들어가게 하
소서."

이때 미륵보살이 누각에 나아가 손가락을 퉁겨 소리를 내니 문이
열리었고, 선재에게 들어가라 하니 선재동자는 기뻐하며 들어갔으며,
문은 곧 닫혔다.

入已還閉하다 見其樓閣이 廣博無量하야 同於虛空하니 阿僧祇寶로
以爲其地하며 阿僧祇宮殿과 阿僧祇門闥과 阿僧祇牕牖와 阿僧祇
階陛와 阿僧祇欄楯와 阿僧祇道路가 皆七寶成이며 阿僧祇幡과 阿
僧祇幢과 阿僧祇蓋가 周廻間列하며 阿僧祇衆寶纓絡과 阿僧祇眞
珠纓絡과 阿僧祇赤眞珠纓絡과 阿僧祇師子珠纓絡이 處處垂下
하며 阿僧祇半月과 阿僧祇繒帶와 阿僧祇寶網으로 以爲嚴飾하며 阿
僧祇寶鐸이 風動成音하며 散阿僧祇天諸雜華하며 懸阿僧祇天寶
鬘帶하며 嚴阿僧祇衆寶香鑪하며 雨阿僧祇細末金屑하며 懸阿僧
祇寶鏡하며 然阿僧祇寶燈하며 布阿僧祇寶衣하며 列阿僧祇寶帳하
며 設阿僧祇寶坐하야 阿僧祇寶繒으로 以敷座上하며 阿僧祇閻浮檀

누각을 보니 크고 넓기 한량 없어 허공과 같고
아승지 보배로 땅이 되고,
아승지 궁전과 아승지 문과 아승지 창호와 아승지 섬돌과
아승지 난간과 아승지 길이 모두 칠보로 되었으며,
아승지 번기 · 아승지 당기 · 아승지 일산이 사이사이 벌려 있고,
아승지 영락 · 아승지 진주 영락 · 아승지 적진주 영락 ·
아승지 사자 진주 영락들이 곳곳에 드리웠으며,
아승지 반달 · 아승지 비단 띠 · 아승지 보배 그물로 장엄하였고,
아승지 보배 풍경이 바람에 흔들려 소리를 내며,
아승지 하늘 꽃을 흩고, 아승지 하늘 보배로 된 화만 띠를 달고,
아승지 보배 향로를 장엄하고, 아승지 금가루를 비 내리고,
아승지 보배 거울을 달았고, 아승지 보배 등을 켜고,
아승지 보배 옷을 폈다.
  아승지 보배 휘장을 치고, 아승지 보배 자리를 깔고,
아승지 비단을 자리 위에 펴고,
아승지 염부단금 동녀 형상과

金童女像과 阿僧祇雜寶諸形像과 阿僧祇妙寶菩薩像이 處處充
徧하며 阿僧祇衆鳥가 出和雅音하며 阿僧祇寶優鉢羅華와 阿僧祇
寶波頭摩華와 阿僧祇寶拘物頭華와 阿僧祇寶芬陀利華로 以爲
莊嚴하며 阿僧祇寶樹가 次第行列하며 阿僧祇摩尼寶가 放大光明하
야 如是等無量阿僧祇諸莊嚴具로 以爲莊嚴이러라 又見其中에 有
無量百千諸妙樓閣호대 一一嚴飾이 悉如上說하고 廣博嚴麗가 皆
同虛空하야 不相障礙하며 亦無雜亂이러라 善財童子가 於一處中에
見一切處하며 一切諸處에 悉如是見하니라 爾時에 善財童子가 見毘
盧遮那莊嚴藏樓閣의 如是種種不可思議自在境界하고 生大歡
喜하야 踊躍無量하야 身心柔軟하야 離一切想하며 除一切障하며 滅一

아승지 보배 형상과 아승지 묘한 보배로 된 보살 형상이 간 데마다
가득 찼으며,
아승지 새들은 청아한 소리를 내고, 아승지 보배 우발다꽃과 아승지
보배 파두마꽃과 아승지 보배 구물두꽃과 아승지 보배 분다리꽃으로
장엄하고,
아승지 보배나무는 차례로 줄을 지었고, 아승지 마니 보배가 큰 광명
을 놓아 이렇게 한량없는 아승지 장엄거리로 장엄하였다.
　또 그 가운데는 한량없는 백천 누각이 있는데, 낱낱이 훌륭하게 꾸
민 것이 위에 말한 바와 같고,
크고 넓고 화려하기 허공과 같아서 서로 장애하지도 않고 잡란하지도
아니하였다.
　선재동자가 한 곳에서 모든 곳을 보듯이 모든 곳에서도 다 이렇게
보았다.
　이때 선재동자가
비로자나장엄장 누각이 이렇게 가지가지로 헤아릴 수 없이 자유자재
한 경계를 보고, 매우 환희하여 한량없이 뛰놀면서 몸과 마음이 부드

切惑하며 所見不忘하며 所聞能憶하며 所思不亂하야 入於無礙解脫
之門하야 普運其心하며 普見一切하고 普申敬禮하니라 纔始稽首에 以
彌勒菩薩威神之力으로 自見其身이 徧在一切諸樓閣中하야 具見
種種不可思議自在境界하니 所謂或見彌勒菩薩이 初發無上菩
提心時에 如是名字와 如是種族과 如是善友之所開悟와 令其種
植如是善根과 住如是壽와 在如是劫과 値如是佛과 處於如是莊
嚴刹土와 脩如是行과 發如是願하며 彼諸如來의 如是衆會에 如是
壽命으로 經爾許時토록 親近供養을 悉皆明見하며 或見彌勒이 最初
證得慈心三昧하사 從是已來로 號爲慈氏하며 或見彌勒이 脩諸妙
行하사 成滿一切諸波羅蜜하며 或見得忍하며 或見住地하며 或見成

러워져서 모든 의혹을 멸하며, 생각을 떠나며, 모든 장애를 제거하고,
모든 의혹을 멸하여 본 것은 잊지 않고, 들은 것은 기억하고, 생각이
어지럽지 아니하여, 걸림 없는 해탈문에 들어가서 마음을 두루 놀리
며, 모든 것을 두루 보고 널리 예경하였다.

　잠깐 머리를 조아리니, 미륵보살의 신통한 힘을 말미암아 자기의
몸이 모든 누각 속에 두루하여 있음을 보았으며, 또 가지가지 부사의
한 자재로운 경계를 보았다.

　이른바 미륵보살이 처음 위 없는 보리심을 낼 적에 이런 이름, 이런
성미와 이렇게 선지식의 가르침으로 이런 착한 뿌리를 심던 일을 보았
으며, 이렇게 오래 살고 이런 겁을 지내면서 이런 부처님을 만나고, 이
렇게 장엄한 세계에 있으면서 이렇게 행을 닦고 이렇게 원을 세웠으
며, 저 여래의 이러한 대중 모임에서 이러한 수명과 이러한 세월을 지
내면서 가까이하고 공양하던 일을 모두 분명하게 보았다.

　미륵보살이 처음에 인자한 삼매를 증득하고, 그 뒤부터 자 씨이었
던 때의 일을 보기도 하고, 미륵보살이 묘한 행을 닦으며 모든 바라
밀을 만족하던 일을 보기도 하고, 법 아는 지혜를 얻기도 하고, 지상

就淸淨國土하며 或見護持如來正教하사 爲大法師하야 得無生忍하야 某時某處某如來所에 受於無上菩提之記하며 或見彌勒이 爲轉輪王하사 勸諸衆生하야 住十善道하고 或爲護世하사 饒益衆生하고 或爲釋天하사 訶責五欲하고 或爲焰摩天王하사 讚不放逸하고 或爲兜率天王하사 稱歎一生菩薩功德하고 或爲化樂天王하사 爲諸天衆하야 現諸菩薩의 變化莊嚴하고 或爲他化自在天王하사 爲諸天衆하야 演說一切諸佛之法하고 或作魔王하사 說一切法이 皆悉無常하고 或爲梵王하사 說諸禪定의 無量喜樂하고 或爲阿脩羅王하사 入大智海하야 了法如幻하사 爲其衆會하야 常演說法하야 斷除一切憍慢醉懈하며 或復見其處閻羅界하사 放大光明하야 救地獄苦하며 或見在於餓

에 머물기도 하고, 청정한 국토를 성취하는 것을 보기도 하였다.

여래의 바른 교법을 보호하며 큰 법사가 되어 생사 없는 법의 지혜를 얻고, 어느 때 어느 곳에서 어느 여래에게 가장 높은 보리의 수기를 받던 일을 보기도 하였다.

미륵보살이 전륜왕이 되어서 중생들을 권하여 열 가지 착한 길에 머물게 함을 보기도 하고, 사천왕이 되어 중생을 이익케 하고, 제석천왕이 되어 다섯 가지 욕락을 꾸짖고, 염마천왕이 되어 방일하지 않는 일을 찬탄하고, 도솔천왕이 되어 일생보처 보살의 공덕을 칭찬하고, 화락천왕이 되어 하늘 무리에게 보살들의 변화하는 장엄을 나타내고, 타화자재천왕이 되어 하늘 무리에게 모든 부처님 법을 연설하고, 마왕이 되어 모든 법이 무상하다 말하고, 범천왕이 되어 모든 선정의 한량없이 기쁜 즐거움을 말하고, 아수라왕이 되어 큰 지혜 바다에 들어가서 법이 환술 같음을 알고, 모인 무리들에게 법을 연설하여 모든 교만하고 취하고 거추장스러움을 끊게 함을 보기도 하였다.

또 그가 염라세계에 있으면서 큰 광명을 놓아 지옥의 고통을 구원함을 보기도 하고,

鬼之處_{하사} 施諸飮食_{하야} 濟彼飢渴_{하며} 或見在於畜生之道_{하사} 種種方便_{으로} 調伏衆生_{하며} 或復見爲護世天王衆會說法_{하며} 或復見爲切利天王衆會說法_{하며} 或復見爲焰摩天王衆會說法_{하며} 或復見爲兜率天王衆會說法_{하며} 或復見爲化樂天王衆會說法_{하며} 或復見爲他化自在天王衆會說法_{하며} 或復見爲大梵天王衆會說法_{하며} 或復見爲龍王衆會說法_{하며} 或復見爲夜叉羅刹王衆會說法_{하며} 或復見爲乾闥婆緊那羅王衆會說法_{하며} 或復見爲阿脩羅陀那婆王衆會說法_{하며} 或復見爲迦樓羅摩睺羅伽王衆會說法_{하며} 或復見爲其餘一切人非人等衆會說法_{하며} 或復見爲聲聞衆會說法_{하며} 或復見爲緣覺衆會說法_{하며} 或復見爲初發心_과 乃

아귀의 세계에서 음식을 보시하여 기갈을 구제함을 보기도 하고, 축생의 길에서 여러 가지 방편으로 중생을 조복함을 보기도 하였다.

또 사천왕의 대중을 위하여 법을 말함을 보기도 하고, 도리천왕의 대중을 위하여 법을 말함을 보기도 하고, 염마천왕의 대중을 위하여 법을 말함을 보기도 하고,

도솔천왕의 대중을 위하여 법을 말함을 보기도 하고, 화락천왕의 대중을 위하여 법을 말함을 보기도 하고, 타화자재천왕의 대중을 위하여 법을 말함을 보기도 하고, 대범천왕의 대중을 위하여 법을 말함을 보기도 하였다.

또 용왕 대중에게 법을 말함을 보기도 하고, 야차·나찰왕 대중에게 법을 말함을 보기도 하고, 건달바·긴나라왕 대중에게 법을 말함을 보기도 하고, 아수라·타나바왕 대중에게 법을 말함을 보기도 하고, 가루라·마후라가왕 대중에게 법을 말함을 보기도 하고,

그 밖에 모든 사람·사람 아닌 이들의 대중에게 법을 말함을 보기도 하였다. 또 성문 대중을 위하여 법을 말함을 보기도 하고, 연각 대중을 위하여 법을 말함을 보기도 하고, 처음 마음 낸 이와 내지 일생보

至一生所繫已灌頂者諸菩薩衆사 而演說法하며 或見讚說初地와
乃至十地의 所有功德하며 或見讚說滿足一切諸波羅蜜하며 或見
讚說入諸忍門하며 或見讚說諸大三昧門하며 或見讚說甚深解脫
門하며 或見讚說諸禪三昧神通境界하며 或見讚說諸菩薩行하며
或見讚說諸大誓願하며 或見與諸同行菩薩로 讚說世間資生工
巧種種方便利衆生事하며 或見與諸一生菩薩로 讚說一切佛灌
頂門하며 或見彌勒이 於百千年經行에 讀誦書寫經卷하사 勤求觀
察하야 爲衆說法하사대 或入諸禪四無量心하고 或入徧處와 及諸解
脫하고 或入三昧하야 以方便力으로 現諸神變하며 或見諸菩薩이 入
變化三昧하사 各於其身一一毛孔에 出於一切變化身雲하며 或見

처로 정수리에 물을 부은 보살들을 위하여 법을 말함을 보기도 하고,
초지 내지 십지 보살의 공덕을 찬탄함을 보기도 하였다.

또 모든 바라밀을 만족한 이를 찬탄함을 보기도 하고, 모든 지혜의
문에 들어감을 찬탄함을 보기도 하고, 여러 큰 삼매문을 찬탄함을 보
기도 하고, 깊고 깊은 해탈문을 찬탄함을 보기도 하고, 모든 선정 삼
매 신통한 경계를 찬탄함을 보기도 하고, 모든 보살행을 찬탄함을 보
기도 하고, 여러 가지 큰 서원을 찬탄함을 보기도 하였다.

또 함께 수행하는 보살과 더불어 세간에서 살아가는 기술과 여러
가지 방편으로 중생을 이익케 하는 일을 찬탄함을 보기도 하고, 일생
보처 보살과 더불어 모든 부처님의 정수리에 물 붓는 문을 찬탄함을
보기도 하고, 미륵보살이 백천 년 동안 거닐고 경전을 읽고 외고 쓰
고, 부지런히 관찰하고 대중에게 법을 말하며, 모든 선정과 네 가지
한량없는 마음에 들기도 하고, 모든 곳에 두루함과 모든 해탈에 들기
도 하고, 삼매에 들어서 방편과 힘으로 신통변화를 나타냄을 보기도
하였다. 여러 보살이 변화 삼매에 들어 각각 그 몸의 낱낱 털구멍으
로 모든 변화하는 몸 구름을 내는 것도 보고,

出天衆身雲하며 或見出龍衆身雲하며 或見出夜叉와 乾闥婆와 緊那羅와 阿脩羅와 迦樓羅와 摩睺羅伽와 釋梵護世와 轉輪聖王과 小王과 王子와 大臣官屬과 長者居士身雲하며 或見出聲聞緣覺과 及諸菩薩如來身雲하며 或見出一切衆生身雲하며 或見出妙音하야 讚諸菩薩種種法門하니 所謂讚說菩提心功德門하고 讚說檀波羅蜜과 乃至智波羅蜜功德門하고 讚說諸攝諸禪과 諸無量心과 及諸三昧와 三摩鉢底와 諸通諸明과 總持辯才와 諸諦諸智와 止觀解脫과 諸緣諸依와 諸說法門하고 讚說念處正勤과 神足根力과 七菩提分과 八聖道分과 諸聲聞乘과 諸獨覺乘과 諸菩薩乘과 諸地諸忍과 諸行諸願의 如是等一切諸功德門이며 或復於中에 見諸如來

하늘 무리의 몸 구름을 내는 것도 보고, 용 무리의 몸 구름을 내는 것도 보고, 야차·건달바·긴나라·아수라·가루라·마후라가·제석·범왕·사천왕·전륜왕·작은 왕·왕자·대신·벼슬아치·장자·거사의 몸 구름을 내는 것도 보고, 성문·연각·보살·여래의 몸 구름을 내는 것도 보고, 모든 중생의 몸 구름을 내는 것도 보았다.

또 묘한 음성을 내어 보살의 가지가지 법문을 찬탄함을 보았으니, 이른바 보리심의 공덕문을 찬탄하며, 단바라밀과 내지 지혜바라밀의 공덕문을 찬탄하며,

여러 가지 거두어 주는 것·선정·한량없는 마음과 삼매와 삼마발저와 트임·밝음·다라니·변재·참된 진리·지혜·선정·슬기·해탈·인연·의지와 법문을 말함을 찬탄하며, 네 가지 생각의 곳·네 가지 바른 정근·네 가지 뜻대로의 발·다섯 가지 근·다섯 가지 힘·일곱 가지 보리의 부분·여덟 가지 바른 길·성문승·독각승·보살승·모든 지·모든 지혜·모든 행·모든 원 등의 모든 공덕문을 찬탄함을 보았다.

또 그 가운데서 여래를

의 大衆圍遶하며 亦見其佛의 生處種姓과 身形壽命과 刹劫名號와 說法利益과 敎住久近과 乃至所有道場衆會하야 種種不同을 悉皆明見하며 又復於彼莊嚴藏內諸樓閣中에 見一樓閣이 高廣嚴飾하야 最上無比하니 於中에 悉見三千世界百億四天下와 百億兜率陀天에 一一皆有彌勒菩薩이 降神誕生이어든 釋梵天王이 捧持頂戴와 遊行七步와 觀察十方과 大師子吼와 現爲童子하야 居處宮殿과 遊戲園苑과 爲一切智하야 出家苦行과 示受乳糜와 往詣道場과 降伏諸魔와 成等正覺과 觀菩提樹와 梵王勸請과 轉正法輪과 昇天宮殿하야 而演說法과 劫數壽量과 衆會莊嚴과 所淨國土와 所脩行願과 敎化成熟衆生方便과 分布舍利와 住持敎法이 皆悉不同이러라

대중이 둘러싸고 있음을 보았으며, 그 부처님의 나신 곳·가문·몸·오래 삶을 보았으며, 세계·겁·이름과 법을 말하여 이익케 함과 교법이 얼마나 오래 머무름과 도량의 대중이 여러 가지로 같지 아니함을 분명하게 보았다.

또 저 장엄장 안에 있는 여러 누각 중에서 한 누각을 보니, 높고 넓고 훌륭하게 꾸민 것이 가장 좋아서 견줄 데가 없으며, 그 가운데 삼천대천세계의 백억 사천하가 있는데, 백억 도솔천에 낱낱이 미륵보살이 있다가 신으로 내려와서 탄생하는 것을 제석과 범천왕이 받들어 머리에 올리며, 일곱 걸음을 다니고 시방을 살펴보며 크게 사자후하는 것을 보았으며, 동자로서 궁전에 거처하고 정원에서 유희하며, 온갖 지혜를 얻기 위하여 출가하여 고행하고, 유미죽을 받고 도량에 나아가서 마군을 항복 받고 정등각을 이루며, 보리수를 보시다가 범왕의 권청으로 법륜을 굴리고, 천궁에 올라가서 법을 연설하는 일과, 겁과 수명과 대중 모임의 장엄과, 국토를 깨끗이 하고 행과 원을 닦음과, 중생을 교화하여 성숙케 하는 방편과 사리를 나누어 반포함과 법에 머물러 유지함이 모두 같지 아니함을 보았다.

爾時에 善財가 自見其身이 在彼一切諸如來所하며 亦見於彼一切
衆會一切佛事하고 憶持不忘하야 通達無礙하니라 復聞一切諸樓閣
內에 寶網鈴鐸과 及諸樂器가 皆悉演暢不可思議微妙法音하야 說
種種法하니 所謂或說菩薩의 發菩提心하며 或說脩行波羅蜜行하며
或說諸願하며 或說諸地하며 或說恭敬供養如來하며 或說莊嚴諸
佛國土하며 或說諸佛의 說法差別이니 如上所說一切佛法을 悉聞
其音하고 敷暢辯了하며 又聞某處에 有某菩薩이 聞某法門하고 某善
知識之所勸導로 發菩提心과 於某劫某刹某如來所某大衆中에
聞於某佛의 如是功德하고 發如是心하며 起如是願하며 種於如是廣
大善根과 經若干劫토록 脩菩薩行과 於爾許時에 當成正覺과 如是

그때 선재동자는 자기의 몸이 모든 여래의 처소에 있음을 보았으
며, 또 저 모든 대중의 모임과 모든 불사를 보고 기억하여 잊지 않았
으며 통달하여 걸림이 없었다.

또 모든 누각 안에 있는 보배 그물과 풍경과 모든 악기에서 헤아릴
수 없는 미묘한 음성을 내어 여러 가지 법을 연설함을 들으니, 이른
바 보살이 보리심 내는 것을 말하고, 바라밀행 닦음을 말하고, 모든
원을 말하고, 모든 지를 말하고, 여래께 공경하고 공양함을 말하고,
부처님의 국토를 장엄함을 말하고, 부처님들의 법을 말씀하신 차별을
말하는데 이렇게 모든 부처님 법을 말하는 소리를 들으니, 화창하고
분명하였다.

또 들으니, 어느 곳 아무 보살은 누구의 법문을 듣고 아무 선지식
의 지도로 보리심을 내었으며, 어느 겁에 어느 세계에서 아무 여래의
어느 대중에 있으면서, 아무 부처님의 이러한 공덕을 듣고는 이런 마
음을 내고 이런 원을 일으키고 이러하게 광대한 착한 뿌리를 심었으
며, 몇 겁을 지내면서 보살행을 닦다가 얼마나 오랜 뒤에 정각을 이
루어,

名號와 如是壽量과 如是國土의 具足莊嚴과 滿如是願과 化如是
衆과 如是聲聞菩薩衆會와 般涅槃後에 正法住世하야 經爾許劫토록
利益如是無量衆生하며 或聞某處에 有某菩薩이 布施持戒忍辱
精進禪定智慧로 修習如是諸波羅蜜하며 或聞某處에 有某菩薩이
爲求法故로 棄捨王位와 及諸珍寶와 妻子眷屬과 手足頭目의 一
切身分하야 皆無所悋하며 或聞某處에 有某菩薩이 守護如來의 所
說正法하야 爲大法師하야 廣行法施하야 建法幢하고 吹法螺하며 擊法
鼓하고 雨法雨하며 造佛塔廟하고 作佛形像하야 施諸衆生一切樂具하
며 或聞某處에 有某如來가 於某劫中에 成等正覺한 如是國土와
如是衆會와 如是壽命과 說如是法과 滿如是願과 敎化如是無量

이러한 이름 · 이러한 목숨 · 이러한 국토의 장엄을 구족함과 이러한
원을 이루며, 이러한 대중과 이러한 성문 · 보살을 교화하였으며, 열
반한 뒤에 바른 법이 세상에 머물러 있어 몇 겁을 지내면서 이러한
한량없는 중생을 이익케 하였다는 말을 들었다.

또 어느 곳에는 아무 보살이 있어서 보시 · 계율 · 인욕 · 정진 · 선
정 · 지혜로 이렇게 바라밀을 닦았다는 말을 듣고, 또 어느 곳에는 아
무 보살이 있는데, 법을 구하기 위하여 국왕의 지위와 모든 보배와
처자와 권속이며 손 · 발 · 머리 · 눈 모든 것을 아끼지 않는다는 말을
들었다. 또 어느 곳에는 아무 보살이 있어서 여래께서 말씀한 바른
법을 수호하여 큰 법사가 되었으며, 법보시를 널리 행하며 법당기를
세우고, 법소라를 불고, 법북을 치고, 법비를 내리며, 불탑을 조성하
고, 불상을 조성하며, 중생에게 여러 가지 즐거운 도구를 보시한다는
말을 들었다.

또 어느 곳에는 아무 여래가 아무 겁에 정등각을 이루었는데, 국토
는 이러하고 모인 대중은 이러하고 수명은 이러하였으며, 이런 법을
말하고 이런 원을 만족하고 이렇게 한량없는 중생을 교화하였다는 말

衆生하니라 善財童子가 聞如是等不可思議微妙法音하고 身心歡喜하야 柔軟悅澤하야 卽得無量諸總持門과 諸辯才門과 諸禪諸忍과 諸願諸度와 諸通諸明과 及諸解脫과 諸三昧門하며 又見一切諸寶鏡中種種形像하니 所謂或見諸佛衆會道場하며 或見菩薩衆會道場하며 或見聲聞衆會道場하며 或見緣覺衆會道場하며 或見淨世界하며 或見不淨世界하며 或見淨不淨世界하며 或見不淨淨世界하며 或見有佛世界하며 或見無佛世界하며 或見小世界하며 或見中世界하며 或見大世界하며 或見因陀羅網世界하며 或見覆世界하며 或見仰世界하며 或見平坦世界하며 或見地獄畜生餓鬼所住世界하며 或見天人充滿世界하야 於如是等諸世界中에 見有無數大菩薩

을 들었다.

선재동자는 이렇게 부사의하고 미묘한 법의 음성을 듣고, 몸과 마음이 환희하고 부드럽고 기뻐서 즉시 한량없는 다라니문과 변재문과 모든 선정·법·지혜·서원·바라밀·트임·밝음·해탈·삼매문을 얻었다.

또 보배 거울 가운데서 가지가지 형상을 보았으니, 이른바 부처님 대중이 모인 도량과, 보살 대중이 모인 도량과, 성문 대중이 모인 도량과, 연각 대중이 모인 도량을 보았으며,

또 깨끗한 세계·부정한 세계·깨끗하면서 부정한 세계·
부정하면서 깨끗한 세계·부처님 계신 세계·
부처님 안 계신 세계·작은 세계·중간 세계·큰 세계·
인드라망 세계·엎어진 세계·갖혀진 세계·
평탄한 세계를 보기도 하고,
지옥·아귀·축생이 사는 세계를 보기도 하고,
하늘과 사람이 충만한 세계를 보기도 하였다.

이러한 모든 세계에는 무수한 큰 보살들이 있는데,

衆이 或行或坐하야 作諸事業하며 或起大悲하야 憐愍衆生하며 或造
諸論하야 利益世間호대 或受或持하며 或書或誦하며 或問或答하야 三
時懺悔하야 廻向發願하며 又見一切諸寶柱中에 放摩尼王大光明
網호대 或靑或黃이며 或赤或白이며 或玻瓈色이요 或水精色이며 或帝
靑色이요 或虹蜺色이며 或閻浮檀金色이요 或作一切諸光明色하며
又見彼閻浮檀金童女와 及衆寶像이 或以其手로 而執華雲하며 或
執衣雲하며 或執幢旛하며 或執鬘蓋하며 或持種種塗香末香하며 或
持上妙摩尼寶網하며 或垂金鎖하며 或挂纓絡하며 或擧其臂하야 捧
莊嚴具하며 或低其首하야 垂摩尼冠하고 曲躬瞻仰하야 目不暫捨하며
又見彼眞珠纓絡이 常出香水하야 具八功德하며 瑠璃纓絡의 百千

다니기도 하고 앉기도 하여서 여러 가지 사업을 하며, 매우 가엾은
마음으로 중생을 딱하게 여기기도 하고, 논문을 지어 세간을 이익케
하기도 하고, 배우고 지니고 쓰고 외고 묻고 대답도 하면서 세 때로
참회하고 회향하여 원을 세우는 것을 보기도 하였다.

또 보니, 여러 보배 기둥에서 마니왕 큰 광명 그물을 놓는데, 푸르
고 누르고 붉고 희기도 하고, 또 파려빛·수정빛·제청빛·무지갯빛
·염부단금빛·모든 광명 빛이기도 하였다.

또 염부단금으로 만든 아가씨 형상과 여러 보배 형상이 있는데, 혹
은 손에 꽃 구름을 잡고, 혹은 옷 구름을 잡았으며, 당기·번기도 잡
고, 화만·일산도 잡고,
여러 가지 바르는 향·가루 향도 잡고, 가장 훌륭한 마니 보배 그물
도 잡고, 금 사슬을 드리우고 영락을 걸고, 팔을 들어 공양거리를 받
들기도 하고, 머리를 숙여 마니관을 드리기도 하며, 허리를 굽혀 우러
러보며 잠깐도 한눈팔지 않았다.

또 보니, 저 진주 영락에서 향수가 항상 흐르는데 여덟 가지 공덕
이 구족하고, 유리와 영락에서는 백천 가지

光明이 同時照耀하며 幢幡網蓋의 如是等物이 一切皆以衆寶莊嚴하며 又復見彼優鉢羅華와 波頭摩華와 拘物頭華와 芬陀利華가 各各生於無量諸華호대 或大一手하며 或長一肘하며 或復縱廣이 猶如車輪하야 一一華中에 皆悉示現種種色像으로 以爲嚴飾하니 所謂男色像과 女色像과 童男色像과 童女色像과 釋梵과 護世와 天龍과 夜叉와 乾闥婆와 阿脩羅와 迦樓羅와 緊那羅와 摩睺羅伽와 聲聞緣覺과 及諸菩薩의 如是一切衆生色像이 皆悉合掌하고 曲躬禮敬하며 亦見如來가 結跏趺坐하사 三十二相으로 莊嚴其身하며 又復見彼淨瑠璃地一一步間에 現不思議種種色像하니 所謂世界色像과 菩薩色像과 如來色像과 及諸樓閣莊嚴色像이며 又於寶樹枝葉華

광명이 동시에 비추며, 당기·번기·그물·일산 등을 모두 여러 보배로 장엄하였다.

또 보니, 우발라꽃·구물두꽃·분다리꽃에서는 각각 한량없는 꽃을 내는데, 어떤 것은 손바닥만 하고, 어떤 것은 팔뚝같이 길고, 가로세로가 차 바퀴 같기도 하며,

낱낱 꽃마다 가지가지 빛깔과 형상을 나타내어 장엄하였으니, 이른바 남자 빛깔 형상·여자 빛깔 형상·동남의 형상·동녀의 형상과 제석·범천·사천왕·하늘·용·야차·건달바·아수라·가루라·긴나라·마후라가·성문·연각·보살과 같은 모든 중생의 형상들이 모두 합장하고 허리 굽혀 경례하며,

또 여래께서 가부좌하셨는데 서른 두 가지의 거룩한 모습으로 장엄한 것을 보았다.

또 그 깨끗한 유리로 된 땅에서는 한 걸음 한 걸음, 사이사이마다 부사의한 가지가지 형상을 나타내니, 이른바 세계 형상·보살 형상·여래 형상·누각으로 장엄한 형상들이었다.

또 보배 나무에서는 가지·잎·꽃·열매마다

果一一事中에 悉見種種半身色像하니 所謂佛半身色像과 菩薩
半身色像과 天龍夜叉와 乃至護世와 轉輪聖王과 小王王子와 大
臣官長과 及以四衆의 半身色像이라 其諸色像이 或執華鬘하며 或
執瓔絡하며 或持一切諸莊嚴具하며 或有曲躬하야 合掌禮敬하고 一
心瞻仰하야 目不暫捨하며 或有讚歎하며 或入三昧하며 其身이 悉以
相好莊嚴하야 普放種種諸色光明하니 所謂金色光明과 銀色光明
과 珊瑚色光明과 兜沙羅色光明과 帝青色光明과 毘盧遮那寶色
光明과 一切衆寶色光明과 薝波迦華色光明이며 又見諸樓閣半
月像中에 出阿僧祇日月星宿種種光明하야 普照十方하며 又見諸
樓閣이 周廻四壁一一步內에 一切衆寶로 以爲莊嚴이어든 一一寶

가지가지 반신상을 보게 되니,

이른바 부처님 반신상·보살 반신상·하늘·용·야차와 내지 사천왕
·전륜왕·작은 왕·왕자·대신·관장과 사부대중의 반신상이며,

그 반신상들은 화만도 들고, 영락도 들고, 모든 장엄거리를 들기도 하
였으며, 어떤 것은 허리 굽혀 합장하고 예경하며,

일심으로 우러러보면서 한눈을 팔지 않기도 하고, 또 찬탄하기도 하
며 삼매에 들기도 하였다.

그 몸은 거룩한 모습으로 장엄하였고,

여러 가지 빛 광명을 놓으니 금빛 광명·은빛 광명·

산호빛 광명·도사라빛 광명·제청빛 광명·

비로자나 보배빛 광명·모든 보배빛 광명·

담파가빛 광명들이다.

또 여러 누각의 반달 형상에서 아승지 일월성신 광명들을 내어 시
방에 두루 비추는 것을 보았다.

또 여러 누각의 사방을 둘러싼 벽에는 한 걸음 한 걸음마다 모든
보배로 장엄하였고,

中에 皆現彌勒이 曩劫修行菩薩道時에 或施頭目하며 或施手足과
脣舌牙齒와 耳鼻血肉과 皮膚骨髓와 乃至爪髮하야 如是一切를 悉
皆能捨하며 妻妾男女와 城邑聚落과 國土王位를 隨其所須하야 盡
皆施與하며 處牢獄者는 令得出離하며 被繫縛者는 使其解脫하며 有
疾病者는 爲其救療하며 入邪徑者는 示其正道하며 或爲船師하야 令
渡大海하며 或爲馬王하야 救護惡難하며 或爲大仙하야 善說諸論하며
或爲輪王하야 勸修十善하며 或爲醫王하야 善療衆病하며 或孝順父
母하며 或親近善友하며 或作聲聞하며 或作緣覺하며 或作菩薩하며 或
作如來하야 敎化調伏一切衆生하며 或爲法師하야 奉行佛敎하며 受
持讀誦하야 如理思惟하며 立佛支提하고 作佛形像하야 若自供養이어

낱낱 보배에서는 미륵보살이 지난 옛적에 보살도를 수행하던 일을 나
타내는데,

혹 머리와 눈을 보시하고, 혹은 손·발·입술·혀·어금니·치아·
귀·코·피·살·가죽·뼈·골수도 보시하며, 내지 손톱·머리카락
등을 버리기도 하고, 아내·첩·아들·딸·도성·마을·국토·임금
의 지위를 달라는 대로 주기도 하며,

옥에 갇힌 이는 나오게 하고, 결박된 이는 풀리게 하고, 병난 이는 치
료하여 주고, 길을 잘못 든 이에게는 바른 길을 가리켜 주었다.

혹은 뱃사공이 되어 바다를 건네주고, 혹은 말이 되어 어려운 일을
구하여 주며, 신선이 되어 경론을 말하고, 전륜왕이 되어 열 가지 착
한 일을 권하고, 의사가 되어 병을 치료하기도 하며, 부모에게 효도하
고 선지식을 친근하며,

성문도 되고 연각도 되고 보살도 되고 여래도 되어 모든 중생을 교화
하고 조복하며, 혹은 법사가 되어 부처님 교법을 받들어 행하고, 배우
고 읽고 외고 이치를 생각하며, 불탑〔佛支提〕을 쌓고 불상〔佛形像〕을
조성하여 자기도 공양하고,

나 若勸於他에 塗香散華로 恭敬禮拜한 如是等事가 相續不絶하며 或見坐於師子之座하사 廣演說法하사 勸諸衆生하야 安住十善하야 一心歸向佛法僧寶하며 受持五戒와 及八齋戒하고 出家聽法하야 受持讀誦하야 如理脩行하며 乃至見於彌勒菩薩이 百千億那由他阿僧祇劫에 脩行諸度한 一切色像하며 又見彌勒의 曾所承事諸善知識이 悉以一切功德莊嚴하며 亦見彌勒이 在彼一一善知識所하사 親近供養하야 受行其教하며 乃至住於灌頂之地러니 時諸知識이 告善財言하사대 善來童子여 汝觀此菩薩의 不思議事하고 莫生疲厭하라 하니라 爾時에 善財童子가 得不忘失憶念力故며 得見十方淸淨眼故며 得善觀察無礙智故며 得諸菩薩의 自在智故며 得諸菩薩의

다른 이를 시켜서 향을 바르고 꽃을 흩고 공경하고 예배하는 이런 일들이 계속되었다. 혹은 사자좌에 앉아 법을 연설하며 중생들을 권하여 열 가지 착한 일에 머물게 하고, 한결같은 마음으로 불·법·승 삼보에 귀의하여 다섯 가지 계율과 여덟 가지 재계를 받아 지니게 하며, 출가하여 법을 듣고는 배우고 읽고 외며 이치대로 수행함을 보며, 내지 미륵보살이 백천억 나유타 아승지 겁 동안에 모든 바라밀을 수행하는 여러 가지 모양을 보기도 하였다.

또 미륵보살의 예전에 섬기던 선지식들이 모든 공덕으로 장엄함을 보았으며, 또 미륵보살이 저 여러 선지식들을 가까이하여 공양하며, 그의 가르침을 받아 행하며 내지 정수리에 물 붓는 지위에 머물러 있거든 그때 선지식들이 선재에게 말하기를 '잘 오도다. 동자여, 너는 이 보살의 부사의한 일을 보고 고달픈 마음을 내지 말라.' 하는 것을 보았다.

이때 선재동자는 잊지 않는 기억력을 얻은 연고며, 시방을 보는 청정한 눈을 얻은 연고며, 잘 관찰하는 걸림 없는 지혜를 얻은 연고며, 보살들의 자재한 지혜를 얻은 연고며, 보살들이 지혜의 지위에

已入智地廣大解故로 於一切樓閣一一物中에 悉見如是와 及餘
無量不可思議自在境界와 諸莊嚴事하니 譬如有人이 於睡夢中에
見種種物하나니 所謂城邑聚落과 宮殿園苑과 山林河池와 衣服飮
食과 乃至一切資生之具며 或見自身의 父母兄弟와 內外親屬하며
或見大海須彌山王과 乃至一切諸天宮殿과 閻浮提等四天下事
하며 或見其身의 形量廣大가 百千由旬이어든 房舍衣服이 悉皆相稱
하고 謂於晝日에 經無量時토록 不眠不寢하야 受諸安樂이라가 從睡覺
已코사 乃知是夢하고 而能明記所見之事인달하야 善財童子도 亦復如
是하야 以彌勒菩薩의 力所持故며 知三界法이 皆如夢故며 滅諸衆
生의 狹劣想故며 得無障礙廣大解故며 住諸菩薩의 勝境界故며

들어간 광대한 지혜를 얻은 연고로 여러 누각의 낱낱 물건 속에서
이러함과 한량없고 부사의하고 자재한 경계와 여러 가지 장엄한 일
을 보았다.

마치 사람이 꿈꾸면서 여러 가지 물건을 보는 것 같나니, 이른바
도시나 마을이나 궁전·공원·산·숲·강·못·의복·음식과 내지
온갖 살림살이 도구를 보기도 하고, 제 몸과 부모와 형제와 안팎 친
척을 보기도 하고, 바다와 수미산과 하늘의 궁전들과 염부제의 사천
하 일을 보기도 하고, 그 몸의 키가 커서 백천 유순이 되어도 집과 의
복이 모두 알맞고, 또 낮에 오랜 세월을 지내면서 눕지도 않고 자지
않아도 안락함을 느끼고, 깨어나서는 꿈인 줄 알지마는 보던 일을 분
명하게 기억하였다.

선재동자도 그와 같아서 미륵보살의 힘으로 가피한 연고며,
삼계의 법이 모두 꿈과 같음을 아는 연고며,
중생들의 좁은 생각을 없앤 연고며,
장애 없이 광대한 지혜를 얻은 연고며,
보살들의 훌륭한 경지에 머무는 연고며,

入不思議方便智故로 能見如是自在境界니라 譬如有人이 將欲
命終에 見隨其業所受報相호대 行惡業者는 見於地獄畜生餓鬼의
所有一切衆苦境界하며 或見獄卒이 手持兵仗하고 或瞋或罵하야 囚
執將去하며 亦聞號叫悲歎之聲하며 或見灰河하며 或見鑊湯하며 或
見刀山하며 或見劍樹하야 種種逼迫으로 受諸苦惱하고 作善業者는
卽見一切諸天宮殿과 無量天衆과 天諸婇女와 種種衣服과 具足
莊嚴과 宮殿園林이 盡皆妙好하나니 身雖未死나 而由業力하야 見如
是事인달하야 善財童子도 亦復如是하야 以菩薩業不思議力으로 得見
一切莊嚴境界니라 譬如有人이 爲鬼所持에 見種種事하고 隨其所
問하야 悉皆能答인달하야 善財童子도 亦復如是하야 菩薩智慧之所持

부사의한 방편 지혜에 들어간 연고로 이렇게 자유자재한 경계를 보
았다.

마치 어떤 사람이 죽으려 할 적에는 지은 업을 따라서 과보 받을
것을 보나니, 나쁜 업을 지은 이는 지옥·아귀·축생들이 받는 괴로
운 경계를 보는데, 옥졸이 손에 병장기를 들고 성내고 꾸짖고 가두고
잡아가는 것을 보기도 하고, 부르짖고 슬피 탄식하는 소리를 듣기도
하고, 잿물 강을 보기도 하고, 끓는 가마를 보기도 하고, 칼산을 보기
도 하고, 검으로 된 나무를 보기도 하여, 여러 가지 핍박으로 갖은 고
통을 받고, 착한 업을 지은 이는 모든 하늘의 궁전과 한량없는 하늘
대중과 하늘의 채녀들이 가지가지 의복으로 장엄한 것과 궁전과 동산
과 숲이 아름답고 묘한 것을 보나니, 아직 죽지는 않았으나 업의 힘
으로 이런 것을 보았다.

선재동자도 그와 같아서, 보살의 업의 부사의한 힘으로 모든 장엄
한 경계를 보게 되었다.

마치 어떤 사람이 귀신에게 잡히면 여러 가지 일을 보기도 하고 묻
는 대로 대답하나니, 선재동자도 그와 같아서 보살의 지혜로 가지하

故로 見彼一切諸莊嚴事하고 若有問者면 靡不能答이니라 譬如有人이 爲龍所持에 自謂是龍하야 入於龍宮하야 於少時間에 自謂已經日月年載인달하야 善財童子도 亦復如是하야 以住菩薩의 智慧想故며 彌勒菩薩의 所加持故로 於少時間에 謂無量劫이니라 譬如梵宮이 名莊嚴藏이니 於中에 悉見三千世界호대 一切諸物이 不相雜亂인달하야 善財童子도 亦復如是하야 於樓閣中에 普見一切莊嚴境界호대 種種差別이 不相雜亂이니라 譬如比丘구 入徧處定에 若行若住와 若坐若臥에 隨所入定하야 境界現前인달하야 善財童子도 亦復如是하야 入於樓閣하야 一切境界를 悉皆明了니라 譬如有人이 於虛空中에 見乾闥婆城의 具足莊嚴하고 悉分別知하야 無有障礙하며 譬如夜叉

였으므로 저렇게 여러 가지 장엄한 일을 보기도 하고, 묻는 이가 있으면 모두 대답하였다.

마치 사람이 용에게 잡히면 스스로 용이라 하며 용궁에 들어가서 잠깐 동안에 몇 해 몇 달을 지낸 줄 아나니, 선재동자도 그와 같아서 보살의 지혜에 머물렀다는 생각과 미륵보살의 가지한 바로 잠깐 동안에 한량없는 겁을 지냈다 하였다.

마치 범천 궁전의 이름을 장엄장이라 부르거든, 그 속에서는 삼천세계의 모든 물건을 보되 서로 잡란하지 않나니, 선재동자도 그와 같아서 이 누각에서 여러 가지 장엄한 경계가 가지가지로 차별함을 보지만 서로 잡란하지 않았다.

마치 비구가 열 가지 온갖 곳에 두루하는 선정에 들어가면, 가거나 서거나 앉거나 눕거나 들어가는 선정을 따라 경계가 앞에 나타나나니, 선재동자도 그와 같아서 누각에 들어가면 모든 경계를 분명히 알았다.

마치 사람이 공중에서 건달바성을 보면, 가지가지 장엄을 모두 분별하여 알고 걸림이 없으며, 또 야차의

宮殿이 與人宮殿으로 同在一處호대 而不相雜하야 各隨其業하야 所
見不同하며 譬如大海가 於中에 悉見三千世界一切色像하며 譬如
幻師가 以幻力故로 現諸幻事하야 種種作業인달하야 善財童子도 亦
復如是하야 以彌勒菩薩의 威神力故며 及不思議幻智力故며 能以
幻智로 知諸法故며 得諸菩薩의 自在力故로 見樓閣中一切莊嚴
自在境界니라
爾時에 彌勒菩薩摩訶薩이 卽攝神力하시고 入樓閣中하사 彈指作聲
하야 告善財言하사대 善男子야 起하라 法性이 如是하니 此是菩薩의 知
諸法智로 因緣聚集所現之相이라 如是自性이 如幻如夢하며 如影
如像하야 悉不成就니라 爾時에 善財가 聞彈指聲하고 從三昧起어늘

궁전이 인간의 궁전과 한 곳에 함께 있어도 서로 섞이지 않고 제각기
업을 따라 보는 것이 같지 않으며, 또 바닷속에서 삼천세계의 모든
빛깔과 형상을 모두 보며, 또 요술쟁이는 환술의 힘으로 여러 가지
환술을 짓는 것과 같았다.

선재동자도 그와 같아서, 미륵보살의 신통한 힘과 부사의한 환술
같은 지혜의 힘과 환술 같은 지혜로 모든 법을 아는 연고와 보살들의
자재한 힘을 얻은 연고로 이 누각 속에서 여러 가지 장엄과 자재한
경계를 보았다.

그때 미륵보살마하살이
신통한 힘을 거두시고 누각으로 들어가 손가락을 퉁겨 소리를 내고,
선재에게 말하였다.

"착한 남자여, 일어나라. 법의 성품이 이러한 것이니, 이는 보살의
모든 법을 아는 지혜의 인연이 모여서 나타나는 현상이니라. 이러한
성품이 환술 같고, 꿈같고 그림자 같고, 영상 같아서 모두 성취하지
못하느니라."

이때 선재동자는 손가락 퉁기는 소리를 듣고 삼매에서 일어났다.

彌勒이 告言하사대 善男子야 汝住菩薩의 不可思議自在解脫하야 受
諸菩薩의 三昧喜樂하야 能見菩薩의 神力所持와 助道所流와 願智
所現인 種種上妙莊嚴宮殿하며 見菩薩行하며 聞菩薩法하며 知菩薩
德하며 了如來願가 善財가 白言호대 唯然聖者하 是善知識의 加被
憶念威神之力이니이다 聖者하 此解脫門이 其名何等이니잇고 彌勒이
告言하사대 善男子야 此解脫門이 名入三世一切境界不忘念智莊
嚴藏이니라 善男子야 此解脫門中에 有不可說不可說解脫門하니 一
生菩薩之所能得이니라
善財가 問言호대 此莊嚴事가 何處去耶니잇고 彌勒이 答言하사대 於來
處去니라 曰從何處來니잇고 曰從菩薩智慧神力中來며 依菩薩智

미륵보살이, "착한 남자여, 그대가 보살의 부사의하게 자재한 해탈
에 머물러 보살들의 삼매희락을 받았으므로 보살의 신통한 힘으로 가
지하고, 도를 돕는 데서 흘러나오고 원과 지혜로 나타난 여러 가지 훌
륭하게 장엄한 궁전을 보았으며, 보살의 행을 보고 보살의 법을 듣고,
보살의 덕을 알고 여래의 원을 마치었느니라."하고 말하였다.

선재동자가 묻기를, "그러하옵니다. 거룩하신이여, 이는 선지식의
가피하시고 생각해주신 위덕과 신통의 힘입니다. 거룩하신이여, 이
해탈문의 이름은 무엇입니까?"하니 미륵보살이 말하였다.

"착한 남자여, 이 해탈문의 이름은 삼세의 모든 경계에 들어가서
잊지 않고 기억하는 지혜로 장엄한 창고이니라. 착한 남자여, 이 해탈
문 가운데 말할 수 없이 말할 수 없는 해탈문이 있으니, 일생보처 보
살이라야 얻는 것이니라."

선재동자가 "이 장엄하였던 것이 어디 갔나이까?"하고 물었다.

미륵보살이 "왔던 데로 갔느니라."라고 답하였다.

"어디서 왔었나이까?"

"보살의 지혜의 신통한 힘으로부터 와서 보살의 지혜의 신통한 힘

慧神力而住나 無有去處하며 亦無住處하야 非集非常이라 遠離一切
니라 善男子야 如龍王이 降雨에 不從身出하며 不從心出하야 無有積
集이로대 而非不見이라 但以龍王의 心念力故로 霈然洪霔하야 周徧
天下하나니 如是境界가 不可思議인달하야 善男子야 彼莊嚴事도 亦復
如是하야 不住於內하며 亦不住外로대 而非不見이니 但由菩薩威神
之力과 汝善根力하야 見如是事니라 善男子야 譬如幻師가 作諸幻
事에 無所從來며 無所至去라 雖無來去나 以幻力故로 分明可見인
달하야 彼莊嚴事도 亦復如是하야 無所從來며 亦無所去라 雖無來去
나 然以慣習不可思議幻智力故며 及由往昔大願力故로 如是顯
現이니라 善財童子가 言호대 大聖은 從何處來니잇고 彌勒이 言하사대 善

을 의지하여 머무른 것이며, 간 곳도 없고 머무른 곳도 없고 모인 것
도 아니고 항상한 것도 아니어서 모든 것을 멀리 여의었느니라.

착한 남자여, 용왕의 비를 내리는 것이 몸에서 나오는 것도 아니고
마음에서 나오는 것도 아니고 모으는 일도 없지만 보지 못하는 것도
아니니, 다만 용왕의 마음에 생각하는 힘으로 비가 줄줄 내려서 천하
에 두루하는 것이며 이런 경계는 헤아릴 수 없느니라. 착한 남자여,
저 장엄하는 일도 그와 같아서 안에 머무는 것도 아니고 밖에 머무는
것도 아니지만 보지 못하는 것이 아니니, 다만 보살의 위덕과 신통의
힘과 그대의 착한 뿌리의 힘으로 그런 일을 보는 것이니라. 착한 남자
여, 마치 요술쟁이가 환술을 만들 적에 오는 데도 없고 가는 데도 없
어 오고 가는 일이 없지만 요술의 힘으로 분명하게 보는 것이니, 저
장엄하는 일도 그와 같아서, 오는 데도 없고 가는 데도 없어 오고 가
는 일이 없지만 습관으로 부사의한 환술 같은 지혜의 힘과 지난 옛적
에 세운 큰 서원의 힘으로 이렇게 나타나느니라."

선재동자가 말하기를, "성인께서는 어디서 오셨나이까?" 하였다.
미륵보살이 대답하였다.

男子야 諸菩薩이 無來無去라 如是而來며 無行無住라 如是而來며 無處無着하며 不沒不生하며 不住不遷하며 不動不起하며 無戀無着하며 無業無報하며 無起無滅하며 不斷不常이라 如是而來니라

善男子야 菩薩이 從大悲處來니 爲欲調伏諸衆生故며 從大慈處來니 爲欲救護諸衆生故며 從淨界處來니 隨其所樂하야 而受生故며 從大願處來니 往昔願力之所持故며 從神通處來니 於一切處에 隨樂現故며 從無動搖處來니 恒不捨離一切佛故며 從無取捨處來니 不役身心하야 使往來故며 從智慧方便處來니 隨順一切諸衆生故며 從示現變化處來니 猶如影像하야 而化現故니라 然이나

善男子야 汝問於我從何處來者는 善男子야 我從生處摩羅提國

"착한 남자여, 보살들은 오는 일도 없고 가는 일도 없이 그렇게 오느니라. 다니는 일도 없고 머무는 일도 없이 그렇게 오느니라. 처소도 없고 집착도 없고 없어지지도 않고 나지도 않고 머물지도 않고 옮기지도 않고 동하지도 않고 일어나지도 않고 연연함도 없고 애착함도 없고 업도 없고 과보도 없고 생기지도 않고 멸하지도 않고 아주 없지도 않고 항상 하지도 아니하여 그렇게 오느니라. 착한 남자여, 보살은 크게 가엾이 여기는 곳에서 오나니, 중생들을 조복하려는 연고라. 크게 인자한 곳에서 오나니, 중생들을 구호하려는 연고라. 깨끗한 곳에서 오나니, 좋아함을 따라서 태어나는 연고라. 크게 서원한 곳에서 오나니, 옛날의 서원한 힘으로 유지하는 연고라. 신통한 곳에서 오나니, 모든 곳에 좋아하는 대로 나타나는 연고라. 동요함이 없는 데서 오나니, 모든 부처님을 항상 떠나지 않는 연고라. 가지고 버림이 없는 데서 오나니, 몸과 마음을 시켜서 가고 오지 않는 연고라. 지혜와 방편인 데서 오나니, 모든 중생을 따라 주는 연고라. 변화를 나타내는 데서 오나니, 영상처럼 화하여 나타나는 연고라. 그러나 착한 남자여, 그대가 내게 묻기를 어디서 왔느냐 하였으니, 착한 남자여, 나는 태어난 곳인 마라제국으로부

하야 而來於此호라 善男子야 彼有聚落하니 名爲房舍요 有長者子하니 名瞿波羅니 爲化其人하야 令入佛法하야 而住於彼며 又爲生處一切人民하야 隨所應化하야 而爲說法하며 亦爲父母와 及諸眷屬婆羅門等하야 演說大乘하야 令其趣入일새 故住於彼라가 而從彼來호라 善財童子가 言호대 聖者하 何者가 是菩薩生處니잇고 答言하사대 善男子야 菩薩이 有十種生處하니 何者가 爲十고 善男子야 菩提心이 是菩薩生處니 生菩薩家故며 深心이 是菩薩生處니 生善知識家故며 諸地가 是菩薩生處니 生波羅蜜家故며 大願이 是菩薩生處니 生妙行家故며 大悲가 是菩薩生處니 生四攝家故며 如理觀察이 是菩薩生處니 生般若波羅蜜家故며 大乘이 是菩薩生處니 生方便

터 여기 왔느니라. 착한 남자여, 그곳에 방사라는 마을이 있고, 거기 장자가 있으니 이름이 구파라니라. 그 사람을 교화하여 불법에 들어오게 하느라고 거기 있었으며, 또 태어난 곳에 있는 사람들로서 교화를 받을 이들에게 법을 말하고 또 부모와 권속들과 바라문들에게 대승을 연설하여 들어가게 하느라고 저기 있다가 여기 왔느니라."

선재동자가 "거룩하신이여, 어떤 곳이 보살의 태어난 곳입니까?"하고 묻자 미륵보살이 대답하였다.

"착한 남자여,

보살이 열 가지 태어나는 곳이 있느니라. 무엇이 열인가? 착한 남자여, 보리심이 보살의 나는 곳이니, 보살의 집에 나는 연고라. 깊은 마음이 보살의 나는 곳이니, 선지식의 집에 나는 연고라. 모든 지위가 보살의 나는 곳이니, 바라밀 집에 나는 연고라. 큰 원이 보살의 나는 곳이니, 묘한 행의 집에 나는 연고라. 크게 가엾이 여김이 보살의 나는 곳이니, 네 가지 거두어 주는 집에 나는 연고라. 이치대로 관찰함이 보살의 나는 곳이니, 반야바라밀 집에 나는 연고라. 대승이 보살의 나는 곳이니,

善巧家故며 敎化衆生이 是菩薩生處니 生佛家故며 智慧方便이
是菩薩生處니 生無生法忍家故며 脩行一切法이 是菩薩生處니
生過現未來一切如來家故니라 善男子야 菩薩摩訶薩이 以般若
波羅蜜로 爲母하며 方便善巧로 爲父하며 檀波羅蜜로 爲乳母하며 尸
波羅蜜로 爲養母하며 忍波羅蜜로 爲莊嚴具하며 勤波羅蜜로 爲養
育者하며 禪波羅蜜로 爲浣濯人하며 善知識으로 爲敎授師하며 一切
菩提分으로 爲伴侶하며 一切善法으로 爲眷屬하며 一切菩薩로 爲兄
弟하며 菩提心으로 爲家하며 如理脩行으로 爲家法하며 諸地로 爲家處
하며 諸忍으로 爲家族하며 大願으로 爲家敎하며 滿足諸行으로 爲順家
法하며 勸發大乘으로 爲紹家業하며 法水灌頂一生所繫菩薩로 爲王

방편이 교묘한 집에 나는 연고라.

중생을 교화함이 보살의 나는 곳이니, 부처님 가문에 나는 연고라.
지혜와 방편이 보살의 나는 곳이니, 생사 없는 법의 지혜의 집에 나
는 연고라. 모든 법을 수행함이 보살의 나는 곳이니, 과거·현재·미
래의 모든 여래의 가문에 나는 연고라.

착한 남자여, 보살마하살은 반야바라밀로 어머니를 삼고, 교묘한
방편으로 아버지를 삼고, 단바라밀은 유모가 되고, 지계바라밀은 양
모가 되고, 인욕바라밀은 장엄거리가 되고, 정진바라밀은 양육하는
이가 되고, 선정바라밀은 빨래하는 사람이 되고,
선지식은 가르치는 스승이 되고, 여러 보리의 부분은 동무가 되고, 모
든 착한 법은 권속이 되고, 모든 보살은 형제가 되고, 보리심은 집이
요, 이치대로 수행함은 집안 법도요, 모든 지위는 집이 있는 곳이요,
모든 지혜는 가족이요, 큰 서원은 집안 교법이요, 모든 행을 만족함은
집안의 법도를 순종함이요,
대승심을 내도록 권함은 가업을 이음이요, 법물을 정수리에 부어 일
생보처가 되는

太子하며 成就菩提로 爲能淨家族이니라

善男子야 菩薩이 如是超凡夫地하야 入菩薩位하며 生如來家하야 住佛種性하며 能脩諸行하야 不斷三寶하며 善能守護菩薩種族하야 淨菩薩種하며 生處尊勝하야 無諸過惡하야 一切世間天人魔梵沙門婆羅門이 恭敬讚歎이니라 善男子야 菩薩摩訶薩이 生於如是尊勝家已에 知一切法이니 如影像故로 於諸世間에 無所惡賤하며 知一切法이 如變化故로 於諸有趣에 無所染着하며 知一切法이 無有我故로 敎化衆生호대 心無疲厭하며 以大慈悲로 爲體性故로 攝受衆生호대 不覺勞苦하며 了達生死가 猶如夢故로 經一切劫호대 而無怖畏하며 了知諸蘊이 皆如幻故로 示現受生호대 而無疲厭하며 知諸界

보살은 왕의 태자요, 깨달음을 성취함은 가족을 깨끗이 함이니라.

착한 남자여, 보살은 이렇게 범부에서 뛰어나 보살의 지위에 들며, 여래의 가문에 나서 부처님의 종자에 머물며, 모든 행을 닦아서 삼보를 끊이지 않게 하고, 보살의 종족을 잘 수호하여 보살의 종자를 깨끗이 하며, 태어난 곳이 높아서 허물이 없으므로 모든 세간의 하늘·사람·마·범천·사문·바라문들이 공경하고 찬탄하느니라.

착한 남자여,

보살마하살이 이렇게 훌륭한 집에 태어나서 모든 법이 영상과 같음을 알므로 세간에 싫어함이 없고, 모든 법이 변화함과 같음을 알므로 모든 존재의 길에 물들지 않고,

모든 법이 나가 없음을 알므로 중생을 교화하는 마음에 고달프지 않고, 대자대비 자체를 삼는 연고로 중생을 거두어 주는 데 괴로움을 느끼지 않으며,

나고 죽음이 꿈과 같음을 아는 연고로 모든 겁을 지내어도 두려움이 없으며, 모든 쌓임이 환술 같음을 아는 연고로 일부러 태어나도 고달프지 않으며,

處가 同法界故로 於諸境界에 無所壞滅하며 知一切想이 如陽焰故로 入於諸趣호대 不生倒惑하며 達一切法이 皆如幻故로 入魔境界호대 不起染着하며 知法身故로 一切煩惱가 不能欺誑하며 得自在故로 於一切趣에 通達無礙니라 善男子야 我身이 普生一切法界호대 等一切衆生의 差別色相하며 等一切衆生의 殊異言音하며 等一切衆生의 種種名號하며 等一切衆生의 所樂威儀하야 隨順世間하야 教化調伏하며 等一切淸淨衆生의 示現受生하며 等一切凡夫衆生의 所作事業하며 等一切衆生想하며 等一切菩薩願하야 而現其身하야 充滿法界호라 善男子야 我爲化度與我往昔에 同脩諸行이라가 今時退失菩提心者하며 亦爲教化父母親屬하며 亦爲教化諸婆羅門하야

십팔계와 십이처가 법계와 같음을 아는 연고로 모든 경계에 괴멸될 것이 없으며, 모든 생각이 아지랑이 같음을 아는 연고로 모든 길에 들어가도 의혹하지 않으며, 모든 법이 환술 같음을 아는 연고로 마의 경계에 들어가도 물드는 생각을 내지 않으며, 법의 몸을 아는 연고로 모든 번뇌에 속지 않으며, 자유자재함을 얻은 연고로 모든 길에 통달하여 걸림이 없느니라.

착한 남자여,

나의 몸은 모든 법계에 두루 나므로 모든 중생의 차별한 형상과 같고, 모든 중생의 가지가지 음성과 같고, 모든 중생의 가지가지 이름과 같고, 모든 중생의 좋아하는 거동과 같아서 세간을 따라 교화·조복하고, 모든 청정한 중생의 일부러 태어남과 같고, 모든 범부 중생의 짓는 사업과 같고, 모든 중생의 생각과 같고, 모든 보살의 서원과 같아서 몸을 나타내어 법계에 가득하느니라.

착한 남자여, 나는 옛적에 나와 함께 수행하다가 지금은 보리심에서 퇴타한 이를 제도하고, 또 부모와 권속들을 교화하고, 또 여러 바라문을 교화하여

令其離於種族驕慢하고 得生如來種性之中하야 而生於此閻浮提
界摩羅提國拘吒聚落婆羅門家호라 善男子야 我住於此大樓閣
中하야 隨諸衆生心之所樂하야 種種方便으로 敎化調伏호라 善男子야
我爲隨順衆生心故며 我爲成熟兜率天中同行天故며 我爲示現
菩薩의 福智變化莊嚴이 超過一切諸欲界故며 令其捨離諸欲樂
故며 令知有爲가 皆無常故며 令知諸天이 盛必衰故며 爲欲示現
將降生時에 大智法門을 與一生菩薩로 共談論故며 爲欲攝化諸
同行故며 爲欲敎化釋迦如來의 所遣來者하야 令如蓮華悉開悟
故로 於此命終하야 生兜率天호라 善男子야 我願이 滿足하야 成一切
智하야 得菩提時에 汝及文殊가 俱得見我하리라 善男子야 汝當往詣

종족에 대한 교만을 여의고, 여래의 종족 중에 나게 하려고 이 염부
제의 마라제국 구타 마을 바라문의 집에 태어났느니라.

착한 남자여, 나는 이 큰 누각에 있으면서 중생들의 좋아함을 따라
여러 가지 방편으로 교화하고 조복하느니라.

착한 남자여, 나는 중생들의 마음을 따라 주기 위하여, 나는 도솔천
에서 함께 수행하던 하늘을 성숙케 하기 위하여, 나는 보살의 복과
지혜와 변화와 장엄이 모든 욕계보다 뛰어남을 보이기 위하여, 그들
로 하여금 모든 욕락을 버리게 하기 위하여, 함이 있는 법이 무상함
을 알게 하기 위하여, 모든 천인들도 성하면 반드시 쇠함을 알게 하
기 위하여, 장차 내려올 적에 큰 지혜의 법문을 일생보처 보살과 함
께 토론하기 위하여, 같이 수행하는 이를 거두어 교화하기 위하여, 석
가 여래께서 보내시는 이를 교화하여 연꽃처럼 깨닫게 하기 위하여
여기서 목숨을 마치고는 도솔천에 태어나느니라.

착한 남자여, 내 서원이 만족하고 온갖 지혜를 이루어 보리를 얻을
때에는 그대가 문수보살과 함께 나를 보게 되리라.

착한 남자여,

文殊師利善知識所하야 而問之言호대 菩薩이 云何學菩薩行이며 云
何而入普賢行門이며 云何成就며 云何廣大며 云何隨順이며 云何
淸淨이며 云何圓滿이리잇고하라 善男子야 彼當爲汝하야 分別演說하리라
何以故오 文殊師利의 所有大願은 非餘無量百千億那由他菩薩
之所能有니라 善男子야 文殊師利童子는 其行廣大하며 其願無邊하
야 出生一切菩薩功德하야 無有休息이니라 善男子야 文殊師利는 常
爲無量百千億那由他諸佛母하며 常爲無量百千億那由他菩薩
師하며 敎化成就一切衆生하며 名稱普聞十方世界하며 常於一切
諸佛衆中에 爲說法師하며 一切如來之所讚歎이며 住甚深智하야 能
如實見一切諸法하며 通達一切解脫境界하며 究竟普賢所行諸行

그대는 문수사리 선지식에게 가서 '보살이 어떻게 보살행을 배우
며, 어떻게 보현의 수행하는 문에 들어가며, 어떻게 성취하며, 어떻게
광대하게 하며, 어떻게 따르며, 어떻게 청정하게 하며, 어떻게 원만케
하는가?' 하고 물어라. 착한 남자여, 그는 그대에게 분별하여 연설하
리라.

무슨 까닭인가? 문수사리의 가진 서원을 다른 한량없는 백천억 나
유타 보살은 가지지 못하였느니라. 착한 남자여, 문수사리 동자는 그
수행이 광대하고 그 서원이 그지없어서 모든 보살의 공덕 내기를 쉬
지 아니하느니라.

착한 남자여,

문수사리는 항상 한량없는 백천억 나유타 부처님의 어머니가 되며,
한량없는 백천억 나유타 보살의 스승이 되며, 모든 중생을 교화하고
성취하여 시방 세계에 소문이 났으며, 모든 부처님의 대중 가운데서
법을 연설하는 법사가 되어 모든 여래의 찬탄하는 바며, 깊은 지혜에
머물러 있어 모든 법을 사실대로 보고, 모든 해탈의 경계를 통달하고,
보현의 행하는 행을 끝까지 마치었느니라.

이니라 善男子야 文殊師利童子는 是汝善知識이니 令汝得生如來家하며 長養一切諸善根하며 發起一切助道法하며 値遇眞實善知識하며 令汝脩一切功德하며 入一切願網하며 住一切大願하며 爲汝說一切菩薩秘密法하며 現一切菩薩難思行하며 與汝往昔에 同生同行이니라 是故로 善男子야 汝應往詣文殊之所요 莫生疲厭이어다 文殊師利가 當爲汝說一切功德하리라 何以故요 汝先所見諸善知識에 聞菩薩行하고 入解脫門하야 滿足大願이 皆是文殊威神之力이니 文殊師利가 於一切處에 咸得究竟이시니라

時에 善財童子가 頂禮其足하며 遶無量帀하며 殷勤瞻仰하고 辭退而去하니라

착한 남자여,

문수사리 동자는 그대의 선지식이니, 그대로 하여금 여래의 가문에 나게 하였고, 모든 착한 뿌리를 자라게 하였고, 모든 도를 돕는 법을 일으키게 하였고 진실한 선지식을 만나게 하였으며, 그대로 하여금 모든 공덕을 닦게 하고 모든 서원의 그물에 들어가게 하고, 모든 원에 머물게 하며, 그대를 위하여 모든 보살의 비밀한 법을 말하고 모든 보살의 부사의한 행을 나타내었으며, 그대와 더불어 옛적에 함께 나고 함께 행하였느니라.

그러므로 착한 남자여,

그대는 마땅히 문수사리에게 가야 하나니, 고달픈 생각을 내지 말라. 문수사리는 그대에게 모든 공덕을 말하리니, 왜냐하면 그대가 먼저 선지식을 만나고, 보살의 행을 듣고 해탈문에 들어가고, 큰 원을 만족한 것은 모두 문수사리의 위덕과 신통의 힘이니라. 문수사리는 모든 곳에서 구경까지 얻게 하느니라.”

그때 선재동자는 그의 발에 엎드려 절하고 수없이 돌고 은근하게 앙모하면서 하직하고 물러갔다.

爾時에 善財童子가 依彌勒菩薩摩訶薩教하야 漸次而行하야 經遊一百一十餘城已코 到普門國蘇摩那城하야 住其門所하야 思惟文殊師利하야 隨順觀察하며 周旋求覓하야 希欲奉覲한대 爾時에 文殊師利 遙伸右手하사 過一百一十由旬하야 摩善財頂하시고 作如是言하사대 善哉善哉라 善男子여 若離信根이런들 心劣憂悔하며 功行不具하며 退失精勤하며 於一善根에 心生住着하며 於少功德에 便以爲足하며 不能善巧로 發起行願하며 不爲善知識之所攝護하며 不爲如來之所憶念하며 不能了知如是法性과 如是理趣와 如是法門과 如是所行과 如是境界하며 若周徧知와 若種種知와 若盡源底와 若解了와 若趣入과 若解說과 若分別과 若證知와 若獲得을 皆悉不能일러니

이때 선재동자는 미륵보살마하살이 가르쳐 주신 대로 점점 나아가 일백 일십 여성을 지나서 보문국의 소마나성에 이르러서, 문에 머물러 있으면서 문수사리를 생각하고 따라 관찰하고 두루 찾으며 뵈옵기를 희망하였다.

이때 '문수사리'는 멀리서 오른손을 펴서 일백 일십 유순을 지나와서 선재동자의 정수리를 만지면서 말하였다.

"착하고 착하다.

착한 남자여, 만일 믿는 뿌리를 여의었던들 마음이 용렬하고 후회하여 공 닦는 행을 갖추지 못하고 정근에서 퇴타하여 한 착한 뿌리에도 집착하고 조그만 공덕에도 만족하다 하여 교묘하게 행과 원을 일으키지 못하며, 선지식의 거두어 주고 보호함도 받지 못하며, 여래의 생각하심도 되지 못했을 것이며,

이러한 법의 성품·이러한 이치·이러한 법문·이러한 수행·이러한 경계를 알지 못하고 두루 앎과 가지가지 앎과 근원까지 지극함과 분명하게 이해함과 들어감과 해탈함과 분별함과 증득함과 얻는 것을 모두 할 수 없었으리라."

라하사 是時에 文殊師利가 宣說此法의 示敎利喜하사 令善財童子로
成就阿僧祇法門하며 具足無量大智光明하야 令得菩薩無邊際陀
羅尼와 無邊際願과 無邊際三昧와 無邊際神通과 無邊際智하며 令
入普賢行道場하며 及置善財自所住處하시고 文殊師利가 還攝不
現이어시늘 於是에 善財가 思惟觀察하야 一心願見文殊師利러니 及見
三千大千世界微塵數諸善知識하고 悉皆親近하야 恭敬承事하며
受行其敎하야 無有違逆하야 增長趣求一切智慧하며 廣大悲海하며
益大慈雲하며 普觀衆生하야 生大歡喜하며 安住菩薩寂靜法門하며
普緣一切廣大境界하며 學一切佛廣大功德하며 入一切佛決定知
見하며 增一切智助道之法하며 善脩一切菩薩深心하며 知三世佛

이때 문수사리는 이 법을 말하여 보여 주고 가르쳐서 이익하여 기
쁘게 하며, 선재동자로 하여금 아승지 법문을 성취하고 한량없는 큰
지혜의 광명을 구족하여 보살의 그지없는 다라니와 그지없는 원과 그
지없는 삼매와 그지없는 신통과 그지없는 지혜를 얻게 하고, 보현의
도량에 들어가게 하였다가 선재를 도로 자기 머무른 곳에 두고 문수
사리가 작용을 거두고 나타나지 않았다.

이에 선재동자는 생각하고 관찰하면서 일심으로 문수사리를 뵈오려
하다가 삼천대천세계의 티끌 수 선지식을 보고, 모두 가까이하며 공경
하여 받들어 섬기고, 그들의 가르침을 받고 거스르지 아니하였다.

나아가 온갖 지혜를 구하며 증장하는데 크게 가엾이 여기는 바다를
넓히고, 크게 인자한 구름을 더하고,

중생을 두루 살피며 매우 환희하고, 보살의 고요한 법문에 편안히 머
물렀으며, 모든 광대한 경계를 널리 반연하고, 모든 부처님의 광대한
공덕을 배우며, 모든 부처님의 결정하게 알고 보는 데 들어가서 온갖
지혜와 도를 돕는 법을 늘리며,

모든 보살의 깊은 마음을 닦아 삼세 부처님의 나시는 차례를 알며,

出興次第하며 入一切法海하며 轉一切法輪하며 生一切世間하며 入
於一切菩薩願海하며 住一切劫하야 修菩薩行하며 照明一切如來
境界하며 長養一切菩薩諸根하며 獲一切智淸淨光明하며 普照十
方하야 除諸闇障하며 智周法界하며 於一切佛刹一切諸有에 普現其
身하야 靡不周徧하며 摧一切障하며 入無礙法하며 住於法界平等之
地하며 觀察普賢解脫境界라가 卽聞普賢菩薩摩訶薩의 名字와 行
願과 助道와 正道와 諸地와 地方便과 地入과 地勝進과 地住와 地修
習과 地境界와 地威力과 地同住하고 渴仰欲見普賢菩薩하야 卽於
此金剛藏菩提場毘盧遮那如來師子座前一切寶蓮華藏座上에
起等虛空界廣大心과 捨一切刹離一切着無礙心과 普行一切無

모든 법 바다에 들어가 모든 법륜을 굴리고 모든 세간에 태어나며,
모든 보살의 서원 바다에 들어가 모든 겁 동안에 머물면서 보살행을
닦고, 모든 여래의 경계를 밝게 비추고, 모든 보살의 근기를 기르며,
온갖 지혜의 청정한 광명을 얻고 시방을 두루 비추어 어둠을 없애며,
지혜가 법계에 두루하여 모든 세계의 모든 존재에 몸을 널리 나타내
어 두루하지 않은 데 없으며, 모든 장애를 부수고 걸림 없는 법에 들
어가 법계의 평등한 경지에 머물러서 보현의 해탈 경계를 관찰하였
다.

  그때 선재동자는 곧 보현보살의 이름과 행과 원과 도를 돕는 것·
바른 도·모든 지위·지의 방편·지의 들어감·지의 더 나아감·지
의 머무름·지의 닦아 익힘·지의 경계·지의 위력·지의 함께 머무
름을 듣고 갈망하여 보현보살을 뵈오려 하였다.

  곧 이 금강장 보리도량에서 비로자나여래의 사자좌 앞에 있는 모든
보배 연화장 자리 위에 앉아서 허공계와 같으려는 광대한 마음·모든
세계를 버리고 모든 애착을 여의려는 걸림 없는 마음·모든 걸림 없
는 법에 두루 행하려는 걸림 없는 마음·

礙法無礙心과 徧入一切十方海無礙心과 普入一切智境界淸淨
心과 觀道場莊嚴明了心과 入一切佛法海廣大心과 化一切衆生
界周徧心과 淨一切國土無量心과 住一切劫無盡心과 趣如來十
力究竟心하니라 善財童子가 起如是心時에 由自善根力과 一切如
來所加被力과 普賢菩薩同善根力故로 見十種瑞相하니
何等이 爲十고 所謂見一切佛刹淸淨에 一切如來가 成正等覺하며
見一切佛刹淸淨에 無諸惡道하며 見一切佛刹淸淨에 衆妙蓮華로
以爲嚴飾하며 見一切佛刹淸淨에 一切衆生의 身心淸淨하며 見一
切佛刹淸淨에 種種衆寶之所莊嚴하며 見一切佛刹淸淨에 一切
衆生이 諸相嚴身하며 見一切佛刹淸淨에 諸莊嚴雲으로 以覆其上하

모든 시방 바다에 두루 들어가려는 걸림 없는 마음·모든 지혜의 경
계에 널리 들어가려는 청정한 마음·도량의 장엄을 보려는 분명한 마
음·모든 부처님 법 바다에 들어가려는 광대한 마음·모든 중생 세계
를 교화하려는 두루한 마음·모든 국토를 깨끗이 하려는 한량없는 마
음·모든 겁에 머물려는 끝없는 마음·여래의 열 가지 힘에 나아가려
는 구경의 마음을 일으켰다.

선재동자가 이런 마음을 일으킬 적에 자기의 착한 뿌리의 힘과 모
든 여래의 가피하신 힘과 보현보살 같이 착한 뿌리를 심는 힘으로 열
가지 상서로운 모양을 보았다.

무엇이 열인가? 이른바 모든 세계가 청정하여 모든 여래의 정등각
이룸을 보고, 모든 세계가 청정하여 나쁜 길이 없음을 보고, 모든 세
계가 청정하여 여러 가지 묘한 연꽃으로 장엄함을 보고, 모든 세계가
청정하여 모든 중생의 몸과 마음이 청정함을 보고, 모든 세계가 청정
하여 여러 가지 보배로 장엄함을 보고, 모든 세계가 청정하여 모든
중생이 여러 가지 모습으로 몸을 장엄함을 보고, 모든 세계가 청정하
여 여러 장엄 구름이 위에 덮인 것을 보고,

며 見一切佛刹清淨에 一切衆生이 互起慈心하야 遞相利益하야 不
爲惱害하며 見一切佛刹清淨에 道場莊嚴하며 見一切佛刹清淨에
一切衆生이 心常念佛이니 是爲十이니라 又見十種光明相하니 何等이
爲十고 所謂見一切世界所有微塵의 一一塵中에 出一切世界微
塵數佛光明網雲하야 周徧照耀하며 一一塵中에 出一切世界微塵
數佛光明輪雲하야 種種色相이 周徧法界하며 一一塵中에 出一切
世界微塵數佛色像寶雲하야 周徧法界하며 一一塵中에 出一切
界微塵數佛光焰輪雲하야 周徧法界하며 一一塵中에 出一切世界
微塵數衆妙香雲하야 周徧十方하야 稱讚普賢一切行願大功德海
하며 一一塵中에 出一切世界微塵數日月星宿雲하야 皆放普賢菩

모든 세계가 청정하여 중생들이 인자한 마음을 내어 서로서로 이익케
하며 해롭게 하지 않음을 보고, 모든 세계가 청정하여 도량의 장엄함
을 보고, 모든 세계가 청정하여 중생들이 부처님을 항상 생각함을 보
았으니, 이것이 열이다.

또 열 가지 광명한 모양을 보았으니, 무엇이 열인가?

이른바 모든 세계에 가는 티끌이 있는데, 낱낱 티끌 속에서 모든
세계의 티끌 수 같은 부처님의 광명 그물 구름을 내어 두루 비침을
보았다. 낱낱 티끌 속에서 모든 세계의 티끌 수 같은 부처님의 광명
바퀴 구름을 내어 가지가지 빛깔이 법계에 두루함을 보았다. 낱낱 티
끌 속에서 모든 세계의 티끌 수 같은 부처님의 형상 보배 구름을 내
어 법계에 두루함을 보았다.

낱낱 티끌 속에서 모든 세계의 티끌 수 같은 부처님의 불꽃 바퀴
구름을 내어 법계에 두루함을 보았다. 낱낱 티끌 속에서 모든 세계의
티끌 수 같은 묘한 향 구름을 내어 시방에 두루하여 보현의 모든 행
과 원과 큰 공덕 바다를 칭찬함을 보았다.

낱낱 티끌 속에서 모든 세계의 티끌 수 같은 일월성신 구름을 내는

薩光明하야 徧照法界하며 一一塵中에 出一切世界微塵數一切衆
生身色像雲하야 放佛光明하야 徧照法界하며 一一塵中에 出一切世
界微塵數一切佛色像摩尼雲하야 周徧法界하며 一一塵中에 出一
切世界微塵數菩薩身色像雲하야 充滿法界하야 令一切衆生으로
皆得出離하야 所願滿足하며 一一塵中에 出一切世界微塵數如來
身色像雲하야 說一切佛廣大誓願하야 周徧法界니 是爲十이니라
時에 善財童子가 見此十種光明相已코 卽作是念호대 我今必見普
賢菩薩하야 增益善根하며 見一切佛하야 於諸菩薩廣大境界에 生決
定解하야 得一切智로다 於時에 善財가 普攝諸根하야 一心求見普賢
菩薩호대 起大精進하야 心無退轉하야 卽以普眼으로 觀察十方一切

데, 모두 보현보살의 광명을 놓아 법계에 두루 비침을 보았다. 낱낱
티끌 속에서 모든 세계의 티끌 수 같은 중생들의 몸 형상 구름을 내
는데 부처님 광명을 놓아 법계에 두루 비침을 보았다. 낱낱 티끌 속
에서 모든 세계의 티끌 수 같은 여러 부처님 형상 마니 구름을 내어
법계에 가득함을 보았다. 낱낱 티끌 속에서 모든 세계의 티끌 수 같
은 보살의 몸 형상 구름을 내어 법계에 가득하며, 중생들로 하여금
모두 뛰어나서 소원이 만족케 함을 보았다.

　낱낱 티끌 속에서 모든 세계의 티끌 수 같은 여래의 몸 형상 구름
을 내며 여러 부처님의 광대한 서원을 말하여 법계에 두루 함을 보았
다. 이것이 열이다.

　이때 선재동자는 열 가지 광명한 모양을 보고 이렇게 생각하였다.

　'나는 이제 반드시 보현보살을 보고 착한 뿌리를 더할 것이며, 모든
부처님을 보고 여러 보살의 광대한 경지에 대하여 결정한 지혜를 내
어 온갖 지혜를 얻을 것이다.'

　이때 선재동자는 여러 감관을 거두어 일심으로 보현보살을 보려고
크게 정진하며 마음이 물러나지 아니하였고, 넓은 눈으로 시방의 모

諸佛諸菩薩衆의 所見境界하고 皆作得見普賢之想하며 以智慧眼
으로 觀普賢道하야 其心廣大가 猶如虛空하고 大悲堅固가 猶如金剛
하며 願盡未來토록 常得隨逐普賢菩薩하야 念念隨順脩普賢行하며
成就智慧하야 入如來境하고 住普賢地러니 時에 善財童子가 卽見普
賢菩薩이 在如來前衆會之中하사 坐寶蓮華師子之座하사 諸菩薩
衆의 所共圍遶에 最爲殊特하야 世無與等하며 智慧境界가 無量無
邊하고 難測難思하야 等三世佛하야 一切菩薩이 無能觀察하며 見普
賢身의 一一毛孔에 出一切世界微塵數光明雲하사 徧法界虛空
界一切世界하야 除滅一切衆生苦患하사 令諸菩薩로 生大歡喜하며
見一一毛孔에 出一切佛刹微塵數種種色香焰雲하사 徧法界虛

든 부처님과 여러 보살을 관찰하면서 보이는 것마다 보현보살을 뵈옵
는 생각을 지었으며, 지혜의 눈으로 보현의 도를 보니 마음이 광대하
기 허공과 같았고, 크게 가엾이 여김이 견고하기가 금강과 같았으며,
미래 세상이 다하도록 보현보살을 따라다니면서 생각생각마다 보현
의 행을 순종하여 닦으려 하였고, 지혜를 성취하고 여래의 경지에 들
어 보현의 지위에 머물려 하였다.

이때 선재동자가 보니, 보현보살이 여래 앞에 대중이 모인 가운데
서 보배연꽃 사자좌에 앉았는데, 모든 보살들이 함께 둘러 모셨으며,
가장 특수하여 세간에 짝할 이가 없으며, 지혜의 경지는 한량없고 그
지없으며, 헤아리기 어렵고 생각하기 어려워 삼세 부처님과 평등하며
모든 보살들이 살펴 볼 수 없었다.

또 보니, 보현보살의 몸에 있는 낱낱 털구멍에서 모든 세계의 티끌
수 광명 구름을 내어 법계와 허공계의 모든 세계에 두루하며, 모든
중생의 괴로움과 근심을 멸하여 보살들이 매우 환희하게 하였다.

또 낱낱 털구멍에서 모든 세계의 티끌 수 같은 가지가지 빛 향 불
꽃 구름을 내어 법계와 허공계에 있는 모든 부처님의 대중이 모인 도

空界一切諸佛衆會道場하야 而以普熏하며 見一一毛孔에 出一切
佛刹微塵數雜華雲하사 徧法界虛空界一切諸佛衆會道場하야 雨
衆妙華하며 見一一毛孔에 出一切佛刹微塵數香樹雲하사 徧法界
虛空界一切諸佛衆會道場하야 雨衆妙香하며 見一一毛孔에 出一
切佛刹微塵數妙衣雲하사 徧法界虛空界一切諸佛衆會道場하야
雨衆妙衣하며 見一一毛孔에 出一切佛刹微塵數寶樹雲하사 徧法
界虛空界一切諸佛衆會道場하야 雨摩尼寶하며 見一一毛孔에 出
一切佛刹微塵數色界天身雲하사 充滿法界하야 歎菩提心하며 見
一一毛孔에 出一切佛刹微塵數梵天身雲하사 勸諸如來하야 轉妙
法輪하며 見一一毛孔에 出一切佛刹微塵數欲界天王身雲하사 護

량에 두루하여 널리 풍김을 보았다. 또 낱낱 털구멍에서는 모든 세계
의 티끌 수 같은 여러 가지 꽃 구름을 내어 법계와 허공계에 있는 모
든 부처님의 대중이 모인 도량에 두루하여 묘한 꽃비 내림을 보았다.
또 낱낱 털구멍에서 모든 세계의 티끌 수 향나무 구름을 내어 법계와
허공계에 있는 모든 부처님의 대중이 모인 도량에 두루하여 여러 가
지 묘한 향비 내림을 보았다.
　또 낱낱 털구멍에서 모든 세계의 티끌 수 옷 구름을 내어 법계와
허공계에 있는 모든 부처님의 대중이 모인 도량에 두루하여 여러 가
지 묘한 옷비 내림을 보았다. 또 낱낱 털구멍에서 모든 세계의 티끌
수 보배나무 구름을 내어 법계와 허공계에 있는 모든 부처님의 대중
이 모인 도량에 두루하여 마니 보배비 내림을 보았다.
　또 낱낱 털구멍에서 모든 세계의 티끌 수 형상 세계 하늘의 몸 구
름을 내어 법계에 가득하여 보리심을 찬탄함을 보았다. 또 낱낱 털구
멍에서 모든 세계의 티끌 수 범천의 몸 구름을 내어 여러 여래에게
묘한 법륜을 굴리도록 권함을 보았다.
　또 낱낱 털구멍에서 모든 세계의 티끌 수 욕계 천왕의 몸 구름을

持一切如來法輪하며 見一一毛孔에 念念中出一切佛刹微塵數
三世佛刹雲하사 徧法界虛空界하야 爲諸衆生하야 無歸趣者에 爲作
歸趣하고 無覆護者에 爲作覆護하고 無依止者에 爲作依止하며 見一
一毛孔에 念念中出一切佛刹微塵數淸淨佛刹雲하사 徧法界虛
空界하야 一切諸佛이 於中出世하사 菩薩衆會가 悉皆充滿하며 見一
一毛孔에 念念中出一切佛刹微塵數淨不淨佛刹雲하사 徧法界
虛空界하야 令雜染衆生으로 皆得淸淨하며 見一一毛孔에 念念中出
一切佛刹微塵數不淨淨佛刹雲하사 徧法界虛空界하야 令雜染衆
生으로 皆得淸淨하며 見一一毛孔에 念念中出一切佛刹微塵數不
淨佛刹雲하사 徧法界虛空界하야 令純染衆生으로 皆得淸淨하며 見

내어 모든 여래의 법륜을 보호하고 유지함을 보았다. 또 낱낱 털구멍
에서 잠깐잠깐마다 모든 삼세의 티끌 수 같은 삼세 부처님 세계 구름
을 내어 법계와 허공계에 두루하여 모든 중생의 돌아갈 데 없는 이에
게는 돌아갈 데를 지어 주고, 보호할 이 없는 이에게는 보호할 이를
지어 주고, 의지할 데 없는 이에게는 의지할 데를 지어 줌을 보았다.
또 낱낱 털구멍에서 잠깐잠깐마다 모든 세계의 티끌 수 같은 청정한
부처님 세계 구름을 내어 법계와 허공계에 두루하여 모든 부처님이
그 가운데 나시고 보살대중이 가득함을 보았다.

   또 낱낱 털구멍에서 잠깐잠깐마다 모든 세계의 티끌 수 같이 깨끗
하면서 부정한 부처님 세계 구름을 내어 법계와 허공계에 두루하여
섞여 물든 중생들을 모두 청정케 함을 보았다.

   또 낱낱 털구멍에서 잠깐잠깐마다 모든 세계의 티끌 수 같은 청정
하지 못하면서 청정한 부처님 세계 구름을 내어 법계와 허공계에 두
루하여 섞여 물든 중생들을 청정케 함을 보았다. 또 낱낱 털구멍에서
잠깐잠깐마다 모든 세계의 티끌 수 같은 같은 부정한 부처님 세계 구
름을 내어 법계와 허공계에 두루하여 순전히 물든 중생들을 모두 청

一一毛孔에 念念中出一切佛刹微塵數衆生身雲하사 徧法界虛
空界하야 隨其所應하야 敎化衆生하사 皆令發阿耨多羅三藐三菩
提心하며 見一一毛孔에 念念中出一切佛刹微塵數菩薩身雲하사
徧法界虛空界하야 稱揚種種諸佛名號하야 令諸衆生으로 增長善
根하며 見一一毛孔에 念念中出一切佛刹微塵數菩薩身雲하사 徧
法界虛空界一切佛刹하야 宣揚一切諸佛菩薩의 從初發意所生
善根하며 見一一毛孔에 念念中出一切佛刹微塵數菩薩身雲하사
徧法界虛空界하야 於一切佛刹一一刹中에 宣揚一切菩薩願海와
及普賢菩薩淸淨妙行하며 見一一毛孔에 念念中出普賢菩薩行
雲하사 令一切衆生으로 心得滿足하야 具足修習一切智道하며 見一

정케 함을 보았다. 또 낱낱 털구멍에서 잠깐잠깐마다 모든 세계의 티
끌 수 중생의 몸 구름을 내어 법계와 허공계에 두루하여 교화 받을
중생들을 따라서 모두 아뇩다라삼먁삼보리심을 내게 함을 보았다.

또 낱낱 털구멍에서 잠깐잠깐마다 모든 세계의 티끌 수 같은 보살
의 몸 구름을 내어 법계와 허공계에 두루하여 가지가지 부처님의 이
름을 칭찬하여 중생들의 착한 뿌리를 증장케 함을 보았다.

또 낱낱 털구멍에서 잠깐잠깐마다 모든 세계의 티끌 수 같은 보살
의 몸 구름을 내어 법계와 허공계에 두루하여 모든 세계에서 여러 부
처님과 보살들이 처음 마음을 낸 때부터 생긴 착한 뿌리를 드날림을
보았다.

또 낱낱 털구멍에서 잠깐잠깐마다 모든 세계의 티끌 수 같은 보살
의 몸 구름을 내어 법계와 허공계에 두루하여 모든 세계의 낱낱 세계
에서 여러 보살의 서원 바다와 보현보살의 청정하고 묘한 행을 칭찬
하여 드날림을 보았다.

또 낱낱 털구멍에서 잠깐잠깐마다 보현보살의 수행 구름을 내어 모
든 중생의 마음을 만족케 하고 온갖 지혜의 도를 갖추어 닦아 익힘을

一毛孔에 出一切佛刹微塵數正覺身雲하사 於一切佛刹에 現成正覺하야 令諸菩薩로 增長大法하야 成一切智하니라 爾時에 善財童子가 見普賢菩薩의 如是自在神通境界하고 身心徧喜하야 踊躍無量하니라 重觀普賢의 一一身分과 一一毛孔에 悉有三千大千世界風輪水輪地輪火輪과 大海江河와 及諸寶山須彌鐵圍와 村營城邑과 宮殿園苑과 一切地獄餓鬼畜生과 閻羅王界와 天龍八部와 人與非人과 欲界色界無色界處와 日月星宿와 風雲雷電과 晝夜月時와 及以年劫과 諸佛出世와 菩薩衆會와 道場莊嚴하야 如是等事를 悉皆明見하니 如見此世界하야 十方所有一切世界를 悉如是見하며 如見現在十方世界하야 前際後際一切世界도 亦如是見하야

보았다. 또 낱낱 털구멍에서 잠깐잠깐마다 모든 세계의 티끌 수 같은 바로 깨달은 몸 구름을 내어 온갖 세계에서 바른 깨달음을 이루며, 보살들로 하여금 큰 법을 증장케 하고 온갖 지혜를 이루게 함을 보았다.

이때 선재동자는 보현보살의 이렇게 자유자재하고 신통한 경계를 보고는 몸과 마음이 두루 기뻐서 한량없이 뛰놀았다.

보현보살의 몸의 부분마다 낱낱 털구멍에 모두 삼천대천세계의 바람 둘레·물 둘레·땅 둘레·불 둘레와 바다와 강과 보배산인 수미산·철위산과 마을·영문·도시·궁전·동산·지옥·아귀·축생·염라왕 세계와

하늘·용 팔부와 사람과 사람 아닌 이와 욕계·색계·무색계와 해·달·별·바람·구름·우레·번개들이 있음을 거듭거듭 보며, 낮과 밤과 달과 시간과 해와 겁에 부처님이 세상에 나심과 보살의 모임과 도량의 장엄과 이런 일을 모두 분명하게 보았다.

이 세계를 보는 것처럼 시방에 있는 모든 세계도 그렇게 보고, 현재의 시방 세계를 보는 것처럼 과거와 미래의 모든 세계들도 그렇게 보는데,

各各差別이 不相雜亂하며 如於此毘盧遮那如來所에 示現如是
神通之力하야 於東方蓮華德世界賢首佛所에 現神通力도 亦復
如是하며 如賢首佛所하야 如是東方一切世界와 如東方하야 南西北
方四維上下의 一切世界諸如來所에 現神通力도 當知悉爾하며 如
十方一切世界하야 如是十方一切佛刹一一塵中에 皆有法界諸
佛衆會어든 一一佛所에 普賢菩薩이 坐寶蓮華師子座上하사 現神
通力도 悉亦如是하야 彼一一普賢身中에 皆現三世一切境界와 一
切佛刹과 一切衆生과 一切佛出現과 一切菩薩衆하며 及聞一切衆
生言音과 一切佛言音과 一切如來所轉法輪과 一切菩薩所成諸
行과 一切如來遊戲神通하니라 善財童子가 見普賢菩薩의 如是無

제각기 다른 것이 서로 섞이거나 어지럽지 아니하였다.

이 비로자나여래의 처소에서 이렇게 신통한 힘을 나타내는 것 같이
동방 연화덕 세계의 현수 부처님 처소에서 신통한 힘을 나타내는 것
도 그러하였으며, 현수 부처님 처소에서와 같이 동방의 모든 세계에
서도 그러하고, 동방에서와 같이 남방·서방·북방의 네 간방과 상방
·하방의 모든 세계의 여러 처소에서 신통한 힘을 나타냄도 모두 그
러한 줄을 알 것이다.

시방의 모든 세계와 같이 시방의 모든 세계의 낱낱 티끌 속에도 모
두 법계의 여러 부처님 대중이 있고, 낱낱 부처님 처소에서 보현보살
이 보배 연꽃 사자좌에 앉아서 신통한 힘을 나타냄도 모두 그러하였
으며, 저 낱낱 보현보살의 몸에는 삼세의 모든 경계와 모든 부처님
세계와 모든 중생과 모든 부처님의 나타나심과 모든 보살대중을 나타
냈으며, 또 모든 중생의 음성과 모든 부처님의 음성과 모든 여래의
굴리시는 법륜과 모든 보살의 이루시는 행과 모든 여래의 신통에 유
희함을 들었다.

선재동자는 보현보살의

量不可思議大神通力_{하고} 卽得十種智波羅蜜_{하니} 何等_이 爲十_고
所謂於念念中_에 悉能周徧一切佛刹智波羅蜜_과 於念念中_에 悉
能往詣一切佛所智波羅蜜_과 於念念中_에 悉能供養一切如來智
波羅蜜_과 於念念中_에 普於一切諸如來所_에 聞法受持智波羅蜜
_과 於念念中_에 思惟一切如來法輪智波羅蜜_과 於念念中_에 知一
切佛不可思議大神通事智波羅蜜_과 於念念中_에 說一句法_{하야}
盡未來際_{토록} 辯才無盡智波羅蜜_과 於念念中_에 以深般若_로 觀一
切法智波羅蜜_과 於念念中_에 入一切法界實相海智波羅蜜_과 於
念念中_에 知一切衆生心智波羅蜜_과 於念念中_에 普賢慧行_이 皆
現在前智波羅蜜_{이니라} 善財童子_가 旣得是已_에 普賢菩薩_이 卽伸

이렇게 한량없고 부사의한 큰 신통의 힘을 보고 곧 열 가지 지혜바라
밀을 얻었다.

무엇이 열인가?

이른바 잠깐잠깐 동안에 모든 부처님 세계에 두루하는 지혜바라밀
과 잠깐잠깐 동안에 모든 부처님 처소에 나아가는 지혜바라밀과 잠깐
잠깐 동안에 모든 여래께 공양하는 지혜바라밀과 잠깐잠깐 동안에 모
든 여래의 계신 데서 법을 듣고 받아 가지는 지혜바라밀과 잠깐잠깐
동안에 모든 여래의 법륜을 생각하는 지혜바라밀과 잠깐잠깐 동안에
모든 부처님의 부사의한 큰 신통한 일을 아는 지혜바라밀과 잠깐잠깐
동안에 한 구절 법을 말씀하시는데 미래 세상이 다하도록 변재가 다
하지 않는 지혜바라밀과 잠깐잠깐 동안에 깊은 반야로 모든 법을 관
찰하는 지혜바라밀과 잠깐잠깐 동안에 모든 법계와 실상 바다에 들어
가는 지혜바라밀과 잠깐잠깐 동안에 모든 중생의 마음을 아는 지혜바
라밀과 잠깐잠깐 동안에 보현보살의 지혜와 행이 모두 앞에 나타나는
지혜바라밀이었다.

선재동자가 이것을 얻은 뒤에는 보현보살이 오른손을 펴서 그 정수

右手하사 摩觸其頂하사 旣摩頂已하신대 善財가 卽得一切佛刹微塵
數三昧門이 各以一切佛刹微塵數三昧로 而爲眷屬하야 一一三
昧에 悉見昔所未見一切佛刹微塵數佛大海하며 集一切佛刹微
塵數一切智助道具하며 生一切佛刹微塵數一切智上妙法하며 發
一切佛刹微塵數一切智大誓願하며 入一切佛刹微塵數大願海하
며 住一切佛刹微塵數一切智出要道하며 修一切佛刹微塵數諸
菩薩所修行하며 起一切佛刹微塵數一切智大精進하며 得一切佛
刹微塵數一切智淨光明하니 如此娑婆世界毘盧遮那佛所에 普
賢菩薩이 摩善財頂하야 如是十方所有世界와 及彼世界一一塵
中一切世界一切佛所에 普賢菩薩도 悉亦如是하야 摩善財頂하며

리를 만지었고, 정수리를 만진 뒤에는 선재가 곧 모든 세계의 티끌
수 삼매문을 얻었는데, 각각 모든 세계의 티끌 수 삼매로 권속을 삼
았다.

낱낱 삼매에서 옛날에 보지 못하던 모든 세계의 티끌 수와 같은 부
처님의 큰 바다를 보았고, 모든 세계의 티끌 수와 같은 온갖 지혜의
도를 돕는 기구를 모았고, 모든 세계의 티끌 수와 같은 온갖 지혜의
가장 묘한 법을 내었고, 모든 세계의 티끌 수와 같은 온갖 지혜의 큰
서원을 세웠고, 모든 세계의 티끌 수와 같은 큰 서원 바다에 들어갔
고, 모든 세계의 티끌 수와 같은 온갖 지혜의 뛰어나는 요긴한 길에
머물렀고, 모든 세계의 티끌 수와 같은 보살들의 닦는 행을 닦았고,
모든 세계의 티끌 수와 같은 온갖 지혜의 큰 정진을 일으켰고, 모든
세계의 티끌 수와 같은 온갖 지혜의 깨끗한 광명을 얻었다.

이 사바세계의 비로자나 부처님 처소에서 보현보살이 선재동자의
정수리를 만진 것처럼 시방에 있는 세계들과 저 세계의 낱낱 티끌 속
에 있는 모든 세계의 모든 부처님 처소에 있는 보현보살도 모두 이와
같이 선재동자의 정수리를 만지었고, 얻은 법문도 또한 같았다.

所得法門도 亦皆同等하니라 爾時에 普賢菩薩摩訶薩이 告善財言하사대 善男子야 汝見我此神通力不아 唯然已見이니이다 大聖하 此不思議大神通事는 唯是如來之所能知로소이다 普賢이 告言하사대 善男子야 我於過去不可說不可說佛刹微塵數劫에 行菩薩行하야 求一切智할새 一一劫中에 爲欲淸淨菩提心故로 承事不可說不可說佛刹微塵數佛하며 一一劫中에 爲集一切智福德具故로 設不可說不可說佛刹微塵數廣大施會하야 一切世間에 咸使聞知하야 凡有所求를 悉令滿足하며 一一劫中에 爲求一切智法故로 以不可說不可說佛刹微塵數財物로 布施하며 一一劫中에 爲求佛智故로 以不可說不可說佛刹微塵數城邑聚落과 國土王位와 妻子眷屬

이때 보현보살마하살이 선재동자에게 말하였다.

"착한 남자여, 그대는 나의 이 신통한 힘을 보았는가?"

"그러합니다. 보았나이다. 큰 성인이시여, 이 부사의한 큰 신통의 일은 오직 여래께서만 알겠나이다."

보현보살이 말하였다.

"착한 남자여, 나는 과거의 말할 수 없이 말할 수 없는 세계의 티끌 수 겁에 보살행을 행하며 온갖 지혜를 구하였느니라.

낱낱 겁 동안에 보리심을 청정케 하려고 말할 수 없이 말할 수 없는 세계의 티끌 수 부처님을 받들어 섬겼느니라. 낱낱 겁 동안에 온갖 지혜와 복덕 거리를 모으려고 말할 수 없이 말할 수 없는 세계의 티끌 수와 같은 널리 보시하는 모임을 마련하고, 모든 세간이 다 듣고 알게 하였으며, 무릇 구하는 것을 다 만족케 하였느니라. 낱낱 겁 동안에 온갖 지혜의 법을 구하려고 말할 수 없이 말할 수 없는 세계의 티끌 수 재물로 보시하였느니라.

낱낱 겁 동안에 부처님 지혜를 구하려고 말할 수 없이 말할 수 없는 세계의 티끌 수 도시와 마을과 국토 왕의 지위와 처자 · 권속과 눈

과 眼耳鼻舌과 身肉手足과 乃至身命으로 而爲布施하며 一一劫中에
爲求一切智首故로 以不可說不可說佛刹微塵數頭로 而爲布施
하며 一一劫中에 爲求一切智故로 於不可說不可說佛刹微塵數
諸如來所에 恭敬尊重하며 承事供養하야 衣服臥具와 飮食湯藥과
一切所須를 悉皆奉施하고 於其法中에 出家學道하야 脩行佛法하며
護持正敎호라 善男子야 我於爾所劫海中에 自憶未曾於一念間도
不順佛敎하며 於一念間도 生瞋害心과 我我所心과 自他差別心과
遠離菩提心과 於生死中起疲厭心과 懶墮心과 障礙心과 迷惑心하
고 唯住無上不可沮壞集一切智助道之法大菩提心호라 善男子야
我莊嚴佛土하야 以大悲心으로 救護衆生하야 敎化成就하며 供養諸

·귀·코·혀·몸·살·손·발과 목숨까지도 보시하였느니라.

낱낱 겁 동안에 온갖 지혜의 머리를 구하려고 말할 수 없이 말할
수 없는 세계의 티끌 수 머리로 보시하였느니라.

낱낱 겁 동안에 온갖 지혜를 구하려고 말할 수 없이 말할 수 없는
세계의 티끌 수 여래의 계신 데서 공경하고 존중하고 받들어 섬기고
공양하며, 의복·방석·음식·탕약 등 필요한 것을 모두 보시하였고,
그 법 가운데서 출가하여 도를 배우고 불법을 수행하고 바른 교법을
보호하였느니라.

착한 남자여, 나는 생각하니 그러한 겁 바다에서 잠깐 동안 부처님
교법을 순종하지 않았거나 잠깐 동안 성내는 마음·나와 내 것이라는
마음·나와 남을 차별하는 마음·보리심을 여의는 마음을 내거나 생
사하는 가운데 고달픈 마음·게으른 마음·장애하는 마음·미혹한
마음을 일으키지 않았고, 다만 위 없고 무너뜨릴 수 없고 온갖 지혜
를 모으는 도를 돕는 법인 큰 보리심에 머물렀느니라.

착한 남자여, 나는 부처님 국토를 장엄하되 크게 가엾이 여기는 마
음으로 중생을 구호하고 교화하여 성취하며, 부처님께 공양하고 선지

佛하고 事善知識하며 爲求正法하야 弘宣護持하며 一切內外를 悉皆
能捨하며 乃至身命도 亦無所悋호니 一切劫海에 說其因緣컨댄 劫海
可盡이어니와 此無有盡이니라 善男子야 我法海中엔 無有一文과 無有
一句도 非是捨施轉輪王位하야 而求得者며 非是捨施一切所有하
야 而求得者호라 善男子야 我所求法은 皆爲救護一切衆生이라 一
心思惟하야 願諸衆生이 得聞是法하며 願以智光으로 普照世間하며
願爲開示出世間智하며 願令衆生으로 悉得安樂하며 願普稱讚一
切諸佛所有功德이니 我如是等往昔因緣을 於不可說不可說佛
刹微塵數劫海에 說不可盡이니라 是故로 善男子야 我以如是助道
法力과 諸善根力과 大志樂力과 脩功德力과 如實思惟一切法力과

식을 섬기며, 바른 법을 구하여 널리 선전하고 보호하며 유지하기 위
하여 모든 안의 것과 밖의 것을 모두 버리고 신명까지도 아끼지 않았
으며 모든 겁 바다에서 인연을 말하였노니 겁 바다는 다할지언정 이
일을 다함이 없느니라.

착한 남자여, 나의 법 바다에는 한 글자나 한 글귀도 전륜왕의 지
위를 버려서 구하지 않은 것이 없으며, 온갖 소유를 버려서 얻지 않
은 것이 없느니라.

착한 남자여, 내가 법을 구한 것은 모든 중생을 구호하기 위한 것
이니, 한결같은 마음으로 생각하기를 '모든 중생이 이 법을 들어지이
다. 지혜의 광명으로 세간을 두루 비추어지이다. 출세간의 지혜를 열
어 보여지이다. 중생들이 모두 안락함을 얻어지이다. 모든 부처님의
가지신 공덕을 두루 칭찬하여지이다' 하였느니라.

나의 이러한 과거의 인연은 말할 수 없이 말할 수 없는 세계의 티
끌 수 겁 동안에 말하여도 다할 수 없느니라.

그러므로 착한 남자여, 나는 이러한 도를 돕는 법의 힘과 착한 뿌
리의 힘과 크게 좋아하는 힘과 공덕을 닦는 힘과 모든 법을 사실대로

智慧眼力과 佛威神力과 大慈悲力과 淨神通力과 善知識力故로
得此究竟三世平等淸淨法身하며 復得淸淨無上色身하야 超諸世
間이나 隨諸衆生心之所樂하야 而爲現形하야 入一切刹하고 徧一切
處하며 於諸世界에 廣現神通하야 令其見者로 靡不欣樂케호라 善男
子야 汝且觀我如是色身하라 我此色身은 無邊劫海之所成就니 無
量千億那由他劫에 難見難聞이니라 善男子야 若有衆生이 未種善
根이어나 及種少善根한 聲聞菩薩도 猶尙不得聞我名字어든 況見我
身가 善男子야 若有衆生이 得聞我名이면 於阿耨多羅三藐三菩提
에 不復退轉하며 若見若觸이어나 若迎若送이어나 若暫隨逐이어나 乃至
夢中에 見聞我者도 皆亦如是하며 或有衆生이 一日一夜에 憶念於

생각한 힘과 지혜 눈의 힘과 부처님의 위덕과 신통의 힘과 크게 자비
한 힘과 깨끗한 신통의 힘과 선지식의 힘으로써 이것이 구경이요, 삼
세에 평등하고 청정한 법의 몸을 얻고 청정하고 위 없는 육신을 얻어
서 세간을 초월하고 중생의 좋아하는 마음을 따라서 형상을 나타내
며, 모든 세계에 들어가고 온갖 곳에 두루하여 여러 세계에서 신통을
나타내어 보는 이로 하여금 모두 기쁘게 하느니라.

착한 남자여, 그대는 나의 이 육신을 보라. 이 육신은 그지없는 겁
바다에서 이루어진 것이니, 한량없는 천억 나유타 겁에도 보기 어렵
고 듣기 어려우니라.

착한 남자여, 만일 중생이 착한 뿌리를 심지 못하거나 착한 뿌리를
조금 심은 성문이나 보살들로는 나의 이름도 듣지 못하거늘 하물며
나의 몸을 볼 수 있겠느냐.

착한 남자여, 만일 중생이 내 이름을 듣기만 하여도 아뇩다라삼먁
삼보리에서 물러나지 않을 것이며, 만일 나를 보거나 접촉하거나 맞
이하거나 보내거나 잠깐 동안 따라다니거나 꿈에 나를 보거나 들은
이도 역시 그러하리라. 어떤 중생이 하룻낮 하룻밤 동안 나를 생각하

我하야 卽得成熟하며 或七日七夜와 半月一月과 半年一年과 百年千年과 一劫百劫과 乃至不可說不可說佛刹微塵數劫에 憶念於我하야 而成熟者며 或一生과 或百生과 乃至不可說不可說佛刹微塵數生에 憶念於我하야 而成熟者며 或見我放大光明하며 或見我震動佛刹하고 或生怖畏하며 或生歡喜라도 皆得成熟이니라 善男子야 我以如是等佛刹微塵數方便門으로 令諸衆生으로 於阿耨多羅三藐三菩提에 得不退轉케호라 善男子야 若有衆生이 見聞於我淸淨刹者면 必得生此淸淨刹中하며 若有衆生이 見聞於我淸淨身者면 必得生我淸淨身中하리니 善男子야 汝應觀我此淸淨身이어다 爾時에 善財童子가 觀普賢菩薩身相好肢節의 一一毛孔中에 皆有不

고 곧 성숙할 이도 있고, 혹 칠 일·칠 야·보름·한 달·반 년·일 년·백 년·천 년·한 겁·백 겁 내지 말할 수 없이 말할 수 없는 세계의 티끌 수 겁에 나를 생각하고 성숙할 이도 있으며, 혹 일 생·백 생, 내지 말할 수 없이 말할 수 없는 세계의 티끌 수 생 동안 나를 생각하고 성숙케 될 이도 있으며, 혹 나의 광명 놓은 것을 보거나 내가 세계를 진동시키는 것을 보고 무서워하거나 즐거워한 이들도 모두 성숙하게 되리라.

착한 남자여, 나는 이러한 세계의 티끌 수 방편문으로써 모든 중생들을 아뇩다라삼먁삼보리에서 물러나지 않게 하느니라.

착한 남자여,

만일 중생이 나의 청정한 세계를 보고 들은 이는 반드시 이 청정한 세계에 날 것이요, 만일 중생이 나의 청정한 몸을 보고 들은 이는 반드시 나의 청정한 몸 가운데 날 것이니라.

착한 남자여, 그대는 마땅히 나의 청정한 몸을 보아야 하느니라.”

이때 선재동자는 보현보살의 몸을 보니 잘생긴 모습과 사지 골절의 낱낱 털구멍에 말할 수 없이 말할 수 없는

可說不可說佛刹海어든 一一刹海에 皆有諸佛이 出興於世하사 大
菩薩衆의 所共圍遶하며 又復見彼一切刹海의 種種建立과 種種形
狀과 種種莊嚴과 種種大山이 周帀圍遶와 種種色雲이 彌覆虛空과
種種佛興하사 演種種法하는 如是等事가 各各不同하며 又見普賢이
於一一世界海中에 出一切佛刹微塵數佛化身雲하사 周徧十方
一切世界하야 敎化衆生하사 令向阿耨多羅三藐三菩提하니라 時에
善財童子가 又見自身이 在普賢身內十方一切諸世界中하야 敎
化衆生하니라 又善財童子가 親近佛刹微塵數諸善知識하야 所得
善根智慧光明을 比見普賢菩薩所得善根컨댄 百分에 不及一이며
千分에 不及一이며 百千分에 不及一이며 百千億分과 乃至算數譬

부처님 세계 바다가 있고, 낱낱 세계 바다에 부처님께서 세상에 나시
는데, 큰 보살들이 둘러 모시었다.

또 보니,

모든 세계 바다가 가지가지로 건립되고 가지가지 형상이요, 가지가지
로 장엄하고 가지가지 큰 산이 두루 둘리었으며, 가지가지 빛 구름이
허공에 덮이고 가지가지 부처님께서 나시어서 가지가지 법을 연설하
시는 일들이 제각기 같지 아니하였다.

또 보니,

보현보살이 낱낱 세계 바다에서 모든 세계의 티끌 수 나툰 몸 구름을
내어 시방의 모든 세계에 가득하고 중생들을 교화하여 아뇩다라삼먁
삼보리로 향하게 하며, 선재동자는 또 자기의 몸이 보현보살의 몸속
에 있는 시방의 모든 세계에 있어서 중생 교화함을 보았다.

또 선재동자가 세계의 티끌 수 선지식을 가까이하여서 얻은 이러한
뿌리의 지혜 광명을 보현보살이 얻은 착한 뿌리에 비하면, 백 분의
일도 미치지 못하고, 백천 분의 일에도 미치지 못하며, 백천 억 분의
일 내지 산수와 비유로도 미치지 못하였다.

喩도 亦不能及이니라 是善財童子가 從初發心으로 乃至得見普賢菩
薩히 於其中間所入一切諸佛刹海는 今於普賢一毛孔中一念所
入諸佛刹海가 過前不可說不可說佛刹微塵數倍하니 如一毛孔하
야 一切毛孔도 悉亦如是하니라 善財童子가 於普賢菩薩毛孔刹中에
行一步하야 過不可說不可說佛刹微塵數世界하니 如是而行하야
盡未來劫이라도 猶不能知一毛孔中刹海次第와 刹海藏과 刹海差
別과 刹海普入과 刹海成과 刹海壞와 刹海莊嚴의 所有邊際하며 亦
不能知佛海次第와 佛海藏과 佛海差別과 佛海普入과 佛海生과
佛海滅의 所有邊際하며 亦不能知菩薩衆海次第와 菩薩衆海藏과
菩薩衆海差別과 菩薩衆海普入과 菩薩衆海集과 菩薩衆海散의

　이 선재동자가 처음 마음을 낸 때부터 보현보살을 보던 때까지 그
중간에 들어갔던 모든 부처님 세계 바다에 대하여 지금 보현보살의
한 털구멍 속에서 잠깐 동안에 들어간 부처님 세계 바다는 앞의 것
보다 말할 수 없이 말할 수 없는 세계의 티끌 수의 배가 지나며, 이
한 털구멍과 같이 모든 털구멍도 역시 그러하니라.

　선재동자가 보현보살의 털구멍에 있는 세계에서 한 걸음을 걸을 적
에 말할 수 없이 말할 수 없는 세계의 티끌 수 세계를 지나가며, 이와
같이 걸어서 미래 세상이 다하도록 걸어도 오히려 한 털구멍 속에 있
는 세계 바다의 차례와 세계 바다의 창고와 세계 바다의 차별과 세계
바다의 두루 들어감과 세계 바다의 이루어짐과 세계 바다의 무너짐과
세계 바다의 장엄과 그 끝 간 데를 알지 못하느니라.

　또 부처 바다의 차례와 부처 바다의 창고와 부처 바다의 차별과 부
처 바다의 두루 들어감과 부처 바다의 생김과 부처 바다의 없어짐과
그 끝 간 데도 알지 못하느니라. 또 보살대중 바다의 차례와 보살대
중 바다의 창고와 보살대중 바다의 차별과 보살대중 바다의 두루 들
어감과 보살대중 바다의 모임과 보살대중 바다의 흩어짐과 그 끝 간

所有邊際하며 亦不能知入衆生界와 知衆生根과 教化調伏諸衆
生智와 菩薩所住甚深自在와 菩薩所入諸地諸道인 如是等海의
所有邊際니라 善財童子가 於普賢菩薩毛孔刹中에 或於一刹에 經
於一劫토록 如是而行하며 乃至或有經不可說不可說佛刹微塵數
劫토록 如是而行호대 亦不於此刹沒하야 於彼刹現하고 念念周徧無
邊刹海하야 教化衆生하야 令向阿耨多羅三藐三菩提하니 當是之
時하야 善財童子가 則次第得普賢菩薩의 諸行願海하야 與普賢等하
며 與諸佛等하며 一身이 充滿一切世界하야 刹等하며 行等하며 正覺
等하며 神通等하며 法輪等하며 辯才等하며 言辭等하며 音聲等하며 力
無畏等하며 佛所住等하며 大慈悲等하며 不可思議解脫自在하며 悉

데도 알지 못하느니라.

또 중생 세계에 들어가서 중생의 근성을 아는 일과 중생들을 교화
하고 조복하는 지혜와 보살의 머무르는 깊은 자재함과 보살이 들어가
는 여러 지위와 길과 이 바다들의 끝 간 데도 알지 못하느니라.

선재동자가 보현보살의 털구멍 세계에 있어서 혹 한 세계에서 한
겁 동안을 지내면서 걷기도 하고 내지 말할 수 없이 말할 수 없는 세
계의 티끌 수 겁 동안을 지내면서 걷기도 하며, 또 이 세계에서 없어
지고 저 세계에 나타나지도 않으면서 잠깐잠깐 동안에 그지없는 세계
바다에 두루하여 중생들을 교화하여 아뇩다라삼먁삼보리에 향하게
하였다.

이때를 당하여 선재동자는 차례로 보현보살의 행과 원의 바다를 믿
어서 보현보살과 평등하고 부처님들과 평등하며, 한 몸이 모든 세계
에 가득하여 세계가 평등하고 행이 평등하고 바르게 깨달음이 평등하
고 신통이 평등하고 법륜이 평등하고 변재가 평등하고 말씀이 평등하
고 음성이 평등하고 힘과 두려움 없음이 평등하고 부처님의 머무심이
평등하고 대자대비가 평등하고 부사의한 해탈과 자재함이 모두 평등

皆同等하니라 爾時에 普賢菩薩摩訶薩이 卽說頌言하사대

汝等應除諸惑垢하고　　　一心不亂而諦聽하라

我說如來具諸度한　　　　一切解脫眞實道호리라

出世調柔勝丈夫가　　　　其心淸淨如虛空하야

恒放智日大光明하사　　　普使群生滅癡暗이샷다

如來難可得見聞이어늘　　無量億劫今乃値하니

如優曇華時一現이라　　　是故應聽佛功德이어다

隨順世間諸所作이　　　　譬如幻士現衆業이니

但爲悅可衆生心이언정　　未曾分別起想念이샷다

爾時에 諸菩薩이 聞此說已코 一心渴仰하야 唯願得聞如來世尊의

하였다. 이때 보현보살마하살이 게송으로 말하였다.

너희들 번뇌의 때 털어 버리고　　한 마음으로 정신 차려 자세히 들으라

여래께서 바라밀을 구족하시고　　해탈의 참된 길을 내가 말하리

세상 떠나 부드럽고 훌륭한 장부　　그 마음 깨끗하기 허공과 같고

지혜해의 큰 광명 항상 놓아서　　중생의 어리석은 어둠 없애네

여래는 보고 듣기 어렵거늘　　　한량없는 억 겁에 이제 만나니

우담바라 좋은 꽃 어쩌다 핀 듯　　그러므로 부처님 공덕 들어야 하고

세간을 따라 주며 지으시는 일　　요술쟁이 모든 일을 나타내는 듯

중생 마음 기쁘도록 하심이언정　　분별하여 여러 생각 내지 않았네

그때 보살들은 이 게송을 듣고 일심으로 갈망하며, 여래 세존의 진실한 공덕을 듣잡기 위하여 이렇게 생각하였다.

眞實功德하야 咸作是念호대 普賢菩薩이 具脩諸行하사 體性淸淨하며 所有言說이 皆悉不虛하시니 一切如來의 共所稱歎이라하야 作是念已코 深生渴仰이어늘 爾時에 普賢菩薩이 功德智慧로 具足莊嚴을 猶如蓮華하야 不着三界一切塵垢러니 告諸菩薩言하사대 汝等은 諦聽하라 我今欲說佛功德海一滴之相이로라 即說頌曰

佛智廣大同虛空하사	普徧一切衆生心하사
悉了世間諸妄想하사대	不起種種異分別이샷다
一念悉知三世法하며	亦了一切衆生根하시니
譬如善巧大幻師가	念念示現無邊事샷다
隨衆生心種種行하사	往昔諸業誓願力으로

'보현보살은 모든 행을 갖추어 닦으시고, 성품이 청정하시며, 하시는 말씀이 헛되지 않으시니 모든 여래께서 칭찬하시도다.'

이 생각을 하고는 갈망하는 마음이 더욱 간절하였다. 이때 보현보살은 공덕과 지혜를 갖추어 장엄하시니, 마치 연꽃이 삼계의 모든 티끌에 묻지 않는 듯하여서, 여러 보살에게 말하였다.

"그대들은 자세히 들으라. 내가 이제 부처님의 공덕 바다에서 한 방울만큼 말하려 하노라."

곧 게송으로 말하였다.

부처님 지혜 크고 넓기 허공 같아서　중생들의 마음에 두루하시고

세간의 헛된 생각 모두 알지만　가지가지 다른 분별 내지 않으며

한 생각에 삼세법 모두 다 알고　중생들의 근성도 잘 아시나니

비유하면 교묘한 요술쟁이가　잠깐잠깐 모든 일을 나타내는 듯

중생들의 마음과 가지가지 행과　옛날에 지은 업과 소원을 따라

令其所見各不同이나 而佛本來無動念이샷다
或有處處見佛坐하사 充滿十方諸世界하며
或有其心不淸淨하야 無量劫中不見佛이로다
或有信解離驕慢하야 發意卽得見如來하며
或有諂誑不淨心으로 億劫尋求莫値遇로다
或一切處聞佛音에 其音美妙令心悅하며
或有百千萬億劫이라도 心不淨故不聞者로다
或見淸淨大菩薩이 充滿三千大千界하야
皆已具足普賢行이어든 如來於中儼然坐로다
或見此界妙無比하니 佛無量劫所嚴淨이라

그들의 보는 것은 같지 않지만 부처님께서는 본래로 생각이 동하지 않네

어떤 이는 간 데마다 부처님께서 온 세계에 가득함을 뵙지만

어떤 이는 마음이 깨끗지 못해 무량겁에 부처님을 보지 못하며

어떤 이는 믿고 알아 교만이 없어 생각대로 여래를 뵙지만

어떤 이는 아첨하고 마음이 부정 억 겁 동안 찾아도 만나지 못해

어떤 이는 간 데마다 부처님 음성 아름답게 내 마음 기쁘게 하나

어떤 이는 백천만억 겁을 지내도 마음이 부정하여 듣지 못하네

어떤 이는 청정한 큰 보살들이 삼천대천세계에 가득차 있어

보현의 온갖 행을 갖춘 가운데 여래께서 의젓하게 앉음을 보네

이 세계가 미묘하기 짝이 없음은 오랜 세월 부처님께서 장엄하신 것

毘盧遮那最勝尊이　　　於中覺悟成菩提로다
或見蓮華勝妙刹에　　　賢首如來住在中이어든
無量菩薩衆圍遶하야　　皆悉勤脩普賢行이로다
或有見佛無量壽는　　　觀自在等所圍遶니
悉已住於灌頂地하야　　充滿十方諸世界로다
或有見此三千界가　　　種種莊嚴如妙喜하야
阿閦如來住在中과　　　及如香象諸菩薩이로다
或見月覺大名稱이　　　與金剛幢菩薩等으로
住如圓鏡妙莊嚴하사　　普徧十方淸淨刹이로다
或見日藏世所尊이　　　住善光明淸淨土하사

비로자나 거룩하신 부처님께서　　이 안에서 깨달아 보리 이루고

혹은 보니 아름다운 연꽃 세계에　　현수 여래 그 가운데 앉아 계신데

한량없는 보살대중 둘러 모시고　　보현행을 부지런히 닦기도 하며

혹은 보니 무량수불 계시는 곳에　　관자재보살들이 둘러 모시고

정수리에 물 붓는 지위에 있어　　시방의 온 세계에 가득 찼으며

어떤 이는 삼천대천세계들이　　여러 장엄 묘희 세계 비슷하온데

아촉여래 그 가운데 앉아 계시고　　향상과 같은 보살 모두 다 보며

어떤 이는 소문 높은 월각부처님　　금강당보살님과 함께하시어

거울 같은 묘한 장엄 머물러 있어　　깨끗한 시방 세계 찼음을 보며

혹은 보니 일장세존부처님께서　　좋은 광명 청정한 극토에 계셔

及與灌頂諸菩薩로　　　　充徧十方而說法이로다

或見金剛大焰佛이　　　　而與智幢菩薩俱하사

周行一切廣大刹하야　　　說法除滅衆生翳로다

一一毛端不可說　　　　　諸佛具相三十二어든

菩薩眷屬共圍遶하야　　　種種說法度衆生이로다

或有觀見一毛孔의　　　　具足莊嚴廣大刹에

無量如來悉在中하고　　　淸淨佛子皆充滿이로다

或有見一微塵內에　　　　具有恒沙佛國土어든

無量菩薩悉充滿하야　　　不可說劫脩諸行이로다

或有見一毛端處에　　　　無量塵沙諸刹海가

정수리에 물 부은 보살과 함께　　시방에 가득하여 법을 말하고

혹은 보니 금강 불꽃 큰 부처님이　지혜 당기 보살과 함께하시어

광대한 모든 세계 두루 다니며　　법을 말해 중생의 눈병 없애네

낱낱 털끝마다 말할 수 없는　　　부처님께서 삼십 이상 구족하시고

여러 보살 권속에게 호위되어서　가지가지 법을 말해 중생을 제도

어떤 이는 한 터럭 구멍을 보니　구족하게 장엄한 넓은 세계에

한량없는 여래가 가운데 있고　　청정한 불자들이 가득 찼으며

혹은 보니 조그만 한 티끌 속에　항하수 모래 수의 국토가 있고

한량없는 보살이 가득차 있어　　말할 수 없는 겁에 행을 닦으며

혹은 보니 한 터럭 끝만 한 곳에　한량없는 티끌 수 세계가 있어

種種業起各差別이어든 毘盧遮那轉法輪이로다
或見世界不清淨하며 或見清淨寶所成이어든
如來住壽無量時와 乃至涅槃諸所現이로다
普徧十方諸世界하사 種種示現不思議라
隨諸衆生心智業하야 靡不化度令清淨이삿다
如是無上大導師가 充滿十方諸國土하사
示現種種神通力을 我說少分汝當聽이어다
或見釋迦成佛道가 已經不可思議劫하며
或見今始爲菩薩하사 十方利益諸衆生이로다
或有見此釋師子가 供養諸佛脩行道하며

가지가지 짓는 업이 각각 다른데 비로자나 부처님 법륜 굴리네
혹은 보니 어떤 세계 깨끗지 않고 어떤 세계 깨끗한 보배로 되어
여래께서 한량없이 오래 사시며 열반하실 때까지 모두 나타내
시방의 모든 세계 두루하여서 가지가지로 부사의한 일을 보이고
중생들의 말과 지혜, 업을 따라서 교화하여 모두 다 깨끗케 하며
이와 같이 위 없는 대도사들이 시방의 모든 국토 가득 차 있어
가지가지 신통한 힘 나타내심을 조금만 말하리니 그대 들으라
혹은 보니 석가여래 부처 되신 지 부사의한 많은 겁을 이미 지냈고
혹은 이제 처음으로 보살이 되어 시방에서 모든 중생 이익케 하시며
혹은 보니 석가모니 사자님께서 부처님께 공양하며 도를 행하고

416 華嚴經 第8卷

或見人中最勝尊이 現種種力神通事로다
或見布施或持戒와 或忍或進或諸禪과
般若方便願力智로 隨衆生心皆示現이로다
或見究竟波羅蜜하며 或見安住於諸地하사
總持三昧神通智를 如是悉現無不盡이로다
或見脩行無量劫하야 住於菩薩堪忍位하며
或現住於不退地하며 或現法水灌其頂이로다
或現梵釋護世身하며 或現刹利婆羅門하니
種種色相所莊嚴이 猶如幻師現衆像이로다
或現兜率始降神하며 或見宮中受嬪御하며

혹은 보니 사람 중에 가장 높은 이 가지가지 힘과 신통 나타내시며

보시도 행하시고 계율도 갖고 혹은 참고 혹은 정진하고 혹은 선정도 하며

반야·방편·원과 힘과 지혜를 닦아 중생의 마음 따라 나타내시네

바라밀 끝까지 닦기도 하고 모든 지위에 편안히 있기도 하며

다라니와 삼매와 신통과 지혜 이런 것을 나타내어 다함이 없고

한량없는 겁 동안에 수행도 하고 보살의 인욕 자리 있기도 하며

물러가지 않는 곳에 머무르기도 하고 정수리에 법의 물을 붓기도 하며

범왕·제석·사천왕 몸 나타내고 찰제리·바라문도 나타내어서

가지가지 모양으로 장엄하는 일 요술쟁이 여러 형상 만들어내듯

도솔천서 처음으로 내려오기도 하고 궁중에서 시녀들을 맞아들이기도 하며

或見棄捨諸榮樂하고　出家離俗行學道로다
或見始生或見滅하며　或見出家學異行하며
或見坐於菩提樹하사　降伏魔軍成正覺이로다
或有見佛始涅槃하며　或見起塔徧世間하며
或見塔中立佛像하니　以知時故如是現이샷다
或見如來無量壽가　與諸菩薩授尊記하사
而成無上大導師하야　次補住於安樂刹이로다
或見無量億千劫에　作佛事已入涅槃하며
或見今始成菩提하며　或見正脩諸妙行이로다
或見如來淸淨月이　在於梵世及魔宮과

어떤 때는 모든 향락 모두 버리고　출가하여 세속 떠나 도를 배우며
혹은 처음 태어나고 혹은 멸하고　출가하여 이상한 행을 배우고
혹은 보니 보리수 아래 앉아서　마군을 항복 받고 깨달음 이루며
부처님 처음으로 열반에 들며　높고 묘한 탑을 쌓아 세간에 가득
탑 가운데 불상 모시기도 해　때를 알아 이렇게 나타내시며
혹은 보니 무량수 부처님께서　청정한 보살들께 수기 주시되
위 없는 대도사가 되리라 하여　보처불로 극락세계 있기도 하며
어떤 이는 한량없는 억천 겁 동안　부처님 일 지으시고 열반에 들며
혹은 보니 이제 처음 보리 이루고　어떤 이는 묘한 행을 닦기도 하며
혹은 보니 여래의 청정한 달이　범천왕의 세상과 마의 궁전과

自在天宮化樂宮하사 　示現種種諸神變이로다
或見在於兜率宮하사 　無量諸天共圍遶어든
爲彼說法令歡喜하야 　悉共發心供養佛이로다
或見住在夜摩天과 　忉利護世龍神處의
如是一切諸宮殿하사 　莫不於中現其像이로다
於彼然燈世尊所에 　散華布髮爲供養하고
從是了知深妙法하사 　恒以此道化群生이샷다
或有見佛久涅槃하며 　或見初始成菩提하며
或有住於無量劫하며 　或見須臾卽滅度로다
身相光明與壽命과 　智慧菩提及涅槃과

자재천궁·화락천에 있기도 하여 　가지가지 신통변화 나타내시며
혹은 보니 도솔천 궁전에 　한량없는 천인이 둘러 모시고
그들에게 법을 말해 환희케 하며 　마음 내어 부처님께 공양도 하고
혹은 보니 야마천 궁전과 　도리천·사천왕과 용왕의 궁전
이러한 여러 가지 궁전에 있어 　그 안에서 형상을 나타내시며
연등불 세존님께 꽃을 흩으며 　머리카락 땅에 깔아 공양하시고
그로부터 묘한 법 깊이 깨달아 　언제나 이 길로써 중생을 교화
오래전에 열반하신 부처님도 계시고 　어떤 이는 처음으로 보리 이루며
어떤 이는 한량없는 겁에 사시고 　어떤 이는 잠깐 만에 열반도 하며
모습이나 광명이나 사는 수명과 　지혜로나 보리나 열반하는 일

衆會所化威儀聲이
或現其身極廣大가
或見跏趺不動搖하사
或見圓光一尋量하며
或見照於無量土하며
或見佛壽八十年하며
或住不可思議劫하사
佛智通達淨無礙하사
皆從心識因緣起라
於一刹中成正覺하사

如是一一皆無數삿다
譬如須彌大寶山하며
充滿無邊諸世界로다
或見千萬億由旬하며
或見充滿一切刹이로다
或壽百千萬億歲하며
如是展轉倍過此로다
一念普知三世法이
生滅無常無自性이삿다
一切刹處悉亦成하며

회중이나 교화 받는 위의와 음성
어떤 때는 엄청난 몸을 나투기를
혹은 보니 가부좌하여 움직이잖아
혹은 보니 둥근 광명 한 길도 되고
한량없는 국토에 비추다가도
혹은 보니 부처님 팔십 년 살고
헤아릴 수 없는 겁을 살기도 하여
불지 깨끗하고 걸림이 없어
마음의 인연으로 생긴 것
한 세계 가운데서 정각 이루고

이런 것이 낱낱이 수가 없으며
비유하면 큰 보배 수미산 같고
그지없는 세계가 충만하시며
어떤 이는 천만억 유순도 되며
어떤 때는 온 세계에 가득 차고
백천 만억 세월을 살기도 하며
이렇게 몇 갑절을 더 지나가고
한 생각에 삼세법 두루 다 알되
생멸이 덧없어서 제 성품 없고
모든 세계 곳곳마다 이루시는 일

一切入一一亦爾하야　　隨衆生心皆示現이샀다
如來住於無上道하사　　成就十力四無畏하며
具足智慧無所礙하사　　轉於十二行法輪이샀다
了知苦集及滅道하며　　分別十二因緣法하사
法義樂說詞無礙여　　以是四辯廣開演이샀다
諸法無我無有相하며　　業性不起亦無失하야
一切遠離如虛空을　　佛以方便而分別이샀다
如來如是轉法輪에　　普震十方諸國土하시니
宮殿山河悉搖動이나　　不使衆生有驚怖샀다
如來普演廣大音하사　　隨其根欲皆令解하야

모든 것 하나 되고 하나도 그래　　중생의 마음 따라 나타내시네

여래는 위 없는 도에 계시어　　열 가지 힘과 두려움 없음을 성취하고

지혜를 구족하고 걸림 없으사　　열두 가지 법륜을 굴리시나니

네 가지 참된 이치 분명히 알고　　열두 가지 인연법 분별하시며

법과 뜻과 듣기 좋고 걸림 없는 말　　네 가지 변재로써 연설하시며

모든 법은 '나'가 없고 모양도 없고　　업의 성품 일지 않고 잃지도 않아

모든 일 여의어서 허공 같으나　　부처님 방편으로 분별하시며

여래께서 이렇게 법륜 굴리어　　시방의 모든 국토 진동시키니

궁전과 산과 강이 흔들리지만　　중생들을 조금도 놀라게 않고

여래께서 광대한 소리로 연설　　근성과 욕망 따라 이해케 하며

悉使發心除惑垢나
或聞施戒忍精進과
或聞慈悲及喜捨에
或聞四念四正勤과
諸念神通止觀等과
龍神八部人非人과
佛以一音爲說法하사
若有貪欲瞋恚癡와
八萬四千煩惱異라도
若未具脩白淨法이면

而佛未始生心念이샸다
禪定般若方便智하며
種種音辭各差別이로다
神足根力及覺道와
無量方便諸法門이로다
梵釋護世諸天衆을
隨其品類皆令解샸다
忿覆慳嫉及驕諂과
皆令聞說彼治法이샸다
令其聞說十戒行하며

마음 내어 의혹을 덜게 하시나
보시하고 계행 갖고 인욕과 정진
대자·대비·대희·대사 듣기도 하여
네 가지 생각함과 네 가지 정근
모든 생각·신통과 선정·지혜의
용과 신의 팔부중과 사람과 비인
부처님의 한 음성 법을 말하여
탐욕 많고 성 잘 내고 어리석음과
팔만 사천 번뇌가 각각 다르나
희고도 깨끗한 법 닦지 못한 이는

부처님께서는 처음부터 마음 안 내며
선정과 반야이며 방편과 지혜
가지가지 음성이 각각 다르고
신족과 근력, 깨닫는 길
한량없는 방편 법문 듣기도 하고
범천·제석·사왕천의 하늘 무리
그들의 종류 따라 다 알게 하고
분하고 가리우고 질투와 교만
제각기 다스리는 법문을 듣네
열 가지 계행 말해 듣게 하시고

已能布施調伏人이면　　令聞寂滅涅槃音이샷다
若人志劣無慈愍하야　　厭惡生死自求離하면
令其聞說三脫門하야　　使得出苦涅槃樂이샷다
若有自性少諸欲하야　　厭背三有求寂靜이면
令其聞說諸緣起하야　　依獨覺乘而出離샷다
若有淸淨廣大心으로　　具足施戒諸功德하야
親近如來具慈愍이면　　令其聞說大乘音이샷다
或有國土聞一乘하며　　或二或三或四五로
如是乃至無有量하니　　悉是如來方便力이샷다
涅槃寂靜未曾異나　　智行勝劣有差別하니

벌써부터 보시하며 조복한 이는　　고요한 열반 법문 들려주시며

어떤 사람 용렬하고 자비가 없어　　생사를 싫어하고 떠나려 하면

세 가지 해탈 법문 들려주어　　괴로움 없는 열반락을 얻게 해 주고

어떤 사람 본 성품이 욕심이 적어　　삼계를 등지고 고요하려면

인연으로 생기는 법 말해 주어　　독각승을 의지하여 여의게 하네

어떤 이가 청정하고 마음이 커서　　보시·계율 모든 공덕 갖추어 행하며

여래를 가까이하여 자비한 이는　　대승법을 말하여 듣게 하시고

어떠한 국토에서 일승법 듣고　　혹은 이승 혹은 삼승, 혹은 사승·오승과

내지 한량없는 승을 듣게 하나니　　이런 것이 모두 다 여래의 방편

열반의 고요함은 다르잖으나　　지혜와 행 나음 못해 차별 있나니

譬如虛空體性一이나　鳥飛遠近各不同이로다
佛體音聲亦如是하사　普徧一切虛空界나
隨諸衆生心智殊하야　所聞所見各差別이로다
佛以過去脩諸行으로　能隨所樂演妙音하사대
無心計念此與彼하야　我爲誰說誰不說이샷다
如來面門放大光하사　具足八萬四千數하시니
所說法門亦如是하야　普照世界除煩惱샷다
具足淸淨功德智하사　而常隨順三世間하시니
譬如虛空無染着이나　爲衆生故而出現이샷다
示有生老病死苦하며　亦示住壽處於世하시니

마치 허공 성품은 하나이지만　나는 새가 멀고 가까움이 같지 않은 듯

부처님의 음성도 그와 같아서　모든 법계 허공에 두루하거든

중생들의 마음과 지혜를 따라　듣는 바와 보는 바가 각각 다르다

부처님께서 지난 세월 모든 행 닦고　좋아하는 마음 따라 법을 말하나

이것저것 계교하는 마음 없나니　누구에게 말하고 누구에겐 안 하리

여래의 얼굴에서 큰 광명 놓아　팔만 사천 가지가 구족하시니

말씀하는 법문도 그와 같아서　세계에 두루 비춰 번뇌 없애며

청정하온 공덕과 지혜 갖추고　세 가지 세간들을 항상 따르니

비유하면 허공이 물들지 않듯　중생을 위하여서 나타나시며

나고 늙고 병나 죽는 괴로움 보이며　세상에서 장수함도 보이시나니

雖順世間如是現이나　　　體性淸淨同虛空이샷다
一切國土無有邊하며　　　衆生根欲亦無量이어늘
如來智眼皆明見하사　　　隨所應化示佛道샷다
究竟虛空十方界하야　　　所有人天大衆中에
隨其形相各不同하야　　　佛現其身亦如是샷다
若在沙門大衆會면　　　剃除鬚髮服袈裟하며
執持衣鉢護諸根하사　　　令其歡喜息煩惱샷다
若時親近婆羅門이면　　　卽爲示現羸瘦身이
執杖持瓶恒潔淨하야　　　具足智慧巧談說이샷다
吐故納新自充飽하며　　　吸風飮露無異食하며

세간 사람 따라서 나타내시나　　　성품은 청정하여 허공과 같고

법계의 모든 국토 끝닿은 데 없고　　　중생의 근성·욕망 한량없으나

여래의 지혜 눈이 분명히 보고　　　교화할 정도 따라 길을 보네

허공과 시방 세계 끝닿은 데 없고　　　거기 있는 천상·인간 많은 대중들

그들의 생김새가 같지 않거든　　　부처님 몸 나투심도 그와 같나니

사문들의 모임 속에 있을 적에는　　　머리와 수염 깎고 가사 수하고

의발을 지니어 몸 보호하면　　　그들이 즐거워서 번뇌를 쉬고

어떤 때에 바라문을 가까이할 때엔　　　그를 위해 여윈 몸 나타내어서

지팡이와 물병 들고 항상 깨끗해　　　지혜를 구족하여 변론 잘하고

옛것 뱉고 새것 삼켜 배를 채우고　　　바람 먹고 이슬 마셔 먹지 않으며

若坐若立不動搖_{하야} 　現斯苦行摧異道_{샷다}
或持彼戒爲世師_{하야} 　善達醫方等諸論_{하며}
書數天文地衆相_과 　及身休咎無不了_{샷다}
深入諸禪及解脫_과 　三昧神通智慧行_{하사대}
言談諷詠共嬉戲_{하야} 　方便皆令住佛道_{샷다}
或現上服以嚴身_{하며} 　首戴華冠蔭高蓋_{하며}
四兵前後共圍遶_{하야} 　誓衆宣威伏小王_{이샷다}
或爲聽訟斷獄官_{하야} 　善解世間諸法務_{하며}
所有與奪皆明審_{하야} 　令其一切悉欣伏_{이샷다}
或作大臣專弼輔_{하야} 　善用諸王治政法_{하시니}

앉았거나 섰거나 꼼짝 않나니　이러한 고행으로 외도를 굴복

세상의 계행 가져 스승도 되고　의학을 통달하고 언론 잘하며

글이나 수학이나 천문과 지리　이 몸의 길흉·화복 모두 잘 알고

모든 선정 해탈문에 깊이 들었고　삼매와 신통변화 지혜 행하며

말 잘하고 글 잘 쓰고 놀기도 잘해　방편으로 불도에 들게 하나니

훌륭한 옷을 입어 몸치장하고　머리에는 화관 쓰고 일산을 받고

군사들이 앞뒤에서 호위하면서　군중에게 위엄 펴서 작은 왕 굴복

어느 때는 재판하는 법관이 되어　세간의 모든 법를 분명히 알고

잘하고 잘못한 것 밝게 살피어　모든 사람 기뻐서 복종케 하며

어떤 때는 제왕의 보필이 되어　임금의 정치하는 법을 잘 쓰니

十方利益皆周徧이나　一切衆生莫了知로다
或爲粟散諸小王하며　或作飛行轉輪帝하사
令諸王子婇女衆으로　悉皆受化無能測이로다
或作護世四天王하야　統領諸龍夜叉等하사
爲其衆會而說法하야　一切皆令大欣慶이샷다
或爲忉利大天王하야　住善法堂歡喜園하사
首戴華冠說妙法하시니　諸天觀仰莫能測이로다
或住夜摩兜率天과　化樂自在魔王所하사
居處摩尼寶宮殿하야　說眞實行令調伏이샷다
或至梵天衆會中하사　說四無量諸禪道하야

시방이 이익 얻어 두루하지만　모든 중생 웬일인지 알지 못하며

어떤 때는 좁쌀 같은 임금도 되고　날아서 다니시는 전륜왕도 되나

왕자들과 시녀와 모든 권속들　교화를 받으면서도 알지 못하고

세상을 보호하는 사천왕 되어　왕과 용과 야차들을 통솔하고

그들에게 묘한 법을 연설하여서　모두들 기뻐하며 복되게 하고

어떤 때는 도리천 천왕이 되어　선법당 환희원에 머무르면서

머리에 화관 쓰고 법을 말하니　천인들이 쳐다보고 측량치 못하도다

야마천·도솔천에도 있고　화락천·자재천과 마왕의 처소

마니 보배 궁전에 거처하면서　진실한 행을 말해 조복케 하고

범천들이 모인 데 가기도 하여　한량없는 네 가지 마음과 선정 말하며

普令歡喜便捨去하사대 　　而莫知其往來相이로다
或至阿迦尼吒天하사 　　爲說覺分諸寶華와
及餘無量聖功德하시고 　　然後捨去無知者로다
如來無礙智所見인 　　其中一切諸衆生을
悉以無邊方便門으로 　　種種敎化令成就샷다
譬如幻師善幻術에 　　現作種種諸幻事인달하야
佛化衆生亦如是하사 　　爲其示現種種身이샷다
譬如淨月在虛空에 　　令世衆生見增減하며
一切河池現影像에 　　所有星宿奪光色인달하야
如來智月出世間에 　　亦以方便示增減하며

환희케 하고서 떠나가나 　　오고 가는 형상을 알지 못하고

아가니타 하늘에 이르러서는 　　깨달음의 부분인 보배 꽃들과

한량없는 공덕을 말하여 주고 　　버리고 가지만 아는 이 없네

여래의 걸림 없는 지혜로 보는 　　그 가운데 살고 있는 여러 중생들

모두 다 그지없는 방편문으로 　　가지가지로 교화하여 성취케 하며

요술쟁이 이상한 요술을 부려 　　여러 가지 환술을 만들어 내듯

부처님의 중생 교화 그와 같아서 　　그들에게 여러 가지 몸을 보이며

비유컨대 깨끗한 달 허공에 있어 　　중생들이 초승·보름 보게 되거든

수많은 강과 못에 영상이 비쳐 　　크고 작은 별의 빛을 뺏어 버리듯

여래의 지혜 달도 세간에 떠서 　　둥글고 이지러짐 보여 주는데

菩薩心水現其影에 聲聞星宿無光色이로다
譬如大海寶充滿에 淸淨無濁無有量이라
四洲所有諸衆生이 一切於中現其像인달하야
佛身功德海亦爾하야 無垢無濁無邊際하사
乃至法界諸衆生이 靡不於中現其影이로다
譬如淨日放千光에 不動本處照十方인달하야
佛日光明亦如是하사 無去無來除世暗이샷다
譬如龍王降大雨에 不從身出及心出호대
而能霑洽悉周徧하야 滌除炎熱使淸涼인달하야
如來法雨亦復然하사 不從於佛身心出호대

보살의 마음 물엔 영상 있지만 　성문들의 별빛은 광명이 없도다

비유컨대 바다에 보배가 가득 　청정하여 흐리잖고 한량없거든

사주 세계 중생과 모든 것들의 　영상이 그 가운데 나타나나니

부처님 몸 공덕 바다 그와 같아서 　때 없고 흐리잖고 가이없어서

법계에 살고 있는 모든 중생들 　형상이 나타나지 않는 것 없네

비유컨대 밝은 해가 광명 놓으면 　본 고장 떠나잖고 시방 비추니

부처님 해 광명도 그와 같아서 　가고 옴이 없어도 어둠을 없애

비유컨대 용왕이 큰비 내릴 때 　몸에서나 마음에서 나지 않지만

넓은 땅을 두루 적셔 흡족케 하고 　찌는 더움 씻어서 서늘케 하니

부처님의 법비도 그와 같아서 　부처님 몸과 마음에서 나지 않지만

而能開悟一切衆하야　普使滅除三毒火샷다
如來淸淨妙法身이　一切三界無倫匹하사
以出世間言語道하시니　其性非有非無故샷다
雖無所依無不住하며　雖無不至而不去호미
如空中畵夢所見하니　當於佛體如是觀이어다
三界有無一切法이　不能與佛爲譬喩니
譬如山林鳥獸等이　無有依空而住者로다
大海摩尼無量色이라　佛身差別亦復然이니
如來非色非非色일새　隨應而現無所住샷다
虛空眞如及實際와　涅槃法性寂滅等이여

여러 많은 중생을 깨우쳐 주어　세 가지 독한 불을 꺼 버리시며

여래의 청정하고 묘한 법의 몸　온 누리 삼계에 짝이 없으며

세간의 말로써는 형용 못하니　그 성품 있지도 않고 없지도 않은 탓

의지한 데 없으나 어디나 있고　안 가는 데 없으나 가지 않나니

허공에 그린 그림 꿈에 보듯이　부처님의 성품도 이렇게 보라

삼계에 있고 없는 모든 법들을　부처님께 비유할 수 없나니

산림 속에 살고 있는 새와 짐승들　허공을 의지하여 사는 것 없네

바닷속 마니 보배 한량없는 빛　부처님 몸 차별도 그와 같아서

여래는 빛 아니고 아님도 아니니　응하여서 나타나고 있는데 없네

허공이나 진여나 실제이거나　열반과 법의 성품 적멸 등이나

唯有如是眞實法_{하야}　可以顯示於如來_{로다}
刹塵心念可數知_{하고}　大海中水可飮盡_{하며}
虛空可量風可繫_{라도}　無能盡說佛功德_{이로다}
若有聞斯功德海_{하고}　而生歡喜信解心_{이면}
如所稱揚悉當獲_{하리니}　愼勿於此懷疑念_{이어다}

이와 같이 진실한 법으로만이　여래를 드러내어 보일 수 있네
세계 티끌 같은 마음 헤아려 알고　큰 바닷물이라도 마셔 다하고
허공을 측량하고 바람을 얽어매도　부처님의 공덕은 말로 다할 수 없네
이러한 공덕 바다 누가 듣고서　기뻐하며 믿는 마음 내는 이들은
위에 말한 공덕을 얻게 되리니　여기에서 의심을 내지 말아라

大方廣佛華嚴經不思議解脫境界
普賢行願品

罽賓國三藏般若奉　詔譯

爾時에 普賢菩薩摩訶薩이 稱歎如來勝功德已하시고 告諸菩薩과
及善財言하사대 善男子야 如來功德은 假使十方一切諸佛이 經不
可說不可說佛刹極微塵數劫토록 相續演說하야도 不可窮盡이니라
若欲成就此功德門인댄 應修十種廣大行願이니 何等이 爲十고 一
者는 禮敬諸佛이요 二者는 稱讚如來요 三者는 廣修供養이요 四者는
懺悔業障이요 五者는 隨喜功德이요 六者는 請轉法輪이요 七者는 請
佛住世요 八者는 常隨佛學이요 九者는 恒順衆生이요 十者는 普皆
廻向이니라 善財가 白言호대 大聖하 云何禮敬으로 乃至廻向이닛고
普賢菩薩이 告善財言하사대 善男子야 言禮敬諸佛者는 所有盡法
界虛空界十方三世一切佛刹極微塵數諸佛世尊을 我以普賢行

그때에 보현보살마하살께서 부처님의 수승한 공덕을 찬탄하시고
여러 보살들과 선재동자에게 말씀하셨다.

"착한 남자여, 여래의 공덕은 시방세계의 부처님들께서 이루 말할
수 없는 오랜 세월 동안 계속하여 말씀하시더라도 끝까지 다 말씀하
실 수 없느니라. 만일 이러한 공덕을 성취하려면 마땅히 열 가지 넓
고 큰 행원을 닦아야 하느니라. 그 열 가지란, 하나는 모든 부처님께
예경함이요, 둘은 여래의 공덕을 찬탄함이요, 셋은 널리 공양함이요,
넷은 업장을 참회함이요, 다섯은 남의 공덕을 따라 기뻐함이요, 여섯
은 여래께서 설법하시기를 청함이요, 일곱은 부처님께서 세상에 오래
머무시기를 청함이요, 여덟은 부처님을 따라서 배움이요, 아홉은 중
생의 뜻에 늘 따라 줌이요, 열은 공덕을 널리 회향함이니라."

선재가 보현보살께 아뢰었다.

"성스러운이여, 어떻게 예경하오며, 또 어떻게 회향하오리까?"

보현보살께서 선재에게 말씀하셨다.

"착한 남자여, 모든 부처님께 예경한다는 것은 온 법계와 허공계의
시방삼세의 모든 부처님 세계에 티끌 수와 같이 많은 부처님들을 보

願力故로 起心信解하야 如對目前하야 悉以淸淨身語意業으로 常修
禮敬호대 一一佛所에 皆現不可說不可說佛刹極微塵數身하야 一
一身으로 遍禮不可說不可說佛刹極微塵數佛이니 虛空界盡이면
我禮乃盡이어니와 而虛空界가 不可盡故로 我此禮敬도 無有窮盡이며
如是乃至衆生界盡하고 衆生業盡하고 衆生煩惱盡이면 我禮乃盡이
어니와 而衆生界와 乃至煩惱가 無有盡故로 我此禮敬도 無有窮盡이
니 念念相續하야 無有間斷하야 身語意業이 無有疲厭이니라
復次善男子야 言稱讚如來者는 所有盡法界虛空界十方三世一
切刹土所有極微一一盡中에 皆有一切世界極微塵數佛하며 一
一佛所에 皆有菩薩海會圍遶어든 我當悉以甚深勝解現前知見。

현행원의 힘으로 마치 눈앞에 뵈온 듯 믿고 이해하는 마음을 일으켜
몸과 말과 뜻의 깨끗한 업으로 항상 예경하되, 낱낱 부처님 계신 데
마다 이루 말할 수 없는 부처님 세계의 티끌 수와 같은 몸을 나타내
고, 이러한 낱낱의 몸으로 한량없는 부처님께 예경하는 것이니라.

　허공계가 다하면 나의 예경도 다하려니와 허공계가 다할 수 없으므
로 나의 예경도 다함이 없느니라.

　이와 같이 중생계가 다하고 중생의 업이 다하고 중생의 번뇌가 다
하면 나의 예경도 다하려니와, 중생계와 중생의 번뇌가 다함이 없으
므로 나의 예경도 다함이 없고 끊임없이 계속되어 잠깐도 쉬지 아니
하지마는, 몸과 말과 뜻의 업으로 하는 일에 조금도 고달파하거나 싫
증내지 않느니라.

　착한 남자여,

　또한 여래를 찬탄한다는 것은 온 법계와 허공계의 시방삼세 모든
세계에 티끌이 있고, 그 낱낱의 티끌 속에 모든 세계의 티끌 수처럼
한량없는 부처님이 계시며, 그 한량없는 부처님께서 계신 곳마다 보
살 대중이 둘러 모신 것을 나는 깊고 뛰어난 알음알이로 앞에 계신

로 各以出過辯才天女微妙舌根하야 一一舌根에 出無盡音聲海하며 一一音聲에 出一切言辭海하야 稱揚讚歎一切如來諸功德海호대 窮未來際토록 相續不斷하야 盡於法界하야 無不周遍이니 如是虛空界盡하며 衆生界盡하며 衆生業盡하며 衆生煩惱盡이면 我讚乃盡이어니와 而虛空界와 乃至煩惱가 無有盡故로 我此讚歎도 無有窮盡이니 念念相續하야 無有間斷하야 身語意業이 無有疲厭이니라

復次善男子야 言廣修供養者는 所有盡法界虛空界十方三世一切佛刹極微塵中에 一一各有一切世界極微塵數佛하며 一一佛所에 種種菩薩海會로 圍遶어든 我以普賢行願力故로 起深信解現前知見하야 悉以上妙諸供養具로 而爲供養이니 所謂華雲과 鬘雲과

듯이 뵈옵고, 변재 천녀보다 더 훌륭한 혀를 내고 그 낱낱 혀에서 다함이 없는 음성을 내고 낱낱의 음성에서 온갖 말을 내어서 모든 여래의 한량없는 공덕을 찬탄하며, 오는 세월이 다하도록 계속하여 끊이지 아니하여 법계의 끝난 데까지 두루할 것이니라.

이와 같이 하여 허공계가 다하고 중생계가 다하고 중생의 업이 다하고 중생의 번뇌가 다하면, 나의 찬탄도 다하려니와 허공계 내지 중생의 번뇌가 다하지 않으므로 나의 찬탄도 다함이 없어, 끊임없이 계속하여 잠깐도 쉬지 아니하지만, 몸과 말과 뜻의 업으로 하는 일에 조금도 고달파하거나 싫증내지 않느니라.

착한 남자여, 또한 널리 공양한다는 것은 온 법계와 허공계의 시방 삼세 모든 부처님 세계의 티끌 속마다 낱낱이 모든 세계의 티끌 수의 부처님이 계시고, 부처님 계신 곳마다 가지가지 보살 대중이 둘러 모신 것을 보현행원의 힘을 입은 연고로, 깊은 믿음과 이해를 일으켜서 눈앞에 계신 듯이 뵈옵고 모두 훌륭한 공양거리로 공양하나니,
이른바 구름처럼 많은 꽃 ·
꽃 타래 ·

天音樂雲과 天傘蓋雲과 天衣服雲과 天種種香과 塗香과 燒香과
末香이라 如是等雲이 一一量如須彌山王하며 然種種燈호대 酥燈油
燈과 諸香油燈이니 一一燈炷가 如須彌山하며 一一燈油가 如大海
水하야 以如是等諸供養具로 常爲供養이니라 善男子야 諸供養中에
法供養이 最니 所謂如說修行供養과 利益衆生供養과 攝受衆生
供養과 代衆生苦供養과 勤修善根供養과 不捨菩薩業供養과 不
離菩提心供養이니라
善男子야 如前供養無量功德으로 比法供養一念功德컨대 百分에
不及一이며 天分에 不及一이며 百千俱胝那由他分과 迦羅分과 算
分과 數分과 諭分과 優婆尼沙陀分에도 亦不及一이니 何以故오 以

하늘의 음악 · 하늘의 일산 · 하늘의 의복과 여러 가지 하늘의 향인 바
르는 향과 사르는 향과 가루 향 등의 구름이 그 낱낱의 크기가 수미
산과 같으며, 여러 가지 등불을 켜는데 우유등 · 기름등 · 여러 향유
등의 낱낱의 심지가 수미산 같고, 낱낱 등의 기름은 바닷물과 같느니
라. 이러한 가지가지의 공양거리로 항상 공양하느니라.

착한 남자여, 모든 공양 가운데는 법공양이 으뜸이니, 이른바 말씀
한 대로 수행하는 공양, 중생들을 이롭게 하는 공양, 중생들을 거두어
주는 공양, 중생들의 고통을 대신 하는 공양, 선근을 닦는 공양, 보살
의 할 일을 버리지 않는 공양, 보리심을 여의지 않는 공양이니라.

착한 남자여,
앞서 말한 여러 가지로 공양한 한량없는 공덕을 법공양에 비교하면,
잠깐 동안 법공양 한 공덕보다 백 분의 일에도 미치지 못하고, 천 분
의 일에도 미치지 못하고, 백천 구지의 일, 나유타분의 일, 가라분의
일, 산분의 일, 수분의 일, 비유분의 일, 우바니사타분(優婆尼沙陀分)
의 일에도 미치지 못하느니라.

왜냐하면,

諸如來가 尊重法故며 以如說修行에 出生諸佛故라 若諸菩薩이 行法供養하면 則得成就供養如來니 如是修行이 是眞供養故니라 此廣大最勝供養은 虛空界盡하며 衆生界盡하며 衆生業盡하며 衆生 煩惱盡이면 我供乃盡이어니와 而虛空界와 乃至煩惱가 不可盡故로 我此供養도 亦無有盡이니 念念相續하야 無有間斷하야 身語意業이 無有疲厭이니라

復次善男子야 言懺除業障者는 菩薩이 自念호대 我於過去無始劫 中에 由貪瞋癡하야 發身口意하야 作諸惡業이 無量無邊하니 若此惡 業이 有體相者인댄 盡虛空界에 不能容受리니 我今悉以淸淨三業으 로 遍於法界極微塵刹一切諸佛菩薩衆前하야 誠心懺悔하고 後不

모든 여래께서 법을 존중하는 연고며, 말씀한 대로 수행하여 모든 부처님을 나게 하는 까닭이니라. 만일 보살들이 법공양을 행하면 곧 여래께 공양함을 성취하는 것이니, 이렇게 수행함이 진실한 공양이기 때문이니라.

이 광대하고 수승한 공양은 허공계가 다하고 중생의 세계가 다하며 중생의 업이 다하고 중생의 번뇌가 다하면 나의 공양이 다하거니와, 허공계와 내지 중생의 번뇌가 다할 수 없으므로 나의 공양도 다하지 아니하고 끊임없이 계속되어 잠깐도 쉬지 아니하지만, 몸과 말과 뜻 의 업으로 하는 일에 조금도 고달파하거나 싫증내지 않느니라.

착한 남자여, 또한 업장을 참회한다는 것은 보살이 생각하기를, '내가 지난 세상 끝없는 겁 동안 탐내고 성내고 어리석은 마음으 로 몸과 말과 생각을 일으켜 나쁜 짓을 한 것이 한량없고 가이없으 니, 만약 이 나쁜 짓이 형체가 있다면 허공계가 다할지라도 채우지 못할 것이다.

내가 이제 세 가지 청정한 업으로 온 법계에 두루하여 한량없이 많은 일체 모든 부처님과 보살 대중 앞에서 지성으로 참회하고 다시

復造하야 恒住淨戒一切功德하니 如是虛空界盡하며 衆生界盡하며
衆生業盡하며 衆生煩惱盡이면 我懺乃盡이어니와 而虛空界와 乃至衆
生煩惱가 不可盡故로 我此懺悔도 無有窮盡이니 念念相續하야 無
有間斷하야 身語意業이 無有疲厭이니라
復次善男子야 言隨喜功德者는 所有盡法界虛空界十方三世一
切佛刹極微塵數諸佛如來가 從初發心으로 爲一切智하사 勤修福
聚하야 不惜身命하고 經不可說不可說佛刹極微塵數劫토록 一一
劫中에 捨不可說不可說佛刹極微塵數頭目手足하야 如是一切難
行苦行으로 圓滿種種波羅蜜門하고 證入種種菩薩智地하야 成就
諸佛無上菩提와 及般涅槃에 分布舍利한 所有善根을 我皆隨喜하

는 짓지 아니하여, 항상 깨끗한 계율의 모든 공덕에 머물겠나이다.'
하는 것이니라.

이와 같이 하여 허공계가 다하고 중생계가 다하여 중생의 업이 다
하고 중생의 번뇌가 다하면 나의 참회도 다하거니와, 허공계와 내지
중생의 번뇌가 다할 수 없으므로 나의 참회도 다하지 아니하고, 끊임
없이 계속되어 잠깐도 쉬지 아니하지마는 몸과 말과 뜻의 업으로 하
는 일에 조금도 고달파하거나 싫증내지 않느니라.

착한 남자여, 또한 남의 공덕을 따라 기뻐한다는 것은 온 법계와
허공계의 시방삼세 모든 부처님 세계에 티끌 수와 같이 많은 부처님
들께서 처음 발심한 뒤부터 일체지를 위해서 복덕을 부지런히 닦을
적에, 몸과 목숨을 아끼지 않고 한량없는 겁을 지나면서 낱낱 겁 동
안에 한량없는 머리와 눈과 손과 발을 보시하였느니라.

이렇게 행하기 어려운 고행을 하면서 가지가지 바라밀문을 원만히
성취하였고, 가지가지 보살지의 지위에 들어가서 모든 부처님의 위
없는 보리를 성취하였으며, 열반에 든 뒤에는 사리를 나누어 공양하
였나니, 그 모든 선근을 나도 따라 기뻐하며,

며 及彼十方一切世界六趣四生一切種類의 所有功德을 乃至一
塵이라도 我皆隨喜하며 十方三世一切聲聞과 及辟支佛인 有學無學
의 所有功德을 我皆隨喜하며 一切菩薩의 所修無量難行苦行으로
志求無上正等菩提하는 廣大功德을 我皆隨喜니 如是虛空界盡하
며 衆生界盡하며 衆生業盡하며 衆生煩惱盡하야도 我此隨喜는 無有
窮盡이니 念念相續하야 無有間斷하야 身語意業이 無有疲厭이니라
復次善男子야 言請轉法輪者는 所有盡法界虛空界十方三世一
切佛刹極微塵中에 一一各有不可說不可說佛刹極微塵數廣大
佛刹하며 一一刹中에 念念有不可說不可說佛刹極微塵數一切
諸佛이 成等正覺하사 一切菩薩海會가 圍遶어든 而我悉以身口意

　또 시방 일체 세계의 육도 갈래에서 네 가지로 태어나는 중생들이
지은 모든 공덕을 한 티끌 만한 것이라도 내가 모두 따라서 기뻐하
며, 시방삼세의 모든 성문과 벽지불과 유학과 무학이 가진 모든 공덕
을 나도 따라 기뻐하며, 일체 보살들의 한량없이 행하기 어려운 고행
을 닦으면서 위 없이 바르고 원만한 깨달음을 구한 광대한 공덕을 나
도 따라 기뻐하노라.

　이와 같이 하여 허공계가 다하고, 중생계가 다하고 중생의 업이 다
하고 중생의 번뇌가 다하더라도 나의 함께 기뻐함은 다하지 아니하
고, 끊임없이 계속되어 쉬지 아니하지마는 몸과 말과 뜻의 업으로 하
는 일에 조금도 고달파하거나 싫증내지 않느니라.

　또한 착한 남자여,

　여래께서 설법하시기를 청한다는 것은 온 법계와 허공계의 시방삼
세 모든 부처님 세계의 티끌 속마다 낱낱이 한량없는 광대한 세계가
있고, 낱낱의 세계 안에서 잠깐잠깐마다 한량없이 많은 부처님들이
바른 깨달음을 이루었고, 모든 보살 대중이 둘러앉아 계시거든 내가
몸과 말과 뜻의 업으로 하는

業의 種種方便으로 慇懃勸請하야 轉妙法輪이니 如是虛空界盡하며 衆生界盡하며 衆生業盡하며 衆生煩惱盡하야도 我常勸請一切諸佛하야 轉正法輪은 無有窮盡이니 念念相續하야 無有間斷하야 身語意業이 無有疲厭이니라

復次善男子야 言請佛住世者는 所有盡法界虛空界十方三世一切佛刹極微塵數諸佛如來가 將欲示現般涅槃者와 及諸菩薩聲聞緣覺有學無學과 乃至一切諸善知識을 我悉勸請하야 莫入涅槃하야 經於一切佛刹極微塵數劫토록 爲欲利樂一切衆生이니 如是虛空界盡하며 衆生界盡하며 衆生業盡하며 衆生煩惱盡하야도 我此勸請은 無有窮盡이니 念念相續하야 無有間斷하야 身語意業이 無有

가지가지 방편으로써 은근하게 미묘한 법륜 굴리시기를 권하고 청하는 것이니라. 이와 같이 하여 허공계가 다하고 중생계가 다하고 중생의 업이 다하고 중생의 번뇌가 다할지라도, 내가 항상 모든 부처님께서 바른 법륜을 굴리시기를 청함은 다하지 아니하여 끊임없이 계속하여 잠깐도 쉬지 아니하지마는, 몸과 말과 뜻의 업으로 하는 일에 조금도 고달파하거나 싫증내지 않느니라.

또한 착한 남자여, 부처님이 세상에 오래 계시기를 청한다는 것은, 온 법계와 허공계의 시방삼세 모든 부처님 세계에 티끌 수와 같이 많은 부처님께서 열반에 드시려 하거나, 모든 보살과 성문·연각·유학·무학과 내지 일체의 모든 선지식들께 내가 모두 권하고 청하여 '열반에 들지 마시고 한량없는 겁이 지나도록 일체 중생들을 이롭고 즐겁게 하옵소서.' 하고 청하는 것이니라.

이와 같이 하여 허공계가 다하고 중생계가 다하고 중생의 업이 다하고 중생의 번뇌가 다하더라도 나의 이 권하여 청하는 일은 다하지 아니하고, 차례차례 계속하여 잠깐도 쉬지 아니하지마는, 몸과 말과 뜻의 업으로 하는 일에 조금도 고달파하거나 싫증내지 않느니라.

疲厭이니라

復次善男子야 言常隨佛學者는 如此裟婆世界毘盧遮那如來가 從初發心으로 精進不退하사 以不可說不可說身命으로 而爲布施하며 剝皮爲紙하고 析骨爲筆하고 刺血爲墨하고 書寫經典을 積如須彌하시니 爲重法故로 不惜身命이어든 何況王位와 城邑聚落과 宮殿園林과 一切所有와 及餘種種難行苦行가 乃至樹下에 成大菩提하사 示種種神通하며 起種種變化하며 現種種佛身하사 處種種衆會하사대 或處一切諸大菩薩衆會道場하며 或處聲聞及辟支佛衆會道場하며 或處轉輪聖王小王眷屬衆會道場하며 或處刹利及婆羅門長者居士衆會道場하며 乃至或處天龍八部人非人等衆會道場하사

또 착한 남자여,

부처님을 따라서 배운다는 것은 이 사바세계의 비로자나여래께서 처음 발심한 뒤부터 꾸준히 정진하고 물러나지 아니하면서 말할 수 없이 많은 목숨으로 보시하여, 살가죽을 벗기어 종이로 삼고 뼈를 쪼개어 붓을 만들며 피를 뽑아 먹물을 삼아서, 경전 쓰기를 수미산같이 쌓더라도 법을 소중하게 여기므로 목숨도 아끼지 아니하거든, 하물며 임금의 자리나 도시나 시골이나 궁전이나 동산 따위의 소유물을 말해 무엇하리오?

그리고 가지가지 고행과 보리수나무 아래서 큰 깨달음을 이루시고 가지가지 신통을 보이시며, 여러 가지 변화를 일으켜 갖가지 부처의 몸을 나타내어서

온갖 대중이 모인 곳에 계실 적에 혹은 일체 보살 대중이 모인 도량이나 혹은 성문·벽지불의 대중이 모인 도량이나, 전륜왕과 작은 나라의 왕이나 그 권속들이 모인 도량이나, 찰제리·바라문·장자·거사들이 모인 도량이나 내지 하늘과 용과 팔부 신중과 사람과 사람이 아닌 대중이 모인 도량에 계시면서,

處於如是種種衆會하야 以圓滿音으로 如大雷震하사 隨其樂欲하야
成熟衆生하며 乃至示現入於涅槃이어시든 如是一切를 我皆隨學하며
如今世尊毘盧遮那하야 如是盡法界虛空界十方三世一切佛刹
所有塵中一切如來도 皆亦如是어든 於念念中에 我皆隨學이니 如
是虛空界盡하며 衆生界盡하며 衆生業盡하며 衆生煩惱盡하야도 我此
隨學은 無有窮盡이니 念念相續하야 無有間斷하야 身語意業이 無有
疲厭이니라

復次善男子야 言恒順衆生者는 謂盡法界虛空界十方刹海所有
衆生의 種種差別이니 所謂卵生胎生濕生化生이 或有依於地水
火風而生住者하며 或有依空及諸卉木而生住者하야 種種生類와

이와 같은 여러 모임에서 원만한 음성으로 큰 천둥소리처럼 그들이
좋아하고 원하는 바를 따라서 중생을 성숙시키던 일과 필경에 열반
에 드시는 모습을 나타내 보이시던 일까지 내가 모두 따라 배우며,
지금의 세존이신 비로자나 부처님과 같이 온 법계 허공계에 있는 시
방삼세 모든 부처님 세계의 티끌 수와 같이 한량없이 많은 부처님들
께도 이와 같이 내가 모두 똑같이 섬겨, 잠시도 쉬지 않고 내가 모두
따라 배우는 것이니라. 이와 같이 하여 허공계가 다하고 중생계가
다하고 중생의 업이 다하고 중생의 번뇌가 다하더라도, 나의 따라서
배우는 이 원은 다하지 아니하여 끊임없이 계속되어 잠깐잠깐도 쉬
지 아니하지마는, 몸과 말과 뜻의 업으로 하는 일에 조금도 고달파
하거나 싫증내지 않느니라.

  또 착한 남자여, 중생의 뜻에 늘 따라 준다는 것은, 온 법계 허공계
시방세계에 있는 중생들이 가지가지 차별이 있으니, 이른바 알에서
나고 태에서 나고 습기에서 나고 화하여 나는 것이니, 혹은 땅·물·
불·바람 따위를 의지하여 살기도 하고, 허공을 의지하여 살기도 하
고, 풀과 나무를 의지하여 살기도 하는데, 여러 가지 삶의 종류와

種種色身과 種種形狀과 種種相貌와 種種壽量과 種種族類와 種種名號와 種種心性과 種種知見과 種種欲樂과 種種意行과 種種威儀와 種種衣服과 種種飮食으로 處於種種村營聚落城邑宮殿하며 乃至 一切天龍八部人非人等과 無足二足과 四足多足과 有色無色과 有想無想과 非有想非無想인 如是等類를 我皆於彼에 隨順而轉하야 種種承事하며 種種供養호대 如敬父母하며 如奉師長과 及阿羅漢과 乃至如來하야 等無有異하며 於諸病苦에 爲作良醫하며 於失道者에 示其正路하며 於闇夜中에 爲作光明하며 於貧窮者에 令得伏藏이니 菩薩이 如是平等饒益一切衆生하나니 何以故오 菩薩이 若能隨順衆生하면 則爲隨順供養諸佛이며 若於衆生에 尊重承

여러 가지 몸과 여러 가지 형상과 여러 가지 모양과 여러 가지 수명과 여러 가지 종족과 여러 가지 이름과 여러 가지 심성과 여러 가지 지견과 여러 가지 욕락과 여러 가지 마음씀과 여러 가지 위의와 여러 가지 의복과 여러 가지 음식으로 여러 시골 마을과 도시와 궁전에 처하며,

내지 일체의 하늘과 용과 팔부 신중과 사람과 사람이 아닌 것 등과 발 없는 것, 두 발 가진 것, 네 발 가진 것, 여러 발 가진 것이며, 빛깔 있는 것, 빛깔 없는 것, 생각 있는 것, 생각 없는 것, 생각 있는 것도 아니고 생각 없는 것도 아닌 이러한 것들을 내가 모두 따라 주면서, 가지가지로 섬기고 가지가지로 공양하기를 부모같이 공경하고 스승이나 아라한같이 받들며, 부처님과 다름없이 평등하게 하느니라. 병난 이에게는 의원이 되고, 길을 잃은 이에게는 바른 길을 보여 주고, 캄캄한 밤에는 빛이 되고, 가난한 이에게는 보배 창고가 되어주니 보살은 이렇게 일체 중생들을 이롭게 하느니라.

왜냐하면 보살이 중생을 따라 줄 수 있다면 곧 모든 부처님을 수순하고 공양함이 되고, 만약 중생들을 존중하며

事하면 則爲尊重承事如來며 若令衆生으로 生歡喜者면 則令一切
如來로 歡喜니라 何以故오 諸佛如來가 以大悲心으로 而爲體故로
因於衆生하야 而起大悲하며 因於大悲하야 生菩提心하며 因菩提心하
야 成等正覺하나니 譬如曠野沙磧之中에 有大樹王하니 若根得水면
枝葉華果가 悉皆繁茂인달하야 生死曠野菩提樹王도 亦復如是하야
一切衆生으로 而爲樹根하고 諸佛菩薩로 而爲華果하야 以大悲水로
饒益衆生이면 則能成就諸佛菩薩智慧華果하나니 何以故오 若諸
菩薩이 以大悲水로 饒益衆生이면 則能成就阿耨多羅三藐三菩
提故라 是故로 菩提가 屬於衆生이니 若無衆生이면 一切菩薩이 終
不能成無上正覺이니라 善男子야 汝於此義에 應如是解니 以於衆

받들어 섬기면 곧 여래를 존중하고 섬김이 되며, 만약 중생들을 기쁘
게 하면 그것은 곧 여래를 기쁘게 함이 되기 때문이니라.

왜냐하면 모든 부처님은 대비심으로써 바탕을 삼으시므로, 중생으
로 인하여 대비를 일으키고, 대비로 인하여 보리심을 내고, 보리심으
로 인하여 정각을 이루시기 때문이니라.

비유하자면 넓은 벌판 모래 사장 가운데 서 있는 큰 나무의 뿌리가
물을 만나면 가지와 잎과 꽃과 열매가 모두 무성한 것 같이, 나고 죽
는 광야의 깨달음의 나무도 그와 같아서 중생들은 뿌리가 되고, 부처
님과 보살들은 꽃과 열매가 되나니, 대비의 물로써 중생들을 이롭게
하면 부처님과 보살의 지혜의 꽃과 지혜의 열매를 성취하느니라.

그 까닭은 보살들이 대비의 물로 중생들을 이롭게 하면 아뇩다라삼
먁삼보리를 성취하는 연고니라.

그러므로 깨달음은 중생에게 달렸으니 중생이 없으면 모든 보살이
위 없는 바른 깨달음을 이루지 못하느니라.

착한 남자여,

그대는 이 이치를 이렇게 알아라.

生에 心平等故로 則能成就圓滿大悲하며 以大悲心으로 隨衆生故로
則能成就供養如來니라 菩薩이 如是隨順衆生하야 虛空界盡하며 衆
生界盡하며 衆生業盡하며 衆生煩惱盡하야도 我此隨順은 無有窮盡이
니 念念相續하야 無有間斷하야 身語意業이 無有疲厭이니라
復次善男子야 言普皆廻向者는 從初禮拜로 乃至隨順히 所有功
德을 皆悉廻向盡法界虛空界一切衆生하야 願令衆生으로 常得安
樂하야 無諸病苦하며 欲行惡法은 皆悉不成하고 所修善業은 皆速成
就하며 關閉一切諸惡趣門하고 開示人天涅槃正路니라 若諸衆生이
因其積集諸惡業故로 所感一切極重苦果를 我皆代受하야 令彼
衆生으로 悉得解脫하고 究竟成就無上菩提니 菩薩의 如是所修廻

　　보살은 중생들에게 마음이 평등하므로 원만한 대비를 성취하고, 대
비심으로 중생들을 따라 줌으로, 여래께 공양함을 성취하는 것이니
라. 보살이 이렇게 중생을 따라 줄 적에 허공계가 다하고 중생계가
다하고 중생의 업이 다하고 중생의 번뇌가 다하더라도 나의 중생을
따라 주는 일은 끝나지 아니하여 끊임없이 계속되고 잠깐도 쉬지 아
니하지만, 몸과 말과 뜻의 업으로 하는 일에 조금도 고달파하거나 싫
증내지 않느니라.
　　또 착한 남자여, 모두 회향한다는 것은 처음 예경으로부터 중생의
뜻에 수순하는 공덕을 온 법계 허공계의 일체 중생에게 회향하여 중
생들이 항상 편안하여 병이나 고통이 없기를 원하며, 나쁜 일을 하려
해도 모두 성취되지 않고 선한 일을 닦고자 하면 빨리 성취되며, 온
갖 나쁜 갈래의 문은 닫아 버리고 인간이나 천상이나 열반에 이르는
바른 길은 열어 보이며, 중생들이 이미 지은 나쁜 업으로 말미암아
받게 되는 모든 괴로운 고통은 내가 대신하여 받고, 그 중생들은 모
두 해탈을 얻으며 마침내 위 없는 깨달음을 성취하기를 원하는 것이
니라. 보살이 이렇게 회향하는 일은

向이 虛空界盡하며 衆生界盡하며 衆生業盡하며 衆生煩惱盡하야도 我
此廻向은 無有窮盡이니 念念相續하야 無有間斷하야 身語意業이 無
有疲厭이니라

善男子야 是爲菩薩摩訶薩의 十種大願이 具足圓滿이니 若諸菩薩
이 於此大願에 隨順趣入하면 則能成熟一切衆生하며 則能隨順阿
耨多羅三藐三菩提하며 則能成滿普賢菩薩諸行願海하리니 是故로
善男子야 汝於此義에 應如是知니라 若有善男子善女人이 以滿十
方無量無邊不可說不可說佛刹極微塵數一切世界上妙七寶와
及諸人天의 最勝安樂으로 布施爾所一切世界所有衆生하며 供養
爾所一切世界諸佛菩薩호대 經爾所佛刹極微塵數劫토록 相續不

허공계가 다하고 중생계가 다하고 중생의 업이 다하고 중생의 번뇌가
다하더라도 나의 회향은 다하지 아니하고, 끊임없이 계속되어 잠깐도
쉬지 아니하지마는, 몸과 말과 뜻의 업으로 하는 일에 조금도 고달파
하거나 싫증내지 않느니라.

착한 남자여, 이것이 보살마하살의 열 가지 큰 서원이 구족하게 원
만하는 것이니라.

만일 모든 보살들이 이 큰 서원을 따라 나아가 들어가면 곧 능히
모든 중생을 성숙케하고, 아뇩다라삼먁삼보리를 수순하고, 보현보살
의 모든 수행과 원력 바다를 원만하게 이루리라.

그러므로 착한 남자여, 그대는 이 이치를 마땅히 이와 같이 알아야
하느니라.

만일 선남자나 선여인이 시방에 있는 한량없고 끝이 없어서 말할
수 없이 많은 부처님 세계의 티끌 수의 세계에 훌륭한 칠보를 가득히
채우고, 천상·인간의 가장 좋은 안락으로써 그러한 모든 세계의 중
생들에게 보시하고, 그러한 모든 세계의 부처님과 보살들께 공양하기
를 그러한 부처님 세계의 티끌 수 겁을 지나도록 계속하여 끊이지 아

斷하야 所得功德을 若復有人이 聞此願王하고 一經於耳한 所有功
德으로 比前功德하면 百分에 不及一이며 千分에 不及一이며 乃至優
波尼沙陀分에도 亦不及一이니라

或復有人이 以深信心으로 於此大願에 受持讀誦하며 乃至書寫一
四句偈하면 速能除滅五無間業하며 所有世間身心等病의 種種苦
惱와 乃至佛刹極微塵數一切惡業이 皆得銷除하며 一切魔軍과 夜
叉羅刹과 若鳩槃茶와 若毘舍闍와 若部多等의 飮血噉肉하는 諸惡
鬼神이 皆悉遠離하며 或時發心하야 親近守護하리라 是故로 若人이
誦此願者는 行於世間호대 無有障礙호미 如空中月이 出於雲翳하야
諸佛菩薩之所稱讚이며 一切人天이 皆應禮敬이며 一切衆生이 悉

니한 공덕을 어떤 사람이 보현보살의 열 가지 원을 한 번만 들은 공
덕과 비교하면, 앞의 공덕은 백 분의 일에도 미치지 못하고, 천 분의
일에도 미치지 못하고, 내지 우파니사타분의 일에도 미치지 못하느
니라.

또 어떤 사람이,

깊은 신심으로 이 열 가지 큰 서원을 받아지니고 읽거나 외우거나
한 게송만이라도 쓴다면, 다섯 가지 무간지옥에 떨어질 업도 빨리 소
멸되고, 이 세간에서 받는 몸과 마음의 병이나 여러 가지 고뇌와 내
지 한량없이 많은 일체 악업이 모두 소멸될 것이며, 온갖 마군이나
야차나 나찰이나 구반다나 비사사나 부다 따위로서 피를 마시고 살을
먹는 나쁜 귀신들이 모두 멀리 떠나거나 혹은 발심하여 가까이서 수
호하리라.

그러므로 이 원을 외우는 사람은 어떠한 세간에 다니더라도 허공의
달이 구름에서 벗어나듯이 장애가 없을 것이며, 모든 부처님과 보살
들이 칭찬하고 모든 인간과 천신이 모두 예경하고 일체 중생들이 모
두 공양할 것이니라.

應供養이니 此善男子는 善得人身하야 圓滿普賢의 所有功德하야 不
久當如普賢菩薩하며 速得成就微妙色身하야 具三十二大丈夫相
하며 若生人天하면 所在之處에 常居勝族하야 悉能破壞一切惡趣하며
悉能遠離一切惡友하며 悉能制伏一切外道하며 悉能解脫一切煩
惱호미 如師子王이 摧伏群獸하야 堪受一切衆生供養하리라
又復是人은 臨命終時最後刹那에 一切諸根이 悉皆散壞하며 一切
親屬이 悉皆捨離하며 一切威勢가 悉皆退失하고 輔相大臣과 宮城
內外와 象馬車乘과 珍寶伏藏인 如是一切가 無復相隨호대 唯此願
王은 不相捨離하야 於一切時에 引導其前하야 一刹那中에 卽得往
生極樂世界하나니 到已에 卽見阿彌陀佛과 文殊師利菩薩과 普賢

　　이 선남자는 사람의 좋은 몸을 얻어 보현보살의 원만한 공덕을 가
지며, 오래지 아니하여 마땅히 보현보살처럼 미묘한 몸을 성취하여
서른두 가지 대장부의 몸매를 갖출 것이며, 인간이나 천상에 나면 항
상 뛰어난 가문에 태어날 것이요.
　　일체의 나쁜 세상에 나는 일이 없고, 나쁜 벗은 모두 멀리 여의며,
일체의 외도들을 항복시키고, 온갖 번뇌는 모두 해탈하여, 마치 사자
가 모든 짐승을 항복시키듯 할 것이며, 모든 중생들의 공양을 받을
것이니라.
　　또 이 사람이 목숨을 마치려는 마지막 찰나에 모든 육신이 무너지
고 친척 권속들은 모두 버리고 떠나게 되며, 일체의 권세도 모두 잃
게 되어서 정승이나 대관이나 궁전 안팎의 코끼리·말·수레·보배
나 숨겨둔 재산들은 하나도 따라오지 않지만 이 열 가지 원은 서로
떠나지 아니하고, 어느 때에나 앞길을 인도하여 잠깐 동안에 극락세
계에 왕생하게 되며, 극락세계에 가서는 곧 아미타불과
문수사리보살·
보현보살·

菩薩과 觀自在菩薩과 彌勒菩薩等이니 此諸菩薩이 色相端嚴하며 功德具足하야 所共圍繞어든 其人이 自見生蓮華中하야 蒙佛授記하고 得授記已에 經於無數百千萬億那由他劫토록 普於十方不可說 不可說世界에 以智慧力으로 隨衆生心하야 而爲利益하며 不久에 當 坐菩提道場하야 降伏魔軍하고 成等正覺하야 轉妙法輪하야 能令佛 刹極微塵數世界衆生으로 發菩提心하야 隨其根性하야 敎化成熟하 며 乃至盡於未來劫海토록 廣能利益一切衆生하리라

善男子야 彼諸衆生이 若聞若信此大願王하야 受持讀誦하고 廣爲 人說하면 所有功德이 除佛世尊코는 餘無知者라 是故汝等은 聞此 願王에 莫生疑念하고 應當諦受하며 受已能讀하고 讀已能誦하며 誦

관자재보살·미륵보살들을 뵈올 것이다.

이 모든 보살들은 몸매가 단정하고 공덕이 구족하여 아미타불을 둘러 앉아 있는데, 그 가운데서 이 사람은 자신이 연꽃 위에 나서 부처님의 수기 받음을 볼 것이며, 수기를 받고는 무수한 백천만억 나유타 겁을 지나면서 말할 수 없이 많은 시방세계에서 지혜의 힘으로 중생들의 마음을 따라 이롭게 할 것이며, 오래지 않아서 보리 도량에 앉아 마군을 항복 받고 원만하고 바른 깨달음을 성취하여 미묘한 법륜을 굴려서 부처님 세계의 티끌 수 같은 많은 세계의 중생들로 하여금 보리심을 내게 하고 근기를 따라서 교화하고 성숙케하며, 오는 세월이 다하도록 일체 중생을 널리 이롭게 하리라.

착한 남자여,

중생들이 만약 이 열 가지 대원을 듣고 믿으며, 받아 지니고 읽고 외우며 남을 위하여 널리 연설하면, 그 공덕은 부처님을 제외하고는 알 사람이 없느니라.

그러므로 그대들은 이 대원을 듣거든 의심을 내지 말고 마땅히 받으며, 받고는 읽고, 읽고는 외우고,

己能持하며 乃至書寫하야 廣爲人說이니 是諸人等은 於一念中에 所有行願이 皆得成就하며 所獲福聚가 無量無邊하야 能於煩惱大苦海中에 拔濟衆生하야 令其出離하야 皆得往生阿彌陀佛極樂世界하리라 爾時에 普賢菩薩摩訶薩이 欲重宣此義하사 普觀十方하고 而說偈言하사대

所有十方世界中에	三世一切人師子를
我以淸淨身語意로	一切遍禮盡無餘호대
普賢行願威神力으로	普現一切如來前하며
一身復現刹塵身하야	一一遍禮刹塵佛이로다
於一塵中塵數佛이	各處菩薩衆會中하니

외우고는 항상 지니거나 쓰고 널리 남을 위해 말하여 주어라.

이러한 사람들은 잠깐 동안에 모든 행과 원이 전부 성취되고, 얻는 복덕은 한량없고 가이 없으며, 번뇌의 고통 바다에서 중생들을 건져 내어 생사를 멀리 여의게 하고, 모두 아미타불의 극락세계에 가서 나게 되리라."

이때에 보현보살마하살이 이 뜻을 다시 펴고자 하여, 시방을 관찰하고서 게송으로 말하였다.

시방세계 가운데 두루하신	삼세의 일체 부처님들께
저의 몸과 말과 뜻을 청정히 하여	남김 없이 두루 예경하나이다
보현행원의 위신력으로	일체의 부처님들 앞에 두루 나아가
한몸으로 티끌 수처럼 많은 몸을 나타내	낱낱 티끌 수의 부처님께 예배하오리다
한 티끌 속에 티끌 수처럼 많은 부처님들	보살 대중 모임 속에 각각 계시고

無盡法界塵亦然_{이라}

各以一切音聲海_로

盡於未來一切劫_{토록}

以諸最勝妙華鬘_과

如是最勝莊嚴具_로

最勝衣服最勝香_과

一一皆如妙高聚_{하야}

我以廣大勝解心_{으로}

悉以普賢行願力_{으로}

我昔所造諸惡業_이

深信諸佛皆充滿_{하고}

普出無盡妙言辭_{하야}

讚佛甚深功德海_{로다}

妓樂塗香及傘蓋_인

我以供養諸如來_{하며}

末香燒香與燈燭_을

我悉供養諸如來_{하며}

深信一切三世佛_{하고}

普遍供養諸如來_{로다}

皆由無始貪恚癡_라

무진법계의 티끌 속에도 그와 같아서

각각의 일체 음성 바다로

오는 세상 모든 겁이 다할 때까지

아름답기 으뜸가는 묘한 꽃다발

이와 같이 가장 훌륭한 장엄구로

가장 좋은 의복들과 가장 좋은 향

하나하나 묘한 산과 같이 쌓아서

넓고 크고 뛰어난 마음으로

보현보살 행원의 크신 힘으로

지난 세상 제가 지은 모든 악업

여러 부처님 가득하심 깊이 믿으며

다함없는 묘한 언설 널리 나타내

부처님의 깊고 큰 공덕 찬탄하리라

좋은 음악, 바르는 향, 보배 일산

제가 한량없는 여래께 공양하오며

가루향과 사르는 향, 등과 촛불들

제가 모든 여래께 공양하오며

삼세의 모든 부처님 깊이 믿으며

두루두루 모든 여래께 공양하오리

비롯없는 탐욕, 성냄, 어리석음이 원인되어

從身語意之所生이니　　一切我今皆懺悔로다
十方一切諸衆生과　　　二乘有學及無學과
一切如來與菩薩의　　　所有功德皆隨喜로다
十方所有世間燈의　　　最初成就菩提者에
我今一切皆勸請하야　　轉於無上妙法輪이로다
諸佛若欲示涅槃에　　　我悉至誠而勸請호대
唯願久住刹塵劫하사　　利樂一切諸衆生이로다
所有禮讚供養福과　　　請佛住世轉法輪과
隨喜懺悔諸善根을　　　廻向衆生及佛道로다
我隨一切如來學하야　　修習普賢圓滿行호대

몸과 말과 생각으로 지었사오니　제가 이제 모든 죄를 참회합니다

시방의 한량없는 모든 중생과　　성문과 연각 그리고 유학과 무학

모든 여래들과 보살님들의　　　온갖 공덕을 모두 따라 기뻐합니다

시방 모든 세간을 비추는 등불이시며　맨 처음 깨달음을 이루신 이께

제가 지금 모두 권청하오니　　위 없고 묘한 가르침 베풀어 주옵소서

모든 부처님 열반에 드시려 할 때　제가 지성으로 권청하오니

원컨대 티끌 수 겁 오래 머무사　모든 중생 이익주시고 기쁨 주옵소서

예경하고 찬탄하고 공양한 복과　오래 머무사 설법해 주시길 청한 복과

따라서 기뻐하고 참회한 모든 선근을　중생들과 불도에 회향합니다

제가 모든 부처님을 따라 배우고　보현보살 원만한 행 닦아 익혀서

供養過去諸如來와 　　　及與現在十方佛과
未來一切天人師하야 　　一切意樂皆圓滿이니
我願普隨三世學하야 　　速得成就大菩提로다
所有十方一切刹의 　　　廣大淸淨妙莊嚴에
衆會圍繞諸如來가 　　　悉在菩提樹王下하시며
十方所有諸衆生을 　　　遠離憂患常安樂하야
獲得甚深正法利하야 　　滅除煩惱盡無餘로다
我爲菩提修行時에 　　　一切趣中成宿命하고
常得出家修淨戒하야 　　無垢無破無穿漏하며
天龍夜叉鳩槃茶와 　　　乃至人與非人等의

지난 세상 한량없는 모든 여래와　　지금 계신 시방의 부처님들과

오는 세상 일체의 천인사들께　　　마음 속 온갖 기쁨 원만하도록

원컨대 삼세의 부처님을 따라 배워서　속히 큰 깨달음 성취하기 원합니다

한량없는 모든 시방세계를　　　　크고 넓으며 청정하고 묘하게 장엄하여

대중들 모든 부처님 둘러 모시고　　보리수 아래 모두 모였나니

시방세계 한량없는 모든 중생들　　근심 걱정 멀리 여의어서 항상 즐겁고

깊고 깊은 바른 법의 이익을 얻어　　남김없이 온갖 번뇌를 다 없애지이다

제가 보리 얻으려고 수행할 때에　　모든 곳에서 항상 숙명통 얻고

항상 출가하여 청정계를 닦아　　　더럽히거나 깨뜨리거나 빠뜨리지 않으며

하늘 용왕 야차 구반다들과　　　　사람과 사람 아닌 여러 무리와

所有一切衆生語를　　　　悉以諸音而説法이로다
勤修清淨波羅蜜하며　　　恒不忘失菩提心하야
滅除障垢無有餘하야　　　一切妙行皆成就하고
於諸惑業及魔境과　　　　世間道中得解脱하야
猶如蓮華不着水하며　　　亦如日月不住空이로다
悉除一切惡道苦하고　　　等與一切群生樂호대
如是經於刹塵劫토록　　　十方利益恒無盡하며
我常隨順諸衆生하야　　　盡於未來一切劫토록
恒修普賢廣大行하야　　　圓滿無上大菩提로다
所有與我同行者가　　　　於一切處同集會하야

그 모든 중생들이 쓰는 말로써　　갖가지 음성으로 설법하였네.

청정한 바라밀 힘써 닦아　　　　어느 때나 보리심을 잊지 않으며

번뇌 업장 남김없이 소멸하고　　온갖 묘한 행을 모두 성취하오리

모든 번뇌와 마군의 경계와　　　세간의 길 그 속에서 해탈 얻으니

연꽃이 물에 젖지 않듯이　　　　해와 달이 허공에 머물지 않듯이

온갖 악한 삶의 고통 모두 없애고　온갖 중생에게 평등한 기쁨 주어

이와 같이 티끌 수 겁 지나가도록　시방을 이롭게 함 다함없으리

제가 항상 모든 중생들을 수순하리니　오는 세상 모든 겁이 다할 때까지

보현보살 넓고 큰 행을 닦아서　　위 없는 큰 깨달음 원만케 하리라

저와 함께 진리의 길을 걷는 이들　어디서나 모든 곳에 함께 모여서

身口意業皆同等_{하야} 一切行願同修學_{하며}
所有益我善知識_이 爲我顯示普賢行_{하고}
常願與我同集會_{하야} 於我常生歡喜心_{이로다}
願常面見諸如來_와 及諸佛子衆圍遶_{하고}
於彼皆興廣大供_{하야} 盡未來劫無疲厭_{하며}
願持諸佛微妙法_{하야} 光顯一切菩提行_{하고}
究竟淸淨普賢道_{하야} 盡未來劫常修習_{이로다}
我於一切諸有中_에 所修福智恒無盡_{하야}
定慧方便及解脫_에 獲諸無盡功德藏_{하며}
一塵中有塵數刹_{하고} 一一刹有難思佛_{이어든}

몸과 말과 생각의 업 모두 똑같이 하여 모든 행원 함께 닦아지이다

저에게 이익 주시는 선지식들도 저를 위해 보현행 가르쳐 주시고

우리와 언제나 함께 하시니 기쁜 마음 내시기를 원하옵니다

원컨대 모든 여래 항상 뵈오며 여러 불자들 둘러싸고서

넓고 큰 공양 차려 올리며 오는 세상 다하도록 싫증내지 않으며

원컨대 부처님의 미묘한 법 받아지니고 일체의 보리행을 환히 밝혀서

가장 깨끗한 보현의 도를 오는 세상 다하도록 항상 닦아 익히리라

시방세계 모든 곳 가운데 닦은 복과 지혜 다함이 없고

선정 지혜 모든 방편 해탈법으로 다함없는 공덕장을 모두 얻으리

한 티끌 속 티끌 수의 세계가 있고 세계마다 한량없는 부처님들

一一佛處衆會中에　　　我見恒演菩提行이로다
普盡十方諸刹海와　　　一一毛端三世海와
佛海及與國土海하야　　我遍修行經劫海로다
一切如來語清淨하사　　一言具衆音聲海하야
隨諸衆生意樂音하야　　一一流佛辯才海하며
三世一切諸如來가　　　於彼無盡語言海로
恒轉理趣妙法輪이어든　我深智力普能入이로다
我能深入於未來하야　　盡一切劫爲一念하고
三世所有一切劫으로　　爲一念際我皆入하며
我於一念見三世의　　　所有一切人師子하고

부처님의 처소마다 모인 여러 대중 속　보리행 연설하심을 제가 항상 뵈오며

끝없는 시방세계 여러 바다에　　　　　털끝 만한 곳곳마다 삼세 바다

부처님과 많은 국토 한량없나니　　　　나, 겁의 바다 지나도록 행원 닦으리

일체 모든 여래의 말씀은 청정하사　　　한 말씀에 음성 바다 모두 갖추고

중생들이 좋아하는 음성을 따라　　　　낱낱의 변재 바다 흘려주시네

삼세의 한량없는 여래께서　　　　　　　저 같은 다함없는 말씀 바다로

깊은 이치 묘한 법문 연설하시거든　　　저의 깊은 지혜로 깊이 들어가리라

오는 세상 지혜로써 깊이 들어가　　　　일체 겁을 한 생각으로 삼아서

삼세의 모든 겁까지　　　　　　　　　　한 생각에 제가 깊이 들어가리라

삼세의 한량없는 부처님들을　　　　　　한 생각 속에서도 모두 뵈오며

亦常入佛境界中의　如幻解脫及威力이로다
於一毛端極微中에　出現三世莊嚴刹하고
十方塵刹諸毛端에　我皆深入而嚴淨하며
所有未來照世燈이　成道轉法悟群有하사
究竟佛事示涅槃이어든　我皆往詣而親近이로다
速疾周遍神通力과　普門遍入大乘力과
智行普修功德力과　威神普覆大慈力과
遍淨莊嚴勝福力과　無著無依智慧力과
定慧方便諸威力과　普能積集菩提力과
淸淨一切善業力과　摧滅一切煩惱力과

부처님의 경계 속에 늘 들어감은　환영 같은 해탈과 위신력 때문이니

한 털끝의 아주 가는 티끌 속에서　삼세의 장엄한 세계 나타나니

시방의 티끌 세계 모든 털끝마다　제가 모두 깊이 들어가 장엄하리

오는 세상 세간 비출 많은 등불들　도를 이뤄 설법하여 중생 건지고

부처님 일 다 마치시고 열반 드시면　제가 두루 나아가서 섬겨 모시리

아주 빨리 두루 하는 신통의 힘과　넓은 문에 두루 드는 대승의 힘과

지혜와 행 널리 닦는 공덕의 힘과　위신으로 널리 덮는 자비의 큰 힘

깨끗하게 장엄하는 복덕의 힘과　집착 없고 의지 없는 지혜의 힘과

선정·지혜·방편 얻는 위신의 힘과　원만하게 쌓아 모은 보리의 힘과

일체의 깨끗한 선업의 힘으로　온갖 번뇌의 힘 꺾어 멸하고

降伏一切諸魔力과　　　　圓滿普賢諸行力으로
普能嚴淨諸刹海하며　　　解脫一切衆生海하며
善能分別諸法海하며　　　能甚深入智慧海하며
普能清淨諸行海하며　　　圓滿一切諸願海하며
親近供養諸佛海하며　　　修行無倦經劫海하며
三世一切諸如來와　　　　最勝菩提諸行願을
我皆供養圓滿修하야　　　以普賢行悟菩提로다
一切如來有長子하니　　　彼名號曰普賢尊이라
我今廻向諸善根하야　　　願諸智行悉同彼로다
願身口意恒清淨하며　　　諸行刹土亦復然이니

온갖 마군들의 힘을 항복받으며　　　보현보살 행원의 힘 원만히 하여

모든 세계 바다를 널리 청정하게 장엄하여　한량없는 중생들을 해탈하게 하며

모든 법의 바다 분별 잘하여　　　지혜 바다 깊이깊이 들어가리라

널리 모든 행을 깨끗이 닦고　　　온갖 서원 원만히 하여

모든 부처님 친히 모셔 공양하고　　　오랜 겁 부지런히 닦아 행하오며

삼세의 한량없는 모든 부처님　　　가장 좋은 보리와 모든 행원을

제가 모두 공양하고 원만히 닦아　　　보현보살 행원으로 불도를 이루리

모든 부처님께 장자 있으니　　　그 이름 거룩하신 보현보살님

제가 이제 모든 선근 회향하옵나니　지혜와 행 그와 같아지기를

몸과 말과 마음 늘 깨끗하고　　　모든 행과 세계들도 또한 그러하기를

如是智慧號普賢이라 　　願我與彼皆同等이로다
我爲遍淨普賢行과 　　文殊師利諸大願하야
滿彼事業盡無餘하야 　　未來際劫恒無倦이로다
我所修行無有量하야 　　獲得無量諸功德하며
安住無量諸行中하야 　　了達一切神通力이로다
文殊師利勇猛智요 　　普賢慧行亦復然하니
我今廻向諸善根하야 　　隨彼一切常修學이로다
三世諸佛所稱歎인 　　如是最勝諸大願을
我今廻向諸善根하야 　　爲得普賢殊勝行이로다
願我臨欲命終時에 　　盡除一切諸障礙하고

이런 지혜 이름하여 보현이라 하니　저 보살과 같아지기 소원합니다

제가 이제 보현보살 청정한 행과　문수보살의 크나큰 모든 서원

그 모든 일 남김없이 원만하도록　오는 세상 항상 쉬임 없으리

제가 닦는 행 한량 없으니　그지없는 모든 공덕 얻게 되나니

끝이 없는 온갖 행에 머물러　일체의 신통력을 깨달으리라

문수보살 용맹하신 지혜와　보현보살 지혜의 행 또한 그러하니

제가 이제 모든 선근 회향하여서　보살님들 따라 항상 따라 배우오리다

삼세의 모든 부처님들 칭찬하시는　이와 같이 훌륭하고 크신 서원들

제가 이제 여러 선근 회향하여서　보현보살 뛰어난 행 얻으렵니다

원컨대 나의 목숨 마치려 할 때　여러 가지 막혀 걸림 모두 없어져

面見彼佛阿彌陀하야　　　　　即得往生安樂刹이로다
我既往生彼國已에　　　　　　現前成就此大願하야
一切圓滿盡無餘하야　　　　　利樂一切衆生界로다
彼佛衆會咸清淨이어든　　　　我時於勝蓮華生하야
親睹如來無量光이　　　　　　現前授我菩提記로다
蒙彼如來授記已에　　　　　　化身無數百俱胝하며
智力廣大遍十方하야　　　　　普利一切衆生界로다
乃至虛空世界盡하며　　　　　衆生及業煩惱盡이여
如是一切無盡時니　　　　　　我願究竟恒無盡이로다
十方所有無邊刹에　　　　　　莊嚴衆寶供如來하며

저 아미타부처님을 만나 뵈옵고　　　지체 없이 극락왕생하려 합니다

제가 극락세계에 태어나　　　　　　눈앞에서 이 대원 모두 이루고

온갖 것 남김없이 원만히 하여　　　　모든 중생 이익주고 기쁨주리라

저 부처님께 모인 대중 청정하거든　　저는 여기 연꽃 속에 태어나리니

아미타부처님을 친히 뵈오면　　　　　그 자리에서 보리 수기 제게 주시리

부처님의 보리 수기 받잡고 나서　　　셀 수 없는 백억 화신 나타내어서

넓고 큰 지혜의 힘 시방에 가득　　　　널리 모든 중생세계 이롭게 하리

허공계와 중생계가 모두 다하면　　　　중생과 번뇌 업도 다할 것이나

이와 같은 모든 것 다함 없으니　　　　저의 원도 끝끝내 다함없으리

한량없는 시방세계 가득한　　　　　　장엄 보배로 부처님께 공양하여도

最勝安樂施天人하야　　　　經一切刹微塵劫이라도
若人於此勝願王에　　　　　一經於耳能生信하야
求勝菩提心渴仰하면　　　　獲勝功德過於彼로다
卽常遠離惡知識하며　　　　永離一切諸惡道하고
速見如來無量光하야　　　　具此普賢最勝願하면
此人善得勝壽命하며　　　　此人善來人中生하며
此人不久當成就하며　　　　如彼普賢菩薩行하리라
往昔由無智慧力하야　　　　所造極惡五無間이라도
誦此普賢大願王하면　　　　一念速疾皆銷滅하며
族姓種類及容色과　　　　　相好智慧咸圓滿하며

가장 좋고 즐거운 것으로 하늘·인간들에게　티끌처럼 많은 겁 동안 보시하여도
만약 어떤 이가 거룩한 이 서원들을　　한 번 듣고 믿음을 내어
좋은 보리 얻으려고 목마른 듯 구하면　그 공덕이 저 복보다 훨씬 나으리
간 데 마다 나쁜 벗 멀리 여의고　　영원토록 나쁜 길 떠나며
아미타부처님을 빨리 뵈옵고　　　보현보살 좋은 서원 모두 갖추면
이 사람은 긴 수명 잘 얻으며　　　이 사람은 날 적마다 사람의 몸 받아
이 사람은 태어난 지 오래잖아　　보현보살 크신 행원 성취하리라
지난 옛날 지혜의 힘 없어　　　　다섯 가지 무간죄를 지었더라도
이와 같은 보현보살 서원을 읽고 외우면　한 생각에 모든 죄업 사라지리니
날 적마다 좋은 곳 좋은 얼굴과　　좋은 모습 밝은 지혜 모두 원만하여

諸魔外道不能摧_{하야} 堪爲三界所應供_{하리라}
速詣菩提大樹王_{하야} 坐已降伏諸魔衆_{하고}
成等正覺轉法輪_{하야} 普利一切諸含識_{하리라}
若人於此普賢願_에 讀誦受持及演說_{하면}
果報唯佛能證知_니 決定獲勝菩提道_{하리라}
若人誦此普賢願_{하면} 我說少分之善根_을
一念一切悉皆圓_{하야} 成就衆生淸淨願_{하리라}
我此普賢殊勝行_의 無邊勝福皆廻向_{하야}
普願沈溺諸衆生_{으로} 速往無量光佛刹_{하야지이다}

爾是_에 普賢菩薩摩訶薩_이 於如來前_에 說此普賢廣大願王淸淨

마군이나 외도들이 막지 못하고　삼계 중생 좋은 공양 받게 되리라

오래잖아 보리수 아래 속히 나아가　앉아서 여러 마군들 항복 받으며

등정각을 성취하고 법을 설하여　널리 모든 중생들을 이롭게 하리라

누구든지 보현보살의 이 서원들을　받아 지녀 외우고 연설하여 주면

그 과보는 부처님께서 아시리니　반드시 보리도를 얻게 되리라

어떤 사람이 보현행원을 읽고 외우는　그 선근을 제가 말씀드리리니

한 생각에 모든 것이 다 원만해지고　중생들의 청정한 원 성취하리라

제가 보현보살의 뛰어난 행과　그지없이 훌륭한 복 다 회향하니

바라건대 고해에 빠진 모든 중생들　어서 빨리 아미타불 극락세계 얻어지이다

이때에 보현보살마하살이 부처님 앞에서 광대한 보현의 큰 서원과

偈已하신대 善財童子가 踊躍無量하며 一切菩薩이 皆大歡喜어늘 如來가 讚言하사대 善哉善哉라하시다 爾是에 世尊이 與諸聖者菩薩摩訶薩로 演說如是不可思議解脫境界勝法門時에 文殊師利菩薩이 而爲上首하시며 諸大菩薩과 及所成熟六千比丘와 彌勒菩薩이 而爲上首하시며 賢劫一切諸大菩薩과 無垢普賢菩薩이 而爲上首하시며 一生補處로 住灌頂位한 諸大菩薩과 及餘十方種種世界에 普來集會한 一切刹海極微塵數諸菩薩摩訶薩衆과 大智舍利弗과 摩訶目犍連等이 而爲上首어든 諸大聲聞과 幷諸人天一切世主와 天龍夜叉乾闥婆阿修羅迦樓羅緊那羅摩睺羅伽와 人非人等의 一切大衆이 聞佛所說하사옵고 皆大歡喜하야 信受奉行하시니라

청정한 게송을 말하자, 선재동자는 한량없이 기뻐 뛰놀고, 모든 보살들은 크게 환희하였으며, 여래께는 좋고 좋은 일이라며 찬탄하시었다.

그때에 부처님께서 거룩한 여러 보살마하살과 함께 이 헤아릴 수 없는 해탈 경계의 훌륭한 법문을 연설하실 때,

문수사리보살을 필두로 한 여러 큰 보살들과 그들이 성숙케한 6천의 비구와, 미륵보살을 필두로 한 현겁의 모든 보살과, 무구보현보살을 필두로 한 일생보처의 관정수기의 지위에 있는 모든 큰 보살과, 시방의 여러 세계에서 모여 온 모든 세계의 티끌 수와 같이 많은 모든 보살마하살들과,

큰 지혜의 사리불·마하목건련 등을 필두로 한 모든 성문과 천상·인간의 모든 세간의 왕들과 천신·용왕·야차·건달바·아수라·가루라·긴나라·마후라가·사람과 사람이 아닌 무리의 모든 대중들이 부처님의 말씀을 듣고 모두 크게 환희하고 믿고 받아지녀 받들어 행하였다.

華嚴經 화엄경 8권

초판발행   2016. 04. 15
초판 1쇄   2016. 04. 20

감수   無一 우학 스님

펴낸곳   도서출판 좋은인연 book.tvbuddha.org
            편집/ 김현미 모상미 김규미
            등록/ 제4-88호
            주소/ 대구 남구 중앙대로 126
            전화/ 053.475.3706 ~ 7

도와주신분들

전문교정 | 혜림지 보살님
워드작업 | 김정자(43기), 황은숙(44기), 최순연(56기)
          최순옥(49기), 김귀순(59기), 박향숙(66기)
          곽필순(66기), 이수진(67기), 최수현(67기)
          오계진(64기), 이길선(42기), 유영란(47기)
          박문자(35기), 김충기(61기), 이정호(58기)
          은순옥(55기), 차외선(66기), 이경임(67기)
          이정옥(67기), 공애경(66기)
교정도움 | 한경수 안미정 정금강수

ISBN   978-89-93040-75-3 (04220)
          978-89-86829-68-6(04220) set

잘못된 도서는 **구입처에서 교환**해드립니다.